IELTS 기출어휘 60일 완성

IELTS 급상승 Vocabulary

James H. Lee

현) 이제헌 아이엘츠 전문어학원 대표 및 연구원장 (www.ielts119.com)
- M.A of Cultural Industries Management (University of Greenwich, London)
  석사학위 수료 및 박사학위 과정 중
- Diploma in TESOL 산하 기관인 ASET의 TESOL 영어교사자격학위(증) 취득 (2009)
- 런던 Teaching Training College에서 IELTS 교사자격 수료(증) 취득 (2009)
- 대한민국 교육과학기술부 중등영어교사(2급 정교사) 자격학위(증) 취득 (2005)
- 서울 강남 JRT어학원 IELTS 전담 수석강사 (2011~2012)
- London IELTS Institute 운영 및 런던소재 IELTS 어학원 강사 역임 (2002~2009)

저서
- IELTS 급상승 Actual Test 1 [Reading & Writing] Academic Module
- IELTS 급상승 Actual Test 2 [Listening & Speaking]

IELTS 급상승
Vocabulary

저 자 James H. Lee, Chang-Man Yun
발행인 고본화
발 행 반석출판사
2025년 8월 20일 초판 10쇄 인쇄
2025년 8월 25일 초판 10쇄 발행
홈페이지 www.bansok.co.kr
이메일 bansok@bansok.co.kr
블로그 blog.naver.com/bansokbooks

07547 서울시 강서구 양천로 583. B동 1007호
(서울시 강서구 염창동 240-21번지 우림블루나인 비즈니스센터 B동 1007호)
대표전화 02) 2093-3399   **팩 스** 02) 2093-3393
출 판 부 02) 2093-3395   **영업부** 02) 2093-3396
등록번호 제315-2008-000033호

Copyright ⓒ James H. Lee, Chang-Man Yun

ISBN 978-89-7172-796-6(13740)

- 교재 관련 문의: bansok@bansok.co.kr을 이용해 주시기 바랍니다.
- 이 책에 게재된 내용의 일부 또는 전체를 무단으로 복제 및 발췌하는 것을 금합니다.
- 파본 및 잘못된 제품은 구입처에서 교환해 드립니다.

IELTS 기출어휘 60일 완성

IELTS 급상승 Vocabulary

Bansok

Preface

어휘는 듣고, 읽고, 쓰고, 말하는 데 가장 기본이 된다

어떤 사람들은 독해를 할 때 어휘가 반드시 필요하기 때문에 어휘를 암기해야 한다고들 말하지만 듣고, 쓰고, 말하는 데에도 얼마나 많은 어휘를 알고 있는지에 따라 학습의 효율성이 달라진다. 따라서 어휘는 결코 소홀히 할 수 없다.

시험을 준비하면서 기본적으로 공부해야 할 어휘 분량이 있다

보통 시중에 있는 어휘 한두 권이면 충분하고, 여러 권의 책을 많이 보는 것보다는 한 권의 책을 여러 번 보는 것이 훨씬 더 효율적이다. 시험에 나오는 어휘들은 아이엘츠 뿐만 아니라 토플이건, 토익이건 출제 분야는 조금씩 다르지만 나오는 어휘, 즉 반복되는 어휘는 어떤 책을 봐도 비슷하다. 다만 실제 시험에 자주 등장하는 필수어휘나 전문적인 최근 기출어휘를 어느 정도 다루어 주느냐에 따라서 최소한의 노력으로 최대의 효과를 볼 수 있다.

이 책은 아이엘츠(IELTS) 독해 지문에 자주 나오는 필수어휘를 중심으로 표제어를 선정했다

시험 빈출 정도를 숫자(1–9까지)로 표기하였고 이러한 표시가 어휘로 고생하는 초보자나 효율적인 공부를 하고 싶은 시험 준비생에게 조금이나마 가이드가 되었으면 한다. 하지만 이것은 저자의 주관이므로 절대적으로 믿어서는 안 되고 이 책에 나오는 거의 모든 어휘는 기본으로 생각하고 알아두었으면 한다. 다만 이 책을 마무리하면서 지면상 더 많은 어휘를 설명하지 못하고 초보자 중심으로 쓰다 보니 전체적으로 어휘가 쉬워진 게 아쉬운 점이다. 빈출어휘를 좋은 예문과 함께 공부하여 더욱 발전하기를 바란다.

어휘를 무조건 외우는 것보다는 체계적으로 공부하는게 중요하다

이 책에서는 어휘의 구성원리인 어원에 맞추어 Chapter 1에서는 어근과 접미어를 살펴보고, Chapter 2에서는 접두어를 통해 더 많은 어휘를 접할 수 있다. Chapter 1과 2는 초보자들이 반드시 배워야 할 과정이라고 생각한다. 이 과정에서는 시간을 많이 투자하는 것이 좋으나 시간이 없는 경우는 건너뛰고 보아도 무방할 것이다. Chapter 3에서는 분야별 어휘를 다루었다. 이 Chapter는 아이엘츠 시험에서 다양한 주제의 지문이 나오므로 분야별 지문을 이해하는 데 필수적이다.

자신의 위치와 경험에 맞는 학습전략이 필요하다

일부 학원에서 강조하는 것처럼 무조건 외우는 식의 학습은 피하는 것이 좋다. 물론 틀린 말은 아니지만 학습 방법에 따라 효과가 다르므로 자신에게 맞는 방법을 찾아야 한다. 예를 들어, 자신에게 주어진 시간이 60일이라면 그 기간 동안 3번 정도 볼 수 있는 학습시간과 분량을 정해야 한다. 공부할 때도 표제어와 한글 뜻만 → 표제어와 한글 뜻, 동의어만 → 표제어와 영어 예문을 중심으로 공부하는 것도 하나의 방법이 될 것이다.

IELTS 뿐만 아니라 다양한 영어시험에도 효과적인 어휘 교재이다

기본적으로 IELTS 어휘를 준비하는 교재로 적당하겠지만 토플, 토익, 텝스, 공무원, 편입시험 등 다양한 영어시험의 어휘를 공부하는 데에도 효과적일 것이다. 어휘에 대해 이해하기 쉽고, 암기하기 쉬운 책으로 초보자들에게는 어휘의 개념을 잡을 수 있고, 실전 준비생들에게는 어휘를 마무리할 수 있는 책이 되기를 바란다.

대표저자 James H. Lee

목차

Chapter 1 — Roots & Suffix

Day 01 Roots ①_ aero, aeri / al, alt / ambi, amphi / arch / astro, aster *etc.* — 12

Day 02 Roots ②_ bene / bio, biblio / caus, cus / ced, ceed, cess(t) / cent, center *etc.* — 20

Day 03 Roots ③_ clude, clus, close / cred / dic, dict / don, dot / duc, duct *etc.* — 28

Day 04 Roots ④_ her, herit / hum, human, humil / jac, jec, ject, jet *etc.* — 36

Day 05 Roots ⑤_ migra, mob, mot / mit, miss / spect, spic / simil, simul, sembl *etc.* — 44

Day 06 Verb Suffix ①_ ate, ish, ize (ise) — 52

Day 07 Verb Suffix ②_ ify, er, en — 58

Day 08 Adjective Suffix_ able (ible), ate, en, ive, al, ic, ful, ry, some, less, ant *etc.* — 64

Day 09 Noun Suffix_ ion (tion, sion) th, ance (ence), age, ness, ment, er (or), ate *etc.* — 70

Day 10 Adverb Suffix_ ly — 76

Chapter 2 — Prefix & Polysemy & Idiom

Day 11 Prefix ①_ dis (not) / in, il, im, ir (not) / un (not) / mis (wrong) *etc.* — 84

Day 12 Prefix ②_ anti (against) / ant (against) / counter (against) *etc.* — 92

Day 13 Prefix ③_ pro (forward) / pre (before) / fore (front) / anti (before) *etc.* — 100

Day 14 Prefix ④_ super (over) / sur (over) / over (excess) / up (upward) *etc.* — 108

Day 15 Prefix ⑤_ in, im (in) / inter (inward) / en, endo (into) / e, ex, ec, ef (out) *etc.* — 116

Day 16 Prefix ⑥_ dia (through) / trans (beyond, across, through) / se (apart) *etc.* — 124

Day 17 Prefix ⑦_ semi (half) / uni (one) / mono (one) / bi, twin, du (two) *etc.* — 132

Day 18 Prefix ⑧_ eu, well (good) / circum (circle, around) / hyper (over, under) *etc.* — 140

Day 19 Polysemy_ attribute, foul, present, direct, express *etc.* — 148

Day 20 Idiom_ bring about, take into account, be prone to, find fault with *etc.* — 154

Chapter 3 Classified Vocabulary

Day 21 Biology_ species, habitat, environment, dwell, predator *etc.* 162

Day 22 Humanities_ colloquial, regard, prohibit, contemporary, tragedy *etc.* 168

Day 23 Education_ literacy, extracurricular, underscore, transition, obligatory *etc.* 174

Day 24 Physics & Chemistry_ soak, reverse, vacuum, synthetic, source *etc.* 180

Day 25 Society & Religion_ ethics, awe, control, urban, socialism *etc.* 186

Day 26 Economy & Management_ merchandise, bankruptcy, management *etc.* 192

Day 27 Art_ eloquent, advertising, scale, media, material *etc.* 198

Day 28 Law_ testify, advocate, summon, royalty, legal *etc.* 204

Day 29 Engineering & Mathematics_ reckon, statistics, particular, cube *etc.* 210

Day 30 Environment & Health & Medicine_ balanced, obese, excess, sensitive *etc.* 216

Chapter 4 Basic Vocabulary

Day 31 Basic ①_ wild, vary, separate, order, heart *etc.* 224

Day 32 Basic ②_ boundary, crude, perfect, myth, driveway *etc.* 230

Day 33 Basic ③_ ultimately, abbreviate, documentary, edit *etc.* 236

Day 34 Basic ④_ irritate, amendment, value, originate, expose *etc.* 242

Day 35 Basic ⑤_ competent, narrative, Arctic, reliable, raise *etc.* 248

Day 36 Basic ⑥_ perception, existing, defensible, aggression, accumulate *etc.* 254

Day 37 Basic ⑦_ counseling, administrator, creativity, competing, challenging *etc.* 260

Day 38 Basic ⑧_ conquest, appetising, adaptation, transparent, insufficient *etc.* 266

Day 39 Basic ⑨_ initiate, discrimination, calculated, attain, strain *etc.* 272

Day 40 Basic ⑩_ enthusiast, ridicule, oriental, loaded, lifestyle *etc.* 278

Chapter 5 — Intermediate Vocabulary

Day 41 Intermediate ①_ touching, texture, distinctive, adulthood, reinforce *etc.* — 286
Day 42 Intermediate ②_ comprehensive, superintend, outnumber, notorious *etc.* — 292
Day 43 Intermediate ③_ hearty, vital, incorporate, drainage, compassion *etc.* — 298
Day 44 Intermediate ④_ wallpaper, walnut, slit, nearsighted, nationwide *etc.* — 304
Day 45 Intermediate ⑤_ superpower, obligation, joyous, embrace, underway *etc.* — 310
Day 46 Intermediate ⑥_ stride, refine, belonging, agricultural, solemn *etc.* — 316
Day 47 Intermediate ⑦_ unsuccessful, thrift, mound, chant, brood *etc.* — 322
Day 48 Intermediate ⑧_ imprisonment, erosion, dwarf, displace, corporation *etc.* — 328
Day 49 Intermediate ⑨_ verge, uncomfortable, sturdy, rip, fascist *etc.* — 334
Day 50 Intermediate ⑩_ woodland, eruption, smash, simplicity, resist *etc.* — 340

Chapter 6 — Advanced Vocabulary

Day 51 Advanced ①_ unpopular, engaged, emerge, airlift, unusual *etc.* — 348
Day 52 Advanced ②_ complexion, manifest, captivity, transcript, succinct *etc.* — 354
Day 53 Advanced ③_ ratify, irrelevant, celebrated, bosom, arboretum *etc.* — 360
Day 54 Advanced ④_ turnover, morality, dedicated, brand-new, ratio *etc.* — 366
Day 55 Advanced ⑤_ side-effect, piety, civic, carefree, esteem *etc.* — 372
Day 56 Advanced ⑥_ subsequent, query, confined, stew, separately *etc.* — 378
Day 57 Advanced ⑦_ rebellion, ransom, eligible, distract, correspondent *etc.* — 384
Day 58 Advanced ⑧_ rugged, mutton, brink, unequalled, tyranny *etc.* — 390
Day 59 Advanced ⑨_ vulnerable, serene, stalk, snare, slippery *etc.* — 396
Day 60 Advanced ⑩_ incontrovertible, gorgeous, contempt, console, superb *etc.* — 402

Index — 409

이 책의 특징

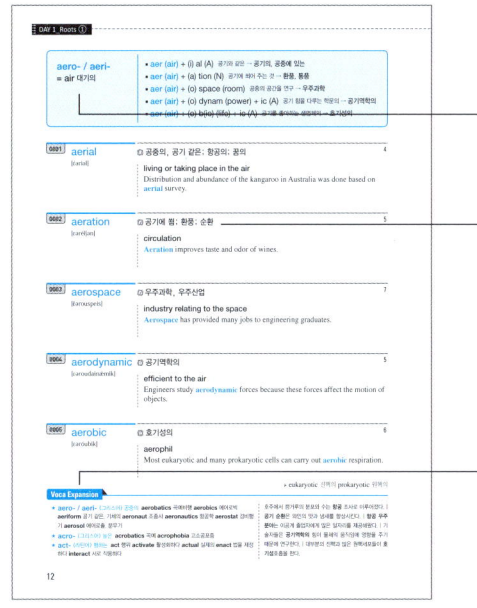

어원을 통한 어휘 학습

- 어원을 통한 학습에서는 어휘의 생성원리인 접두어(prefix) + 어근(root) + 접미어(suffix)를 통해 의미를 설명하였다.

- 어휘 설명에서는 우리말 뜻과 영어 동의어를 제시하였으며 동의어가 없는 경우 사전적 정의를 설명하였다. 파생어 또한 알아두어야 할 것은 아래에 표시를 하였다.

- 지면상 표현하기 부족한 추가 어원은 아래에 제공하여 심화학습이 가능하다.

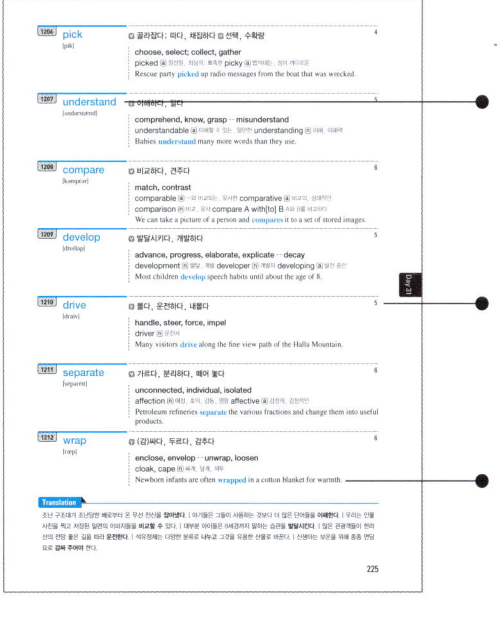

분야별, 난이도별 어휘 학습

- 어휘는 분야별과 난이도별로 구분하였다. 분야별 주요 분야 10개를 선정해 자주 나오는 표현을 중심으로 설명하였다. 일반 어휘는 학습자의 편의를 위해 난이도별로 초급, 중급, 고급으로 나누었다.

- 시험에 자주 등장했던 어휘의 빈출 정도를 표시하였다. 숫자가 높을수록 IELTS 시험에 자주 등장하는 어휘들이다.

- 아주 다양한 지문에서 영어 예문을 뽑았다. 해석 또한 영어 예문을 쉽게 이해하도록 도와줄 것이다.

IELTS VOCA

Chapter 01 Roots & Suffix

Day 01 **Roots ①**_ aero, aeri / al, alt / ambi, amphi / arch / astro, aster *etc.*

Day 02 **Roots ②**_ bene / bio, biblio / caus, cus / ced, ceed, cess(t) / cent, center *etc.*

Day 03 **Roots ③**_ clude, clus, close / cred / dic, dict / don, dot / duc, duct *etc.*

Day 04 **Roots ④**_ her, herit / hum, human, humil / jac, jec, ject, jet *etc.*

Day 05 **Roots ⑤**_ migra, mob, mot / mit, miss / spect, spic / simil, simul, sembl *etc.*

Day 06 **Verb Suffix ①**_ ate, ish, ize (ise)

Day 07 **Verb Suffix ②**_ ify, er, en

Day 08 **Adjective Suffix**_ able (ible), ate, en, ive, al, ic, ful, ry, some, less, ant *etc.*

Day 09 **Noun Suffix**_ ion (tion, sion) th, ance (ence), age, ness, ment, er (or), ate *etc.*

Day 10 **Adverb Suffix**_ ly

DAY 1_Roots ①

| aero- / aeri-
= air 대기의 | • aer (air) + (i) al (A) 공기와 같은 → 공기의, 공중에 있는
• aer (air) + (a) tion (N) 공기에 쐬어 주는 것 → 환풍, 통풍
• aer (air) + (o) space (room) 공중의 공간을 연구 → 우주과학
• aer (air) + (o) dynam (power) + ic (A) 공기 힘을 다루는 학문의 → 공기역학의
• aer (air) + (o) b(io) (life) + ic (A) 공기를 좋아하는 생명체의 → 호기성의 |

0001 aerial [ɛ́əriəl]
ⓐ 공중의, 공기 같은; 항공의; 꿈의 4

living or taking place in the air
Distribution and abundance of the kangaroo in Australia was done based on **aerial** survey.

0002 aeration [ɛəréiʃən]
ⓝ 공기에 쐼; 환풍; 순환 5

circulation
Aeration improves taste and odor of wines.

0003 aerospace [ɛ́ərouspeis]
ⓝ 우주과학, 우주산업 7

industry relating to the space
Aerospace has provided many jobs to engineering graduates.

0004 aerodynamic [ɛ̀əroudainǽmik]
ⓐ 공기역학의 5

efficient to the air
Engineers study **aerodynamic** forces because these forces affect the motion of objects.

0005 aerobic [ɛəróubik]
ⓐ 호기성의 6

aerophil
Most eukaryotic and many prokaryotic cells can carry out **aerobic** respiration.

▶ eukaryotic 진핵의 prokaryotic 원핵의

Voca Expansion

★ **aero- / aeri-** 《그리스어》 공중의 **aerobatics** 곡예비행 **aerobics** 에어로빅 **aeriform** 공기 같은, 기체의 **aeronaut** 조종사 **aeronautics** 항공학 **aerostat** 경비행기 **aerosol** 에어로졸, 분무기

★ **acro-** 《그리스어》 높은 **acrobatics** 곡예 **acrophobia** 고소공포증

★ **act-** 《라틴어》 행하는 **act** 행위 **activate** 활성화하다 **actual** 실제의 **enact** 법을 제정하다 **interact** 서로 작용하다

호주에서 캥거루의 분포와 수는 **항공** 조사로 이루어졌다. | **공기 순환**은 와인의 맛과 냄새를 향상시킨다. | **항공 우주 분야**는 이공계 졸업자에게 많은 일자리를 제공해왔다. | 기술자들은 **공기역학의** 힘이 물체의 움직임에 영향을 주기 때문에 연구한다. | 대부분의 진핵과 많은 원핵세포들이 **호기성호흡**을 한다.

Day 1 Roots ①

al- = other 다른
alt- = to change 바꾸다

- al (other) + (ias) 다르게 부르는 것 → 가명, 별명
- al (other) + ibi (where) 다른 곳 → 현장 부재증명 → 변명, 구실
- al (other) + ien (A) 다른 것의 → 외국의, 이상한
- alt (change) + er (V) 다른 것으로 하다 → 바꾸다, 변경하다
- alter(n) + ate (make, V) 다른 것으로 만들다 → 교대하다, 번갈아 하다

0006 alias [éiliəs] 3

ⓝ 별명, 가명

another name
Using an **alias**, Tracy had rented a house in city center, Sydney.

0007 alibi [ǽləbài] 6

ⓝ (다른 곳에) → 현장 부재 증명, 알리바이 → 변명, 구실

alibis, excuse
He had a solid **alibi**.

0008 alien [éiljən] 6

ⓐ 외국의, 이질적인 ⓝ 소원, 소외감

foreign, exotic, strange ↔ similar / alienation
alienate ⓥ 양도하다, 따돌리다
A comic story of an **alien** injects his mind into the body of a skunk.

0009 alter [ɔ́ːltər] 8

ⓥ 바꾸다, 변경하다

change, vary, modify ↔ preserve, conserve
alteration ⓝ 변경, 개조
Changes in ocean circulation can **alter** the climate.

0010 alternate [ɔ́ːltərnèit] 6

ⓥ 번갈아 일어나다, 교체하다 ⓐ 번갈아 하는, 교대의

switch, rotate, interchange / reciprocal, mutual
alternative ⓝ 둘 중에서의 선택, 대안 ⓐ 양자택일의 alternation ⓝ 교대
Mild, rainy winters **alternate** with hot, dry, sunny summers in the Coastal Plains.

Voca Expansion

★ **al-** 〈라틴어〉 다른, 바꾸는 **altruism** 이타주의 **altruistic** 이타적인 **altercate** 언쟁하다 **adulterate** (다른 것을 더하다) → 불순하게 하다

★ **all-** 〈그리스어〉 다른, 바꾸는 **allegory** 풍류, 우화 **allergen** 알레르기원 **allonym** 가명 **alloy** 합금

★ **alt-** 〈라틴어〉 높은 **altar** 제단, 계단 **altitude** 고도, 해발 **exalt** 높이다

★ **hetero-** 〈그리스어〉 다른, 바꾸는 **heterodox** 이단의 **heterogamous** 세대교번의 **heterogenesis** 이형 발생

가명을 사용해서 트레이시는 시드니의 시내 중심부에 집을 빌렸었다. | 그는 확실한 **알리바이**가 있었다. | 웃기는 이야기에서 한 **외계인**이 그의 영혼을 스컹크의 몸에 주입했다. | 해류 순환의 변화가 기후를 **바꿀** 수 있다. | 해안평야에서는 온화하고 비가 많이 오는 겨울이 덥고, 건조하고 맑게 갠 여름과 **교차한다**.

DAY 1_Roots ①

| **ambi-** = two 양쪽의 **amphi-** = around 둘레의 | • ambi (both) + dexter (turning) + ous (A) 양쪽으로 전환할 수 있는 → **양손잡이의** • amb (both) + igu (go, drive) + ous (A) 양쪽으로 가려 하는 → **모호한** • amphi (both) + bi(o) (life) + an (N) 양쪽에서 살 수 있는 것 → **양서류** • amphi (both) + bi(o) (life) + ous (A) 양쪽에서 살 수 있는 → **양서류의** • un (not) + amb + igu + ous (A) 양쪽으로 가려 하지 않는 → **분명한, 명백한** |

0011 ambidextrous [æmbidékstrəs] ⓐ 양손잡이의, 솜씨가 비범한   7

unusual skillful, dexterous
Ambidextrous person can do skillful work with either hand.

0012 ambiguous [æmbígjuəs] ⓐ 모호한, 분명하지 않은   9

vague, obscure, equivocal, duplicitous ↔ clear, distinct, definite
ambiguity ⓝ 두 가지 뜻 → 모호
The meaning of the result is so **ambiguous** and it needs the clarification.

0013 amphibian [æmfíbiən] ⓐ 양서류의, 수륙양용의 ⓝ 양서동물   6

amphibious
amphibiology ⓝ 양서류학
An **amphibian** plane made in Canada is designed for fighting forest fires.

0014 amphibious [æmfíbiəs] ⓐ 양서류의, 수륙양용의   2

amphibian
Powerful naval **amphibious** forces can support troop landings against heavy enemy resistance.

0015 unambiguous [ʌnæmbígjuəs] ⓐ 모호하지 않은, 명백한   5

clear, obvious
James as a manager gives a clear, **unambiguous** job.

Voca Expansion

★ **ambi-** 〈라틴어〉 둘의, 둘레의 **ambient** 주위의, 둘러싼, 순환하는 **ambulance** (걷는) → 구급차, 야전병원 **ambient** 포위한, 둘러싼

★ **amphi-** 〈그리스어〉 둘의, 둘레의 **amphitheatre** 원형극장 **amphibiology** 양서류학

양손잡이인 사람은 양쪽 어느 손으로도 능숙한 작업이 가능하다. | 그 결과의 의미는 아주 **애매모호하여** 설명이 필요하다. | 캐나다에서 만든 **수륙양용의** 비행기는 산불 진화를 위하여 설계되었다. | 강력한 해군의 **수륙양용** 병력은 심한 적의 저항에 대항하여 부대의 상륙을 지원할 수 있다. | 관리자로서 제임스는 분명하고 **명확한** 일을 준다.

Day 1 Roots ①

arch-
= first 처음
= chief 장
= origin 고대

- arch (chief) + ives (place, N) 정부 기록물 보관하는 중요한 장소 → 고기록, 공문서
- archaeo (origin) + logy (study, N) 고대 것을 연구 → 고고학, 유물
- archaeo (first) + pteryx (wing) 처음 날개를 가진 것 → 시조새
- archi (chief) + tect (cover) 전체의 책임이 있는 사람 → 설계자, 건축가
- arche (first) + type 첫 번째 유형 → 원형

0016 archives [á:rkaivz] ⓝ 고기록, 공문서   7

file, records, registry
archival ⓐ 기록의, 공문서의 archivist ⓝ 기록 보관인
The National **Archives** stores government documents.

0017 archaeology [à:rkiɔ́lədʒi] ⓝ 유적, 유물 → 고고학   7

remains, remnant
archaeological ⓐ 고고학의 archaeologist ⓝ 고고학자
That museum has outstanding collections in **archaeology** and many other fields.

0018 archaeopteryx [à:rkiɔ́ptəriks] ⓝ 시조새   6

earlier bird, ancestor bird
The word **Archaeopteryx** is Greek for ancient wing.

0019 architect [á:rkətèkt] ⓝ 건축가, 설계자   7

builder, designer, planner
architecture ⓝ 건축학, 건축양식 architectural ⓐ 건축학의
Gaudi has been acknowledged as one of the superlative **architect**.

▸ superlative 최상의

0020 archetype [á:rkitàip] ⓝ 원형, 전형   5

prototype
The **archetypes** date back to the earliest days of humankind.

▸ date back to ~까지 거슬러 올라가다

Voca Expansion

★ **arch-** 〈라틴어〉 오래된, 고대의 **archaebacteria** 고세균 **archangel** 대천사 **archibishop** 대주교 **archeolithic** 구석기의 **archaic** 고대의, 낡은
★ **arch(y)-** 〈라틴어〉 지배하는 y를 빼면 지배하는 사람 **monarchy** 군주정치, 군주제 **hierarchy** 성직자 지배 **matriarchy** 모계사회 **patriarchy** 부계사회
★ **paleo- / pale-** 〈그리스어〉 오래된, 구, 고, 원시 **paleoanthropic** 구인의, 화석인류의 **paleobotany** 고식물학 **Paleocene** (지질) 팔레오세 지층의 〈약 6–7천만 년 전〉

국립문서**보관소**는 정부 문서를 저장한다. | 그 박물관은 **고고학**과 많은 다른 분야에서 뛰어난 소장품을 가지고 있다. | Archaeopteryx란 어휘는 고대의 날개란 그리스어이다. | 가우디는 최고의 **건축가** 중 한 사람으로 인정받아 오고 있다. | 그 **원형**은 인류의 초창기까지 거슬러 올라간다.

DAY 1_Roots ①

| astro- / aster-
= star 별 | • astro (star) + nom (law) + y (N) 별의 법칙을 연구 → **천문학**
• astro (star) + logy (study, N) 별을 공부하는 것 → **점성술**
• astro (star) + naut (sail, N) 별을 항해하는 사람 → **우주비행사**
• dis (away) + aster (star) 별이 떨어지다 → **재해, 대참사**
• cat (break) + astro (star) + phe(nomenon) 별이 부서지는 현상 → **대참사** |

0021 astronomy [əstrɔ́nəmi]　　n (별의 법칙) → 천문학　　6

a study relating to stars and planets
astronomical ⓐ 천문학상의 → 방대한
The Maya had great knowledge of **astronomy**, which helped them predict plant growing seasons.

0022 astrology [əstrɔ́lədʒi]　　n 점성학, 점성술　　5

art of observing the position of star
Many people throughout the world believe in **astrology**.

0023 astronaut [ǽstrənɔ̀ːt]　　n 우주 비행사　　6

space pilot
astronautic ⓐ 우주 비행사의
An **astronaut** in space circles the earth in about 90 minutes.

0024 disaster [dizǽːstər]　　n (별에서 잘못된 배치 / 떨어진) → 재해, 재난, 대참사　　6

calamity, catastrophe ↔ fortune
disastrous ⓐ 비참한, 피해가 막심한
The city was declared a **disaster** area.

> **disaster** 지진이나 비행기 추락 등의 개인이나 사회 전반의 큰 재해로 생명·재산 등의 손실이 따르는 재해 **catastrophe** 예기치 못한 비참한 결과를 가져오는 재해로 특정 집단의 재해에도 쓰인다.

0025 catastrophe [kətǽstrəfi]　　n (별이 부서지는 현상) → 대참사, 대재앙　　5

disaster, tragedy, calamity, cataclysm
The Byzantine empire never recovered from the **catastrophe**.

> **calamity** 큰 고통과 슬픔을 가져오는 재해나 불행으로서 catastrophe보다 뜻은 약함
> **cataclysm** 대홍수와 같은 지각의 격변이나 정치적 대변동에 초점을 둔 재해, 불행이란 의미가 포함 안 됨 **misfortune** 개인에게 불쾌하거나 불운의 일이 일어나는 재앙

Voca Expansion

★ astro- / aster- 〈그리스어〉 별의 **asterisk** 별 모양의 것 **asteroid** 소행성 / 별 모양의 **astral** 별 모양의, 별 같은 **astrodome** 천문관측장 **astrophysics** 천체물리학
★ stell-, satell- 〈라틴어〉 별의 **stellar** 별의, 별 모양의 **constellate** 성좌를 형성하다 **interstellar** 별 사이의 **satellite** 위성

마야인들은 **천문학**에 대단한 지식을 갖고 있었고 그들이 식물 생장 시기를 예측하는 데 도움을 주었다. | 전 세계의 많은 사람들이 **점성술**을 믿는다. | 우주에서 **우주 비행사**는 약 90분마다 지구를 한 바퀴씩 돈다. | 그 도시는 **재난** 지역으로 선포되었다. | 비잔티움 제국(동로마제국)은 그 **재앙**으로부터 회복하지 못하였다.

Day 1 Roots ①

> **aud- / audit-**
> = to hear 들을 수 있는
>
> - aud (ear) + io 들을 수 있는 → 음성의
> - audi (to hear) + ence (N) 소리를 듣는 사람 → 청중, 관중
> - audi (to hear) + tion (N) 들을 수 있는 것 → 청력, 오디션
> - audi (ear) + (a)ble (가능한 A) 듣기 가능한 → 들을 수 있는
> - audit (to hear) + or + ium (place, N) 들을 수 있는 장소 → 청중석, 강당

0026 audio [ɔ́ːdiòu]

ⓐ 음성의, 오디오의

sound, tone
The **audio** signals are changed into sound waves by the speaker.

▶ be changed into ~로 바뀌다

0027 audience [ɔ́ːdiəns]

ⓝ 청중, 관중, 청취자

spectators, listeners, crowd
The announcer told the radio **audience** that the show was fictional.

0028 audition [ɔːdíʃən]

ⓝ 청력, 청각; 오디션 ⓥ 오디션을 받다

tryout, interview / try out, perform
auditory ⓐ 귀의, 청각의
During an **audition**, the director may ask the talent to perfom in front of a camera.

0029 audible [ɔ́ːdəbl]

ⓐ 들리는, 들을 수 있는

hearable
The music and laughter were **audible** from the street outside the party house.

0030 auditorium [ɔ̀ːditɔ́ːriəm]

ⓝ 청중석, 강당

the part of a hall where audience sits
A well-designed **auditorium** allows every person in the audience to see and hear without strain.

▶ without strain 부담 없이

Voca Expansion

★ **aud- / acou- / ot-** 《라틴어》 들을 수 있는, 귀의 **acoustic** 청각의, 음향의 **clairaudient** 초인적 청력이 있는 사람 **audit** 회계 감사하다, 청강하다 **audiovisual** 시청각의 **otology** 이과학(耳科學)

★ **ac- / acu-** 《라틴어》 날카로운, 매운 **acetic** 신, 초산의 **acid** 산, 신맛의, 신랄한 **acrid** 매운, 신랄한 **acrimony** 신랄함, 매서움 **acupuncture** 침술 **acute** 뾰족한, 급성의

음성 신호는 스피커에 의해 음파로 변환된다. | 아나운서는 그 쇼가 허구였다고 라디오 **청중**에게 말했다. | **오디션**을 보는 동안 감독이 배우에게 카메라 앞에서 연기해보라고 요구할 것이다. | 음악과 웃음소리가 파티를 하는 집 밖의 거리에서도 **들렸다**. | 잘 설계된 **강당**은 모든 사람들이 부담 없이 보고 들을 수 있도록 한다.

DAY 1_Roots ①

| auto- / aut-
= self 자동의 | • auto (self) + bio (life) + graphy (write) 자신의 삶에 대해 쓰는 → 자서전
• auto (self) + mat (move) + ic (A) 스스로 움직이는 → 자동의
• auto (self) + mobile (move) 스스로 움직이는 것 → 자동차
• auto (self) + crat (to govern) 스스로 통치하는 사람 → 독재자
• auto (self) + graph (write) 스스로 쓴 것 → 자필, 서명 |

0031 autobiography [ɔ:toubaiɔ́grəfi] ⓝ 자서전, 자전   5

writing on your life by yourself
Soon after Lincoln was nominated for the presidency, he wrote an **autobiography**.

0032 automatic [ɔ:təmǽtik] ⓐ 자동의, 기계적인   5

mechanical, automated, self-propelling
Automatic navigation aids help keep ships on course.

0033 automobile [ɔ́:təməbi:l] ⓝ 자동차   4

car, auto, motorcar
Most Korean families own an **automobile**.

0034 autocrat [ɔ́:təkræt] ⓝ 독재 군주, 독재자   4

despot, dictator
The first Hanoverian, George I, was a man of strong **autocrat**.

0035 autograph [ɔ́:təgrɑ:f] ⓝ 서명 ⓥ 사인을 해주다   6

> **autograph** 작가, 예능인, 유명인이 저서나 사진에 하는 자신의 서명 **signature** 편지나 서류에 하는 서명으로 본인이 쓰거나 또는 대량으로 복사해 쓰는 서명

sign, signature
The publisher may send the author on tours of bookstores to **autograph** copies for customers.

Voca Expansion

★ auto- / aut- 〈그리스어〉 스스로의 **autonomy** 자치, 자치권 **autopsy** 검시 **authentic** 진짜의 **authority** 권위

링컨이 대통령직에 임명된 바로 직후에 그는 **자서전**을 썼다. | **자동** 항해기는 배가 정해진 예정 방향으로 유지되도록 돕는다. | 대부분의 한국인 가정은 **자동차**를 소유하고 있다. | 하노버 왕가의 첫 번째인 조지 1세는 강력한 **독재자**였다. | 출판사는 독자들을 위해 서점에 순회하며 책에 **사인**을 할 수 있게 저자를 보낼 수도 있다.

Day 1 Roots ①

> **bar- / barri-**
> = bar 막대, 막대로 하다
>
> - **bar (rod)** barra = 막대(rod)에서 유래한 말
> - **barri (rod)** + er (N) 막대기 → 장애물, 울타리
> - em (into) + **bar (rod)** + go 막대기 안으로 가다 → 출입 금지, 제한
> - em (into) + **bar (rod)** + rass 장벽을 두다 → 당황하게 하다, 방해하다
> - **baro (rod)** + meter (측정기 N) bar(눈금)를 측정하다 → 기압계

0036 bar [bɑːr]

ⓝ 막대기, 빗장; 술집, 바, 법정 ⓥ 빗장을 지르다, 방해하다, 금하다 1

block, rod; saloon, taproom / lock, block, secure, attach

In the high jump and pole vault, athletes leap over a **bar** as high as possible.

0037 barrier [bǽriər]

ⓝ 방벽, 장애 4

block, barricade, obstruction

Biological membranes are **barriers** to distinguish the living cells from non-living matters.

▸ biological membranes 생체막

0038 embargo [imbάːrgou]

ⓝ 출항 금지, 금지 6

ban, restriction, prohibition

Congress gave up the **embargo** and tried a new device for hurting British and French commerce.

0039 embarrass [imbǽrəs]

ⓥ (장벽을 두다) → 어리둥절하게 하다, 난처하게 하다 7

abash, bewilder

embarrassment ⓝ 난처, 당황, 당혹

Jackson and his supporters did their best to **embarrass** Adams.

0040 barometer [bərάmitər]

ⓝ 기압계 4

air pressure

A **barometer** shows the air pressure.

Voca Expansion

bar 창이나 문 등에 고정시켜 놓은 나무 또는 금속의 가느다란 막대기 **stick** 가느다란 나무 막대기 **rod** 곧고 가느다란 막대기 **club** 손잡이보다 끝 쪽이 약간 둥글거나 볼록하거나 넓적한 모양의 막대기 **baton** 음악이나 군대의 지휘를 위해 사용되는 짧은 막대기 또는 릴레이용 막대기

높이뛰기와 장대높이뛰기에서 선수들은 가능한 높이 **막대** 위로 도약하려 한다. | 생체막은 살아 있는 세포를 비생명체로부터 구별하는 **장벽**이다. | 의회는 **통상 금지**를 포기했고 영국과 프랑스의 상거래에 피해를 주기 위한 새로운 계획을 시도하였다. | 잭슨과 그의 지지자들은 아담스를 **난처하게 만들기**에 최선을 다했다. | **기압계**는 공기 압력을 보여준다.

DAY 2_Roots ②

bene- = good 좋은

- bene (good) + fit (do, make) 좋은 것을 만드는 → **이익, 좋은 일**
- bene (good) + fic (do, make) + (i)al (A) 좋은 것을 만드는 → **유익한, 이로운**
- bene (good) + dict (say) + (t)ion (N) 좋게 말하는 것 → **축복**
- bene (good) + fact (do, make) + or (N) 좋은 일을 하는 사람 → **기부자**
- bene (good) + fic (do, make) + ent (A) 좋은 일을 행하는 → **자선심이 많은**

0041 benefit [bénəfit]

ⓝ 이익, 좋은 일 — 6

good, profit, advantage ↔ damage, harm
beneficial ⓐ 유익한, 이로운 beneficiary ⓝ 수혜자
Society as a whole **benefits** from people's good health just as individuals do.

0042 beneficial [bènəfíʃəl]

ⓐ 유익한, 이로운 — 6

favourable, useful, valuable ↔ harmful
What matters in the end is what is **beneficial** or useful.

0043 benediction [bènədíkʃən]

ⓝ 축복, 감사기도 — 5

blessing
The preacher's hands were raised in **benediction**.

▶ preacher 목사, 전도사, 설교가

0044 benefactor [bénəfæktər]

ⓝ 은혜를 베푸는 사람, 기부자, 후원자 — 7

giver
An anonymous **benefactor** donated the many bags of rice and a lot of cash every year.

0045 beneficent [bənéfəsənt]

ⓐ 자선심이 많은, 선행을 하는 — 6

doing good, merciful
The charity is always **beneficent** to the poor.

> **beneficent** 남에게 물건 등을 주고 실제로 남에게 친절하게 하는
> **benevolent** 남에게 좋은 일을 해주고 싶다고 바라거나 실제로 친절한

Voca Expansion

★ **bene-, bon-, boun-** 《라틴어》 **benefaction** 자비, 은혜, 기부금
benevolent 자비로운, 인자한

전체적으로 사회는 개인과 마찬가지로 사람들의 좋은 건강으로부터 **이로움**을 얻는다. | 결국에 중요한 문제는 무엇이 **유익하고** 유용한 것인가이다. | 목사님이 **축복기도** 때 손을 올렸다. | 한 익명의 **기부자**가 매년 많은 쌀가마니와 현금을 기부했다. | 그 자선단체는 항상 가난한 사람들에게 **선행을 한다**.

Day 2 Roots ②

| bio-
= life 생명
biblio-
= book 책 | • bio (life) + logy (study) 살아있는 것을 연구 → **생물학**
• bio (life) + logic (study) + al (A) 살아있는 것을 연구하는 → **생물적인**
• bio (life) + graph (write) + y (N) 삶을 쓰는 것 → **전기, 일대기**
• bio (life) + chemist + ry (N) 생물과 화학의 성질 → **생화학**
• biblio (book) + graph (write) + y (N) 책을 쓰는 것 → **서지학, 참고 문헌** |

0046 biology [baiɔ́lədʒi]
ⓝ 생물학   6

the study of living organisms
biological ⓐ 생물적인 biologist ⓝ 생물학자
Biology, called as life sciences, involves the study of living organisms.

0047 biological [bàiəlɔ́dʒikəl]
ⓐ 생물체의; 생물학의   9

biologic
Biological energy comes chiefly from sunlight.

0048 biography [baiɔ́grəfi]
ⓝ 전기, 일대기   7

life history
biographer ⓝ 전기 작가 autobiography ⓝ 자서전
Biography introduces young readers to the lives of important men and women.

0049 biochemistry [bàioukémistri]
ⓝ 생화학   3

a study for chemicobiology
Biochemistry combines biology and chemistry in studying the chemical processes of living things.

0050 bibliography [bìbliɔ́grəfi]
ⓝ 서지학, 출판 목록, 참고 문헌   5

list, reference
This section contains **bibliographies** of recommended children's books.

Voca Expansion

★ **bio-** 《그리스어》 생명 **biofuel** 바이오 연료
★ **anim-** 살아있는 **animal** 동물 **animate** 생기 있게 하다 **animation** 만화
★ **vivi-** 살아 있는. 생체의 **vivid** 선명한, 살아 있는 **viviparous** 태생의 **vivacious** 생기가 넘치는, 활발한
★ **biblio-** 《그리스어》 책 **bible** 성서 **bibliophile** 서적 애호가
★ **libr-** 《라틴어》 책 **library** 도서관, 서재

생명과학이라고 일컫는 **생물학**은 살아 있는 유기체의 연구에 관여한다. | **생물** 에너지는 주로 햇빛으로부터 온다. | **전기문학**은 어린 독자들에게 중요한 남성과 여성의 삶을 소개한다. | **생화학**은 생명체의 화학 과정의 연구에서 생물학과 생화학을 결합시킨다. | 이 섹션에서는 권장된 아동용 책의 **참고 문헌**을 포함하고 있다.

DAY 2_Roots ②

> **caus- / cus-**
> = cause 일으키다
>
> - **caus (cause)** + e 일으키다 → 야기하다 → 원인, 근거
> - ac (to) + **cuse (cause)** 해명을 요구하는 → 고발하다, 비난하다
> - ex (out) + **cuse (cause)** 밖으로 주장하다 → 변명하다, 사과하다
> - **caus (cause)** + tic (A) 피부에 아픔을 주는 → 통렬한, 신랄한
> - in (not) + ex + **cus** + able (A) 사과할 수 없는 → 용서받을 수 없는

0051 cause [kɔːz]   ⓝ 원인, 근거 ⓥ 야기하다, 원인이 되다   3

reason, ground, insistence / produce, lead to, result in
causation ⓝ 원인, 인과관계 causeless ⓐ 원인 없는 causable ⓐ 야기될 수 있는
causal ⓐ 원인의 cause and effect ⓝ 인과
A shortage of certain vitamins can **cause** disease.

0052 accuse [əkjúːz]   ⓥ (해명을 요구하다) → 고발 [고소]하다, 비난하다   6

charge with, blame for ↔ defend
accusation ⓝ 고발, 비난 accused ⓐ 고발당한 the accused ⓝ 피고인
The press was **accused** of political prejudice.

▶ be accused of ~로 고소되다, ~로 비난받다

0053 excuse [ikskjúːz]   ⓝ 변명, 사과, 구실, 핑계 ⓥ 변명하다, 용서하다   5

justification, reason, explanation / forgive, pardon
excusive ⓐ 변명하는, 사과하는 excusable ⓐ 용서받을 수 있는 excusatory ⓐ 변명의
North Korea is looking for an **excuse** to start a fight and trying to get a response.

0054 caustic [kɔ́ːstik]   ⓐ 통렬한, 신랄한 ⓝ 부식제   6

sarcastic / etching reagent
The actor seen in Korean drama was subjected to a **caustic** remark by a critic.

▶ be subjected to ~을 받다[당하다]

0055 inexcusable [inikskjúːzəbl]   ⓐ 용서받을 수 없는   4

unforgivable, unpardonable
Some people made an **inexcusable** mistake.

Voca Expansion

★ caus- / cus 《라틴어》 일으키다 **accusative** 대격, 직접 목적격 **recusant** 완강히 반대하는, (영국) 국교를 거부하는 (사람)

특정 비타민의 부족이 병을 **일으킬** 수 있다. | 신문사는 정치적 편견으로 **고발당했다**. | 북한은 싸움을 시작하기 위한 **구실**을 찾으며 우리의 반응을 기다리고 있다. | 한국 드라마에서 나온 그 배우는 비평가에 의해 **신랄한** 혹평을 받았다. | 어떤 사람들은 **용서받을 수 없는** 실수를 저질렀다.

Day 2 Roots ②

> **ced-** = go 가다
> **ceed- / cess(t)-** = yield 산출하다
>
> - ex (over) + ceed (go) 넘어가다 → 넘다, 초과하다
> - se (away) + cede (go) 떨어져 가다 → 탈퇴하다
> - suc (over) + cess (go) 넘어서 가다 → 성공, 출세
> - pro (forward) + cess (go) 앞으로 가다 → 과정, 진행
> - ante (before) + ced (go) + ent (A) 앞서가는 → 앞서는, 선행의

0056 exceed [iksíːd]

ⓥ 넘다, 초과하다

surpass, pass, go beyond, transcend
exceeding ⓐ 엄청난, 대단한, 굉장한
Novels vary greatly in length, but most **exceed** 60,000 words.

0057 secede [sisíːd]

ⓥ 탈퇴하다

withdraw, break away
An athlete **seceded** (withdrew) from the Union.

0058 success [səksés]

ⓝ 성공, 출세

accomplishment, achievement ↔ failure
succeed ⓥ 성공하다 successful ⓐ 성공적인
The government had more **success** in its relations with Great Britain.

0059 process [próuses] [prousés]

ⓝ 과정, 진행; 발달 ⓥ 가공하다, 처리하다

course, procedure; development / handle, manage, action
procession ⓝ 행렬, 행진 proceed ⓥ 나아가다, 가다, 시작하다
Plants and animals are part of a **process** called a food chain.

0060 antecedent [æntəsíːdnt]

ⓐ 앞서는, 선행의 ⓝ 조상, 선조, 시조

forefather, predecessor, antecedent
Several **antecedent** signs have been said to cause earthquakes.

Voca Expansion

★ **-ced- / -ceed- / -cess-** 《라틴어》 가다, 산출하다 **proceed** 진행하다, 나아가다 **concede** 인정하다, 부여하다 **recede** 후퇴하다 **precede** 앞서다, 먼저 일어나다 **antecedent** 앞서 간 → 전례, 선조 **procedure** 순서, 절차, 경과

소설은 길이가 매우 다양하지만 대부분 6만 단어가 **넘는다**. | 한 선수가 조합으로부터 **탈퇴했다**. | 정부는 영국과의 관계에서 더 큰 **성공**을 거뒀다. | 식물과 동물은 먹이그물이라 불리는 한 **과정**의 부분이다. | 몇 가지 **앞선** 징후들이 지진이 일어날 것이라고 말해왔다.

DAY 2_Roots ②

| cent- / center- / centr-
= center 중심, 중앙의 | • cent (center) + re (N) 중심인 것 → 중심
• centr (central) + al (A) 중심의 → 중심의, 중심적인, 주요한
• ec (ex) + centr (center) + ic (A) 중심에서 떨어진 → 별난, 이상한
• con (together) + centr (center) + ate (V) 중심으로 함께하다 → 집중하다
• centr (center) + i + fuge (build) 중심으로부터 분리하다 → 원심 분리하다 |

0061 centre [séntər]   2

🅝 (원을 그리는 중심) → 중심, 중앙

hub, pith, middle
France had become the cultural **centre** of Europe by the end of the 1600's.

0062 central [séntrəl]   4

🅐 중심의, 중심적인; 주요한

centric; main, principal ↔ local, peripheral; minor
centralise ⓥ 중심에 모으다, 집중시키다
Most houses have **central** heating systems.

0063 eccentric [ikséntrik]   5

🅐 (중심에서 떨어진) → 별난, 괴벽스러운

odd, strange, peculiar
Characters should be universal types rather than **eccentric** individuals.

0064 concentrate [kάnsəntrèit]   7

ⓥ (한 점에 모으다) → 집중하다, 전력을 기울이다

focus ↔ distract
Most newscasts **concentrate** on reporting the latest events, weather, and sports.

0065 centrifuge [séntrəfjùːdʒ]   3

ⓥ (중심으로부터 분리하다) → 원심 분리하다

differentiate, fractionate
centrifugal ⓐ 중앙을 떠나려 하는 → 원심력의
Homogenised cells are **centrifuged** at a higher speed for a long time.

Voca Expansion

★ center- / centr- 《그리스어》 중심의 **centripetal** 중심으로 향하는 → 구심성의 **endocentric** 내심적인 **epicentre** 진앙지, 폭탄낙하점 **geocentric** 지구를 중심으로 한 **homocentric** 같은 중심의

프랑스는 17세기 말에 유럽의 문화 **중심지**가 되었다. | 대부분의 집은 **중앙**난방 시스템을 하고 있다. | 등장인물은 **별난** 개인보다는 평범한 인물이어야 한다. | 대부분의 뉴스 방송은 최신의 사건, 날씨 및 스포츠를 보도하는 데 집중한다. | 균질화한 세포를 오랫동안 고속으로 **원심 분리한다**.

cert-
= sure 확실한

- cert (sure) + ain (A) 확실한 속성의 → 확실한
- as (to) + cert (sure) + ain (V) 확실하게 하다 → 확인하다, 규명하다
- certi (sure) + fic (make) + ate (N) 확실하게 만드는 → 증명서, 면허증
- certi (sure) + fy (V) 확실하게 하다 → 증명하다, 인증하다
- un (not) + cert (sure) + ain (A) 불확실하게 하는 → 불확실한

Day 2 Roots ②

0066 certain [sə́:rtn]

ⓐ 확실한, 일정한, 어떤, 어느 정도의   5

sure, confident ↔ uncertain
certainty ⓝ 확실성, 확신
Enzymes are catalysts that regulate **certain** body processes.

0067 ascertain [æsərtéin]

ⓥ 확인하다, 규명하다   8

determine, find out ↔ assume, guess
ascertainment ⓝ 확인, 탐지
The student **ascertained** the fact experimentally.

0068 certificate [sərtífikət]

ⓝ 증명서, 면허증   7

document, licence, warrant, certification
certificated ⓐ 면허를 취득한, 유자격의 certification ⓝ 증명, 보증
Some schools give **certificates** for the completion of a prescribed programme.

0069 certify [sə́:rtəfài]

ⓥ 증명하다, 인증하다   6

confirm, testify, assure ↔ decertify
certification ⓝ 증명서, 보증
Election officials at the polling places **certify** voters.

0070 uncertain [ʌnsə́:rtn]

ⓐ 불확실한   8

doubtful, unsure ↔ certain
Many larger kinds of whales face an **uncertain** future.

Voca Expansion

★ cert- 〈라틴어〉 확실한 **certitude** 확실성
★ cern- 〈라틴어〉 확실한 **concern** 관계하다 → 관심을 갖다 → 걱정시키다 **discern** (나누어 구분시키다) → 알아보다 → 식별하다, 분별하다

효소는 촉매로서 **특정한** 생체 과정을 조절한다. | 그 학생은 그 사실을 실험으로 **확인하였다**. | 어떤 학교들은 규정된 프로그램의 수료에 대한 **수료증**을 발급한다. | 투표소에 있는 선거 관리인은 투표자를 **인증한다**. | 많은 큰 종류의 고래가 **불확실한** 미래에 직면해 있다.

DAY 2_Roots ②

> **claim-** = declare 말하다
> **clam-** = call out 말하다
>
> - **claim (claim)** 소리치다 → 요구하다, 주장하다
> - pro (forward) + **claim (declare)** 앞쪽으로 말하다 → 선언하다, 공포하다
> - dis (not) + **claim (call out)** 아니라고 소리치다 → 부인하다 → 포기하다
> - ac (to) + **claim (declare)** ~을 향해 소리치다 → 갈채하다, 환호하다
> - ex (out) + **claim (call out)** 밖으로 소리치다 → 외치다, 감탄하다

0071 claim [kleim]

ⓥ 요구하다, 주장하다 ⓝ 요구, 주장   3

demand, require ↔ disclaim
claimable ⓐ 요구할 수 있는
Today, few countries **claim** to run their economies on Communist principles.

0072 proclaim [prəukléim]

ⓥ 선언하다, 공포하다, 증명하다   7

declare, publicise, announce
The President may **proclaim** changes in the national ensign.

0073 disclaim [diskléim]

ⓥ ~의 권리를 포기하다, 부인하다   6

give up, deny
disclamation ⓝ 포기, 부인
The scandals did not touch Truman, but he refused to **disclaim**.

0074 acclaim [əkléim]

ⓝ 갈채, 환호 ⓥ 갈채하다, 환호하다   9

praise, applaud, cheer, approve
acclamation ⓝ 갈채, 환호 acclamatory ⓐ 갈채의
A number of Indian writers have won widespread **acclaim** for their works.

0075 exclaim [ikskléim]

ⓥ (바깥을 향해 소리치다) → 외치다, 감탄하다   5

cry out, shout, proclaim
James **exclaimed** with joy that J.H. got a perfect score on English test.

Voca Expansion

★ **claim- / clam-** 《라틴어》 소리치다 **declaim** (큰 소리로 외치다) → 낭독하다, 연설하다 **clamor** (외침) → 외치는 소리 **clamorous** 시끄러운, 소란스러운 **reclaim** (되돌려 달라고 요구하다) → 반환을 요구하다, 회수하다 **counterclaim** 반대 요구하다 **declaim** 변론하다, 낭독하다

오늘날 공산주의 원칙에 따라 그들의 경제를 관리하기를 **주장하는** 나라는 거의 없다. | 대통령은 국기의 변경을 **선포할**지도 모른다. | 그 스캔들은 트루먼을 언급하진 않았지만 그는 **권리를 포기하는 것**을 거절했다. | 많은 인도 작가들이 그들의 작품에 대한 광범위한 **찬사**를 받았다. | 제임스는 J.H가 영어시험에서 완벽한 점수를 받아 기쁨에 **소리쳤다**.

Day 2 Roots ②

> **clar- / -clare**
> = clear 분명한, 깨끗한
>
> - clear (clear) 깨끗한 → 밝은, 맑은, 순수한
> - cle (clear) + an (A) 깨끗하게 한 → 깨끗한 → **청결한**
> - clar (clear) + (i) fy (make, V) 깨끗하게 하다 → 맑게 하다
> - clear (clear) + ing (A, N) 깨끗하게 하는 것 → 청소
> - de (down) + clare (clear) 분명하게 받아 적다 → 선언하다, 선포하다

0076 clear [kliər]
ⓐ 밝은, 맑은, 순수한   3
obvious, plain, apparent
unclear ⓐ 불투명한 clearance ⓝ 허가, 정리, 정돈, 틈
Vinyl plastics are naturally **clear** and rigid.
▶ rigid 단단한, 엄격한

0077 clean [kli:n]
ⓐ 깨끗한, 오염되지 않은 → 청결한   2
spotless, fresh, immaculate, flawless
cleanse ⓥ 청결하게 하다
A baby's surroundings should be **clean**, safe, and cheerful.

0078 clarify [klǽrəfài]
ⓥ 명백하게 설명하다, 맑게 하다   5
explain, interpret, simplify
clarifier ⓝ 깨끗하게 하는 것, 정화기
Costumes can **clarify** the relationships among characters.

0079 clearing [klíəriŋ]
ⓝ 청산, 청소, 장애물 제거   2
space, glade, clarification
The United States government became involved in **clearing** slums in the 1930's.

0080 declare [diklέər]
ⓥ 선언하다, 선포하다   6
announce, assert, proclaim
declaration ⓝ 선언, 포고, 신고
Some State and local officials were **declared** as the winners in each competition.

Voca Expansion

★ **clare- / clair-** 《라틴어》 분명한, 깨끗한 **clarity** 명쾌함, 투명함 **clarion** 클라리온 (소리가 맑은 악기) **cleanse** 깨끗이 하다, 고치다 **clairvoyance** 투시, 투시력, 천리안 **clair-audience** 초인적 청력

★ **pur-** 《라틴어》 깨끗한 **pure** 순수한, 깨끗한, 단순한 **purify** 정화하다, 청결히 하다 **purge** 깨끗이 씻다 → 정화하다 → 추방하다 **expurgate** 지우다, 삭제하다, 씻어 버리다 **impure** (깨끗하지 않은) → 더러운, 외설스런, 불결한

비닐 플라스틱은 본래 **투명하고** 단단하다. | 아기의 주변 환경은 반드시 **깨끗하고** 안전하고 밝아야 한다. | 코스튬 (시대 의상)은 등장인물 간의 관계를 **명확히 할 수 있다.** | 미국 정부는 1930년대에 빈민가 **청산**에 관여하기 시작하였다. | 몇몇 주정부와 지방공무원들이 각 경쟁에서 우승자로 **발표되었다.**

DAY 3_Roots ③

| -clude
= close 닫다
-clus / -close
= shut 닫다 | • in (into) + clude (close) 안에 가두다 → **포함하다**
• ex (out) + clude (close) 못 들어오게 하다 → **제외하다**
• con (complete) + clude (close) 완전히 닫다, 가두다 → **끝내다, 결론짓다**
• en (into) + close (close) 안에 넣고 문을 닫다 → **에워싸다, 동봉하다**
• re (back) + clus (close) + ive (A) 뒤로 가서 문을 닫는 → **속세를 떠난, 은둔한** |

0081 include [inklú:d]   4

ⓥ (안에 가두다) → 포함하다, 넣다, 에워싸다

comprise, involve ↔ exclude
inclusion ⓝ 포함, 함유물 inclusive ⓐ 포함하여, 포괄적인
Carbohydrates **include** all sugars and starches.

▶ carbohydrate 탄수화물, 당질

0082 exclude [iksklú:d]   9

ⓥ (못 들어오게 하다) → 제외하다, 차단하다

except ↔ include
exclusive ⓐ 배타적인, 독점적인 exclusion ⓝ 제외, 추방
Many religions **exclude** women from the priesthood.

▶ priesthood 사제직, 사제들

0083 conclude [kənklú:d]   9

ⓥ 끝내다; 결론짓다

infer; close, finish ↔ begin, commence, start
conclusion ⓝ 결말, 결론
The ancients **concluded** that the sun, moon, and planets orbit a motionless Earth.

0084 enclose [inklóuz]   6

ⓥ 에워싸다, 동봉하다, 넣다

surround, circle, bound, fence
Parentheses (), brackets [], and braces {} often **enclose** quantities or numbers.

0085 reclusive [riklú:siv]   5

ⓐ 세상을 버린, 은둔한, 쓸쓸한

hermit
Emily Dickinson was **reclusive**, and much about her is unknown.

Voca Expansion

★ **clud, clus-** 《라틴어》 닫다 **disclose** 폭로하다 **preclude** (미리 닫아 버리다) → 배제하다, 방해하다 **seclude** 떨어지게 하다 **inclusive** 포함하여, 포괄적인 **disclosure** (감추어져 있던 것을 떼어 내다) → 폭로, 발각 **exclusive** 배타적인, 독점적인 **exclusion** 제외, 배제 **closet** (수도원의 작은 방) → 벽장, 비밀방

탄수화물은 모든 당분과 전분을 **포함한다**. | 많은 종교들이 성직에서 여성을 **제외시킨다**. | 고대인들은 태양과 달, 행성들은 움직이지 않는 지구를 (중심으로) 돈다고 **결론 지었다**. | 소괄호 ( ), 각괄호 [ ]와 중괄호 { }는 종종 수량 또는 숫자를 **묶는다**. | 에밀리 디킨슨은 **은둔하**였고 그녀에 대해서 많은 것들이 알려지지 않았다.

cred-
= believe, trust 믿다

- cred (believe) + it (item, N) 믿을 수 있는 것 → 신뢰, 신용
- ac (to) + cred (believe) + it (N) 믿을 수 있게 하는 → 믿다, 인가하다
- creed (belief) 믿는 것 → 신념, 신조
- cred (believe) + ible (A) 믿을 수 있는 → 신뢰할 수 있는 → 확실한
- cred (believe) + it + or (N) 믿을 것을 가진 → 채권자

0086 credit [krédit]

ⓝ 신뢰, 신용, 명예

belief, trust ↔ discredit, distrust
rely on, accept ⓥ 믿다, 학점을 주다 creditable ⓐ 칭찬할 만한, 훌륭한
Some people take extension courses to earn **credit** toward a college degree.

▶ college degree 학점

0087 accredit [əkrédit]

ⓥ ~으로 돌리다, 믿다, 인가하다

attribute, certify
accreditation ⓝ 인가, 신임장 accredited ⓐ 품질 인증된, 합격의, 정통의
A committee of council **accredited** school.

0088 creed [kri:d]

ⓝ 신념, 신조, 교의

belief, principles, doctrine
It is the only **creed** used in church services.

▶ church services 교회 예배

0089 credible [krédəbl]

ⓐ 신뢰할 수 있는, 확실한

believable, dependable, convincing ↔ incredible
credibility ⓝ 믿을 수 있음, 진실성
Watson and Crick revealed that DNA is a more **credible** candidate for the genetic material.

▶ genetic material 유전물질

0090 creditor [kréditər]

ⓝ 채권자

lender, loaner ↔ debtor
He had many debts, and his **creditors** demanded payment.

Voca Expansion

★ cred- 믿는 discredit 불신, 불명예 credulous 잘 믿는, 속기 쉬운 credentials 신임장, 성적 증명서 credo 신조 credence 신용, 신임 credulity 믿기 쉬움, 고지식함

어떤 사람들은 대학 학위를 위한 **학점**을 따기 위해 공개강좌도 듣는다. | 교수 평의회는 학교 설립을 **인가했다**. | 그것은 교회 예배에서 사용하는 유일한 **교리**이다. | 왓슨과 크릭은 DNA가 유전물질로서 더 **신뢰할만한** 후보자라고 밝혔다. | 그는 많은 빚을 졌고 그의 **채권자**들은 지불을 요구했다.

DAY 3_Roots ③

> **dic- / dict-**
> = say, declare 말하다
>
> - dict (say) + ate (V) 말하다 → 명령하다, 구술하다, 받아쓰게 하다
> - dict (say) + ion + ary (N) 단어집 → 사전, 용어사전
> - contra (against) + dict (say) 반대하여 말하다 → 부인하다, 모순되다
> - pre (before) + dict (say) 미리 말하다 → 예언하다, 예보하다
> - dict (say) + ate + or (N) 말하는 사람 → 독재자, 지배자

0091 dictate [díkteit]

v (말하다) → 구술하다, 받아쓰게 하다   5

speak, say
Laws in many countries **dictate** when and how many game animals can be killed.

0092 dictionary [díkʃənəri]

n (단어집) → 사전, 용어 사전   4

workbook, vocabulary, diction, lexicon
No **dictionary** records all the words of our language.

0093 contradict [kɔ̀ntrədíkt]

v (반대하여 말하다) → 부인하다, 모순되다   9

refute, controvert
contradiction **n** 부정, 모순
The theory of evolution **contradicted** the belief that God created human beings.

0094 predict [pridíkt]

v (미리 말하다) → 예언하다, 예보하다   7

foretell, forecast, prophesy
prediction **n** 예보, 예언
Meteorologists try to **predict** the weather.

▶ meteorologists 기상학자들

0095 dictator [diktéitər]

n 독재자, 지배자   6

autocrat, tyrant
Many of Park's opponents denounced him as a **dictator**.

▶ denounced 맹렬히 비난하다

Voca Expansion

★ **dic- / dict-** 〈라틴어〉 말하다 **indicate** 나타내다, 표시하다 **indict** 기소하다, 고발하다 **abdicate** 지위를 포기하다, 퇴위하다, 기권하다 **addict** ~에 빠지게 되다, 탐닉하다 **dedicate** 봉헌하다, 제공하다, 생애를 바치다 **predicate** 단언하다 **benediction** 축복 **malediction** 악담, 저주 **valediction** 고별사 **verdict** 평결, 결정 **condition** 상태, 신분, 지위 **tradition** 전설, 구전, 관습, 관례

많은 국가에서의 법이 언제 얼마나 많은 사냥 동물들이 죽임을 당하는지 **말하고 있다**. | 어떤 **사전**도 우리 언어의 모든 단어를 기록하지 못한다. | 진화론은 신이 인간을 창조했다는 믿음을 **반박**했다. | 기상학자들은 날씨를 **예측**하려고 노력한다. | 많은 박 씨의 반대자들은 그를 **독재자**라고 비난했다.

don- / -don / -dot = give 주다

- **don** (give) + ate (V) 주다 → 기부하다, 제공하다
- con (together) + **done** (give) 함께 주다 → 용서하다, 속죄하다
- an (not) + ec (out) + **dote** (give) 나와 있지 않은 것 → 일화, 비화
- anti (against) + **dote** (give) 반대의 것을 주다 → 해독제
- **don** (give) + or (A) 주는 사람 → 기증자, 증여자

0096 donate [dounéit]
ⓥ 기부 [기증]하다, 제공하다 — 6
contribute, give, present
donation ⓝ 기부, 기부금
The sodium atom **donates** the electron that chlorine is able to accept.
▶ sodium 나트륨 chlorine 염소

0097 condone [kəndóun]
ⓥ 묵과하다, 용서하다, 속죄하다 — 5
overlook, excuse, pardon
The boss **condoned** her absence to work because of her family problems.

0098 anecdote [ǽnikdòut]
ⓝ 일화, 기담, 비화 — 5
story, tale
anecdotal ⓐ 일화의, 일화적인
An **anecdote** is a short account of an incident, often humorous.

0099 antidote [ǽntidòut]
ⓝ 해독제 — 7
detoxicant, counterpoison
Milk acts as an **antidote** for some poisons.
▶ acts as ~로서 작용하다

0100 donor [dóunər]
ⓝ 기증자, 증여자 — 6
contributor, giver
Red Cross collects the blood and tissues annually from voluntary **donors**.
▶ tissues 조직

Voca Expansion

★ **don- / dot- / dos-** 〈라틴어〉 주다 **pardon** 사면, 용서, 면죄 **endow** ~기부하다, 부여하다 **dosage** 투약, 조제, 복용량 **overdose** 약을 지나치게 먹다

소듐(Na) 원자는 염소(Cl)가 받아들일 수 있는 원자를 **제공한다**. | 그 사장은 집안 문제로 결근한 그녀를 **너그럽게 봐주었다**. | **일화**는 사건에 대한, 때로는 재미있는 짧은 설명이다. | 우유는 몇 가지 독에 대해서 **해독제**로서 작용한다. | 적십자는 자발적인 **기증자**로부터 매년 혈액과 조직을 모은다.

DAY 3_Roots ③

> **duc- / duct-**
> = lead 안내하다
>
> - con (together) + duct (lead) 함께 이끌다 → 지휘하다, 이끌어 내다
> - in (into) + duce (lead) 안으로 들여오다 → 야기하다, 권유하다
> - intro (into) + duce (lead) 안으로 들여오다 → 소개하다
> - pro (forward) + duce (lead) 앞으로 이끌다 → 생산하다, 만들다
> - e (out) + duc (lead) + ate (V) 밖으로 이끌다 → 교육하다, 육성하다

0101 conduct [kəndʌ́kt] [kándʌkt] 8

ⓥ 행동하다, 지휘하다, 이끌어 내다 ⓝ 행위, 행실; 지도, 안내

carry out, run, accompany / behavior, running, administration, management

Congressional committees **conduct** the investigations.

0102 induce [indjúːs] 7

ⓥ 야기하다, 권유하다

cause, evoke, persuade, prompt, stimulate ↔ prevent, deduce
inducement ⓝ 권유, 유도 induct ⓥ 인도하다, 안내하다 inductive ⓐ 귀납의, 유도의
This movement **induces** an electric voltage in the coil which passes to the amplifier.
▶ amplifier 증폭기

0103 introduce [ìntrədjúːs] 8

ⓥ 들여오다, 시작하다, 소개하다

bring, launch, present, suggest
introduction ⓝ 도입, 소개, 입문 introductory (=introductive) ⓐ 소개의, 서론의, 예비의
Children's literature **introduces** readers to the wonders of science and the beauty of art.

0104 produce [prədjúːs] 9

ⓥ 생산하다, 만들다, 일으키다, 제시하다

create, generate, yield, provide ↔ consume
product ⓝ 생산품, 작품, 결과 producer ⓝ 생산자, 제작자 production ⓝ 생산, 제조, 제품
productivity ⓝ 생산성, 다산성
Nuclear plants **produce** electricity in the same way that fossil-fueled plants do.

0105 educate [édʒukèit] 6

ⓥ (끌어내다) → 교육하다, 육성하다

teach, school, train
educe ⓥ (잠재력을) 이끌어 내다
Lawrence has been **educated** in England.

Voca Expansion

★ **duce- / duct-** 《라틴어》 이끌다 reduce 줄이다 deduce 연역하다, 추론하다 seduce 유혹하다, 타락시키다 conduction 끌어들임, 유도 conductive 전도성의, 전도력 있는 conducive 도움이 되는, 이바지하는 ductile 유순한, 잡아 늘일 수 있는 abduct 유괴하다, 외전시키다 deduct 빼다, 공제하다 aqueduct 수로

의회 위원회는 조사를 **실시한다**. | 이 운동은 증폭기를 지나는 코일에 전기전압을 **유도한다**. | 아동문학은 과학의 경이로움과 예술의 아름다움을 독자에게 **소개한다**. | 핵발전소는 화석연료 발전소가 그러하듯이 똑같은 방법으로 전기를 **생산한다**. | 로렌스는 영국에서 **교육을 받아 왔다**.

> **fac- / fact-**
> = make 만들다
>
> - **fact (make)** + or (N) 만드는 사람 → 요인
> - **fac (make)** + simile (like) 같은 것을 만드는 → 복사, 모사
> - **facili (make)** + ty (N) 만든 것 → 설비, 시설, 편의
> - satis (enough) + **fac (make)** + tion (N) 충분하게 만드는 것 → 만족
> - **facul (make)** + ty (N) 만드는 → 능력, 재능, 기능

0106 factor
[fǽktər]

n 요인, 원인   4

element, ingredient, item
fact (n) 실제, 진상
No one **factor** determines sexual orientation.

▸ sexual orientation 성적 취향

0107 facsimile
[fæksíməli]

n 복사, 모사, 사진 전송   3

imitation, copy, duplication
Facsimile machines on spacecraft also can receive information from the earth.

0108 facility
[fəsíləti]

n 설비, 시설, 편의, 재능   7

amenity, opportunity, ability
facilitate (v) 용이하게 하다, 쉽게 하다   facile (a) 손쉬운, 편리한
Many cities lack sufficient parks and recreational **facilities**.

0109 satisfaction
[sætisfǽkʃən]

n 만족, 만족을 주는 것   7

fulfilment, pleasure, achievement
Many people perform music for their own **satisfaction**.

0110 faculty
[fǽkəlti]

n 능력, 재능, 기능; 학부   8

capacity, aptitude; department, faculty
facultative (a) 특권을 주는, 임의의, 능력의
Administrative officers evaluated the courses, **facilities**, and faculties at art schools.

Voca Expansion

★ **fac- / fact-** 〈라틴어〉 만들다 **facile** 손쉬운, 편리한 **factitious** 인위적인, 가짜의 **factual** 사실상의, 실제의 **artefact** 인공물, 가공물 **benefaction** 선행 **malefaction** 악행, 범행 **manufacture** 제조 **feces** 배설물, 찌끼 **fecund** 다산의, 비옥한

하나의 **요인**이 성적 취향을 결정하지는 않는다. | 우주선에 있는 **팩스 기기**도 역시 지구로부터 보내온 정보를 받을 수 있다. | 많은 도시들이 충분한 공원과 오락 **시설**이 부족하다. | 많은 사람들은 그들 자신의 **만족**을 위해 음악을 연주한다. | 행정공무원이 예술 학교의 과정, 시설 및 **학부**에 대해 평가했다.

DAY 3_Roots ③

| gen-
= birth 태어난 | • geni (birth) + us (N) 타고난 사람 → 천재
• genu (birth) + ine (N) 타고난 성질의 → 진짜의, 타고난
• geni (birth) + al (A) 타고난 성질의 → 정다운, 친절한
• gene (gene) 타고난 → 유전자
• gen (birth) + er + ate (V) 타고나게 하는 → 일으키다, 낳다 |

0111 genius [dʒíːnjəs] 5

ⓝ 천재, 특수한 재능

brilliance, talent, gift

This novel shows writer's **genius** at creating colorful characters and breathtaking action and suspense.

0112 genuine [dʒénjuin] 7

ⓐ 진짜의, 타고난, 진실된

authentic, real, true ↔ artificial, false, fake

Imitation pearls resemble **genuine** pearls.

0113 genial [dʒíːnjəl] 4

ⓐ 정다운, 친절한, 온화한

mild, kind, amiable

Bruce was gallant, **genial**, and a tireless fighter.

▶ tireless 지칠 줄 모르는

0114 gene [dʒiːn] 6

ⓝ 유전자, 유전인자 ⓐ 기원의, 발생적인, 유전학적인

heredity / genetic

genetics ⓝ 유전학 genome ⓝ 지놈 (한 생물의 염색체 한 세트)

Genes are activated by enzyme to transcript to messenger RNA.

▶ be activated by ~에 의해 활성화되다

0115 generate [dʒénərèit] 9

ⓥ 일으키다, 발생시키다, 낳다

produce, create, originate ↔ end

generation ⓝ 세대, 동시대의 사람들, 발생 generative ⓐ 생산하는, 생식력 있는

Petroleum fuels **generate** heat and electricity for many houses and business places.

Voca Expansion

★ **gen-** 《라틴어》 발생하는 **progeny** 자손, 아이들, 결과 **indigenous** 토착의, 그 지역 고유의, 원산의 **generous** 아끼지 않는, 관대한 **homogeneous** 역사적 상동의, 균질의 **homogenise** 균질화하다, 통일하다

이 소설은 다채로운 등장인물과 숨이 막히는 액션, 서스펜스를 만들어 내는 작가의 **천재성**을 보여 준다. | 모조 진주는 **진짜** 진주와 비슷하다. | 브루스는 용감하고 **친절하고** 지칠 줄 모르는 싸움꾼이었다. | **유전자**는 메신저 RNA로 전사하기 위해서 효소에 의해 활성화된다. | 석유 연료는 많은 가정과 사업장을 위한 열과 전기를 **발생시킨다**.

| **-gest / ger-** = carry 나르다 | • di (divide) + gest (carry) 따로따로 나르다 → 소화하다
• sug (under) + gest (carry) 아래에서 나르다 → 제시하다, 암시하다
• ex (out) + ag (drive) + ger (produce) + ate (V) 쌓아 올리다 → 과장하다
• gest (carry) + ure (N) 거동하다 → 몸짓, 행위
• con (complete) + gest (carry) + ion (N) 다 같이 나르는 → 밀집, 혼잡 |

0116 digest
[didʒést]

ⓥ (따로따로 나르다) → 소화하다, 요약하다   4

absorb, ingest ↔ indigest
digestive ⓐ 소화를 돕는, 소화를 촉진하는 digestion ⓝ 소화, 소화력
As the body **digests** food, the food is broken down into the various nutrients.

▶ nutrients 영양소

0117 suggest
[sədʒést]

ⓥ 제의하다, 암시하다 ⓝ 암시, 연상   7

advise, imply, recommend / suggestion
suggestive ⓐ 암시하는, 연상시키는
A master plan may **suggest** ways to improve the readability of young readers.

0118 exaggerate
[igzædʒərèit]

ⓥ (쌓아 올리다) → 과장하다, 과대시하다   5

enlarge, magnify, overstate ↔ understate
exaggeration ⓝ 과장, 과장된 표현
Parodists **exaggerate** Hemingway's crisp style and James's complicated sentences.

▶ crisp 산뜻한, 바삭바삭한

0119 gesture
[dʒéstʃər]

ⓝ (거동하다) → 몸짓, 눈치, 행위, 표시   4

motion, movement
His movements and **gestures** are graceful, his walk majestic.

0120 congestion
[kəndʒéstʃən]

ⓝ 밀집, 폭주, 혼잡   4

over-crowding, jam
congest ⓥ 혼잡하게 하다
Traffic **congestion** on streets and highways increases transportation times.

Voca Expansion

★ **fer-** 〈라틴어〉 나르다 **confer** 수여하다, 협력하다 **defer** 연기하다, 미루다 **differ** 다르다, 틀리다 **infer** 결론에 도달하다, 추론하다 **interfere** 방해가 되다, 충돌하다 **offer** 제공하다, 바치다 **prefer** 좋아하다, 제출하다 **suffer** 고통 받다, 겪다 → 허용하다 **transfer** 움직이다, 양도하다 **ferry** 나루터 **fertile** (쉽게 나를 수 있는) → 기름진, 비옥한 **luciferous** 빛 나는, 빛을 발하는

몸이 음식을 **소화시키**면서 음식은 다양한 영양소로 잘게 부서진다. | 종합 기본 계획이 어린 독자들의 읽을 줄 아는 능력을 향상시킬 방법을 **제시할 것이다**. | 패러디 작가들은 헤밍웨이의 산뜻한 스타일과 제임스의 복잡한 문장을 **과장한다**. | 그의 움직임과 **몸짓**은 우아하고 그의 걸음은 위엄이 있다. | 거리와 고속도로의 교통 **혼잡**은 교통시간을 증가시킨다.

DAY 4_Roots ④

> **her- / -her / herit-**
> = heir 상속인
>
> - **herit (heir)** + age 물려받은 상태, 결과 → 유산
> - in (make) + **herit (heir)** 물려받는 → 상속하다, 물려받다
> - **heir (heir)** 유산 받는 자 → 상속인, 후계자
> - **hered (heir)** + ity (N) 유전의 성질 → 유전, 계승
> - in (into) + **her (heir)** + ent (A) 안으로 물려받은 → 내재된, 상속 받은

0121 heritage [héritidʒ]
ⓝ 유산 5

inheritance, heredity, birthright
heir ⓝ 상속인
A number of Latin American composers began to express their national **heritage** in their music.

0122 inherit [inhérit]
ⓥ 상속하다, 물려받다 7

receive, be left
inheritor ⓝ 상속인, 후계자 inheritrix ⓝ 여상속인
Victoria **inherited** a throne that had lost power, dignity, and prestige.

0123 heir [ɛər]
ⓝ 상속인, 후계자 [계승자] 4

successor, beneficiary, inheritor
Before he died in 1199, Richard had made John his **heir**.

0124 heredity [hərédəti]
ⓝ 유전, 유전적 형질, 계승 5

inherited traits
Chromosomes carry large numbers of genes, the basic units of **heredity**.

▶ chromosomes 염색체

0125 inherent [inhíərənt]
ⓐ 물려받은, 상속 받은, 내재된 5

intrinsic, natural, essential, native
Jean's book, *Who Do You Love*, details the disappointments of love and people's **inherent** loneliness.

Voca Expansion

★ **her- / herit-** 《그리스어》 물려받은 **inheritance** 유산 **hereditable** 상속시킬 수 있는, 유전하는 **coinheritance** 공동 상속 **disinherit** 상속권을 박탈하다 **heir-at-law** 법적 상속인

★ **here- / hes-** 《그리스어》 부착하다 **hesitant** 주저하는, 분명치 않은 **adhere** 부착하다, 고수하다, 충실하다 **cohere** 밀착하다, 결합하다, 일치하다 **incoherent** 논리가 맞지 않은, 모순된 **inhere** (성질) 타고나다

다수의 라틴 아메리카의 작곡가들은 자신들의 음악에 그들의 국가 **유산**을 표현하기 시작했다. | 빅토리아는 권력과 존엄과 위신을 잃어버린 왕좌를 **물려받았다**. | 그가 1199년에 죽기 전에 리처드는 존을 그의 **후계자**로 삼았다. | 염색체는 **유전**의 기본단위인 많은 유전자를 운반한다. | 진의 저서 「Who do you love」는 사랑의 실망감과 사람들의 **내재된** 외로움에 대해 상세히 설명한다.

hum- / human- / humil-
= ground 땅

- hum (ground) + bl (throw) + e (A) 땅바닥에 내던져진 → **겸손한, 비천한**
- humil (ground) + ity (N) 땅의 성질을 아는 것 → **겸손**
- human (ground) + ity (N) 인간의 본질을 아는 것 → **인류, 인간성**
- humus (ground) 흙, 땅의 → **부식토**
- humili (ground) + a + tion (N) 땅으로 내던져진 것 → **창피, 굴욕**

0126 humble [hʌmbl]

ⓐ 겸손한, 비천한 ⓥ 비하하다, 꺾다   5

modest, unpretentious / humiliate, disgrace ↔ proud, noble
The term "Uncle Tom" describes a black man who adopts a **humble** manner to gain favor with whites.

0127 humility [hjuːmíləti]

ⓝ 겸손, 비하   6

mean
He was a man of genuine **humility**.

0128 humanity [hjuːmǽnəti]

ⓝ 인류, 인간성, 인간애   4

humankind, humanness
humanism ⓝ 인문주의, 인간성 humanistic ⓐ 인본주의적인
Satire presents the weaknesses of **humanity** and makes fun of them.

▶ satire 풍자

0129 humus [hjúːməs]

ⓝ (흙) → 부식, 부식토   4

earth soil
Bacteria in the soil break down the **humus** into nutrients needed by plants.

0130 humiliate [hjuːmílièit]

ⓥ 굴욕감을 느끼게 하다, 창피를 주다   9

dishonor, disgrace, shame ↔ honour
humiliation ⓝ 창피 당함, 굴욕
Ju-hyeon systematically **humiliates** So-hyeon to cure her of her temper.

▶ systematically 체계적으로, 조직적으로

Voca Expansion

★ **hume- / humil- / human-** 〈라틴어〉 땅의 **exhume** (땅을 파내다) → (시체를) 발굴하다, (무덤을) 파내다 **human** 인간의, 사람의, 인간의 모습을 한 **inhuman** 비인간적인 → 몰인정한, 냉혹한, 잔인한 **humanitarian** 인도주의의, 인간애의

'Uncle Tom'이란 용어는 백인들의 호감을 얻기 위해 **겸손한** 방식을 선택한 흑인을 묘사한다. | 그는 진정 **겸손한** 사람이었다. | 풍자는 **인간성**의 약점을 보여 주고 그들을 웃음거리로 만든다. | 토양 속의 세균은 **부식토**를 식물이 필요로 하는 영양원으로 분해한다. | 주현이는 소현이가 그녀의 성질을 치료하도록 체계적으로 **창피를 준다**.

DAY 4_Roots ④

jac- / jec- / ject- / jet- = throw 던지다	• in (into) + ject (throw) 안으로 던지다 → 주입하다, 삽입하다 • pro (before) + ject (throw) 앞에 던지다 → 계획하다, 발사하다 • ob (opposite) + ject (throw) 반대로 던지다 → 반대하다, 항의하다 • re (back) + ject (throw) 뒤로 던지다 → 거부하다, 거절하다 • ad (to) + jac (throw) + ent (A) 던져서 닿는 곳의 → 이웃의, 직전의

0131 inject
[indʒékt]

ⓥ (안으로 던지다) → 주사 [주입]하다, 삽입하다 6

introduce, insert, vaccinate
Doctors **inject** minute amounts of vitamin to treat people with pernicious anemia.

▶ minute 소량의 pernicious anemia 악성 빈혈

0132 project
[prádʒekt]

ⓥ (앞에 던지다) → 계획하다, 발사하다 5

forecast, expect, estimate
A front-projection system **projects** a picture in front of the screen.

0133 object
[ábdʒikt]

ⓥ (반대로 던지다) → 반대하다, 항의하다 ⓝ 물건, 목적, 대상 7

against, oppose ↔ subject, agree / thing, aim
objection ⓝ 반대, 이의 objective ⓐ 목표의, 객관적인 ⓝ 목표, 목적
As the Europeans took the land for their own, the Indians **objected**.

0134 reject
[ridʒékt]

ⓥ (뒤로 던지다) → 거절하다, 거부하다 7

decline, refuse ↔ accept, receive
rejection ⓝ 거절
Teachers **reject** war and stress peace education.

0135 adjacent
[ədʒéisnt]

ⓐ 이웃의, 직전의 4

adjoining, near ↔ nonadjacent
adjacency ⓝ 이웃, 인접지
Long time ago, the Himalaya and the **adjacent** Tibetan plateau began to rise in southern Asia.

▶ plateau 고원

Voca Expansion

★ **jac- / jec- / ject- / jet-** 〈라틴어〉 던지다 **eject** (밖으로 던지다) → 쫓아내다, 추방하다, 퇴거시키다, 배출하다 **conject** (함께 던지다) → 계획하다, 개요하다 **conjecture** (함께 던지다) → 어림짐작, 추측, 억측 **subject** (아래에 던져 놓는) → 주제, 제목, 실체 / 지배를 받는 **circumjacent** 주변의 **interjacent** 사이에 있는 **trajectory** 탄도

의사들은 악성 빈혈이 있는 사람들을 치료하기 위하여 소량의 비타민을 **주사한다**. | 전방 주사 시스템은 스크린 앞에 그림을 **투사한다**. | 유럽인들이 그들의 땅을 빼앗으려고 하자 인디언들은 **반대했다**. | 선생님은 싸움을 **거부하고** 평화적인 교육을 강조한다. | 오래 전 히말라야와 **인접한** 티벳 고원은 남부 아시아에서 상승하기 시작했다.

jud- = judge 판단하는
judi- = law (법의)
judic- / jus- / jur-
= just 정의

- jud (just) + dge (say) 정의를 말하는 사람 → 판단하다 / 재판관
- judic (judge) + al (A) 법의 성질의 → 사법의, 재판의
- jud (just) + dge (say) + ment 정의를 내리는 것 → 판단, 판단력, 재판
- pre (before) + judi (just) + ce (추상형 N) 미리 내리는 판단 → 편견, 적대감, 침해
- justi (just) + ce (추상형 N) 정의 → 정의, 정당, 사법

0136 judge
[dʒʌdʒ]

v 평가하다, 판단하다; 심판하다 **n** 재판관; 전문가

estimate, evaluate; adjudicate, referee / justice; expert, specialist
judgement ⓝ 판단, 심판, 감정
American Indians have **judged** folk songs by their power, not by their beauty.

0137 judicial
[dʒuːdíʃəl]

a 사법의, 재판의

legal, official
judicious ⓐ 사려 분별이 있는, 현명한
A supreme court is the heads the **judicial** system of each state.

▶ supreme court 대법원

0138 judgment
[dʒʌdʒmənt]

n 판단, 판단력, 재판

decision
He developed great confidence in his own **judgment**, and an ability to learn from experience.

0139 prejudice
[prédʒudis]

n (미리 내린 판단) → 편견, 적대감, 침해

discrimination, injustice, bias
Racial prejudice is the most difficult **prejudice** to do away with.

▶ Racial prejudice 인종편견

0140 justice
[dʒʌstis]

n 정의, 정당, 사법

fairness, judge
He will return at the end of time to restore **justice** on earth.

Voca Expansion

★ **jud- / judi- / jus- / jur-** 〈라틴어〉 판단하다 **adjure** 엄명하다, 간청하다 **adjudicate** 판결하다, 선고하다 **judgmatic** 사려 분별 있는 **judicature** 사법부 **justification** 정당화, 변명 **injustice** 불법, 부정, 불공평, 권리침해 **extrajudicial** 사법 관할 외의 **just** 올바른, 공평한, 정당한

아메리카 인디언들은 민요를 그들의 아름다움이 아닌 그들의 권력으로 **판단했다**. | 대법원은 각 국가의 **사법** 시스템의 상부이다. | 그는 그 자신의 **판단**과 경험으로부터 배울 수 있는 능력에 큰 자신감을 발달시켰다. | 인종 편견은 가장 없애기 어려운 **편견**이다. | 그는 이 땅에 **정의**가 복원되는 마지막 순간에 돌아올 것이다.

DAY 4_Roots ④

| labor- / -labor-
= work 일하다 | • labor (work) 노동, 근로 → 수고
• labor (work) + at + ory (N) 일하는 곳인 → 실험실, 연습실
• e + labor (work) + ate (A) 노동이 많이 들어가는 → 공들인, 정교한
• labor (work) + (i) + ous (A) 힘이 드는 → 근면한
• col (com-) + labor (work) + ate (V) 함께 일하다 → 협력하다 |

0141 labour [léibər]

ⓝ 노동 [력], 근로 → 수고   5

task, work ↔ relax, rest
laborious ⓐ 힘이 드는, 공들인, 근면한
Indians and Chinese furnished cheap **labour**.

0142 laboratory [ləbɔ́rətəri]

ⓝ 실험실, 연습실   6

lab
The FBI **Laboratory** is the world's finest crime laboratory.

0143 elaborate [ilǽbərət]

ⓐ 공들인, 복잡한, 정교한 ⓥ 상세히 말하다, 정교해지다   8

complicated, involved / develop, detail ↔ plain, simple
elaboration ⓝ 복잡함, 정교
Baroque music was **elaborate** and emotional.

0144 laborious [ləbɔ́:riəs]

ⓐ 힘이 드는, 근면한   7

industrious
The computer eliminates **laborious** hand coloring and offers a vast choice of colors.

0145 collaborate [kəlǽbərèit]

ⓥ 공동으로 일하다, 협력하다   5

work together, team up, cooperate
Bray **collaborated** with animator Earl Hurd, who had patented the cel technique.

▸ patented 특허를 받다, 특허권, 특허의

Voca Expansion

★ **labour-** 《라틴어》 일하다 **laborsome** 힘이 드는 **collaboration** 협동, 합작, 원조
★ **lab- / labi-** 《라틴어》 입술의 **labial** 입술의 **labium** 입술 **labiodental** 순 치음의

인디언과 중국인들은 값싼 **노동력**을 공급했다. | FBI **실험실**은 세계 최고의 범죄 연구소이다. | 바로크 음악은 **정교**하고 감정적이었다. | 컴퓨터는 **힘든** 손으로 하는 색칠을 없애고 광대한 색상의 선택을 제안한다. | 브레이는 cel 기술에 특허를 가진 만화가 얼 허드와 **공동으로 일했다**.

Day 4 Roots ④

loc- / loco-
= place 위치의

- loco (place) + mot (move) + ion (N) 위치가 움직이는 것 → 운동, 이동, 교통기관
- loc (place) + al + ity (N) 장소의 상태 → 장소, 소재
- loc (place) + ate (V) 위치하다 → 정하다 → 밝혀내다
- locus (place) 장소, 위치 → 현장
- re (again) + loc (place) + ate (V) 다시 놓다 → 다시 배치하다, 재배치하다

0146 locomotion [lòukəmóuʃən]
- n 운동, 이동, 교통기관 — 5
- movement, move, travel
- Stevens still wanted to apply steam **locomotion** to railway track.

0147 locality [loukǽləti]
- n 장소, 소재 — 6
- location, place
- Every **locality** once sets its own time by the sun.

0148 locate [loukéit]
- v 정하다, 위치하다; 밝혀내다 — 8
- place, settle; find, discover
- location ⓝ 위치 선정, 소재 local ⓐ 공간의, 지방의 locative ⓐ 위치를 나타내는
- Sharks can **locate** and capture a fish by sensing the small electrical field produced by its gills.
  ▶ gills 아가미

0149 locus [lóukəs]
- n 장소, 위치, 현장; 유전자 자리 — 3
- site, locale, scene
- This office is used for the **locus** of decision-making.
  ▶ decision-making 의사결정의

0150 relocate [ri:lóukèit]
- v 다시 배치하다, 재배치하다, 이전(이동)시키다 — 5
- remove
- By the mid-1950's, even factories had begun to **relocate** in the suburbs.

Voca Expansion

★ **loc- / loco-** 〈라틴어〉 장소, 위치하다 **local** 장소의 → 부분적인 → 지방특유의 **locale** 사건의 현장, 소설의 장면 **locus** 장소, 궤도 **loci** 염색체의 위치 **allocate** (장소에 두다) → 할당하다, 배분하다 **collocate** 짝 되게 배치하다 **locomotive** (장소를 옮기다) → 기관차, 운동의, 이동하는

스티븐스는 여전히 증기 **객차**를 철도 트랙에 적용하고 싶어 했다. | 모든 **지역**은 태양이 한 차례 지나간다. | 상어는 자신의 아가미가 만들어 낸 작은 전기장의 감각으로 물고기의 **위치**를 찾아내고 잡을 수 있다. | 이 사무실은 의사결정의 **장소**로 이용된다. | 1950년대 중반에 심지어 공장까지도 교외의 지역에 **이전시키기** 시작했다.

DAY 4_Roots ④

> **man- / manu-**
> = hand 손의
>
> - manu (hand) + al (A) 손으로 하는 → 손의, 수동의, 육체의
> - manu (hand) + fact (make) + ure (N) 손으로 만들다 → 제조하다 / 제품
> - man (hand) + euver 손으로 일하다 → 책략, 술책 / 조정하다
> - manu (hand) + script (writing) 손으로 쓰는 → 원고, 손으로 쓴 것
> - mani (hand) + pul + ate (V) 손으로 다루는 → 교묘하게 다루다

0151 manual [mǽnjuəl]   7

ⓐ 손의, 수동의; 육체 [노동]의

hand-operated, hand; labor
A few men were able to do **manual** labor or to raise farm products that could not be grown in England.

0152 manufacture [mæ̀njufǽktʃər]   6

ⓥ (손으로 만들다) → 제조하다 ⓝ 제조, 제품

make, build, produce / production, creation
Only a few companies **manufacture** airplanes.

0153 maneuver [mənúːvər]   8

ⓝ (손으로 일하다) → 책략, 술책, 작전 행동 ⓥ 조정하다, 작전 행동을 하게 하다

tactics, strategies, act / contrive
Some canoes hold a straight course easily but are difficult to **maneuver** on a river.

0154 manuscript [mǽnjuskrìpt]   6

ⓝ 원고, 손으로 쓴 것

draft, paper
The editor may have to verify the accuracy of certain facts in the **manuscript**.

▶ verify 확인하다, 검증하다

0155 manipulate [mənípjulèit]   8

ⓥ 교묘하게 다루다, 솜씨있게 처리하다

conduct, handle, manage, operate
manipulation ⓝ 교묘한 처리, 조종, 속임수
The CIA **manipulates** the intelligence activities of other countries.

Voca Expansion

★ **man- / manu-** 〈라틴어〉 손의 **manage** 다루다, 관리하다, 제어하다 **manacle** 수갑, 구속 **manner** 방법, 방식, 태도, 습관, 양식 **emancipate** (재산 등을 다른 데로 옮기다) → 해방하다, 자유로워지다 **manifesto** 선언서, 증명서 **manifest** (손에 쥐어진) → 분명히 알 수 있는 → 명백한 **manicure** 매니큐어, 손톱 화장술

★ **chiros-** 〈라틴어〉 손의 **chirography** 필법, 서체 **chirology** 수화법

소수의 사람들이 **육체노동**을 하거나 영국에서 자랄 수 없는 농산물을 기를 수 있었다. | 소수의 회사만이 비행기를 **제조할 수** 있다. | 어떤 카누는 직선 코스를 쉽게 유지하지만 강에서 **조종하기는** 어렵다. | 편집자는 **원고**에 있는 특정한 사실의 정확성을 확인해야 할지도 모른다. | CIA는 다른 나라의 첩보 활동들을 **다룬다**.

med-
= middle 중간의

- medi (middle) + an (A) 중간의 → 중간의, 중앙의
- med (middle) + it + ate (V) 심사숙고하다 → 꾀하다, 명상하다
- medi (middle) + aev (age) + al (A) 중간 시대의 → 중세의, 고풍의
- med (middle) + ium (N) 중간의 상태 → 매개물, 방편, 수단
- inter (between) + medi (middle) + ate (A) 사이에 두다 → 중간의

0156 median [míːdiən]
ⓐ 중앙의, 중간의   6
middle, average
The **median** income of Hispanics is also consistently low.

0157 meditate [médətèit]
ⓥ 꾀하다, 명상하다, 숙고하다   9
think, ponder
Buddhist mystics may **meditate** for hours or even days without moving.

▶ mystics 신비주의자

0158 medieval [mìːdíːvəl]
ⓐ (중간 시대의) → 중세의, 고풍의   7
ancient ↔ modern
The house remains a tourist attraction because it resembles a **medieval** castle.

▶ attraction 끌림, 명소

0159 medium [míːdiəm]
ⓝ 매개물, 수단, 방편   6
matrix, mean, middle
TV and internet soon became a major **medium** for national advertisers.

0160 intermediate [intərmíːdiət]
ⓐ 중간의, 중간에 일어나는 ⓝ 중급자   7
middle, mid, in-between
These two folk tales are the books both for **intermediate** readers.

Voca Expansion

★ **med-** 〈라틴어〉 중간의, 의료의 **medial** 중간의, 중앙의, 보통의 **medieval** 중세의 **mediocre** 이류의 **meditation** 명상, 묵상, 심사숙고 **mediation** 조정, 중재 **Mediterranean** (육지의 중간에 있는) → 지중해의 **immediate** 즉시의, 직접의

★ **meso-** 〈그리스어〉 중간의 **Mesolithic** 중석기 시대의 **mesomorph** 평균키의 사람 **mesothorax** 곤충의 중간 가슴 **Mesozoic** 중생대의

히스패닉계 사람들의 **평균** 임금 또한 항상 낮다. | 불교 신비론자들은 몇 시간 동안 또는 며칠 동안 움직이지 않고 **명상할** 수도 있다. | 그 집은 **중세의** 성을 닮아서 여행객들의 관심을 끈다. | TV와 인터넷은 곧 전국 광고주의 주요 **수단**이 되었다. | 이 두 개의 민속 이야기는 모두 **중간** 단계의 독자들을 위한 책이다.

DAY 5_Roots ⑤

migra- = wander 돌아다니다
mob- / mot- = move 움직이다

- migr (wander) + ate (V) 이동하다 → 이주하다
- e (ex) + migr (wander) + ate (V) 밖으로 이동하다 → 이주하다, 전출하다
- im (in) + migr (wander) + ate (V) 안으로 이동하다 → 이주하다, 전입하다
- pro (forward) + mote (move) 앞으로 움직이다 → 증진하다, 승진시키다
- re (away) + mote (move) 멀리 이동된 → 먼, 멀리 떨어진

0161 migrate
[máigrèit]

v 이주하다 8

emigrate, move, travel, wander ↔ remain
migrant ⓐ 이주하는, 이주성의
Mammals and amphibians cannot easily **migrate** from continents to islands.

▶ amphibians 양서류

0162 emigrate
[émigrèit]

v (밖으로 이동하다) → 이주하다, 전출하다 6

leave, migrate ↔ immigrate
Most Cuban Americans are of Spanish descent **emigrated** from Cuba.

0163 immigrate
[íməgrèit]

v (안으로 이동하다) → 이주하다, 전입하다 7

migrate, enter ↔ emigrate
immigration ⓝ 전입 immigrant ⓝ 전입하는
Southeastern Chinese **immigrated** to California in 1849, after gold was discovered there.

0164 promote
[prəmóut]

v (앞으로 움직이다) → 증진하다, 승진시키다 7

raise, upgrade, elevate
promotion ⓝ 홍보, 판촉 promotable ⓐ 증진시킬 수 있는 promotive ⓐ 조장시키는
promotional ⓐ 홍보의
Banks help **promote** economic growth.

0165 remote
[rimóut]

ⓐ (이동된) → 먼, 멀리 떨어진 6

far, distant ↔ close, near
Many countries cut through forests to build roads to reach **remote** areas.

Voca Expansion

★ **migr-** 돌아다니다 migration 이주, 이동 emigration 이주, 이민 emigrant (다른 나라로 가는) 이민, 이주

★ **mob- / mot- / mov-** 《라틴어》 움직이다 mob 군중, 폭도 mobile 움직이기 쉬운, 이동성이 있는 motile 운동성이 있는 motion 운동 motivate 동기를 부여하다 remove (제거하다) → 치우다, 옮기다 removal 이동, 제거, 해임 emotion (밖으로 움직이다) → 감동, 감정

포유류와 양서류는 대륙에서 섬으로 쉽게 **이동할** 수 없다. | 대부분의 쿠바계 미국인은 쿠바로부터 **이민 온** 스페인계 자손이다. | 남동부 중국인들은 거기서 금이 발견된 1849년 이후에 캘리포니아로 **이주했다**. | 은행은 경제성장을 **촉진하는 데** 도움이 된다. | 많은 국가들이 **먼** 지역에 도달하기 위한 길을 건설하기 위해서 숲을 관통한다.

Day 5 Roots ⑤

> **mit- / miss-**
> = send 보내다
>
> - trans (across) + **mit (send)** 넘어서 보내다 → 부치다, 전하다, 옮기다
> - e (ex) + **mit (send)** 밖으로 보내다 → 방사하다, 내뿜다
> - ad (to) + **mit (send)** 보내다 → 받아들이다, 수용하다
> - o (ob, against) + **mit (send)** ~으로 보내다, 버리다 → 생략하다, 빠뜨리다
> - com (together) + **mit (send)** 끼워 맞추다, 맡기다 → 헌신하다, 위탁하다

0166 transmit [trænzmít]

ⓥ (넘어서 보내다) → 부치다, 전하다, 옮기다   9

pass, send, carry, convey
transmission ⓝ 전달, 전염 transmitter ⓝ 전달자, 송신기
Radio can **transmit** a voice around the world in a fraction of a second.

▸ in a fraction of a second 순식간에

0167 emit [imít]

ⓥ (밖으로 보내다) → 방사하다, 내뿜다   9

emanate, discharge, give off ↔ absorb
emission ⓝ 방사, 발행
The star **emits** such strong X rays, that no life could survive on its planets.

0168 admit [ədmít]

ⓥ 수용하다, 받아들이다   7

allow, agree
The Air forces **admits** women to all programmes.

0169 omit [oumít]

ⓥ (~으로 보내다, 버리다) → 생략하다, 빠뜨리다   6

neglect, overleap ↔ insert
omission ⓝ 생략
A specialised dictionary **omits** most everyday terms.

0170 commit [kəmít]

ⓥ (끼워 맞추다, 맡기다) → 헌신하다, 위탁하다, 범하다; 약속하다   6

dedicate, do; promise
commitment ⓝ 위탁, 공약, 수금 committee ⓝ 위원회
People **commit** crimes for a variety of reasons.

Voca Expansion

★ **mit- / miss-** 《라틴어》 보내다 **committee** (권한을 위임 받은 사람) → 위원회, 수탁자 **mission** 사절단, 사명, 천직 **dismiss** 해산시키다, 해고하다 **permit** 허락하다, 허가하다, 기회를 주다 **intermission** 휴식 시간, 막간, 중지 **admission** 입장, 승인 **message** 전갈, 통신

무선은 목소리를 순식간에 전 세계로 **보낼** 수 있다. | 별은 어떠한 생명체도 그 행성에서는 살아남을 수 없는 강한 X선 같은 것을 **뿜어낸다**. | 공군은 모든 프로그램에 여성을 **받아들인다**. | 특수 사전은 대부분의 일상용어를 **생략한다**. | 사람들은 다양한 이유로 범죄를 **저지른다**.

DAY 5_Roots ⑤

| spect- / spic-
= look 보다 | • in (in) + spect (show) 안을 보다 → 면밀하게 살피다, 점검하다
• re (again) + spect (show) 다시 보다 → 존경, 존중
• pro (forward) + spect (show) 앞을 보다 → 전망, 가망, 기대
• sus (below) + spect (show) 아래로(부터) 보다 → 짐작하다, 의심을 두다
• spec (show) + ul + ate (V) 보다 → 사색하다, 추측하다 |

0171 inspect [inspékt]

ⓥ (안을 보다) → 면밀하게 살피다, 점검하다 8

examine, scrutinise
inspection ⓝ 검사
When ships enter into a port of another country, they are **inspected** for diseases.

0172 respect [rispékt]

ⓝ 존경, 존중 ⓥ 존경하다; 준수하다 8

adore, esteem ↔ dishonour / think highly of; obey, observe
respective ⓐ 저마다의, 각자의 respectable ⓐ 존경할 만한
His **respect** for his elders and his dependability made him admired.

▶ dependability 신뢰성, 믿을 수 있음

0173 prospect [práspekt]

ⓝ (앞을 보다) → 전망, 가망, 기대 ⓐ 예상된, 기대되는 6

anticipation, expectation, view ↔ retrospect / prospective
prospectus ⓝ 취지서, 내용 안내서
The **prospect** of human beings traveling in space greatly worried scientists.

0174 suspect [səspékt]

ⓥ (아래로(부터) 보다) → 짐작하다, 의심을 두다 7

distrust, doubt ↔ trust
susceptible ⓐ 의심할 수 있는 suspicious ⓐ 의심을 하는, 수상쩍은 suspicion ⓝ 혐의, 의심
Astronomers **suspect** that the asteroid is so light because it is full of tiny holes.

▶ astronomer 천문학자 asteroid 소행성

0175 speculate [spékjulèit]

ⓥ (보다) → 사색하다, 추측하다 9

conjecture, contemplate, guess; venture
speculation ⓝ 사색, 추측 speculator ⓝ 사색가, 투기꾼
For at least 2,000 years, scholars have **speculated** about how myths began.

Voca Expansion

★ **spec- / spic-** 《라틴어》 보다 **circumspect** 신중한, 충분히 고려한 **specimen** 견본, 표본 **spectacle** 광경, 안경 **spectrum** (눈에 보이는 것) → (물) 스펙트럼, 분광, 잔상 **spectacular** 구경거리의, 장관의 → 호화스러운

배가 다른 나라의 항구로 들어갈 때 그들은 질병에 대해서 **점검 받는다**. | 연장자에 대한 그의 **존경**과 신뢰성은 그를 존경하게 만들었다. | 우주를 여행하는 인간의 **기대**를 과학자들은 크게 우려했다. | 천문학자들은 소행성이 작은 구멍들로 가득 차 있어서 너무 가벼울 것이라고 **짐작한다**. | 적어도 2000년 동안 학자들은 어떻게 신화가 시작되었는지 **추측하여** 왔다.

simil- / simul- / -sembl
= like 비슷한

- simil (like) + ar (A) 같은 성질의 → 비슷한, 같은 종류의
- as (to) + simil (like) + ate (V) 같은 모양이 되게 하다 → 동화하다
- simul (like) + tane (time) + ous (A) 같은 시간의 → 동시에 일어나는
- re (again) + semble (like) 다시 비슷해지는 → 닮다, 비슷해지다
- as (to) + semble (like) 비슷한 것끼리 모으는 → 모으다, 조립하다

0176 similar [símələr]
ⓐ 비슷한, 같은 종류의 7

alike, like ↔ dissimilar
similarity ⓝ 유사, 닮음
Excessive use of pesticides causes **similar** problems such as a cancer.

▶ pesticide 살충제

0177 assimilate [əsíməlèit]
ⓥ 동화하다 ⓝ 동화 7

absorb, integrate ↔ dissimilate / assimilation
Photosynthetic organisms **assimilate** elements in inorganic form from the air, soil, and water.

0178 simultaneous [sìməltéiniəs]
ⓐ 동시에 일어나는, 동시의 ⓝ 동시, 동시성 8

coincident, synchronous / simultaneity
That gala show was a **simultaneous** broadcast on the online and the television.

▶ gala show 특별 자선쇼

0179 resemble [rizémbl]
ⓥ ~을 닮다, 공통점이 있다 6

look like, mirror, be similar to
resemblant ⓐ 닮은, 유사한, 재현하는 resemblance ⓝ 유사, 닮음, 유사점
In some ways, Indians **resemble** the Chinese, Japanese, and other peoples of eastern Asia in appearance.

0180 assemble [əsémbl]
ⓥ 모으다, 조립하다 ⓝ 조립, 집회, 의회 6

gather ↔ dismiss / assembly
Workers on each side **assembled** the car by adding parts.

Voca Expansion

★ **simil- / simul- / -sembl** 〈라틴어〉 비슷한 **simulate** 흉내 내다, 가장하다 **dissimilar** ~와 비슷하지 않은, 다른

살충제의 과다 사용은 암과 같은 유사한 문제를 일으킨다. | 광합성 유기체가 공기, 토양과 물로부터 무기물의 형태로 원소를 **동화한다**. | 그 갈라쇼는 온라인과 텔레비전에서 **동시에** 중계되었다. | 어느 면에서 인디언들은 중국, 일본과 다른 동부 아시아 사람들의 외모를 **닮았다**. | 양쪽의 노동자들이 부품을 추가하여 차를 **조립했다**.

DAY 5_Roots ⑤

| scend- / scal-
= climb 오르다 | • a (to) + scend (climb) 오르다 → **오르다**
• de (down) + scend (climb) 내려가다 → **전해지다**
• e (out) + scal (climb) + ate (V) 단계적으로 상승하다 → **오르다, 확대되다**
• trans (across) + scend (climb) 건너서 올라가다 → **초월하다, 능가하다**
• de (down) + scend (climb) + ant (A) 아래로 가는 것 → **자손, 후손, 문하생** |

0181 ascend [əsénd] 5

ⓥ 오르다 ⓝ 상승, 오름 → 승진

climb, rise, mount ↔ descend / ascent
As warm air **ascends**, its temperature drops and relative humidity rises.

0182 descend [disénd] 6

ⓥ 내려오다, 전해지다 ⓝ 자손, 후예, 제자

decline, originate ↔ ascend, rise / descendant
descent ⓝ 강하, 하락
Their titles do not **descend** to their children.

0183 escalate [éskəlèit] 5

ⓥ 단계적으로 오르다, 확대되다 ⓝ 단계적 확대, 에스컬레이션

expand, increase, step up ↔ decrease / escalation
escalator ⓝ 자동계단, 단계적 증감
The war continues to **escalate**.

0184 transcend [trænsénd] 7

ⓥ 초월하다, 능가하다 ⓐ 선험적인, 막연한, 모호한

surpass, exceed, go beyond, outdo / transcendental
The best movies are those which **transcend** national or cultural barriers.

0185 descendant [diséndənt] 6

ⓝ 자손, 후예, 문하생 ⓐ 하강성의, 파생한

offspring, disciple / derivative
Some African societies believe that a person's soul is reincarnated in a **descendant**.

▸ reincarnate 환생하다

Voca Expansion

★ scend- / scal- 《라틴어》 오르다 **condescend** 겸손하게 하다, 자신을 낮추다
reascend 다시 오르다

★ scal- 《라틴어》 사다리 **scale** 기어오르다 / 저울, 비율 **scalable** 오를 수 있는, 저울로 달 수 있는 **scalar** 스칼라, 수량 **de-escalate** 줄이다, 단계적으로 줄이다

따뜻한 공기가 **올라가자** 온도는 떨어지고 상대습도는 높아진다. | 그들의 타이틀은 자녀들에게 **전해지지** 않는다. | 그 전쟁은 **확대되고** 있다. | 가장 뛰어난 영화는 민족적, 문화적 장벽을 **뛰어넘는** 영화들이다. | 몇몇 아프리카 사회는 사람의 영혼이 **자손**에게 환생된다고 믿는다.

Day 5 Roots ⑤

| sat- / satis-
= enough 충분한 | • sat (enough) + i + ate (V) 만족하게 하다 → 충분히 만족시키다
• satis (enough) + fy (V) 만족하게 하다 → 만족시키다, 채우다
• sat (enough) + ur + ate (V) 채우다 → 흠뻑 적시다 → 포화시키다
• satis (enough) + fac (make) + ory (A) 만족하게 만드는 → 충분한
• un (not) + satur + ate + d (A) 만족하지 못하는 → 만족할 수 없는, 불포화의 |

0186 satiate [séiʃièit]

ⓥ 충분히 만족시키다; (배불러서) 싫증나게 하다   3

satisfy; sate

I was lured from my already well **satiated** state to sample the steamed rice-cake.

▶ lure 유혹하다

0187 satisfy [sǽtisfài]

ⓥ 만족시키다, 채우다   4

content, gratify ↔ dissatisfy, discontent
satisfaction ⓝ 만족 satisfactory ⓐ 만족스러운, 충분한 satisfying ⓐ 만족을 주는, 확실한
Some couples cannot **satisfy** their partner's expectations.

0188 saturate [sǽtʃərèit]

ⓥ (채우다) → 흠뻑 적시다 → 포화시키다   6

flood, overwhelm, overrun; soak, drench
This area is already **saturated** with convenient stores.

▶ convenient store 편의점

0189 satisfactory [sæ̀tisfǽktəri]

ⓐ 만족스러운, 충분한   8

adequate, acceptable, good, enough
dissatisfactory ⓐ 불만스러운, 불만의 원인이 되는 unsatisfactory ⓐ 불만족스런, 마음에 차지 않는
Satisfactory explanations of human behavior made appeal to beliefs or desires.

0190 unsaturated [ʌnsǽtʃərèitid]

ⓐ 만족할 수 없는, 불포화의   6

unsatisfied
Unsaturated fats are more likely to come from plant sources.

Voca Expansion

★ **satis- / satur-** 〈라틴어〉 충분한 **satire** 풍자, 비꼬는 것 **satirical** 풍자의, 비꼬는 것 **satiable** 만족시킬 수 있는, 물리게 할 수 있는 **satiation = satiety** 물림, 포만

이미 **배부른** 상태에서 백설기를 시식하도록 나를 유혹했다. | 몇몇 커플은 그들의 파트너의 기대를 **만족시킬 수 없**다. | 이 지역은 이미 편의점이 **포화 상태**에 있다. | 인간의 행동에 대한 **만족스러운** 설명이 신념 또는 욕구에 대해 호소를 했다. | **불포화** 지방은 식물 자원으로부터 나올 가능성이 높다.

DAY 5_Roots ⑤

scrib- / script-
= write 쓰다

- de (down) + scribe (write) 밑에 쓰다 → 묘사하다, 기술하다
- pre (before) + scribe (write) 미리 쓰다 → 규정하다, 정하다, 처방하다
- sub (below) + scribe (write) 아래에 쓰다 → 서명하다, 정기 구독하다
- a (to) + scribe (write) ~에 적어두다 → ~의 탓으로 돌리다
- in (in) + scribe (write) 안에 쓰다 → 새기다, 파다

0191 describe
[diskráib]

ⓥ (밑에 베끼다) → 묘사하다, 기술하다   7

portray, depict
description ⓝ 기술, 묘사, 설명
Color experts **describe** an object's color in terms of these characteristics.

0192 prescribe
[priskráib]

ⓥ (미리 쓰다) → 규정하다, 정하다, 처방하다   5

order, recommend
prescriber ⓝ 규정자, 명령자   prescription ⓝ 처방, 규정, 법규
Physicians **prescribe** a drug to bring down a high fever.

0193 subscribe
[səbskráib]

ⓥ (아래에 쓰다) → ~할 것을 약속하다 → 서명하다, 정기 구독하다   6

contribute, sign
subscriber ⓝ 기부자, 예약 구독자   subscription ⓝ 기부, 예약 구독
You can **subscribe** to one or more topics or message content types via online.

0194 ascribe
[əskráib]

ⓥ (~에 적어 두다) ~에 돌리다, ~의 탓으로 돌리다   3

attribute, impute
The origin of numerous springs is usually **ascribed** to the geological formation of the district.

▶ geological formation 지질 형성

0195 inscribe
[inskráib]

ⓥ (안에 쓰다) → 새기다, 파다   5

engrave, scratch, carve, autograph
The scene is deeply **inscribed** in her memory.

Voca Expansion

★ **scribe- / scrip(t)-** 《라틴어》 쓰다   **circumscribe** (둘레에 원을 그리다) → 경계선을 긋다, 한계를 정하다   **script** (적은 것) → 손으로 쓰기, 대본, 스크립트   **transcript** 베낀 것, 사본, 전사   **manuscript** 원고, 사본   **postscript** 추신   **proscribe** ~을 금하다, 추방하다, 공표하다

컬러 전문가들은 이러한 특성들을 기초로 해서 물체의 색상을 **설명한다**. | 의사는 고열을 내리게 하는 약을 **처방한다**. | 당신은 온라인을 통해서 하나 이상의 주제나 메시지 형식의 콘텐츠를 **정기 구독할** 수 있다. | 수많은 온천의 기원은 일반적으로 그 지역의 지질 형성에 **기인한다**. | 그 광경은 그녀의 기억에 깊이 **새겨져 있다**.

vers- / vert- = to turn 바꾸다

- con (together) + vert (turn) 함께 바꾸다 → 바꾸다, 전환하다
- in (in) + vert (turn) 역전하다 → 거꾸로 하다, 전도시키다
- ad (toward) + vert (turn) ~로 향하게 한 → 반대의, 적의의 → 불리한
- di (away) + vert (turn) 다른 곳으로 돌리다 → 유용하다, 전환시키다
- con (together) + verse 함께 돌리는 → 함께 이야기하다

0196 convert [kənvə́ːrt]

ⓥ 바꾸다   9

change, commute, transform ↔ stabilise
conversion ⓝ 전환
Physicists can **convert** energy into matter with particle accelerators.
▶ particle accelerator 입자 가속기

0197 invert [invə́ːrt]

ⓥ (역전하다) → 거꾸로 하다, 전도시키다   7

overturn, reverse
inverse ⓐ 역의, 거꾸로 된
A segment of a chromosome may be duplicated, deleted, **inverted**, or translocated.
▶ segment 부분

0198 adverse [ædvə́ːrs]

ⓐ (~으로 향한) 반대의, 적의의 → 불리한   4

opposite, harmful, unfavourable ↔ favourable
adversity ⓝ 역경, 불운, 재난
Because of habitat fragmentation, pandas facing **adverse** conditions in one area cannot move to new site.
▶ habitat fragmentation 서식지 단편화(斷片化)

0199 divert [daivə́ːrt]

ⓥ 유용하다, 전환시키다   6

change, amuse, detract, distract ↔ attract
diversion ⓝ 기분전환, 오락
Blood flow is **diverted** from internal organs to the skin.
▶ be diverted from A to B A에서 B로 전환하다

0200 converse [kənvə́ːrs]

ⓥ 이야기하다   5

talk, discuss
As children begin to use language, parents and other adults should try to **converse** with them.

Voca Expansion

★ **vers- / vert-** 《라틴어》 돌다 **advertise** 광고하다, 선전하다, 통지하다 **advert** 언급하다, 주의를 돌리다 **avert** (~으로 향하게 하다) → 돌리다, 비키다, 외면하다, 피하다 **controvert** (반대로 돌다) → 논의하다, 논쟁하다 **revert** (뒤로 되돌아가다) → 되돌아가다, 귀속하다 **versatile** 다재다능한, 재주가 많은

물리학자는 입자가속기로 에너지를 물질로 **바꿀 수 있다.** | 염색체의 한 부분이 중복되거나 결실되거나 **역위되거나** 전위될 수 있다. | 서식지 단편화로 한 지역에서 **불리한 환경**에 처한 팬더는 새로운 지역으로 이동할 수 없다. | 혈액의 흐름은 내부 장기에서 피부로 **전환된다.** | 아이들이 언어를 사용하기 시작함에 따라 부모와 다른 어른들은 아이들과 **이야기하려고** 노력해야만 한다.

DAY 06 Verb Suffix ①

KEY WORDS

- ☐ activate
- ☐ elucidate
- ☐ indicate
- ☐ realise
- ☐ advise
- ☐ evaluate
- ☐ investigate
- ☐ sympathise
- ☐ animate
- ☐ fascinate
- ☐ organise
- ☐ translate
- ☐ decorate
- ☐ imitate
- ☐ participate

0201 abdicate [ǽbdəkèit]

Ⓥ 버리다, 포기하다, 퇴위하다   3

depose, dethrone
Napoleon **abdicated** after suffering two severe military defeats.

0202 abolish [əbáliʃ]

Ⓥ 폐지하다   5

abate, cancel, do away with
Most countries in North and South America **abolished** slavery during the 1800's.

0203 activate [ǽktəvèit]

Ⓥ 활성화하다   7

start ↔ stop
activation ⓝ 활성, 활동
The keys on a piano **activate** small hammers that strike strings.

0204 advise [ædváiz]

Ⓥ 충고하다, 권하다   7

propose, suggest, recommend
advice ⓝ 충고, 조언 advisable ⓐ 권할만한, 타당한 adviser ⓝ 조언자 advisory ⓐ 조언하는, 자문의
Doctors generally **advise** most patients against trying to lose weight any faster.

0205 analyse [ǽnəlàiz]

Ⓥ 분석하다; 분해하다   6

separate; break down ↔ synthesise
analysis ⓝ 분석, 분해 analyst ⓝ 분석자, 분해자
Using computers, scientists often **analyse** data obtained through the research.

Translation

나폴레옹은 두 번의 호된 군대의 패배를 겪은 후에 **퇴위하였다**. | 북미와 남미에 있는 대부분의 국가들은 1800년대에 노예제도를 **폐지했다**. | 피아노의 키는 현을 두드리는 작은 망치를 **활성화시킨다**. | 의사들은 일반적으로 몸무게를 빨리 빼려고 시도하는 대부분 환자들에게 **충고한다**. | 컴퓨터를 이용하여 과학자들은 연구를 통해 얻은 데이터를 종종 **분석한다**.

Day 6 Verb Suffix (1)

0206 animate
[ǽnəmèit]

v 생기(활기)있게 하다 — 7

revive, energise, enliven ↔ depress, enervate
animated [a] 생기가 있는 animation [n] 생기, 활기, 만화
The success **animated** him with hope.

0207 calculate
[kǽlkjulèit]

v 계산하다, 추정하다 — 6

compute, reckon, estimate
calculation [n] 계산, 추측
Astronomers have **calculated** the age of the oldest stars in the Milky Way.

0208 create
[kriéit]

v 창조하다, 자아내다 — 4

invent, make, produce ↔ demolish, destroy; cause, bring about
creative [a] 창조적인, 독창적인 creativity [n] 창조성, 독창력 creation [n] 창조, 창조물
creature [n] 창조물, 생물
Innovative pictures and a witty text **create** a humorous retelling of traditional tales.

0209 decorate
[dékərèit]

v 장식하다 — 7

adorn, ornament
decoration [n] 장식(법), 장식물 decorative [a] 장식의, 화사한
Many people **decorate** their homes with colors that create beautiful, restful, or exciting effects.

0210 demolish
[dimáliʃ]

v 헐다, 철거하다, 파괴하다, 폐지하다 — 5

destroy, overturn, bulldoze
Workers **demolished** slums and replaced them with better housing.

0211 elucidate
[ilú:sədèit]

v 설명하다, 해명하다, 밝히다 — 7

explain, clarify, establish, make clear
The use of an oxygen isotope helps **elucidate** the chemistry of photosynthesis.

0212 emphasise
[émfəsàiz]

v 강조하다, 역설하다 — 6

stress, underline, highlight ↔ deemphasise, minimise
emphasis [n] 중요성, 강조 emphatic [a] 어조가 강한, 단호한, 현저한
Many of Beethoven's works **emphasise** nonmusical ideas.

Translation

그 성공은 그를 희망으로 **생기 있게 하였다**. | 천문학자들은 은하계 내 가장 오래된 별의 나이를 **계산했다**. | 창조력이 풍부한 사진과 재치 있는 글이 익살스럽게 회자되는 전통적인 이야기를 **만든다**. | 많은 사람들이 예쁘고, 평온하고 또는 흥분효과를 내는 색깔로 그들의 집을 **장식한다**. | 노동자들은 빈민가를 **철거하고** 그곳을 더 나은 주택으로 교체했다. | 산소 동위원소의 사용은 광합성의 화학적 작용을 **밝히도록** 도왔다. | 많은 베토벤의 작품들이 비음악적 개념을 **강조한다**.

| 0213 | **establish** [istǽbliʃ] | v 설립하다; 확증하다 | 6 |

build, found, constitute ↔ demolish, destroy, ruin; prove
establishment n 설립, 창설
Many countries have **established** national parks to conserve forests and wildlife.

| 0214 | **evaluate** [ivǽljuèit] | v 평가하다, 어림하다 | 7 |

appraise, estimate, value, assess
evaluation n 평가, 사정
Teachers will **evaluate** the grade of student's reading ability (literacy) by group.

| 0215 | **fascinate** [fǽsənèit] | v 매혹하다, 반하게 하다 | 8 |

attract, charm, enchant
fascinating a 매혹적인, 황홀한 fascination n 매혹, 매료
Animal stories with real animals **fascinate** many children.

| 0216 | **furnish** [fə́ːrniʃ] | v 공급하다, 제공하다, 갖추다 | 5 |

decorate, supply, offer, provide, equip
Museums **furnish** scholars with research materials and the use of special laboratories and libraries.

| 0217 | **harmonise** [háːrmənàiz] | v 조화시키다, 일치시키다, 화합하다 | 6 |

accord, concord, match, correspond
Designers try to make their design **harmonise** with the interior architecture.

| 0218 | **illustrate** [íləstrèit] | v 설명하다, 예시하다 | 6 |

demonstrate, explain, clarify, exemplify
illustration n 삽화, 도해, 실례 illustrative a 실례가 되는
History museums **illustrate** the life and events of the past.

| 0219 | **imitate** [ímətèit] | v 모방하다, 모사하다 | 7 |

copy, mimic, simulate
imitation n 모방, 모조품
Occasionally, orchestral music **imitates** the sounds of nature.

Translation

많은 국가들이 산림과 야생생물을 보호하기 위하여 국립공원을 **설립하였다**. | 선생님은 그룹별로 학생들의 읽기능력별 등급을 **평가할 것이다**. | 진짜 동물을 소재로 한 동물의 이야기가 많은 어린이들의 **주의를 끈다**. | 박물관들은 학자들에게 연구자료와 특별 실험실과 도서관의 사용을 **제공한다**. | 디자이너는 그들의 디자인을 실내건축과 **조화**를 이루도록 노력한다. | 역사박물관은 과거의 삶과 사건을 **설명한다**. | 때때로 관현악은 자연의 소리를 **모방한다**.

Day 6 Verb Suffix ①

0220 indicate
[índikèit]

v 나타내다, 표시하다; 가리키다

demonstrate, show, suggest; point out, specify, designate
indication (n) 지시, 암시, 징조 indicator (n) 지시하는 사람, 지표, 지침
indicative (a) ~을 나타내는, 표시하는, 직설법의
A sudden gain may **indicate** a physical disorder.

0221 investigate
[invéstəgèit]

v 조사하다, 연구하다

examine, inspect, study, research
investigation (n) 조사, 연구 investigative (a) 조사의, 취조의
Sociologists **investigate** the interrelationships among individuals and groups in a society.

0222 isolate
[áisəlèit]

v 고립시키다, 분리시키다

insulate, seclude, separate
isolation (n) 분리
Chemists of the middle and late 1700's developed ways to **isolate** and study gases.

0223 mediate
[míːdièit]

v (한 가운데 두다) → 중간에서 조정하다, 화해시키다

intervene, intercede, reconcile, arbitrate
Ministry of Education **mediated** between the teachers and parents.

0224 memorise
[méməràiz]

v 기억하다, 암기하다

remember, learn
You would better **memorise** a poem if the style of writing is important.

0225 modernise
[mɑ́dərnaiz]

v 현대화하다

update, renew, remake, renovate, make over
Many banks have **modernised** their check-handling facilities with computers and other electronic equipment.

0226 navigate
[nǽvəgèit]

v 항해하다

sail, cruise, pilot, steer
navigation (n) 항해, 항공
He **navigated** the boat on schedule up and down the River.

Translation

갑작스러운 (체중) 증가는 신체적 이상을 **암시한다**. | 사회학자는 한 사회에서 개인과 그룹간에 상호관계를 **연구한다**. | 18세기 중후반의 화학자는 가스를 **분리하고** 연구할 방법을 개발했다. | 교육부가 선생님들과 부모들 사이를 **중재했다**. | 만일 문제가 중요하다면 시 한편을 **암기하는** 것이 낫다. | 많은 은행들은 그들의 수표 처리시설을 컴퓨터와 다른 전자기기들로 **현대화하였다**. | 그는 예정대로 강 위 아래로 배를 **항해했다**.

0227 neutralise
[njúːtrəlàiz]

v 중립화하다, 중화하다, 무효화하다

counteract, cancel, undo, compensate for
Antibodies **neutralise** toxins from bacteria.

0228 nourish
[nə́riʃ]

v 기르다, 자양분을 주다

feed, nurture, encourage, foster
The algae become too well **nourished** and grow faster than the fish can eat them.

0229 organise
[ɔ́ːrgənàiz]

v 조직하다, 개최하다, 유기적 형태를 갖추다

arrange, run, put in order, set up
Jellyfish are somewhat more highly **organised** and have well-defined tissues.

0230 participate
[paːrtísəpèit]

v 참여하다, 관여하다

enter, join, take part in ↔ restrain from
participant ⓐ 참여하는 ⓝ 참가자 participation ⓝ 관여, 참여
Many political professors **participate** in government programmes as advisers.

0231 publish
[pʌ́bliʃ]

v 발표하다, 출판하다

print, release, announce
publisher ⓝ 출판업자
Many museums **publish** bulletins and pamphlets that describe current and future exhibits.

0232 realise
[ríəlàiz]

v 실감하다, 이해하다; 실현하다

recognise, understand; fulfil, achieve, accomplish
real ⓐ 진짜의, 실재하는, 현실의 realisation ⓝ 이해; 실현 realistic ⓐ 현실주의의, 현실적인
Newton suddenly **realised** that the same force pulls an object to earth and keeps the moon in its orbit.

0233 revise
[riváiz]

v 교정하다, 변경하다

edit, review, correct, change
The original text is stored in a computer, where it can be **revised** easily.

Translation

항체는 세균의 독소를 **중화시킨다**. | 조류가 너무 잘 **길러지게 되어** 조류를 먹는 물고기보다도 더 빨리 자란다. | 해파리는 어느 정도 고도로 **유기적 형태를 갖추고** 잘 정의된(형태가 명확한) 조직을 갖고 있다. | 많은 정치교수들이 조언자[고문]로서 정부 프로그램에 **관여한다**. | 많은 박물관에서 현재와 미래전시를 설명하는 블루틴과 팸플릿을 **발행한다**. | 뉴턴은 같은 힘이 지구로 물체를 잡아당기고 그 궤도에서 달을 유지시킨다는 것을 갑자기 **깨달았다**. | 원본은 컴퓨터의 쉽게 **변경할 수 있는** 곳에 저장된다.

0234 stabilise
[stéibəlàiz]

v 안정시키다, 고정시키다

support, balance, keep steady
Government **stabilised** prices and increased exports, but scandals lessened its popularity.

0235 subsidise
[sʌ́bsədàiz]

v 보조금을 지급하다, 도움을 얻다

fund, finance, support, promote
A small number of independence theaters are **subsidised** by city or provincial governments.

0236 summarise
[sʌ́məràiz]

v 요약하다, 개괄하다

brief, outline, condense, epitomise
summary (n) 요약, 개요 (a) 약식의, 즉석의
The modern periodic table **summarises** the chemistry of all the known elements.

0237 sweep
[swi:p]

v 청소하다, 쓸어내리다

brush, clean
As humid air **sweeps** up the slopes of a mountain range, the air cools, and so clouds form.

0238 symbolise
[símbəlàiz]

v 상징하다, 부호로 나타내다

stand for, typify, represent, mean
Heracles **symbolised** strength and physical endurance.

0239 sympathise
[símpəθàiz]

v 동정하다, 동감하다, 동의하다

agree, support, understand ↔ reject, oppose
Several foreign governments **sympathised** with the hope of South Korea.

0240 translate
[trænsléit]

v 바꾸다; 번역하다

transform; interpret
translation (n) 번역, 해석 translator (n) 번역자, 통역
Bilingual dictionaries **translate** the words of one language into another.

Translation

정부는 가격을 **안정시켰고** 수출을 증가시켰지만 스캔들은 정부의 인기를 감소시켰다. | 적은 수의 독립극장들은 시나 지방정부에 의해 **보조금을 받는다**. | 현대 주기율표는 우리가 알고 있는 모든 원소의 화학성분에 대해서 **요약하고 있다**. | 습한 공기가 산맥의 경사면을 **쓸어내리면** 공기는 차가워지고 구름을 형성한다. | 헤라클레스는 힘과 육체적 지구력을 **상징했다**. | 여러 외국정부는 남한의 희망에 **동감했다**. | 2개 국어로 된 사전은 한 나라의 말을 다른 나라의 말로 **번역한다**.

DAY 07 Verb Suffix ②

KEY WORDS

☐ amplify ☐ hearten ☐ register ☐ solidify ☐ consider
☐ identify ☐ select ☐ transfer ☐ deepen ☐ manage
☐ soften ☐ worsen ☐ detect ☐ qualify ☐ thicken

0241 achieve [ətʃíːv]

v 이루다, 달성하다, 획득하다 6

accomplish, complete, gain, obtain
Good health enables people to enjoy life and have the opportunity to **achieve** their goals.

0242 amplify [ǽmpləfài]

v 확대하다, 확장하다, 과장하다 7

enlarge, expand, extend ↔ shorten, shrink
ample ⓐ 충분한, 넓은, 광대한 amplification ⓝ 확대, 확장, 배율, 증폭
A radio receiver **amplifies** the signals and sends them to a computer.

0243 consider [kənsídər]

v 잘 생각하다, 고려하다 6

conceive, ponder, think
considerable ⓐ 상당한, 많은 considerate ⓐ 이해심이 있는, 사려깊은
consideration ⓝ 고려, 이해
Many people **consider** France to be the world center of fine foods and cookery.

0244 deal [diːl]

v 다루다 → 처리하다 → ~와 관련을 맺다 → 거래하다 6

distribute, treat / contract, agreement, transaction
Many information books **deal** with racial, religious, and social minorities.

▶ deal with ~을 다루다

0245 deepen [díːpən]

v 깊게 하다, 심화시키다 8

intensify, increase, strengthen, excavate ↔ moderate
deep ⓐ 깊은, 난해한 depth ⓝ 깊이, 깊은 곳
Floods and the movement of ice may **deepen** ponds.

Translation

건강은 사람들로 하여금 인생을 즐기게 하고 그들의 목표를 **달성할 수 있는** 기회를 갖게 한다. | 라디오 수신기가 신호를 **증폭하고** 그것을 컴퓨터로 보낸다. | 많은 사람들은 프랑스가 훌륭한 음식과 요리법의 세계의 중심이라고 **생각한다**. | 많은 안내책자가 인종적, 종교적, 사회적 약자들을 **다루고 있다**. | 홍수 및 얼음의 운동은 연못을 **깊게 할 수**도 있다.

Day 7 Verb Suffix ②

0246 depict [dipíkt]
- v 그리다, 묘사하다
- picture, portray, paint, illustrate, delineate
- Gauchos were nomadic cowboys who were **depicted** as romantic outlaws.

0247 detect [ditékt]
- v 발견하다; 간파하다
- discover, find; notice, observe ↔ conceal, hide
- detective ⓐ 탐정, 형사 detection ⓝ 간파, 발각, 검출
- Special chemical instruments **detect** contamination.

0248 draw [drɔː]
- v 그리다; 당기다, 빨아당기다
- portray; haul, pull, absorb ↔ push
- drawback ⓝ 약점, 장애
- While reading, you **draw** on numerous ideas and feelings stored in your memory.

0249 fasten [fǽːsn]
- v 묶다, 죄다, 닫히다
- attach, bind, tie ↔ loosen, unfasten
- All drivers must **fasten** the seat belt for his/her own safety.

0250 glorify [glɔ́ːrəfài]
- v 찬양하다, 영광스럽게 하다, 미화하다
- praise, celebrate, worship, adore
- Elizabeth **glorified** the monarchy and provided her subjects with a national symbol.

0251 harden [háːrdn]
- v 굳게 하다, 경화시키다, 강하게 하다
- solidify, thicken, stiffen, toughen
- Once thermosetting plastics has **hardened**, it cannot become a liquid again.

0252 hearten [háːrtn]
- v 기운나게 하다, 격려하다
- encourage, inspire, cheer, comfort
- I was **heartened** by the good examination result.

Translation
가우초는 낭만적인 무법자로 **묘사됐던** 유목민 카우보이이다. | 특별한 화학기구가 오염을 **발견한다**. | 독서를 하는 동안 당신은 당신의 기억에 저장된 수많은 아이디어와 감정을 **끌어내게 된다**. | 운전자는 안전을 위하여 안전벨트를 **해야 한다**. | 엘리자베스는 군주제를 **미화했**고 그녀를 국민들에게 국가적 상징으로서 제공했다. | 열경화성 플라스틱은 일단 **굳어지면** 다시 유동체로 되지 않는다. | 나는 시험결과가 좋아서 **기운이 났다**.

0253 heighten
[háitn]

v 높게 하다, 고상하게 하다 — 6

accentuate, strengthen, raise, enhance ↔ lower, reduce
height ⓝ 높이, 고도, 신장
The successful cloning of so many mammals has **heightened** speculation about the cloning of humans.

0254 identify
[aidéntəfài]

v 확인하다, 식별하다, 동일시하다 — 8

recognise, determine, discover, establish
Entomologists can **identify** the species of an insect by the shape and color pattern of its body.

0255 justify
[dʒʎstəfài]

v 옳다고 하다, 정당화하다 — 6

explain, warrant, legitimate, confirm
He **justified** his violent acts against women.

0256 lengthen
[léŋkθən]

v 길게 하다, 연장하다, 늘어나다 — 5

grow, extend, stretch ↔ shorten
Primary growth of plants **lengthens** roots and shoots.

0257 lessen
[lésn]

v 적게하다, 작게하다, 줄이다 — 6

diminish, reduce, decrease, minimise
IMF has **lessened** the hopes of many South Koreans for continued economic and social progress.

▶ IMF = International Monetary Fund 국제통화기금

0258 magnify
[mǽgnəfài]

v 확대하다, 과장하다, 증대하다 — 6

enlarge, increase, expand, intensify, amplify, exaggerate
A scanning electron microscope **magnifies** crystals many thousands of times beyond normal size.

0259 manage
[mǽnidʒ]

v 경영하다, 운영하다, 잘 다루다 — 7

cope, operate, organise, administer, govern
manager ⓝ 지배인, 경영자 management ⓝ 경영, 관리 manageable ⓐ 다루기 쉬운
Departments or agencies in the various states **manage** state parks and recreation areas.

Translation
너무 많은 포유류의 성공적인 복제기술은 인간 복제에 대한 투기를 **고조시키고** 있다.〈cloning클로닝은 미수정란의 핵을 체세포의 핵으로 바꿔 놓아 유전적으로 똑같은 생물을 얻는 기술〉| 곤충학자들은 몸의 형태와 색상패턴으로 곤충의 종을 **식별할 수** 있다. | 그는 여성에 대한 그의 폭력행위를 **정당화했다**. | 식물의 1차 생장은 뿌리와 생장점을 **길게 늘인다**. | IMF는 지속적인 경제 및 사회 발전에 대한 많은 한국인의 희망을 **감소시켰다**. | 주사전자현미경은 결정을 정상적인 크기의 수천배 넘게 **확대시킨다**. | 많은 주에서는 부서나 기관이 주립공원과 휴양지를 **관리한다**.

Day 7 Verb Suffix ②

0260 modify [mɑ́dəfài]
ⓥ 변경하다, 수정하다
change, reform, adjust, revise
Mackenzie had **modified** his views on tariffs.

0261 nullify [nʌ́ləfài]
ⓥ 무효로 하다, 파기하다
destroy, cancel, invalidate, annul
nullification ⓝ 무효, 파기, 취소
The colony claimed that a Spain's government could not **nullify** ratification.

0262 offer [ɔ́fər]
ⓥ 제공하다, 제출하다, 시도하다
provide, supply, propose ↔ accept, receive
offering ⓝ 봉납, 신청 offertory ⓝ 헌금, 봉헌
Colleges **offer** a number of specialised curriculums.

0263 prefer [prifə́:r]
ⓥ 오히려 ~을 좋아하다
chose, favour
preference ⓝ 더 좋아하는 물건, 선취권 preferential ⓐ 우선의, 선택적인
Some students **prefer** to study immediately after arriving home from school.

0264 purify [pjúərəfài]
ⓥ 깨끗이 하다, 정화하다
clarify, refine
purification ⓝ 정화, 정제
Every year, millions of Hindus **purify** their bodies by bathing in the river.

0265 qualify [kwɔ́ləfài]
ⓥ 자격을 얻다, 권한을 주다, 제한하다
certify, equip, empower, permit
In many countries, athletes **qualify** for the Olympics by winning or finishing high in competitions.

0266 register [rédʒistər]
ⓥ 등록하다, 가리키다
enroll, record, indicate, show
registration ⓝ 등록, 표시
A company may **register** its trademark in each country in which it uses the trademark.

Translation

맥켄지는 관세에 대한 자신의 견해를 **수정했다**. | 식민지는 스페인 정부가 비준을 **무효로 하지** 못하도록 요구했다. | 대학은 많은 전문화된 교육과정을 **제공한다**. | 일부 학생들이 학교로부터 집에 도착한 직후에 공부하기를 **선호한다**. | 매년 수백만 명의 힌두교도들이 강에서 목욕하며 그들의 몸을 **정화시킨다**. | 많은 국가에서 운동선수는 경쟁에서 승리하거나 상위등수로 올림픽에 출전할 **자격을 얻는다**. | 회사는 그들이 사용할 트레이드마크를 각국에서 **등록할 수 있다**.

0267 remain [riméin]
v 머무르다, 살아남다, 여전히 ~이다 6

stay, continue, persist ↔ go, destroy, perish
As an endangered species, only a relatively small number of bonobos **remain** in the wild.

0268 ruin [rú:in]
v 파멸시키다, 황폐화시키다 5

damage, destroy, devastate, spoil ↔ repair, restore
ruinous ⓐ 파괴된, 황폐한
The Korean War (1950-1953) **ruined** farm crops and destroyed many factories.

0269 search [sə:rtʃ]
v 찾다, 수색하다, 살피다 **n** 수색, 조사 6

explore, seek, examine / hunt, look, inspection
searchable ⓐ 찾을 수 있는, 조사할 수 있는
Alchemists **searched** for a substance that could cure disease and lengthen life.

0270 select [silékt]
v 선택하다, 선정하다 ⓐ 고른, 가려낸, 정선한; 극상의 7

choose, pick, take, adopt ↔ reject / choice, excellent; exclusive, elite
selection ⓝ 선발, 선택, 정선 selective ⓐ 선택하는, 가리는
Mozart **selected** the second play for his opera.

0271 simplify [símpləfài]
v 간단하게 하다, 단순화하다 6

make simpler, facilitate, streamline
You can **simplify** the story from a book with complicated plot.

0272 soften [sɔ́fən]
v 부드럽게 하다, 경감하다 9

abate, allay, melt, lessen ↔ harden
The enzymatic breakdown of cell wall components **softens** the fruit.

0273 solidify [səlídəfài]
v 응고시키다, 굳히다, 단결시키다 7

harden, set, cake, coagulate, cohere
The magma is cooled and **solidified**, when it is exposed at the earth's surface.

Translation
멸종위기 종으로서 상당히 적은 수의 보노보가 야생에서 **살아남아 있다**.〈bonobo 중앙아프리카산의 피그미 침팬지〉| 한국전쟁은 농작물을 황폐화시키고 많은 공장을 **파괴했다**. | 연금술사들은 질병을 치료하거나 생명을 연장할 수 있는 물질을 **탐색했다**. | 모차르트는 그의 오페라에 맞는 두 번째 연극을 **선택했다**. | 당신은 복잡한 복선이 있는 책으로부터 이야기를 **단순화할 수** 있다. | 세포벽 구성물질의 효소분해는 과일을 **부드럽게 한다**. | 마그마는 지구표면에 노출될 때 냉각되고 **굳어진다**.

Day 7 Verb Suffix ②

0274 strengthen [stréŋkθən]
- ⓥ 강하게 하다, 튼튼하게 하다
- fortify, harden, reinforce, intensify
- Regular exercise and sufficient sleep **strengthen** the body's resistance to stress.

0275 thicken [θíkən]
- ⓥ 두껍게 하다
- deepen, condense
- thick ⓐ 두꺼운, 짙은 ⓝ 두꺼운 부분
- Overnight the cloud cover will **thicken** as a low pressure system develops to the North.

0276 tighten [táitn]
- ⓥ 죄다, 팽팽해지다
- close, fasten ↔ loosen
- tight ⓐ 단단한, 빈틈없는
- The government should **tighten** rules on housing loans.

0277 transfer [trænsfə́:r]
- ⓥ 옮기다, 이동하다 ⓝ 이전, 전임 ⓐ 옮길 수 있는
- move, shift, transport / change, transmission, transference / transferable
- Today, money in bank account is easily **transferred** to other person via phone or internet.

0278 wander [wɔ́ndər]
- ⓥ 돌아다니다, 빗나가다
- ramble, roam, walk
- Homeless children **wander** the streets and must beg, steal, or take odd jobs to survive.

0279 weaken [wíːkən]
- ⓥ 약화시키다, 약해지다
- reduce, moderate, diminish, dwindle, lessen
- Stress can **weaken** the immune response and make an individual more likely to fall ill.

0280 worsen [wə́ːrsn]
- ⓥ 악화시키다
- deteriorate, get worse, aggravate, damage
- selection ⓝ 선발, 선택, 정
- Air pollution can **worsen** the condition of people who suffer from such respiratory diseases as asthma.

Translation

규칙적인 운동과 충분한 수면은 스트레스에 대한 신체의 저항력을 **강화시킨다**. | 밤새 구름층이 북쪽으로 발달한 저기압 시스템으로 **두꺼워 질 것이다**. | 정부는 주택 대출 규정을 **강화해야** 한다 | 오늘날 계좌에 있는 돈은 전화나 인터넷을 통해 다른 사람에게 쉽게 **이체된다**. | 집이 없는 어린이들은 거리를 **배회하고** 살아가기 위해 구걸하고 훔치거나 임시 일을 해야한다. | 스트레스는 면역반응을 **약하게 하고** 개인이 보다 쉽게 병에 걸릴 수 있게 만든다. | 대기오염은 천식 같은 호흡기 질병으로 고통 받는 사람들의 상태를 **악화시킬** 수 있다.

DAY 08 Adjective Suffix

KEY WORDS

☐ available ☐ dormant ☐ meager ☐ original ☐ awesome
☐ fundamental ☐ meaningful ☐ ubiquitous ☐ critical ☐ heroic
☐ generous ☐ primary ☐ delicate ☐ identical ☐ native

0281 academic [ækədémik] — ⓐ 대학의, 일반교양의, 학술적인 6

scholastic, educational, learned, theoretical, abstract
James organised his materials under three headings - political history, natural history, and **academic** subjects.

0282 adequate [ǽdikwət] — ⓐ 충분한, 알맞은 6

enough, sufficient, plenty ↔ inadequate, insufficient
adequacy ⓝ 적절, 타당성
In tropical areas, many villages lack **adequate** schools and medical facilities.

0283 allegorical [æligɔ́rikəl] — ⓐ 우화의, 우화적인, 우의적인 5

symbolic, figurative, emblematic
allegory ⓝ 우화, 상징, 비유한 이야기
Morality plays used **allegorical** characters to teach moral lessons.

0284 amazing [əméiziŋ] — ⓐ 놀랄만한, 굉장한 7

astonishing, surprising, shocking
amaze ⓥ 몹시 놀라게 하다 amazement ⓝ 놀람, 경탄
Arthur Conan Doyle from Sherlock Holmes draws **amazing** conclusions from minute details.

0285 appropriate [əpróupriət] — ⓐ 적절한, 적당한, 어울리는, 고유한 7

suitable, fitting, pertinent
In spelling, phonics helps us write the **appropriate** letters for the sounds we hear.

Translation

James는 정치역사, 자연사와 **학술적** 주제의 세 제목으로 그의 자료를 정리하였다. | 열대지역에 있는 많은 부족들은 **충분한** 학교와 의료 시설이 부족하다. | 권선징악극은 도덕적 교훈을 가르치기 위하여 **우화적인** 인물을 등장시켰다. | 셜록홈즈에서 아서 코난도일은 세세한 설명으로 **놀라운** 결론을 도출한다. | 맞춤법에서 파닉스는 우리가 듣는 소리에 대한 **적절한** 글자를 쓸 수 있도록 돕는다.

0286 attractive
[ətræktiv]

ⓐ 사람의 마음을 끄는, 매력적인, 즐거운

seductive, charming, tempting, appealing
The scent of fruits is **attractive** to the small insect such as fruit flies.

0287 available
[əvéiləbl]

ⓐ 이용할 수 있는, 유효한

accessible, ready, usable, uncommitted ↔ unavailable
avail ⓥ ~을 이롭게 하다 availability ⓝ 유효성, 효용
Special soybean formulas are **available** for babies who have an allergy to milk.

0288 awesome
[ɔ́ːsəm]

ⓐ 굉장한, 아주 멋진, 무시무시한

amazing, impressive, formidable
The length of the Great Wall of China is **awesome**.

0289 capable
[kéipəbl]

ⓐ 유능한; ~할 능력이 있는

able; accomplished, talented ↔ incapable, unable
capability ⓝ 능력, 수완, 특성
Some seismometers are **capable** of detecting ground motion as small as 0.1 nanometer.

0290 complete
[kəmplíːt]

ⓐ 전부의, 완전한, 완결한 ⓥ 완료하다, 끝내다, 이행하다

total, perfect, absolute, whole ↔ partial, incomplete / accomplish, finish
completion ⓝ 완성, 성취
Allen gradually gained **complete** artistic control over his work.

0291 constant
[kɔ́nstənt]

ⓐ 불변의, 끊임없이 계속하는

ceaseless, continual, continuous ↔ inconstant, changeable
constancy ⓝ 불변성, 항구성
Many regions of the world have a **constant** water shortage because they never get enough rain.

0292 critical
[krítikəl]

ⓐ 비평의, 위기의, 결정적인, 중요한

decisive, crucial, vital ↔ uncritical
Water is, perhaps, the most **critical** nutrient.

Translation

과일의 향기는 과실파리와 같은 작은 곤충에게는 **매력적이다**. | 특별한 콩 조리법은 우유에 알러지가 있는 아이에게 **유용하다**. | 만리장성의 길이는 **엄청나다**. | 어떤 지진계는 0.1 나노미터만큼 작은 땅의 움직임까지도 검출**할 능력이 있다**. | 알렌은 점차로 그의 작업에 관한 **완전한** 예술적 조절의 경지에 도달했다. | 세계의 많은 지역에서 충분한 비를 얻지 못하여 **끊임없이** 물 부족을 겪고 있다. | 물은 아마도 가장 **중요한** 영양원일 것이다.

0293 delicate
[délikət]

ⓐ 섬세한, 고운, 우아한, 깨지기 쉬운, 정밀한, 예민한 8

fine, elegant, subtle, fragile, weak, skilled
Her skin was **delicate** and fair, and so she was called Snow White.

0294 domestic
[dəméstik]

ⓐ 가정적인; 국내의 7

family, home, household; national, internal ↔ foreign, international
All counties have family courts that handle **domestic** matters.

0295 dormant
[dɔ́ːrmənt]

ⓐ 잠자는, 휴지상태에 있는, 잠재하는 8

sleep, inactive, potential
Some viruses can remain **dormant** in cells for years and then cause sporadic outbreaks of symptoms.

0296 dynamic
[dainǽmik]

ⓐ 동적인, 활동적인 6

active, energetic, vigorous
dynamite ⓝ 다이너마이트, 위험인물
Nearly every **dynamic** function of a living thing depends on proteins.

0297 edible
[édəbl]

ⓐ 먹을 수 있는, 식용에 알맞은 5

eatable, safe to eat
The **edible** mushroom is often found under trees in orchards.

0298 evergreen
[évərgriːn]

ⓐ 늘 푸른, 상록의 8

fresh, indeciduous ↔ deciduous
Bears, deer, and other wildlife roam **evergreen** forests, free of danger from people.

0299 famous
[féiməs]

ⓐ 유명한, 이름난, 훌륭한 6

well-known, celebrated, prominent
Walt Disney became the most **famous** producer of animated films.

Translation

그녀의 피부는 **곱고** 살결이 희었기에 그녀를 백설공주라 불렀다. | 모든 국가는 **가정문제를** 다루는 가정법원이 있다. | 일부 바이러스는 수년 동안 세포에서 **휴지상태를** 유지하고 산발적인 발병증상을 일으킬 수 있다. | 생명체의 거의모든 **활동적인** 기능은 단백질에 따라 달라진다. | 그 **식용**버섯은 과수원 나무 아래에서 종종 발견된다. | 곰, 사슴과 다른 야생동물들은 사람들로부터의 위험이 없는 **상록의** 숲을 돌아다닌다. | 월트 디즈니는 애니매이션된 영화의 가장 **유명한** 프로듀서가 되었다.

Day 8 Adjective Suffix

0300 favourable [féivərəbl] — ⓐ 호의적인, 유리한 — 6
positive, pleasing ↔ unfavourable
favour ⓥ 찬성하다, 호의를 보이다 ⓝ 친절한 행위, 후원
The new Eastern European governments continued to seek **favourable** tariff treatment.

0301 fundamental [fʌndəméntl] — ⓐ 기본적인, 중요한 — 8
basic, elementary, essential
fundamentality ⓝ 기본, 중요성
Scientists think of time as a **fundamental** quantity that can be measured.

0302 generous [dʒénərəs] — ⓐ (아끼지 않는) → 관대한, 풍부한, 짙은 — 7
munificent ↔ ungenerous, stingy
generosity ⓝ 관대, 마음이 후함
He offered the people of the city **generous** peace terms.

0303 heroic [hiróuik] — ⓐ 영웅의, 대담한 — 9
bold, brave, courageous
hero ⓝ 영웅
The **heroic** play flourished from about 1660 to 1680.

0304 identical [aidéntikəl] — ⓐ 동일한, 꼭 같은 — 8
alike, same ↔ different
identity ⓝ 동일함, 신원
Human and chimpanzee polypeptides (compounds that make up proteins) are 99 percent **identical**.

0305 individual [indəvídʒuəl] — ⓐ 개개의, 개인의, 독특한 ⓝ 개인 — 6
private, single ↔ entire, common, whole / human, person
individually ⓐⓓ 개별적으로, 낱낱이
Individual children progress as rapidly as they can.

0306 intellectual [intəléktʃuəl] — ⓐ 지적인, 이지적인 — 7
mental, learned, scholarly ↔ stupid
intellect ⓝ 지성, 사고력
Large cities are the centers of political, economic, and **intellectual** life.

Translation

새로운 동유럽 정부들은 **유리한** 관세처리(방법)를 계속 찾았다. | 과학자들은 시간을 측정할 수 있는 **기본적인** 양의 개념으로 생각한다. | 그는 그 도시의 사람들에게 **관대한** 평화 조건을 제시했다. | **영웅극**이 1660년에서 1680년까지 번성했다. | 인간과 침팬지의 폴리펩타이드(단백질을 구성하는 화합물)는 99%가 **동일하다**. | **개개의** 아이들은 그들이 할 수 있는 한 빠르게 발달한다. | 대도시는 정치적, 경제적 그리고 **지적인** 삶의 중심지가 된다.

0307 local
[lóukəl]

ⓐ 공간의, 지방의 — 5

regional, restricted, confined
locality ⓝ 장소, 현장 localise ⓥ 집중하다, 지방에 제한하다
Many craftworkers produce practical items in their homes using **local** materials.

0308 magical
[mædʒikəl]

ⓐ 마술적인, 신비한, 매혹적인 — 7

charming, enchanting
magic ⓝ 마술, 마력 magician ⓝ 마술사
The art of sculpture may be developed in association with religious and **magical** practices.

0309 meager
[míːgər]

ⓐ 메마른, 빈약한, 풍부하지 못한 — 8

scanty, poor, arid
In a polar area, precipitation is **meager** and is almost always in the form of snow.

0310 meaningful
[míːniŋfəl]

ⓐ 뜻있는, 의미 있는, 중요한 — 8

significant, important, useful, relevant
This approach made rehabilitation programs more **meaningful**.

0311 mental
[méntl]

ⓐ 마음의, 정신의, 내적인 — 6

intellectual, moral ↔ material, physical
mentality ⓝ 지력, 심리
Physical health and **mental** health are closely connected.

0312 motionless
[móuʃənlis]

ⓐ 움직이지 않는, 부동의, 정지한 — 6

still, static, inactive, stationary
Ptolemy had said that the earth was at the center of the universe and was **motionless**.

0313 native
[néitiv]

ⓐ 출생지의, 타고난, 그 지방 고유의 ⓝ 원주민, 출신자 — 7

indigenous, original, mother / inhabitant, resident ↔ alien, foreign
Many slaveowners did not allow the blacks to sing or play their **native** music.

Translation

많은 세공기술자들은 **지역** 재료들을 이용하여 그들의 집에서 실용적인 물품들을 만든다. | 조각예술은 아마도 종교와 **마술적** 풍습과 연계되어 발전하였을 것이다. | 북극지역에서 강수는 **빈약하고** 거의 항상 눈의 형태로 있다. | 이 접근방법은 재활프로그램을 더욱 **의미있게** 만들었다. | 신체건강과 **정신**건강은 밀접하게 연관되어 있다. | 프톨레미마이어스는 지구는 우주의 중심이었고 **움직이지 않는다고** 말했었다. | 많은 노예 주인들은 흑인들이 그들 **고유의** 음악을 노래하거나 연주하는 것을 허락하지 않았다.

0314 necessary
[nésəsəri]

ⓐ 필요한, 피할 수 없는　6

essential, indispensable, vital ↔ unnecessary
necessity ⓝ 필수품, 필요성
Vitamin C is **necessary** for healthy blood vessels and sound bones and teeth.

0315 original
[ərídʒənl]

ⓐ 최초의; 독창적인　7

initial, first, primary; new, fresh ↔ final, unoriginal
originate ⓥ 시작하다, 생기다　origination ⓝ 시작, 시초
Certain artists developed new and **original** ways of handling figurative forms.

0316 primary
[práiməri]

ⓐ 첫째의, 초기의, 주요한　8

principal, prime, elementary ↔ secondary
In an additive color mixture, the **primary** colors differ from those in paint.

0317 public
[pʌ́blik]

ⓐ 공공의, 공공연한　5

open, people, populace ↔ private
publicity ⓝ 널리 알려짐, 광고　publicise ⓥ 공표하다, 선전하다
The best place to find a good story is at the **public** library.

0318 solitary
[sɑ́litèri]

ⓐ 혼자의, 외로운, 고독한, 유일한　6

lonely, sole, unsociable, isolated, remoted
David lived the **solitary** life of a hermit.

0319 ubiquitous
[ju:bíkwətəs]

ⓐ 어디에나 있는, 편재하는　8

omnipresent, ever-present
The long-eared owl is found only in North America; the short-eared owl is **ubiquitous**.

0320 versatile
[vɑ́:rsətàil]

ⓐ 다재다능한, 다방면의, 다용도의　7

adaptable, flexible, resourceful
A **versatile** material for home construction is wood.

Translation

비타민 C는 건강한 혈관과 건강한 뼈와 치아를 위해 **필수적이다**. | 어떤 예술가들은 묘사적인 형태를 다루는 새롭고 **독창적인** 방법을 개발했다. | 추가적인 색깔 혼합에서 **첫번째** 색깔은 페인트칠에서의 색깔과 다르다. | 좋은 줄거리를 찾기 가장 좋은 장소는 **공립**도서관이다. | David는 은둔자의 **고독한** 삶을 살았다. | 긴 귀를 가진 부엉이는 북미에서만 발견되지만 짧은 귀를 가진 부엉이는 **어디에나 있다**. | 주택건설에 있어서 **다재다능한** 자재는 목재이다.

DAY 09 Noun Suffix

KEY WORDS

- ☐ admission
- ☐ appointment
- ☐ experience
- ☐ plenty
- ☐ advantage
- ☐ attitude
- ☐ freedom
- ☐ region
- ☐ climate
- ☐ hostage
- ☐ response
- ☐ delegate
- ☐ condition
- ☐ influence
- ☐ pension

0321 abolition [æbəlíʃən] n 폐지, 노예제도 폐지   4

eradication, ending, termination
Women also played an important role in the **abolition** of slavery movement.

0322 additive [ǽditiv] n 첨가물, 첨가제   4

a substance added in small amount to improve something
Gasoline is blended with chemicals called **additives**, which help it burn more smoothly.

0323 admission [ədmíʃən] n 입장, 승인   9

admittance, access, entrance ↔ prohibition
admit ⓥ 들이다, 넣다, 인정하다
Some museums charge **admission** and sell reproductions or gifts relating to their exhibits.

0324 adornment [ədɔ́ːrnmənt] n 꾸미기, 장식   5

decoration, accessory, ornament, embellishment
Throughout history, shoes have been worn not only for comfort but also for **adornment**.

0325 advantage [ədvάːntidʒ] n 유리, 유리한 점; 강점   9

favour, benefit; superiority ↔ disadvantage
disadvantageous ⓐ 불리한
The great **advantage** of newspapers over radio and TV is that they can report stories in depth.

Translation

여성들은 노예제도 **폐지**운동에 있어서 중요한 역할을 하였다. | 휘발유는 **첨가제**라는 화합물과 섞이고 이것은 보다 부드럽게 연소하도록 돕는다. | 어떤 박물관은 **입장료**를 받고 그들의 전시물과 연관된 복제품이나 선물을 판다. | 역사를 통해 신발은 편안함 뿐만 아니라 **장식품**으로서 착용해 왔다. | 라디오와 TV를 넘어선 신문의 가장 큰 **장점**은 이야기를 깊이 있게 다룰 수 있는 것이다.

0326 agriculture
[ǽgrəkʌltʃər]

n 농업, 농사, 농학

farming, culture, cultivation, tillage
Agriculture provides most of the food.

0327 pension
[pénʃən]

n 연금

allowance, subsidy, welfare
draw one's pension 연금을 타다 retire on a pension 연금을 타다
After leaving office, a president qualifies for basic **pension**.

0328 delegate
[déligət]

n 대표, 사절, 대리인 v 대표자로서 파견하다

representative, agent, ambassador / depute, designate, appoint
The **delegates** realised the real problem was to unify the colonies, and several plans were proposed.

0329 ambition
[æmbíʃən]

n 큰 뜻, 야심, 열망

desire, goal, wish
ambitious a 야심 있는, 열망하는
Henry I was an **ambitious** and unscrupulous politician.

0330 appearance
[əpíərəns]

n 출현, 외관

show, look, arrival, impression ↔ disappearance
appear v 나타나다
Today's motorcycles have the same general **appearance** as earlier models.

0331 appointment
[əpɔ́intmənt]

n 지정, 임명, 약속

meeting, arrangement, assignation, employment
All the **appointments** require approval of the Senate.

0332 attitude
[ǽtitjùːd]

n 태도, 사고방식, 자세

opinion, view, position
The **attitude** of Japan government angered the Korean and also Korean Americans in the United States.

Translation

농사는 대부분의 식량을 제공한다. | 공직을 떠난 후에 대통령은 기초 **연금**을 받을 자격이 주어진다. | 진짜 문제를 깨달았던 **대표**는 식민지를 통합하고자 했고 여러 계획들을 제안했다. | 헨리 1세는 **야망**이 있고 부도덕한 정치인이었다. | 오늘날의 오토바이는 초기의 모델 같이 일반적인 **외관**을 가지고 있다. | 모든 **임명**은 상원의 승인을 받아야 한다. | 일본 정부의 **태도**는 미국에 있는 우리나라 사람 뿐 아니라 미국에 있는 우리나라 사람들도 화나게 했다.

0333 basis
[béisis]

ⓝ 기초, 근거지, 원칙

foundation, suppor, way, system
Mineral classes are divided into families on the **basis** of the chemicals in each mineral.

0334 border
[bɔ́:rdər]

ⓝ 가장자리, 경계, 국경

boundary, edge ↔ inside, interior
borderline ⓝ 국경선, 경계선
Many of the world's major cities **border** important water transportation routes.

0335 business
[bíznis]

ⓝ 장사, 사무, 직업, 직무

trade, company, occupation, work
businessman ⓝ 실업가, 사업가
Great Depression was a worldwide **business** slump of the 1930's.

0336 climate
[kláimit]

ⓝ 기후 〈climate 한 지방의 연간 평균 기상 상태, weather 특정 시간·장소의 기상 상태〉

weather
climatic ⓐ 기후상의, 풍토석인 climate change 기후변화
Human activity may affect **climate**.

0337 condition
[kəndíʃən]

ⓝ (건강)상태, 상황, 조건

circumstance, situation, state
conditional ⓐ 조건부의, 가정적인
Any disease that hampers the heart's ability to deliver blood to the body may cause the **condition**.

0338 conversation
[kɔ̀nvərséiʃən]

ⓝ 회화, 담화

chat, discussion, talk
converse ⓥ 대화하다
Most of juveniles hesitate to make a **conversation** with their parents about school life.

0339 decision
[disíʒən]

ⓝ 결정, 결심, 결단력

judgement, finding, ruling, sentence, resolution
Usually, we think about ethical issues when we find ourselves faced with a tough **decision**.

Translation

광물의 등급은 각 광물에 있는 화학물질에 **기초**하여 족(族)으로 나눈다. | 세계의 많은 주요 도시는 중요한 수상교통의 항로와 **접경하고 있다**. | 경제대공황은 1930년대의 세계적인 **경제** 슬럼프였다. | 인간의 활동이 **기후**에 영향을 줄 것이다. | 피를 몸으로 전달하는 심장의 능력에 저해하는 어떠한 질병이 **건강상태**를 악화시킬 수 있다. | 대부분의 청소년들은 그들의 부모와 **대화**하는 것을 망설인다. | 일반적으로 우리는 어려운 **결정**에 직면하였을 때 윤리에 대해서 생각한다.

0340 document
[dákjumənt]

(n) 문서, 서류, 기록 (v) 증명하다, 증거를 제공하다

paper, file, certificate / support, certify, validate
documentary (n) 문서의, 사실을 기록한 documentation (n) 문서, 증거서류
The original copy of the **document** is preserved in the National History Museum.

0341 error
[érər]

(n) 잘못, 실수

fault, mistake, wrongdoing
err (v) 잘못하다, 틀리다 erroneous (a) 잘못된, 틀린, 일탈한
Editors review the copies, called proofs, and check for **errors** before publish.

0342 experience
[ikspíəriəns]

(n) 경험, 체험

knowledge, event, undergo ↔ inexperience
experienced (a) 경험 있는, 노련한
Experience can improve with reading flexibility.

▶ flexibility 융통성, 유연함

0343 fibre
[fáibər]

(n) 섬유; 내구성

fabric, filament; strength
Fabrics made from glass **fibre** are fire-resistant, inexpensive, and easy to keep clean.

0344 fiction
[fíkʃən]

(n) 소설, 꾸민 이야기, 허구

fantasy, invention, myth ↔ fact, nonfiction
fictional (a) 꾸며낸, 소설적인
Sherlock Holmes is the most famous detective in **fiction**.

0345 freedom
[frí:dəm]

(n) 자유, 면제, 특권

liberty, independence, sovereignty, licence
Most democratic countries allow wide **freedom** in broadcasting.

0346 fugitive
[fjú:dʒətiv]

(n) 도망자, 탈주자, 망명자

runaway, refugee, escapee
The escaped slaves were **fugitives** in southern America for many years.

Translation
이 **문서**의 원본은 국가역사박물관에 보존되어 있다. | 편집자는 교정이라 하는 사본을 검토하고 출판 전에 **오류**를 확인한다. | **경험**은 독서의 융통성을 향상시킨다. | 유리**섬유**로 만든 직물은 내화성이고 저렴하며 청결을 유지하기 쉽다. | 셜록홈즈는 **소설**에서 가장 인기 있는 탐정이다. | 대부분의 민주주의 국가에서는 방송에 다양한 **자유**를 허용한다. | 도망친 노예들은 몇 년 동안 남부 미국에서 **도망자**로 살았다.

0347 function
[fʌ́ŋkʃən]

n 기능, 의식, 기능 v 기능을 하다, 작용하다 — 6

role, ritual, gathering / operate, work ↔ malfunction
functional ⓐ 기능의, 직무상의
Cells do not **function** without certain enzymes.

0348 hostage
[hɔ́stidʒ]

n 인질, 담보물 — 6

captive, prisoner, pledge
It is not clear how many people were held **hostage** during that war.

0349 influence
[ínfluəns]

n 영향, 세력 v 영향을 끼치다, 움직이다 — 7

affect, impact, power, authority / affect, persuade, control
influential ⓝ 영향력이 있는, 세력 있는, 유력한
Beethoven has had a great **influence** on music.

0350 leader
[líːdər]

n 지도자, 선도자 — 6

head, principal, president, boss ↔ follower
leadership ⓝ 지도자, 지도력
General Lee Soonshin became a remarkable war **leader**.

0351 massage
[məsάːʒ]

n 마사지, 안마치료 — 3

rub-down
Physical therapists use exercises and **massage** to help patients perform daily tasks.

0352 medicine
[médsin]

n 약, 의학, 내과 — 6

drug, medication, remedy
medical ⓐ 의학의, 의료의, 내과의 medicinal ⓐ 약의, 약용의, 치유력이 있는, 건강에 좋은
medication ⓝ 약제, 약물치료
Knowledge of Latin was necessary for a career in **medicine**, law, or the church.

0353 nuptial
[nʌ́pʃəl]

n 결혼식, 혼례 ⓐ 결혼의, 혼인의 — 4

nuptial ceremony / nuptial vows
The royal **nuptials** captured the attention of the whole world.

Translation

세포는 특정 효소들이 없으면 **기능**을 할 수 없다. | 얼마나 많은 사람들이 그 전쟁 동안 **인질**로 잡혔는지 명확하지 않다. | 베토벤은 음악에 지대한 **영향**을 끼쳤다. | 이순신 장군은 뛰어난 전쟁의 **지도자**가 되었다. | 물리치료사는 환자들에게 일상의 일을 하도록 도와주려고 운동과 **마사지**를 이용한다. | 라틴어 지식은 **의학**, 법률과 성당에서의 직업을 위해 필요했다. | 왕족의 **결혼식**은 전세계의 관심을 사로잡았다.

0354 plenty
[plénti]

ⓝ 많음, 풍부함 — 6

abundance, enough, fertility
plentiful ⓐ 많은, 풍부한, 윤택한
Although the world as a whole has **plenty** of fresh water, some regions have a water shortage.

0355 press
[pres]

ⓝ 누름, 압박, 신문, 출판 ⓥ 내리누르다, 강요하다 — 4

squeeze, stress / push down, urge, plead
pressing ⓐ 긴급한, 간청하는 pressure ⓝ 누르기, 압력
Freedom of speech and of the **press** were limited, and many people who opposed Park were

0356 region
[ríːdʒən]

ⓝ 지방, 지역, 범위, 영역 — 6

area, place, part, section, district
regional ⓐ 지역의, 지방의 regionalisation ⓝ 권역
The temperature greatly affects the weather of a **region**.

0357 response
[rispɔ́ns]

ⓝ 응답, 대답 — 6

reaction, reply, return, answer, feedback
respond ⓥ 대답[응답]하다 responsive ⓐ 바로 대답하는, 민감한
The government devalued the yen in **response** to the serious economic situation.

0358 solitude
[sɑ́litjùːd]

ⓝ 독거, 고독, 쓸쓸한 곳 — 5

loneliness, isolation
Graham's **solitude** is often interrupted by visitors who want to meet her.

0359 worship
[wɔ́ːrʃip]

ⓝ 예배, 숭배, 존경 ⓥ 예배하다, 숭배하다 — 5

praise, respect, honour, reverence ↔ contempt, scorn / respect, esteem
worshiper ⓝ 예배자, 숭배자 worshipful ⓐ 숭배하는, 경건한
Stonehenge was apparently a place of **worship**.

0360 youth
[juːθ]

ⓝ 젊음, 청년시절, 발육기 — 6

juvenility, immaturity, adolescent
youthful ⓐ 젊은, 팔팔한
As a **youth**, Washington was sober, quiet, attentive, and dignified.

Translation

비록 전체적으로 지구는 민물이 **풍부**하지만 일부 지역에서는 물이 부족하다. | 언론과 **출판**의 자유는 제한적이었고 박을 반대하던 많은 사람들이 투옥되었다. | 온도는 한 **지역**의 날씨에 크게 영향을 준다. | 정부는 심각한 경제상황에 대한 **반응**으로 엔을 평가절하했다. | Graham의 **고독**을 즐기는 시간은 종종 그녀를 만나기를 원하는 방문자들에 의해 방해되었다. | 스톤헨지는 분명히 **예배**의 장소였다. | **청소년**으로서 워싱턴은 침착하고, 조용하고, 세심하며 위엄이 있었다.

DAY 10 Adverb Suffix

KEY WORDS

☐ absolutely ☐ completely ☐ nevertheless ☐ seldom ☐ altogether
☐ deadly ☐ occasionally ☐ throughout ☐ approximately ☐ furthermore
☐ regarding ☐ while ☐ beyond ☐ irregularly ☐ ruthlessly

0361 abruptly [əbrʌ́ptli]

ad 갑자기, 뜻밖에

suddenly, hastily, unexpectedly
Seismic wave speeds and directions change **abruptly** at certain depths.

▶ seismic wave 지진파

0362 absolutely [æbsəlúːtli]

ad 절대적으로, 완전히, 전혀

completely, totally, fully, entirely, altogether
Only a few dozen of chemicals are **absolutely** essential to keep us healthy.

0363 actually [ǽktʃuəli]

ad 실제로, 현재

really, in fact, truly, literally, genuinely
Nearly all the energy that we use is **actually** solar energy from the sun.

0364 altogether [ɔ̀ːltəɡéðər]

ad 전적으로, 다 합하여, 전체적으로

absolutely, completely, as a whole, totally
Health experts suggest that certain people should avoid alcohol and drug abuse **altogether**.

▶ drug abuse 약물 남용

0365 approximately [əpróksəmətli]

ad 대략, 대체로, 거의

about, nearly ↔ exactly, precisely
approximate v 가까워지다, 접근시키다 a 거의 정확한
Although the rate of growth is slowing, the world is expected to have **approximately** 11 billion people by 2100.

Translation

지진파의 속도와 방향은 어떤 특정한 깊이에서 **갑자기** 변한다. | 단지 수십 종류의 화학물질만이 우리를 건강하게 유지하는 데 **절대적으로** 필수적이다. | 우리가 사용하는 거의 모든 에너지는 **사실상** 태양으로부터 온 태양에너지이다. | 건강 전문가들은 특정 사람들은 알코올과 약물 남용을 **전적으로** 피해야 한다고 권한다. | 비록 성장 속도가 둔화된다 할지라도 세계는 2100년에 **대략** 11억 명이 될 것으로 예측된다.

| 0366 | **arbitrarily** [ά:rbiətrèrəli] | ad 임의로, 독단적으로, 제멋대로, 마음대로 | 6 |

as one's pleases, have one's own will
Minimum wage laws force an employer to pay an **arbitrarily** high wage.

| 0367 | **beneath** [biní:θ] | ad 밑에, 하위에 prep ~의 밑에, 낮은, 가치가 없는 | 7 |

below, under ↔ on
Petroleum is found on every continent and **beneath** every ocean.

| 0368 | **beyond** [bijɔ́nd] | ad 저편에, 이상으로, 그 밖에 prep ~을 넘어서, 지나서 | 8 |

besides / exceeding, farther ↔ within
Exobiologists think that many stars **beyond** our solar system may have planets on which life could exist.

▶ exobiologist 우주 생물학자

| 0369 | **briefly** [brí:fli] | ad 간단히, 잠시 동안 | 6 |

concisely, quickly, shortly, momentarily ↔ durably, verbosely
British industry thrived **briefly** after World War I, but the prosperous times ended in 1920.

| 0370 | **completely** [kəmplí:tli] | ad 완전히, 완벽하게, 철저히 | 8 |

totally, entirely, perfectly, fully, altogether
Simply painting the walls a different color may **completely** alter the mood of a room.

| 0371 | **constantly** [kɔ́nstəntli] | ad 끊임없이, 항상, 빈번히 | 7 |

continuously, all the time, invariably, endlessly
Chemical changes occur **constantly** in nature and make life on the earth possible.

| 0372 | **deadly** [dédli] | ad 몹시, 치명적으로 a 치명적인, 심한 | 8 |

extremely / lethal, fatal, dangerous, devastating
AIDS is a **deadly** immune deficiency disease caused by the human immunodeficiency virus (HIV).

Translation

최저임금법은 고용주에게 **임의로** 높은 임금을 지불하도록 강요한다. | 석유는 모든 대륙과 모든 해양의 **아래에서** 발견된다. | 우주 생물학자들은 우리의 태양계 **넘어** 많은 별들이 생명체가 존재할 수 있는 행성을 갖고 있을지도 모른다고 생각한다. | 영국의 산업은 제1차 세계대전 후 **잠시** 번성하였지만 그 번영의 시대는 1920년에 끝났다. | 단순히 벽을 다른 색으로 칠하는 것만으로 방의 분위기를 **완전히** 바꿀 수도 있다. | 화학적 변화는 자연에서 **지속적으로** 일어나고 지구에서의 생활을 가능하게 한다. | 에이즈는 인간 면역결핍 바이러스(HIV)에 의해 발생하는 **치명적인** 면역결핍 질병이다.

0373 directly
[diréktli]

ad 곧장, 직접적으로, 즉시로 — 6

straight, forthright, immediately, promptly ↔ indirectly
Most food was roasted **directly** over the fire.

0374 entirely
[intáiərli]

ad 완전히, 아주, 전혀 — 7

completely, totally, thoroughly, utterly
A room is decorated **entirely** with smooth-textured, white materials.

0375 further
[fə́ːrðər]

ad 더 멀리, 더 나아가서, 게다가 / a 그 이상의, 뒤따른 / v 진행시키다, 조성하다 — 6

in addition, moreover, besides / beyond, subsequent / promote, help ↔ hinder
Some viruses have an additional outer membrane that provides **further** protection.

0376 furthermore
[fə́ːrðərmɔ̀ːr]

ad 더욱이, 게다가 — 8

again, in addition, moreover
Furthermore, Indian lands belonged to the tribe as a whole.

▶ belonged to ~에 속했다

0377 irregularly
[irégjulərli]

ad 불규칙하게 — 7

unevenly, variably, roughly, erratically
Lincoln ate his meals **irregularly**, and had almost no relaxation.

0378 nevertheless
[nèvərðəlés]

ad 그럼에도 불구하고 — 9

although, anyway, notwithstanding
Nevertheless, the compounds have persisted in the atmosphere.

0379 newly
[njúːli]

ad 최근에, 새로이, 다시 — 4

recently, just, lately, freshly
Every year, thousands of families move into **newly** built suburban homes.

Translation

대부분의 음식들이 불 위에서 **직접** 구워졌다. | 한 방은 **완전히** 부드러운 질감의 하얀색 소재로 장식되었다. | 어떤 바이러스는 보호 그 이상을 제공하는 **추가적인** 외막을 가지고 있다. | **더욱이** 인디언 땅은 전체적으로 그 부족에게 속했다. | 링컨은 식사를 **불규칙하게** 했고 거의 휴식이 없었다. | **그럼에도 불구하고** 화합물은 대기 중에 존속했다. | 매년, 수많은 가정들이 **새롭게** 지어진 교외 주택으로 이사한다.

0380 notably
[nóutəbli]

ad 현저하게, 특히   7

remarkably, unusually, extraordinarily, strikingly

Composers of the 1800's, **notably** Wagner, used the leitmotif most effectively.

▶ leitmotif 라이트모티브(특정, 인물, 물건, 생각등이 반복되는 곡조)

0381 occasionally
[əkéiʒənəli]

ad 때때로, 이따금   8

sometimes, at times, periodically, now and then ↔ constantly

The apes and dogs **occasionally** walk on two legs.

0382 openly
[óupənli]

ad 공공연하게, 솔직히   5

frankly, plainly, honestly, candidly

Spouses should display affection for each other more **openly**.

0383 originally
[ərídʒənəli]

ad 원래, 처음에는, 독창적으로   6

initially, first, primarily, primitively

Chinese mathematics **originally** developed to aid record on keeping, land surveying, and building.

0384 otherwise
[ʌ́ðərwàiz]

ad 다른 방법으로, 다른 점에서   6

differently, any other way, contrarily, dissimilarly

Cooking the food kills harmful bacteria that could **otherwise** cause illness.

0385 partly
[pá:rtli]

ad 부분적으로, 어느 정도는   5

partially, somewhat ↔ entirely, wholly

The Great Lakes were formed **partly** by glacial action.

0386 really
[ríəli]

ad 정말로, 실제로, 확실히   6

certainly, genuinely, surely, truly, actually

Most musical performances are **really** partnerships between composers and performers.

Translation

1800년대의 작곡가들, **특히** 바그너는 라이트모티브를 가장 효과적으로 사용했다. | 원숭이와 개들은 **가끔** 두 발로 걸어 다닌다. | 배우자는 서로에 대한 애정을 더 **공개적으로** 표시해야만 한다. | 중국의 수학은 **처음에는** 보관, 토지측량과 건축에 관한 기록을 하는 것을 돕기 위해서 개발되었다. | 음식을 요리하는 것은 해로운 세균을 죽이는 것으로, **그렇지 않으면** 질병을 일으킬 수 있다. | 5대호는 빙하작용에 의해 **부분적으로** 형성되었다. | 대부분의 음악 공연은 작곡가와 연주자 간에 **확실히** 파트너십이 있다.

0387	**regarding** [rigáːrdiŋ]	**prep** ~에 관해서는, ~의 점에서는 8

concerning, considering
Some educators stressed the question of curriculum **regarding** the purpose of education.

0388	**roughly** [rʌ́fli]	**ad** 거칠게, 대충 5

approximately, about ↔ accurately
All biometric identification systems work on **roughly** the same principle.

▶ biometric identification 생체 인식

0389	**ruthlessly** [rúːθlis]	**ad** 무자비하게, 가차 없이, 냉혹하게 7

cruelly, pitilessly, relentlessly ↔ mercifully
Hitler's dreaded secret police, the Gestapo, **ruthlessly** crushed opposition to the Nazi Party.

0390	**seldom** [séldəm]	**ad** 드물게, 좀처럼 8

hardly, rarely, infrequently ↔ often
Most developing countries **seldom** produce enough food for all their people.

0391	**seriously** [síəriəsli]	**ad** 진지하게, 진정으로, 심하게 5

truly, badly, severely, acutely, critically
World War I **seriously** damaged the economies of European countries.

0392	**someday** [sʌ́mdei]	**ad** 언젠가, 훗날, 머지않아 6

sometime
Someday, a scientific base may be built in Mars.

0393	**somewhat** [sʌ́mhwɔ̀t]	**ad** 얼마간, 약간, 다소 7

slightly
Jellyfish are **somewhat** more highly organised and have well-defined tissues.

▶ well-defined 명확한, 윤곽이 뚜렷한

Translation
어떤 교육자들은 교육의 목적**에 관한** 교과과정의 문제를 강조했다. | 모든 생체 인식 시스템은 **대략** 동일한 원리로 작동한다. | 히틀러의 무서운 비밀경찰인 게슈타포는 나치당 반대 세력을 **무자비하게** 진압했다. | 대부분의 개발도상국들은 모든 국민이 충분히 먹을 식량을 **좀처럼** 생산하지 못한다. | 제1차 세계대전은 유럽 국가의 경제를 **심각하게** 손상시켰다. | **언젠가** 과학 기지가 화성에 만들어질지도 모른다. | 해파리는 **어느 정도** 고도로 유기적이고 윤곽이 뚜렷한 조직을 갖고 있다.

0394 specially [spéʃəli]

ad 특별히, 각별히   5

especially, particularly
For safety and comfort, a baby should sleep in a **specially** designed crib.

▶ crib 아기침대

0395 throughout [θru:áut]

ad 도처에, 처음부터 끝까지 **prep** ~의 구석구석까지, ~동안   7

all through, right through / all over, everywhere
A composer develops a theme (main melody) for a work and repeats it **throughout**.

0396 truly [trú:li]

ad 진실로, 충실히   4

genuinely, really, faithfully ↔ falsely
Lincoln, Abraham (1809-1865), was one of the **truly** great men of all time.

▶ of all time 역대, 지금까지

0397 typically [típikəli]

ad 전형적으로, 대체로   6

usually, regularly ↔ atypically
Market research **typically** serves as the first step in developing a new car.

0398 virtually [vɔ́:rtʃuəli]

ad 사실상, 실제적으로   7

actually, practically, almost, nearly
Most farming is done with modern machinery, and **virtually** all homes have electric power.

0399 while [wail]

conj ~하는 동안, ~할지라도, 하지만 **n** 동안, 잠깐, 잠시   8

when, although / moment
While a car is moving or parked in the sun, gasoline evaporates from the vehicle.

▶ evaporate 증발하다[시키다]

0400 wholly [hóulli]

ad 전적으로, 완전히, 오로지   6

completely, exclusively, entirely ↔ partly
In many countries, the government **wholly** or partly owns some or all aircraft companies.

Translation

안전과 편안함을 위하여 아기는 **특별히** 설계된 침대에서 자야 한다. | 작곡가는 작품을 위해 테마(메인 멜로디)를 발전시키고 그것을 **처음부터 끝까지** 반복한다. | 아브라함 링컨 (1809-1865)은 전대미문의 **진실로** 위대한 사람 중 하나였다. | 시장조사는 신차를 개발하는 데 있어서 **일반적으로** 첫 번째 단계로서 행한다. | 거의 모든 농업은 현대식 기계로 이루어지고 **실제적으로** 모든 가정에는 전력이 있다. | 차가 움직이거나 태양 아래에 주차된 **동안에** 휘발유는 자동차로부터 증발된다. | 많은 나라에서 정부는 **전적으로나** 부분적으로 모든 항공사의 일부나 전부를 소유한다.

IELTS
VOCA

Chapter 02 Prefix & Polysemy & Idiom

Day 11 Prefix ①_ dis (not) / in, il, im, ir (not) / un (not) / mis (wrong) *etc.*

Day 12 Prefix ②_ anti (against) / ant (against) / counter (against) *etc.*

Day 13 Prefix ③_ pro (forward) / pre (before) / fore (front) / anti (before) *etc.*

Day 14 Prefix ④_ super (over) / sur (over) / over (excess) / up (upward) *etc.*

Day 15 Prefix ⑤_ in, im (in) / inter (inward) / en, endo (into) / e, ex, ec, ef (out) *etc.*

Day 16 Prefix ⑥_ dia (through) / trans (beyond, across, through) / se (apart) *etc.*

Day 17 Prefix ⑦_ semi (half) / uni (one) / mono (one) / bi, twin, du (two) *etc.*

Day 18 Prefix ⑧_ eu, well (good) / circum (circle, around) / hyper (over, under) *etc.*

Day 19 Polysemy_ attribute, foul, present, direct, express *etc.*

Day 20 Idiom_ bring about, take into account, be prone to, find fault with *etc.*

DAY 11_Prefix ①

dis-
= not 아닌
-f 앞에서 dif- / -g, l, m, r, v 앞에서 di-

- dis (not) + agree 동의하지 않다 → 의견이 다르다 → **일치하지 않다**
- dis (not) + ease 편하지 않은 것 → **병**
- dis (not) + like 좋아하지 않다 → **싫어하다**
- dis (not) + appear 나타나지 않다 → 사라지다 → **소멸하다**
- dis (not) + order 질서가 없는 → 무질서, 혼란 → **병**

0401 disagree [dìsəgríː]

ⓥ 일치하지 않다, 의견이 다르다   5

differ, argue, dispute

People **disagree** about whether capital punishment is moral or is effective in discouraging crime.

▶ capital punishment 사형

0402 disease [dizíːz]

ⓝ 병, 질병   7

illness, sickness ↔ health

Doctors use specific technique to detect peculiar **disease** and other conditions.

▶ conditions 건강상태, 질환

0403 dislike [disláik]

ⓥ 싫어하다, 좋아하지 않다   5

hate, detest

Jackson **disliked** the government for economic as well as political reasons.

0404 disappear [dìsəpíər]

ⓥ 사라지다, 소멸하다 ⓝ 사라짐, 소멸   5

vanish ↔ appear / disappearance

Scientists have found that species tend to live for a certain period of time and then they **disappear**.

0405 disorder [disɔ́ːrdər]

ⓝ 무질서, 혼란 → 병, 질환   6

disturbance; illness, disease, ailment

Heart failure is a **disorder** in which the heart pumps inefficiently.

Voca Expansion

disinfect 살균 소독하다 **disclose** 폭로하다, 발표하다 **disappoint** 실망시키다 **disapprove** 찬성하지 않다, 비난하다 **disgrace** 불명예, 치욕 **disobey** 불복종하다 **displace** 바꾸어 놓다, 대신 들어서다 **dismiss** 해산시키다, 해고하다 **disabled** 불구가 된, 무능력해진

사람들은 사형이 도덕적이거나 범죄를 줄이는 데 효과적이거나 간에 **동의하지 않는다**. | 의사들은 특유한 **질병**과 다른 건강 상태를 발견하기 위해서 특별한 기술을 사용한다. | 잭슨은 정치적인 이유뿐만 아니라 경제적 이유로 정부를 **싫어했다**. | 과학자들은 종(種)이 특정한 기간 동안 생존하는 특성이 있고 그 다음 **사라진다**는 것을 발견했다. | 심부전은 심장이 비효율적으로 뛰는 **질환**이다.

in-
= not 아닌
in + A / N = 부정
in + V = 안에, 안으로

- in (not) + act (do) + ive (A) 활동하지 않는 → 비활성의 → **나태한**
- in (not) + ad (to) + equ (same) + ate (A) ~와 같게 만들지 못한 → **불충분한**
- in (not) + depend + ent (A) 의존하지 않는 → **독립한, 자유의**
- in (not) + form + al (A) 형식적이지 않은 → **비공식의**
- in (not) + sane 제정신이 아닌 → **미친**

Day 11 Prefix ①

0406 inactive
[inǽktiv]

ⓐ 활동하지 않는, 나태한 5

motionless
Some vitamins occur in food and pills in **inactive** forms.

0407 inadequate
[inǽdikwət]

ⓐ 불충분한, 부적당한 7

not adequate, insufficient
An improper or **inadequate** diet can lead to a number of diseases.

0408 independent
[ìndipéndənt]

ⓐ 독립한, 자유의, 독자적인 8

separate, free, liberated, autonomous ↔ dependent
independence ⓝ 독립
Almost all of the world's people live in **independent** countries.

0409 informal
[infɔ́ːrməl]

ⓐ 형식을 따지지 않는, 비공식의 ⓝ 비공식, 약식 7

casual, colloquial, free-and-easy ↔ formal / informality
His writings have an **informal**, conversational style and deal with many topics.

0410 insane
[inséin]

ⓐ 제정신이 아닌, 미친; 어리석은 6

mad, crazy; stupid, foolish
Driven almost **insane** by jealousy, Stevenson had a car accident.

▸ jealousy 질투

Voca Expansion

innocent 순진한, 결백한 **injustice** 불법, 부정 **incline** 기울다 **incorporate** 법인을 만들다, 가입시키다 **incredible** 믿어지지 않는, 놀라운 **insane** 제정신이 아닌

일부 비타민은 식품과 약에서 **비활성** 형태로 존재한다. | 부적절하거나 **부적당한** 식단은 많은 질병으로 이어질 수 있다. | 거의 모든 세상의 사람들은 **독립** 국가에서 살고 있다. | 그의 저서들은 **형식을 따지지 않고** 대화체 스타일에 다양한 주제를 다루고 있다. | 질투로 거의 **정신없이** 운전한 스티븐슨은 자동차 사고를 냈다.

DAY 11_Prefix ①

> **il- / im- / ir-**
> **= in(not) 의 변형**
> in- + l → il, in- + r → ir-,
> in- + b, m, p → im,
> in- → i 탈락
>
> - il (not) + leg (law) + al (A) 합법적인 것이 아닌 → **불법의**
> - im (not) + poss (pass) + ible 가능하지 않은 → **불가능한**
> - im (not) + mob (move) + ile (A) 움직일 수 없는 → **부동의**
> - im (not) + part + (i)al (A) 편파적이지 않은 → **공평한**
> - ir (not) + regular 규칙적이지 않은 → **불규칙한**

0411 illegal [ilíːgəl]

ⓐ 불법의, 반칙의   7

illegitimate, unlawful ↔ legal
Today, slavery is **illegal** in almost every country in the world.

0412 impossible [impásəbl]

ⓐ 불가능한, 있을 수 없는   6

unachievable, absurd, crazy
Scientists commonly simulate experiments that would be **impossible** to carry out in a laboratory.

0413 immobile [imóubail]

ⓐ 부동의, 움직일 수 없는   5

motionless
Plants are relatively **immobile** than animals.

0414 impartial [impáːrʃəl]

ⓐ (치우치지 않은) → 공평한, 편파적이 아닌   5

fair, unbiased ↔ partial
impartiality ⓝ 공정함, 치우치지 않음
I want to see objective and **impartial** news in the online.

0415 irregular [irégjulər]

ⓐ 불규칙한, 고르지 못한   6

variable, random, uneven, rough
When mined, most natural gemstones have a rough surface and **irregular** shape.

Voca Expansion

illiteracy 문맹, 무식 **immense** 광대한, 훌륭한 **illicit** 불법의, 무면허의

오늘날 노예제도는 세상의 거의 모든 국가에서 **불법이다**. | 과학자들은 일반적으로 실험실에서 수행이 **불가능한** 실험들을 모의 실험한다. | 식물은 동물보다 상대적으로 **움직일 수 없다**. | 나는 객관적이고 **공정한** 뉴스를 온라인에서 보고 싶다. | 채굴할 때 대부분의 자연 원석은 거친 표면과 **불규칙한** 모양을 하고 있다.

Day 11 Prefix ①

> **un-**
> = not 아닌
> un + A / AD / N = opposite to A / AD / N
>
> - un (not) + able (possible) 할 수 있는 것이 아닌 → 할 수 없는
> - un (not) + eas(ease) + y 쉬운 것이 아닌 → 어려운 → 불안한, 걱정되는
> - un (not) + happy 행복하지 않은 → 불행한
> - un (not) + important 중요하지 않은 → 사소한
> - un (not) + safe 안전하지 않은 → 위험한

0416 unable [ʌnéibl]

ⓐ ~할 수 없는, 무능한   4

incapable, powerless ↔ able
Without the heat, the body would be **unable** to function properly.

0417 uneasy [ʌníːzi]

ⓐ 불안한, 걱정되는, 어색한   3

anxious, worried, nervous
Germany and the Soviet Union proved to be **uneasy** partners.

0418 unhappy [ʌnhǽpi]

ⓐ 불행한, 불길한, 불만족한, 기분이 나쁜   5

sad, unlucky, unfortunate
Industrial workers became **unhappy** with wages and working conditions.

0419 unimportant [ʌnimpɔ́ːrtənt]

ⓐ 중요하지 않은, 사소한   7

trivial
In carving the human figure, the Egyptians considered realistic scale **unimportant**.

0420 unsafe [ʌnséif]

ⓐ 위험한, 안전하지 않은   5

dangerous
The mines were dangerously **unsafe**, and the miners earned barely enough to live on.

▶ barely 간신히, 가까스로

Voca Expansion

uncomfortable 기분이 언짢은, 불편한 **unpredictable** 예측할 수 없는 **unpleasant** 불쾌한, 재미없는 **unpopular** 인기 없는, 유행하지 않는 **unrest** 불안, 근심 **unclear** 명확하지 않은

열 없이는 몸이 적절하게 기능**할 수 없을** 것이다. | 독일과 (구)소련은 **불안한** 파트너임을 입증했다. | 산업 근로자는 임금 및 근무 조건이 **불만족스러웠다**. | 인간상의 조각에 있어서 이집트인들은 현실적인 축척을 **중요하지 않게** 생각했다. | 광산은 위태롭게 **안전하지 않았고** 광부들은 간신히 생활할 수 있을 정도의 돈을 벌었다.

DAY 11_Prefix ①

> **mis-**
> = bad 나쁜
> = wrong 틀린
> mis + V / N = done wrongly & badly V / N
>
> - mis (wrong) + use 잘못 사용하다 → 오용, 학대
> - mis (bad) + fortune 나쁜 운 → 불운, 역경
> - mis (wrong) + understand 잘못 이해하다 → 오해하다
> - mis (wrong) + taken 잘못 가지다 → 틀린, 오해한
> - mis (bad) + hap(pen) 나쁜 일이 일어남 → 사고, 재난, 불상사

0421 misuse [mìsjúːs] n 오용, 남용, 학대 v 오용 [악용]하다; 학대하다   4

waste, abuse; ill-treat

Ground water may also be polluted by seepage from landfills and the **misuse** of agricultural chemicals.

▸ ground water 지하수 seepage 누수 agricultural chemicals 농약

0422 misfortune [mìsfɔ́ːrtʃən] n 불운, 불행; 역경   5

bad luck, adversity; trouble

The danger may be the threat of physical **misfortune** in this world, such as a disease.

0423 misunderstand [mìsʌndərstǽnd] v 오해하다, 진가를 못 알아보다   5

misinterpret, misread, mistake

Children who do not pay attention, who **misunderstand** directions may experience hearing difficulties.

▸ hearing difficulties 청각 장애

0424 mistaken [mistéikən] a 틀린, 오해한   8

wrong, incorrect, inaccurate, false ↔ correct, inaccurate
make a mistake 실수하다, 착각하다

Allergies are **mistaken** and harmful responses of the body's immune system to substances that are harmless to most people.

▸ immune system 면역체계

0425 mishap [míʃhæp] n 사고, 재난, 불상사   4

mischance

The cause of almost all everyday **mishap** comes from carelessness.

Voca Expansion

misapprehend 오해하다 **mischance** 불행, 불운 **mischievous** 유해한, 장난이 심한, 개구쟁이의 **misconstrue** 잘못 해석하다, 오해하다 **mislead** 잘못 인도하다, 속이다 **misdemeanor** 경범죄 **misgiving** 불안, 의심 **mislead** 오도하다 **misrepresent** 잘못 표현하다

지하수는 매립지의 누수와 농약 **오용**에 의해 오염될 수도 있다. | 위험은 질병처럼 이 세계의 물리적 **불행**의 위협이 될 수 있다. | 주의를 기울이지 못하는 아이들이나 지시를 **오해하는** 아이들은 청각장애를 경험할 수 있다. | 알레르기는 대부분의 사람들에게 해가 없는 물질에 대한 사람의 면역체계의 **무해하**거나 해로운 반응이다. | 거의 모든 일상적인 **사고** 원인은 부주의에서 비롯된다.

Day 11 Prefix ①

a- / an-
= not 없는
자음 앞에서 n 탈락

- a (not) + moral 도덕이 아닌 → 도덕적이지 않은
- a (not) + morph(form) + ous (A) 형태가 없는 → 무정형의
- a (not) + path(os) (feeling) + y (N) 감정이 없는 → 냉담, 무관심
- a (not) + typ(e) (form) + ical (A) 정형이 아닌 → 부정형의
- an (not) + onym (name, word) + ous (A) 이름이 없는 → 익명의, 작자 불명의

0426 amoral [eimɔ́:rəl]
ⓐ 도덕적이지 않은 4

nonmoral
immoral ⓐ 부도덕한, 음란한
Augustin wrote a novel about an **amoral** detective who receives a bride and embezzlement.
▶ embezzlement 횡령, 착복

0427 amorphous [əmɔ́:rfəs]
ⓐ 무정형의, 조직이 없는 7

shapeless, formless ↔ shape, form
Amorphous sulfur is soft and sticky and stretches like rubber.

0428 apathy [ǽpəθi]
ⓝ 냉담, 무관심 5

indifference ↔ passion, enthusiasm
apathetic ⓐ 냉담한, 무관심한
African cinema has been viewed with considerable **apathy** both at home and abroad.

0429 atypical [eitípikəl]
ⓐ 부정형의, 전형적이 아닌 5

irregular
Some **atypical** errors and problems have hindered his progress.
▶ hinder 방해하다

0430 anonymous [ənάnəməs]
ⓐ 익명의, 작자 불명의 6

unnamed, unknown, unidentified
Police wanted to get an **anonymous** report through call center.

Voca Expansion

apolitical 정치에 무관심한 **asexual** 성별 없는, 무성의 **asocial** 자기중심적인, 반사회적인 **aphasic** 실어증의 (환자) **aseptic** 무균의, 방부 처리의 **atonal** 무조의

오거스틴은 뇌물을 받고 횡령한 **부도덕한** 형사에 대한 소설을 썼다. | **부정형의** 황은 부드럽고 끈적거리며 고무같이 늘어난다. | 아프리카 영화는 국내와 해외에서 모두 상당한 **무관심으로** 비춰지고 있다. | **흔하지 않은** 몇 가지 오류와 문제들이 그의 진척을 방해했다. | 경찰은 콜센터를 통해 **익명의** 신고를 받길 원했다.

DAY 11_Prefix ①

> **mal-**
> = bad 나쁜
> mal- + N / A / V = bad & unpleasant N / A / V
>
> - mal (bad) + func + tion (N) 기능이 나빠진 것 → **기기고장**
> - mal (bad) + nutri (nourish) + tion (N) 영양이 나빠진 것 → **영양실조, 영양부족**
> - mal (bad) + gn (gen) + ant (A) 나쁘게 생겨난 → 유해한 → **악의적인**
> - mal (bad) + treat + ment (N) 나쁘게 대우받는 것 → **학대, 혹사**
> - mal(e) (bad) + vol (will) + ent (A) 의지가 나쁜 → **악의 있는**

0431 malfunction [mælfʌ́ŋkʃən] ⓝ 기기 고장, 오작동 7

error, break, down, fail
RBS Bank has blamed the problem on a computer **malfunction**.

0432 malnutrition [mælnju:tríʃən] ⓝ 영양부족, 영양실조 6

bad nutrition
To date, hunger and **malnutrition** are widespread in North Korea.

0433 malignant [məlígnənt] ⓐ 악의적인, 해로운, 악성 5

evil, harmful, dangerous ↔ benign
Tumors may be benign or **malignant**.

▸ tumor 종양 benign 양성의

0434 maltreatment [məltrí:tmənt] ⓝ 학대, 혹사 4

abuse, ill-treatment
Child neglect is the most common form of child **maltreatment** that reported to child protective services.

0435 malevolent [məlévələnt] ⓐ 악의 있는, 남의 불행을 기뻐하는 4

malign, evil ↔ benevolent
Most **malevolent** ghosts haunt the place where, in their real form, they died or were buried.

▸ haunt 출몰하다

Voca Expansion

malefactor 악인, 죄인, 범인 **malediction** 저주, 악담 **maladroit** 솜씨 없는, 서투른 **malcontent** 불평을 품은, 불만스러운 **malady** 병, 질병 **malfeasance** 부정, 부정행위

RBS 은행은 그 문제를 컴퓨터 **고장** 탓으로 돌리고 있다. | 오늘날까지 배고픔과 **영양실조**가 북한에 만연한다. | 종양은 양성 또는 **악성일** 수 있다. | 아이 방치는 아동보호 서비스에 보고된 아동 **학대**의 가장 일반적인 형태이다. | 대부분의 **악의적인** 귀신은 실제 모습으로 그들이 죽거나 묻힌 장소에서 출몰한다.

non- / n- / ne-
= not 아닌

non- + N / A = does not have qualities and characteristics of N / A

- **non** (not) + prof (go) + it 이익이 나지 않는 → **비영리의**
- **non** (not) + sense 무의미한 말 → 난센스 → **어리석은**
- **non** (not) + aggress + ion (N) 공격하지 않는 것 → **불가침**
- **non** (not) + viol + ent (A) 격렬하지 않은 → 비폭력적인 → **평화적인**
- **n(o)** (not) + one 하나도 아닌 → **없는, 아무도 ~않다**

0436 nonprofit [nɔ́nprɔ́fit]

ⓐ 비영리의 — 6

nonprofitable
Today, there are many **nonprofit** private education institutes.

0437 nonsense [nɔ́nsəns]

ⓝ 무의미한 말, 난센스 ⓐ 어리석은 — 4

meaningless word, rubbish, hot air
Nonsense songs are intended to make people laugh.

0438 nonaggression [nɔ̀nəgréʃən]

ⓝ 불가침 — 4

no attack
Germany and the Soviet Union signed a **nonaggression** pact, in which they agreed not to go to war against each other.

0439 nonviolent [nɔ̀nváiələnt]

ⓐ 평화적인, 비폭력의 — 9

unbloody
Members of Greenpeace use direct and **nonviolent** methods of protest.

0440 none [nʌn]

pron 아무도 ~ 않다 [없다] — 2

not any, nothing
The earth has one moon, and Mercury and Venus have **none**.

Voca Expansion

nonentity 실재하지 않는 것, 지어낸 것 **nondescript** 정체를 알 수 없는 사람(것)
nonplus 어찌할 바를 모름, 곤란한 입장, 난처 **nonresident** 거주하지 않는, 일시 체재의 / 비거주자 **never** 한번도 ~않다, 결코 ~않다 **nefarious** 버릇없는 → 극악한, 사악한
nescient 무지한, 모르는, 불가지론의

오늘날 많은 **비영리** 민간 교육기관이 있다. | **말도 안 되는** 노래는 사람들을 웃게 만들려는 의도이다. | 독일과 소련은 서로에 대한 전쟁에 참여하지 않기로 **불가침** 조약에 서명했다. | 그린피스 회원들은 직접적이고 **비폭력적인** 항의 방법을 사용한다. | 지구는 하나의 달이 있지만 수성과 금성에는 **하나도 없다.**

DAY 12_Prefix ②

anti-
= against 반대의
anti- + N / A = SO / ST
opposed to N / A

- anti (against) + war 전쟁의 반대에 서 있는 → 반전의
- anti (against) + nuclear 핵 사용의 반대에 서 있는 → 핵 사용에 반대하는
- anti (against) + pollute + tion (N) 대기오염을 반대 → 공해 방지
- anti (against) + freeze 어는 것을 반대하는 → 부동액
- anti (against) + body 신체에 대항하는 → 항체

0441 antiwar [æntiwɔ́:r]

ⓐ 반전의 3

against the war
Strong **antiwar** feelings had hampered efforts to prepare for war.

▶ hamper 방해하다

0442 antinuclear [æntinjú:kliər]

ⓐ 핵무기 [핵에너지] 사용에 반대하는 6

against the use of nuclear power
Anti-nuclear rallies took place across Japan, urging Japan's government to abandon nuclear power.

0443 antipollution [æntipəlú:ʃən]

ⓝ 공해 방지 ⓐ 공해 방지의 5

action against the pollution
Korean government must enforce various **antipollution** programmes.

0444 antifreeze [ǽntifrì:z]

ⓝ 부동액 4

a chemical additive to lower the freezing point of a liquid
Most automobiles use a coolant consisting of about half water and half **antifreeze**.

▶ coolant 냉각수

0445 antibody [ǽntibɑ́di]

ⓝ 항체 6

a substance to bind with antigen to fight disease
antibiotic ⓐ 항생제의
Because each **antibody** binds to a specific antigen, the immune system produces millions of different antibodies.

▶ antigen 항원 antibodies 항체

Voca Expansion

anti-abortion 임신 중절에 반대하는 **antibody** 항체 **antiseptic** 방부제, 방부의
anticlimax 급락, 용두사미 **antipodes** 대척지 **antibacterial** 항균성의

강한 **반전** 감정이 전쟁을 준비하는 노력들을 방해했다. | **핵에너지 사용에 반대하는** 집회가 일본 정부의 원자력발전을 포기하도록 촉구하며 일본 전역에서 일어났다. | 한국 정부는 다양한 **공해 방지** 프로그램을 강화해야 한다. | 대부분의 자동차는 약 절반의 물과 절반의 **부동액**으로 구성된 냉각수를 사용한다. | 각 **항체**가 특정한 항원과 결합하기 때문에 면역 체계는 수백만 개의 다른 항체를 생산한다.

> **anti-**
> = against 대항하는
> anti- + N / A = SO / ST opposed to N / A
>
> - anti (against) + sept (rotten) + ic (A) 썩는 것을 반대하는 → 방부제, 방부제의
> - anti (against) + path(os) (feel) + y (N) 감정에 반대하는 → 반감, 혐오
> - anti (against) + venom (poison) 독소에 대항하는 → 해독제
> - anti (against) + soci (companion) + al (A) 사회적이지 못한 → 반사회적인
> - anti (against) + thesis (position) 반대 위치에 놓는 → 대조, 정반대

Day 12 Prefix ②

0446 antiseptic
[æntəséptik]

n 방부제 **a** 방부제의   6

antimicrobial, antibacterial

Some **antiseptics** are true germicides, capable of destroying microbes, while others are bacteriostatic.

▶ germicides 살균제 bacteriostatic 세균발육을 저지하는

0447 antipathy
[æntípəθi]

n 반감, 혐오   5

feeling bad

Antipathy is dislike for something or somebody, the opposite of sympathy.

▶ sympathy 동정, 연민

0448 antivenom
[æntivénəm]

n 해독제   5

counterpoison, toxicide

An **antivenom** is a substance which can counteract the venom of snake, spider or other venomous insects.

▶ counteract 대응하다, 중화시키다 venomous 독액을 분비하는

0449 antisocial
[æntisóuʃəl]

a 비사교적인, 반사회적인   3

unfamiliar with social

Some studies suggest that the social and home environment has contributed to the development of **antisocial** behaviour.

0450 antithesis
[æntíθəsis]

n 대조, 정반대   4

contrast

Hell is the **antithesis** of Heaven; disorder is the **antithesis** of order.

Voca Expansion

antiwar 전쟁 반대의 **antivirus** 항바이러스의 **antisnoring** 코골이 방지의 **antisunburn** 볕에 타지 않게 하는 **antisymmetry** 반대칭의 **antirabic** 공수병을 예방하는

어떤 **방부제**는 진정한 살균제로 미생물을 죽일 수 있지만 다른 것들은 세균 발육을 저지한다. | **반감**이란 동정의 반대로 무언가 또는 누군가를 싫어하는 것이다. | **해독제**는 뱀, 거미나 다른 독액을 분비하는 곤충들이 독에 대항할 수 있는 물질이다. | 일부 연구에서는 사회와 가정환경이 **반사회적** 행동의 발전에 기여했다고 주장한다. | 지옥은 천국과 **반대**이고 무질서는 질서의 반대이다.

DAY 12_Prefix ②

> **ant-**
> = against 대항하는
> = opposite 반대의
>
> - ant (against) + arctic (north pole) 북극의 반대에 서 있는 → **남극의**
> - ant (against) + onym (name) 이름의 반대 → **반의어**
> - ant (against) + agon + ist + ic (A) 반대쪽에 서 있는 → **적대적인**
> - ant (against) + acid (sour) (위)산에 반대하는 → **산을 중화하는**
> - ant (against) + helmint(h) + ic (A/N) 기생충을 반대하는 → **구충제**

0451 Antarctic [æntá:rktik]

ⓐ 남극(지방)의   8

south-polar ↔ Arctic
antarctica ⓝ 남극대륙
The **Antarctic** ice sheet is constantly supplied by falling snow.

▶ ice sheet 빙하층, 대륙 빙하

0452 antonym [ǽntənìm]

ⓝ 반의어   5

apposite, opposite word
Examples of **antonyms** can help you get a deeper understanding of words.

0453 antagonistic [æntægənístik]

ⓐ 적대적인, 상반되는, 대립하는, 사이가 나쁜   7

reverse, opposite
antagonist ⓝ 적수, 적대자, 반대자 antagonise ⓥ 적대하다, 갈등을 일으키다
Feedback regulation and **antagonistic** hormone pairs are common in endocrine systems.

▶ endocrine systems 내분비계

0454 antacid [æntǽsid]

ⓐ 산을 중화하는 ⓝ 제산제   2

a substance that reduce the level of acid in the stomach
Chewing gum increases the flow of saliva, which has an **antacid** effect in your stomach.

0455 anthelmintic [ænθelmíntik]

ⓝ 구충제, 회충약 ⓐ 구충의   1

vermicide, vermifuge
Occasional treatments with an oral **anthelmintic** may be used only where the methods fail to control the problem.

Voca Expansion

antalkaline 알칼리 중화제 **Antabuse** 안타부스(알코올 치료제)

남극의 빙하층은 지속적으로 내리는 눈에 의해 꾸준히 채워진다. | 반의어의 예는 단어에 대한 깊은 이해를 얻게 도와준다. | 되먹임 조절과 대립 호르몬의 쌍은 내분비계에서는 일반적이다. | 껌을 씹는 것이 타액의 흐름을 증가시켜 당신의 위에서 제산 효과를 갖게 된다. | 때때로 구충제를 이용한 치료는 그 문제를 조절하는 데 실패한 방법일 때 유일하게 이용되어질 수 있다.

counter-
= against 반대의
counter + N / V = oppose actions / activity to N / V

- counter (against) + act (do) 행동에 대항한 → 거스르다, 중화하다
- counter (against) + attack 공격에 대항한 → 역습, 반격
- counter (against) + part 한 부분에 대응하는 → 상대
- counter (against) + balance 평형에 대항한 → 대등하게 하다
- counter (against) + clock + wise (AD) 시계 방향에 반대인 → 시계 반대 방향으로

Day 12 Prefix ②

0456 counteract [kàuntərǽkt]
v 거스르다, 방해하다 → 중화하다, 좌절시키다   5
go against
Some people take sleeping pills to **counteract** insomnia.

▶ insomnia 불면증

0457 counterattack [káuntərətæk]
n 역습, 반격   4
retort
Nations may avoid launching a nuclear attack because of their fear of a **counterattack**.

0458 counterpart [káuntərpà:rt]
n 상대, 사본   8
copy, equivalent
Deep-sea coral reefs are less known than their shallow **counterparts** but harbor as much diversity as many shallow reefs do.

▶ coral reefs 산호초 shallow 얕은

0459 counterbalance [káuntərbæləns]
n 평형추, 평형력   3
counterweight, balance, equaliser
Skaters use the right arm swing as a **counterbalance** only while skating around turns.

0460 counterclockwise [káuntərklɔ̀kwaiz]
a 시계 반대 방향의 **ad** 시계 반대 방향으로   1
anticlockwise, contraclockwise
Stars rotate **counterclockwise** around the celestial north pole.

▶ celestial 하늘의

Voca Expansion

counterforce 대항 세력, 저항력 **counterplan** 대안, 대책 **counterweight** 대등하게 하다 **countermand** 취소하다 / 철회, 취소 **countervail** ~에 맞먹다, 균형 잡히다 **counterfeiter** 위조자 **counterpoint** 대위법, 대위선율, 대조적 요소 **counterblow** 반격, 역습; (의학) 반동 손상 **counterfeit** 위조의, 가짜의, 허위의

어떤 사람들은 불면증을 **중화하도록** 수면제를 먹는다. | 국가는 **반격**의 두려움 때문에 핵 공격의 시작을 피할 수 있다. | 깊은 바다의 산호초는 얕은 곳의 **흡사한 것**(산호초)보다 덜 알려졌지만 얕은 곳의 많은 산호초가 그러하듯이 많은 다양한 것들의 집이 된다. | 스케이터는 턴을 돌며 스케이팅하는 동안 **평형추**로서 오른쪽 팔 스윙을 한다. | 별들은 하늘의 북극 주위를 **시계 반대 방향으로** 회전한다.

DAY 12_Prefix ②

> **contra-**
> = against 반대의
> count-의 변형
>
> - contra (against) + ry (A) 반대에 있는 → 정반대의, 적합하지 않은
> - contra (against) + st (stand) 반대에 서다 → 대조, 대비, 차이
> - contra (against) + dic (say) + tion (N) 반대하여 말함 → 부인, 부정, 모순
> - contra (against) + cept (conception) + ive (A) 임신을 반대하는 → 피임용의
> - contra (against) + vers (say) + y (N) 반대하여 말함 → 논쟁, 말다툼, 언쟁

0461 contrary [kɑ́ntrəri]   ⓐ 정반대의, 적합하지 않은   4

opposite, different, counter
contrary to expectation 예상과 반대로, 뜻밖에도
Contrary to what might be expected, running is not so fast as reaching.

0462 contrast [kəntrǽst]   ⓝ (반대하여 서다) → 대조, 대비, 차이   5

difference, opposition, distinction
in contrast to [with] ~와 대조를 이루어, ~와는 현저히 다르게
Many Victorian poets dealt with the **contrast** between the lives of the rich and the poor.

0463 contradiction [kɑ̀ntrədíkʃən]   ⓝ 부정, 모순   5

conflict, oppose, inconsistency
contradict ⓥ 부인하다, 모순되다 contradictory (=contradictive) ⓐ 모순된, 반항적인
According to Levi-Strauss, a myth's basic purpose is to resolve an otherwise insoluble **contradiction**.

▶ insoluble 풀 수 없는

0464 contraceptive [kɑ̀ntrəséptiv]   ⓐ 피임용의   3

drug or device intended to prevent contraception
contraception ⓝ 피임, 산아제한
The most effective **contraceptive** method is surgical sterilisation.

▶ sterilisation 단종, 불임

0465 controversy [kɑ́ntrəvə̀ːrsi]   ⓝ 논쟁, 말다툼, 언쟁   6

contention, disputation, argument ↔ agreement
controversial ⓝ 논란이 많은
A turning point in Lincoln's life came with the rise of the slavery **controversy**.

Voca Expansion

contradict 부인하다, 모순되다 **contraband** 밀수품 **contravene** 위반하다, 논박하다 **contradistinctive** 대조적으로 다른, 대비적인 **contraindicate** (약 요법 등에) 금기를 나타내다 **contralto** 콘트랄토의 (가수) **contraoctave** 콘트라옥타브, 1점음 옥타브 **contraorbital** 역궤도 비행의 **contrapose** 대치시키다, 대우시키다 **contrariety** 반대, 불일치 **controvert** 논쟁하다, 반박하다

무엇을 예상하던 간에 **반대로**, 실행은 도달할 만큼 빠르지 않다. | 많은 빅토리아시대의 시인들은 부자와 가난한 자의 삶 간에 **대조**를 다루었다. | 레비 스트라우스에 따르면 신화의 기본적인 목적은 해결할 수 없는 다른 **모순**을 해결하는 데 있다. | 가장 효과 있는 **피임** 방법은 수술적 불임이다. | 링컨의 인생에서 전환점은 노예제도 **논쟁**이 심화되면서 오게 됐다.

ob
= against 반대의
ob- + V / A = oppose to V / A

- ob (against) + ject (throw) + ion (N) ~에 대항해 던지는 것 → **반대, 이의**
- ob (against) + (con) struct 세우는 것을 막다 → **방해하다**
- ob (against) + liter (letter) + ate (V) 편지를 반대하다 → **문질러 지우다, 없애다**
- ob (against) + scene (see) 보는 것에 반대하는 → **외설한, 음란한**
- ab (against) + nox(i) (harm) + ous (A) 해로운 것을 반대하는 → **불쾌한, 싫은**

Day 12 Prefix ②

0466 objection
[əbdʒékʃən]

ⓝ 반대, 이의

opposition, complaint, protest
An **objection** from even person blocks a unanimous consent agreement.

8

0467 obstruct
[əbstrʌ́kt]

ⓥ 막다, 차단하다 → 방해하다

hold up, stop, impede, hamper
If a major artery becomes **obstructed**, surgery may be needed.

5

▶ artery 동맥

0468 obliterate
[əblítərèit]

ⓥ 지우다, 없애다, 말소하다

efface, blot out, destroy
Israel says that a move of Palestinian refugee would **obliterate** the country's Jewish majority.

6

0469 obscene
[əbsíːn]

ⓐ 외설한, 음란한, 지겨운

indecent, dirty, offensive, immoral, improper
The mime, a short and usually comic play, is often satiric and **obscene**.

4

0470 obnoxious
[əbnɔ́kʃəs]

ⓐ 불쾌한, 싫은, 비위 상하는

unpleasant
The referee was totally **obnoxious**, rude and embarrassing.

5

Voca Expansion

obituary 사망 기사 **oblivious** 잘 잊어버리는, 건망증이 있는 **obloquy** 욕설, 비방, 악평 → 불명예

심지어 한 사람의 **반대**라도 만장일치의 합의를 막는다. | 만약 주요 동맥이 **가로막히게** 된다면 수술이 필요할 지도 모른다. | 이스라엘 사람들은 팔레스타인 난민들의 이동이 국가의 유대인 대다수를 **없앨 것**이라고 말한다. | 짧으면서 희극적인 마임은 종종 풍자적이고 **외설적이다.** | 그 심판은 완전히 **불쾌하고** 무례하며 황당하였다.

DAY 12_Prefix ②

o- 변형	• **op (against)** + pos (put) + e (V) ~의 반대쪽에 놓다 → **반대하다, 대항하다**
op- → p 앞에	• **op (against)** + press ~에 밀어붙이다 → **압박하다, 억압하다**
oc- → c 앞에	• **oc (against)** + cup (cap, to take) + y (V) 손에 넣다 → **차지하다, 종사하다**
of- → f 앞에	• **of (against)** + fen (fend, to hit) + se (N) 치는 것에 대항 → **위반, 반칙, 공격**
os- → t 앞에	• **os (against)** + tent (stretch) + ati + ous (A) 뻗는 것에 대항하는 → **과시하는**

0471 oppose
[əpóuz]

ⓥ (~의 반대쪽에 놓다) → 반대하다, 대항하다, 대치하다   5

be against, counter, fight
Broadcasters generally **oppose** government regulations.

0472 oppress
[əprés]

ⓥ (~에 밀어붙이다) → 압박하다, 억압하다, 박해하다   6

subjugate, depress, burden
oppressive ⓐ 가혹한, 중압감을 주는 → 답답한
Robin Hood was an outlaw, but he was the friend of poor and **oppressed** people.

0473 occupy
[ɔ́kjupài]

ⓥ 차지하다, 종사하다   7

engage, take, hold
Many youth hostels **occupy** historic buildings.

0474 offense
[əféns]

ⓝ 위반, 반칙, 범죄   4

violation, crime, harm
In basketball, the five players on a team play both **offense** and defense.

0475 ostentatious
[ɔ̀stəntéiʃəs]

ⓐ 과시하는, 야한, 화려한   4

intended to attract notice
Boasting or bragging is the act of making an **ostentatious** speech.

Voca Expansion

opprobrium 오욕, 치욕, 불명예, 비난 **ostensible** 표면상의, 허울만의, 겉치레의

방송사는 일반적으로 정부의 규제를 **반대한다**. | 로빈후드는 무법자였지만 그는 가난하고 **억압받는** 사람들의 친구였다. | 많은 유스호스텔은 역사적 건물을 **사용한다**. | 농구에는 한 팀의 5명의 선수 모두 **공격**과 방어를 하며 경기를 한다. | 자랑하거나 허풍 떠는 것은 **과시하는** 말을 하는 행동이다.

Day 12 Prefix ②

with-
= back 뒤로
= away 멀리
= against 반대의

- with (back) + draw (to do) 할 일에서 물러나다 → **철회하다, 회수하다**
- with (back) + draw (to do) + al (N) 할 일에서 물러남 → **철회, 회수**
- with (back) + hold 뒤에서 잡고 있다 → **보류하다, 억제하다**
- with (back) + stand 뒤에서 서 있다 → **저항하다, 버티다**
- with (back) + er (V) 뒤로 가다 → **마르다, 시들다**

0476 withdraw [wiðdrɔ́ː]

Ⓥ 철수 [회]하다, 회수하다   7

remove, retreat
withdrawn ⓐ 인적이 드문, 철회한
After Caesar **withdrew** his troops, trade grew up between Rome and Britain.

0477 withdrawal [wiðdrɔ́ːəl]

Ⓝ 철회, (예금) 인출, 물러남   8

removal, ending, abolition
Roosevelt then banned the **withdrawal** of Japanese funds from American banks.

0478 withhold [wiðhóuld]

Ⓥ 보류하다, 억제하다   5

keep secret, refuse, retain, suppress
News organisations may **withhold** information voluntarily if that report proved to be harm to the public interest.

▶ voluntarily 자발적으로

0479 withstand [wiðstǽnd]

Ⓥ 저항하다, 버티다   7

resist, suffer, bear, oppose
A framework for the skyscraper make strong enough but flexible enough to **withstand** an earthquake.

0480 wither [wíðər]

Ⓥ 마르다, 시들다, 사라지다   7

fade, wilt, perish
When spring and late summer rains were scanty, crops **withered** and died.

▶ scanty 빈약한

Voca Expansion

시저가 그의 군대를 **철수한** 후에 무역은 로마와 영국 간에 성장하였다. | 루즈벨트는 미국 은행으로부터 일본인의 자금 **인출**을 금지했다. | 뉴스 기관은 그 보고가 공익에 해가 될 것으로 판명 난다면 자발적으로 그 정보를 **보류할** 수 있다. | 고층 건물을 위한 뼈대는 충분히 강하게 만들면서 지진에 **견딜 수 있도록** 충분히 유연해야 한다. | 봄과 늦은 여름에 비가 부족하면 작물은 **시들고** 죽게 된다.

DAY 13_Prefix ③

pro- = forward 앞으로 = before 이전에	• pro (forward) + duct (lead) + ive (A) 앞으로 이끄는 → 생산적인 → 다산의 • pro (forward) + pose (set) 앞에 놓다 → 제안하다 → **계획하다** • pro (forward) + voke (call) 불러내다 → 야기하다 → **화나게 하다** • pro (forward) + pel (to drive) 앞으로 밀다 → **나아가게 하다, 추진하다** • pro (before) + phet (say) 미리 말하다 → **예언자**

0481 productive [prədʌ́ktiv]
ⓐ 생산적인, 다산의

fertile, rich, prolific, creative
Medieval households were **productive** units.

0482 propose [prəpóuz]
ⓥ 제안하다; 계획하다; 지명하다

present, suggest; intend; nominate
The president can **propose** laws in speeches or public appearances.

0483 provoke [prəvóuk]
ⓥ 불러일으키다, 야기하다, 화나게 하다

rouse, cause, produce ↔ appease, calm
provoking ⓐ 자극하는, 짜증 나는
The substances that **provoke** an allergic reaction are called allergens.

▶ allergen 알레젠, 알레르기를 일으키는

0484 propel [prəpél]
ⓥ 추진하다, 나아가게 하다

drive, push, thrust ↔ stop
propellant ⓐ 추진체 propulsion ⓝ 추진
Rotating lawn sprinklers **propel** a spray of water in every direction.

▶ spray of water 물보라

0485 prophet [práfit]
ⓝ 예언자, 선지자

forecaster, diviner, oracle
Prophets are regarded as having a role in society that promotes change due to their messages and actions.

Voca Expansion

protrude (앞으로 내밀다) → 내뻗다, 튀어나오다 **prognosticate** 예지하다, 예언하다, 예측하다 **prolific** 아이를 많이 낳는, 다산의, 비옥한 **propensity** 경향, 성향 **propitious** 호의를 가진, 자비로운, 길조의 **proclivity** (비탈, 경향) → 성질, 기질 **prosecute** (앞에 따르다) → 기소하다, 수행하다 **procure** (미리 돌보다) → 획득하다, 마련하다, 조달하다 **proficient** (전진하는) → 익숙한, 능란한 **prolong** 늘이다, 연장하다 **prominent** (앞으로 튀어나오다) → 현저한, 두드러진 → 탁월한 **profess** (공언하다) → 고백하다

중세 시대의 가구는 **생산적인** 단위였다. | 대통령은 연설이나 대중 앞에서 법을 **제안할** 수 있다. | 알레르기 반응을 **일으키는** 물질을 알레르기원이라 한다. | 회전하는 잔디 살수 장치는 모든 방향으로 물보라를 **나아가게 한다**. | **선지자**는 사회에서 그들의 메시지와 행동으로 변화를 촉진하는 역할을 가진 것으로 간주된다.

Day 13 Prefix ③

pre-
= before 이전에
= forth 앞의

- pre (before) + ced (cess, go) + e (V) 먼저 가다 → 앞서다
- pre (before) + view (see) 먼저 보다 → 미리 보기, 시사회
- pre (forth) + vail (val, strong) 이미 힘이 센 → 우세하다, 이기다
- pre (forth) + vious (vious) 앞에 가다 → 앞의, 이전의
- pre (before) + domin (master) + ant (A) 이미 지배하고 있는 → 탁월한, 우세한

0486 precede [prisí:d]

ⓥ 앞서다, 먼저 일어나다

antedate, go ahead of
Some transient raids often **precede** more serious attack at night.

0487 preview [prí:vjù:]

ⓝ 미리 보기, 시사회 ⓥ 시사를 보다

sample, advance showing ↔ review / forelook
Preview tickets are normally sold at reduced prices.

▶ reduced prices 할인가

0488 prevail [privéil]

ⓥ (이미 힘이 센) → 우세하다, 이기다, 보급되다

dominate, triumph
prevalence ⓝ 널리 퍼짐, 유행 prevalent ⓐ 유행하는, 유력한
With French aid, the new nation **prevailed** against Great Britain.

0489 previous [prí:viəs]

ⓐ (앞에 가다) → 앞의, 이전의

prior, preceding ↔ following
The work of the sculptor today has changed in many ways from **previous** times.

▶ sculptor 조각가

0490 predominant [pridɔ́mənənt]

ⓐ 우세한, 유력한, 탁월한, 지배적인

dominant, prevail
predominate ⓥ 우세하다, 지배력을 갖다, 두드러지다
Socialist democratic ideas became **predominant** in Europe.

Voca Expansion

predetermine 미리 결정하다, 미리 계산하다 **preoccupation** 선취, 선점, 편견
preliminary (문지방 앞에서) → 예비적인 **preparation** 준비, 예비, 태세 **predict** 미리 말하다 → 예언하다 **prescribe** 처방하다

어떤 조용한 공습은 밤에 종종 심각한 공격에 **앞서서 일어난다**. | **시사회** 티켓은 보통 할인가로 팔린다. | 프랑스의 원조로 그 새로운 국가는 영국에 **우세했다**. | 오늘날 조각가의 작품은 **이전** 시대로부터 많은 방면에서 변하여 왔다. | 사회주의적 민주주의에 대한 생각이 유럽에서 **우세해졌다**.

DAY 13_Prefix ③

fore-
= front 앞에
= before 이전에
= superior 뛰어난

- fore (front) + see 앞을 보다 → 예견하다, 예지하다
- fore (front) + cast (throw) 앞에 던지다 → 예보(예측)하다
- fore (front) + tell (say) 먼저 말하다 → 예고하다, 예언하다
- fore (before) + father 아버지 이전의 → 조상, 선조
- fore (superior) + most 가장 뛰어난 → 일류의, 으뜸가는

0491 foresee [fɔːrsíː]

ⓥ 예견하다, 예지하다

forecast, foretell, predict
foreseeable ⓐ 예측 가능한
They try to **foresee** people's concerns for safety.

0492 forecast [fɔ́ːrkǽst]

ⓥ 예보하다, 예상하다 ⓝ 예측, 예보, 예상

predict, foretell, foresee
Scientists are working to make accurate **forecasts** on when earthquakes will strike.

0493 foretell [fɔːrtél]

ⓥ 예고하다, 예언하다

forecast, predict
Many people try to **foretell** future events by analysing the relationships among the planets and stars.

0494 forefather [fɔ́ːrfɑ̀ːðər]

ⓝ 조상, 선조

ancestor
People give thanks to their **forefathers**.

▶ give thanks to ~에게 감사하다, 사의를 표하다

0495 foremost [fɔ́ːrmòust]

ⓐ 일류의, 으뜸가는

leading, first, most notable
One of the **foremost** Hispanic Americans having new ethnic pride was Cesar Chavez.

Voca Expansion

forearm 앞 팔 **foreleg** 앞다리 **forehead** 이마, 물건의 앞부분 **forebode** 예언하다, 전조를 보이다 **foreshadow** 예시하다, 징조를 보이다 **foresight** 선견지명 **forestall** 앞질러 방해하다, 매점하다

그들은 안전에 대한 사람들의 관심사를 **예측하려** 한다. | 과학자들은 지진이 언제 일어날지에 대해 정확한 **예측**을 하기 위해서 열심히 연구하고 있다. | 많은 사람들이 행성과 항성 간의 관계를 분석하여 미래의 일들을 **예언하려고** 시도한다. | 사람들은 그들의 **조상**에게 감사한다. | 새로운 민족 자부심을 가진 **일류** 히스패닉계 미국인 중 한 사람은 시저 차베스였다.

anti- / ante- / anc-
= before 이전의

- anti (before) + que (A) (지금보다) 이전의 → 골동품 / 옛날의, 고대의
- anti (before) + cip (see) + ate (V) 미리 보다 → 기대하다, 예상하다
- anc (before) + (i) ent (A) 이전의 → 고대의
- an(c) (before) + cest + or (N) 먼저 간 사람 → 조상
- ad (before) + vance 미리 가는 것 → 전진, 발전 / 나아가다, 승진하다

0496 antique [æntíːk]
n 골동품, 미술품 a 고미술의, 골동의 9

relic / old, ancient ↔ modern, current
antiquity (n) 낡음, 태고 antiquated (a) 고풍스런, 시대에 뒤진
The old palace displays **antique** furniture, paintings, porcelain, sculpture, and tapestries.

0497 anticipate [æntísəpèit]
v 예상하다, 기대하다, 미리 걱정하다 7

expect, predict, foresee
anticipation (n) 예상, 예견, 기대
I **anticipate** a good vacation.

0498 ancient [éinʃənt]
a 고대의, 먼 옛날의 6

old, antique ↔ modern
The **ancient** Egyptians cooked their food mostly over open fires.

0499 ancestor [ǽnsestər]
n (앞서 가는 사람) → 조상, 선구자 7

ascendant, forebear, fore father ↔ descendant, offspring
ancestral (a) 조상의, 원형을 이루는
Most scientists believe apes and human beings developed from a common **ancestor**.

0500 advance [ədvǽːns]
n 전진, 발전 v 나아가다, 제출하다, 승진시키다 7

progress, accelerate, improve ↔ retreat
advanced (a) 정진한, 고등의 advancement (n) 전진, 승진
The tides occur so regularly that they can be predicted many years in **advance**.

▶ in advance 사전에, 미리

Voca Expansion

anterior 앞의, 전방의, 먼저의 **antebellum** 전쟁 전의 **anticipation, expectancy, prediction** 예상 **anteroom** 곁방, 대기실 **antecedent** (앞서 가는) → 앞서는, 선행의 / 전례, 선행자 **antedate** 앞의 날짜로 앞당기다 **antediluvian** 대홍수 이전의, 시대에 뒤진 사람 **anchor** 닻, 고정 장치; 종합 사회자

그 오래된 궁전은 **골동품** 가구, 그림, 도자기, 조각과 벽걸이 융단 등을 전시하고 있다. | 나는 좋은 휴가를 **기대한다**. | **고대** 이집트인들은 대부분 덮개 없는 난로 불에 요리를 했다. | 대부분의 과학자들은 원숭이와 인간은 같은 **조상**으로부터 발달했다고 믿는다. | 그 조류는 규칙적으로 나타나기 때문에 **미리** 몇 년전에 예측되어질 수 있다.

DAY 13_Prefix ③

> **re-**
> = back 뒤로
> re- + A / N
> = back of A / N
>
> - re (back) + ced (cess, go) + e (V) 뒤로 가다 → **물러가다, 감소하다**
> - re (back) + vok (vocal) + e (A) 뒤로 부르다 → **취소하다**
> - re (back) + cant (call) 뒤로 부르다 → **취소하다**
> - re (back) + mov + e (V) 뒤로 옮기다 → 이동하다 → **제거하다**
> - re (back) + turn 뒤로 돌리다 → **되돌아가다**

0501 recede [risíːd]

ⓥ 물러가다, 감소하다 → 떨어지다   5

fall back, withdraw, retreat, return
recess ⓝ 휴식, 휴가
As the ice **receded**, the environment of many prehistoric people changed and greatly affected their way of life.
▶ prehistoric 선사시대의

0502 revoke [rivóuk]

ⓥ 취소하다   4

cancel, retract, annul
Jackson's allies won control of the Senate, and **revoked** the 1834 resolution.

▶ resolution 결의안, 해결

0503 recant [rikǽnt]

ⓥ 고치다, 취소하다, 부인하다   3

correct, withdraw, deny
Luther was ordered to **recant** (take back) what he had said and written.

0504 remove [rimúːv]

ⓥ 제거하다, 옮기다, 이동하다   7

take out, withdraw, take off
Surgeons **remove** the diseased portion of the blood vessel.

▶ blood vessel 혈관

0505 return [ritə́ːrn]

ⓥ 되돌아가다, 돌려보내다   5

come back, put back, replace
People often **return** beached whales to the sea, but most swim back onto the beach.

Voca Expansion

retractable 취소할 수 있는 **retrench** 단축하다, 긴축하다 **revert** (뒤로 돌아가다) → 되돌아가다 **revile** ~의 욕을 하다, 매도하다 **recompense** ~에게 보답하다, 갚다 **recumbent** 드러누운, 기댄, 휴식하는 **recluse** 속세를 떠난, 은둔한 → 외로운 **renounce** 포기하다, 그만두다 **repartee** 재치 있는 응답 **reprehensible** 비난할 만한, 괘씸한 **reimburse** 변상하다, 배상하다 **relegate** 내려 앉히다, 좌천시키다 **remand** 송환하다, 귀환을 명하다 **reminisce** 추억하다, 추억에 잠기다 **remiss** 게으른, 태만한, 부주의한 → 무기력한 **remit** 보내다, 송금하다, 용서하다, 완화하다

빙산이 **감소함에 따라** 많은 선사시대 사람들의 환경은 변하였고 그들의 삶의 방식에 크게 영향을 주었다. | 잭슨의 동맹은 상원의 통제에서 승리했고 1834년 의결도 **취소했다**. | 루터는 그가 말했거나 기록했던 것을 **철회하도록** 지시 받았다. | 외과의사는 혈관의 병든 부분을 **제거한다**. | 사람들은 종종 해변가에 올라온 고래를 바다로 **돌려보내지**만 대부분은 해변가로 다시 올라온다.

retro-
= back 뒤로
= backward 뒤쪽의

- retro (back) + spect (view) 뒤를 돌아보다 → 회상, 회고
- retro (back) + grade (walk) 뒤로 걷다 → 후퇴하는, 역행하는
- retro (back) + act (do) 거꾸로 작용하다 → 이전으로 소급하다
- retro (back) + cede (go) 뒤로 가다 → 반환하다, 되돌아가다, 물러가다, 후퇴하다
- retro (back) + act + ive (A) 거꾸로 작용하는 → 반동하는, 소급하는

Day 13 Prefix ③

0506 retrospect [rétrəspèkt]

n 회상, 회고, 추억 8

memory, remembrance
Retrospect of various works published during the last year, new editions and new works in process.

0507 retrograde [rétrəgrèid]

a 후퇴하는, 〈천문〉 역행하는, 되돌아가는 4

retrogressive, retral, backward
Ancient scientists struggled to explain the annual **retrograde** motion of the planets.

0508 retroact [rétrouækt]

v 이전으로 소급하다, 거꾸로 작용하다 4

work to back
That woman could not **retroact** the memory of Ida.

0509 retrocede [rètrəsíːd]

v 반환하다, 되돌아가다, 물러가다, 후퇴하다 3

go back, retrogress
Maryland can **retrocede** their portion and gain an additional House member.

0510 retroactive [rètrouæktiv]

a 〈법〉 소급하는; 반동하는 2

effect from a date in the past
The seizure was made **retroactive** to the day of the occupation of the territory by the German troops.

Voca Expansion

render ~을 하게 되다, 주다, 표현하다 **rescind** 무효로 하다, 폐지하다 **repugnant** 비위에 맞지 않는, 모순된, 반감을 가진 **retard** (뒤로 늦추다) → 지체시키다, 방해하다, 늦어지다 **retentive** 보유하는, 기억력이 좋은 **retrude** 뒤로 이동시키다 **retrusion** 후퇴, 후방 전위 **retroversion** 뒤돌아봄, 반전, 퇴행 **retrogress** 되돌아가다, 역행하다, 하강하다

다양한 작품에 대한 **회고**가 작년 한 해 동안 새로운 버전과 새로운 작품 과정으로 출판되었다. | 고대 과학자들은 행성의 연주 **역행**운동을 설명하기 위해 고군분투했다. | 그 여인은 아이다의 기억을 **되돌릴** 수 없었다. | 메릴랜드는 그들의 몫을 **반환하고** 추가 의원을 확보할 수 있다. | 그 체포는 독일 군대에 의해 영토 점령의 날로 **소급**되었다.

DAY 13_Prefix ③

post- = after 후에

- post (after) + war 전쟁 후의 → 전후의
- post (after) + gradu + ate 대학 졸업 후 → 대학원
- post (after) + pon (pose) + e 뒤로 미루다 → 연기하다
- post (after) + impression + ist (N) 인상주의 다음의 → 후기인상파의 화가
- post (after) + script (written) 나중에 쓰인 → 후기, 추신

0511 post-war [poustwɔ́:r]

ⓐ 전쟁 후의, 전후의 5

after the war ↔ prewar
The **post-war** world gave rise not to more traditional empires, but to a new concept altogether – the superpower.

0512 postgraduate [poustgrǽdʒuit]

ⓝ 대학원생 6

graduate student
After about four years of active duty, they become eligible for many technical **postgraduate** programmes.

▶ become eligible for ~에 대한 자격을 갖추게 되다

0513 postpone [poustpóun]

ⓥ 뒤로 미루다 → 연기하다 6

delay, defer ↔ hasten, hurry
postponable ⓐ 연기할 수 있는 postponement ⓝ 연기
Germany **postponed** its plans to invade the United Kingdom, but air raids on British cities continued.

▶ air raids 공습

0514 postimpressionist [pòustimpréʃənìzm]

ⓝ 후기인상파 화가 4

painter
postimpressionism ⓝ 후기인상파
Postimpressionist painters added emotional or symbolic meanings to their work.

0515 postscript [póustskrìpt]

ⓝ 후기, 추신, 해설 4

annotation, note, supplement
The end of the manuscript contains a **postscript**.

Voca Expansion

posthumous 유복의 **postdoctoral** 박사 학위 취득 후의

전후의 세계는 전통적인 제국이 아니라 초강대국이라는 새로운 개념을 떠오르게 했다. | 약 4년간의 현역 임무 후에 그들은 많은 기술 **대학원생** 프로그램에 대한 자격을 갖추게 된다. | 독일은 영국을 침략하겠다는 계획을 **연기했지만** 영국 도시에 대한 공습은 계속했다. | **후기인상파** 화가들은 그들의 작품에 감정적이거나 상징적 의미를 더하였다. | 원고의 끝에는 **후기**가 포함되어 있다.

after-
= after 후에

- after (after) + noon 정오 후에 → 오후
- after (after) + ward (AD) 그 후에 → 나중에
- after (after) + school 수업 후에 → 방과 후에
- after (after) + word 말의 끝에 → 맺는 말, 후기
- after (after) + life 삶 이후에 → 사후, 내세

Day 13 Prefix ③

0516 afternoon
[áftərnuːn]

- n 오후, 후반, 후기 a 오후의
- the part of the day after morning and before the evening
- By the age of 18 months, most babies need about 14 hours of sleep daily, including an **afternoon** nap.

5

0517 afterward
[áftərwɔːrd]

- ad 후에, 나중에, 그 후에
- later
- The Revolutionary War broke out soon **afterward**.

4

0518 after-school
[áftərskuːl]

- a 방과 후의
- of activity after the student have finished school
- An institute investigated on parent's satisfaction of the **after-school** guiding programme for children.

4

0519 afterword
[áftərwɜːrd]

- n 맺는말, 발문, 후기
- finishing word end of a book
- The film ends exactly how Philip K. Dick's novel does, with an **afterword** from the author.

3

0520 afterlife
[áftərlaif]

- n 내세, 사후의 삶
- afterworld
- Many of the dead were buried with grave goods – that is, pottery and other objects – for use in the **afterlife**.

3

▶ grave goods 부장품

Voca Expansion

afteryears 그 후의 세월, 후년, 만년 **afterbrain** 후뇌 **aftercare** 병후 (산후) 몸조리; 보호, 갱생지도 **aftermost** 최후부의, 맨 뒤의 **afterworld** 후세, 내세 **afterimage** 잔상

18개월의 나이가 되면 대부분의 아기들은 **오후** 낮잠을 포함하여 매일 약 14시간의 수면이 필요하다. | 독립전쟁이 **그 후에** 곧 발발했다. | 한 기관에서 아이들을 위한 **방과 후** 지도 프로그램의 부모 만족도에 대해서 조사했다. | 그 영화는 필립 K 딕스의 소설이 그러하듯이 작가의 **맺는말**로 정확하게 끝난다. | 많은 죽은 자들이 **사후에** 사용할 도자기와 기타 물건들인 부장품들과 함께 묻혔다.

DAY 14_Prefix ④

super- = over 위에	• super (over) + (i) or (A) 위에 있는 → 뛰어난, 상위의 • super (over) + vise (view) 위에서 보다 → 감독하다, 관리하다 • super (over) + eme (A) 상위의 → 최고의, 최상의 • super (over) + stit (stand) + ion (N) 사물의 위에 서 있는 것 → 미신, 우상 • super (over) + natur + al (A) 자연적인 것을 넘어선 → 초자연의, 신비적인

0521 superior
[sjuːpíəriər]

ⓐ 뛰어난, 우수한, 상위의 ⓝ 우월, 탁월   8

greater, higher ↔ inferior / superiority
In spite of **superior** strength, the British had again failed to defeat the rebels.

0522 supervise
[sjúːpərvàiz]

ⓥ 감독하다, 관리하다, 지휘하다   6

observe, guide, monitor, oversee
Petroleum engineers **supervise** well drilling and oil recovery.

▸ petroleum engineers 석유 기술자들

0523 supreme
[sjuprίːm]

ⓐ 최고의, 최상의, 최우수의   7

extreme, utmost
supremacy ⓝ 최고, 주권 supremely ⓐⓓ 극도로, 지극히
Religion has been a **supreme** source of inspiration in the arts.

▸ supreme source 최고 원천

0524 superstition
[sjùːpərstíʃən]

ⓝ 미신(적 습관), 우상, 공포   6

myth, belief, notion
According to one **superstition**, sleeping in moonlight could cause insanity.

▸ insanity 광기, 정신이상

0525 supernatural
[sùːpərnǽtʃərəl]

ⓐ 초자연의, 신비적인, 불가사의한   6

paranormal, unearthly, uncanny, miraculous
Many of stories in children's book feature **supernatural** characters and events.

▸ characters 등장인물

Voca Expansion

supersede (위에 앉다) → 대신하다, 대체하다 **supercilious** 사람을 내려다보는, 건방진 **superficial** 표면상의, 외면의 **supervene** ~잇달아 일어나다, 결과로서 일어나다 **ultra- (superior)** 뛰어난 **ultra-power** 초강력 힘 **ultra-intelligent, ultra-modern** 초현대적인 **ultra-sharp** 아주 날카로운 **ultra-rich** 초거대 거부

우수한 군사력에도 불구하고 영국군은 다시 반군을 격파하는 데 실패했다. | 석유 기술자들은 구멍을 잘 뚫는 것과 오일 회수를 **감독한다**. | 종교는 예술에 있어서 영감의 **최고** 원천이 되어 왔다. | 한 **미신**에 따르면, 달빛에서 잠자는 것은 광기를 일으킬 수 있다. | 아동 도서의 많은 이야기가 **초자연적인** 등장인물과 사건을 특징으로 한다.

Day 14 Prefix ④

sur-
= over 위에
= above 위에
= excess 초과하여

- sur (over) + face 위의 표면 → 표면, 외부
- sur (over) + pass (go) 넘어서 가다 → 능가하다, 초월하다
- sur (over) + plus 넘어서 남는 것 → 나머지, 잉여
- sur (over) + vive (life) 넘어서 살다 → 살아남다, 견디다
- sur (over) + render (give) 위로 주다 → 넘겨주다 → 항복하다

0526 surface [sə́:rfis]

n 표면, 평면, → 외부, 겉보기, 외관 v 떠오르다 5

covering, face, exterior / emerge, appear, arise

Venus has a variety of **surface** features, including level ground, mountains, canyons, and valleys.

0527 surpass [sərpǽs]

v 능가하다, 초월하다, ~보다 낫다 6

outdo, exceed, outstrip

Insects far **surpass** all other terrestrial animals in numbers, and they occur practically everywhere.

0528 surplus [sə́:rpləs]

n 나머지, 잉여 [금] 8

excess, extra ↔ deficit

The **surplus** pushed prices down because there was more food than people could buy.

0529 survive [sərváiv]

v 살아남다, 견디다 6

remain alive, outlive, continue

Some insects **survive** the low temperatures by storing ethylene glycol in their tissues.

▶ ethylene glycol 에틸렌 글리콜(부동액)

0530 surrender [səréndər]

v 넘겨주다, 포기하다, 항복하다 6

give in, submit, succumb

The Argentine forces **surrendered** to the United Kingdom in June 1982.

Voca Expansion

surfeit (지나치게 하다) → 폭식, 과음, 홍수 **surmise** (위로 던지다) → 짐작, 추측 / 짐작하다, 추측하다 **surveillance** 감시, 망보기, 감독 **surmount** (오르다) → 타고 넘다, 극복하다

금성은 지상과 산과 협곡과 계곡 등을 포함한 다양한 **표면**의 특징이 있다. | 곤충은 수에 있어서 모든 다른 육생동물을 훨씬 **능가하며**, 실제적으로 어디에서나 발생한다. | 사람들이 살 수 있는 것보다 많은 식량이 있었기 때문에 **잉여물**이 가격을 낮추도록 밀어 붙였다. | 어떤 곤충들은 그들의 조직에 에틸렌글리콜을 저장하여 낮은 온도에서도 **살아남는다**. | 아르헨티나의 군대는 1982년 6월에 영국에 **항복했다**.

DAY 14_Prefix ④

over- = excess 넘어서
over- + A / V / N = new + A / V / N

- over (excess) + see 위에서 보다 → 감독하다, 두루 살피다
- over (excess) + come 이겨 넘다 → 이기다, 압도하다
- over (excess) + turn 위로 돌리다 → 전복시키다, 뒤집다
- over (excess) + look (see) 내려다 보다 → 대충보다
- over (excess) + power (strength) 힘이 넘치다 → 이기다, 눌러버리다

0531 oversee [òuvərsíː]

ⓥ 감독하다; 두루 살피다, 망보다 6

supervise, manage; overlook
overseer ⓝ 감독, 지배인
The federal Atomic Energy Control Board **oversees** the nation's nuclear energy industry.

0532 overcome [òuvərkʌ́m]

ⓥ 이기다, 패배시키다, 압도하다 ⓐ 압도하는, 패배시키는 7

defeat, beat, conquer / overwhelmed, moved, affected, emotional
They created open spaces to **overcome** the overcrowding of earlier days.

▸ overcrowding 초만원

0533 overturn [òuvərtə́ːrn]

ⓥ 전복시키다, 뒤집다, 넘어뜨리다 5

tip over, reverse, capsize
In Peru, Francisco Pizarro **overturned** the Inca empire in the early 1530's.

0534 overlook [òuvərlúk]

ⓥ 내려다보다, 대충 보다; 못 보고 지나치다 7

look over, have a view of; miss, forget, ignore
San Diego **overlooks** a beautiful bay just north of the Mexican border.

0535 overpower [òuvərpáuər]

ⓥ 이기다, 눌러 버리다, 제압하다 7

overcome, master, overthrow
U.S. Army and Navy troops **overpowered** Spanish forces.

▸ forces 물리력, 군사력

Voca Expansion

overdo 지나치게 하다, ~의 도를 넘다 **overeat** 과식하다 **oversleep** 너무 자다, 늦잠 자다 **overwork** 과로시키다, 지나치게 부리다

연방원자력관리위원회는 국가의 핵에너지 산업을 **감독한다**. | 그들은 이전의 혼잡을 **극복하기** 위하여 개방 공간을 만들었다. | 페루에서는 프란시스코 피사로가 1530년대 초기에 잉카제국을 **전복시켰다**. | 샌디에이고는 멕시코의 바로 북쪽 국경으로 아름다운 만을 **굽어본다**. | 미 육군과 해군 병력은 스페인의 군사력을 제압했다.

up-
= upward 위로
up- + N / A = direction and position of N / A

- up (upward) + right 똑바로 선 → 직립의 → 올바른, 강직한
- up (upward) + grade (scale) 등급을 올리다 → 개량하다, 향상시키다
- up (upward) + root 뿌리를 올리다 → 뿌리 뽑다, 근절하다
- up (upward) + stream 시내 위쪽으로 → 상류에, 강을 거슬러서
- up (upward) + heav (heap) + al (N) 위로 들어 올림 → 융기 → 격변

Day 14 Prefix ④

0536 upright [ápràit]

ⓐ 똑바로 선, 직립의, 올바른, 강직한 8

honest, principled ↔ dishonest, unjust
Drivers sit in the usual **upright** position.

0537 upgrade [ápgreid]

ⓥ 개량하다, 향상시키다 6

improve, better, update, promote
In next time, my computer will **upgrade** to fast.

0538 uproot [áprú:t]

ⓥ 뿌리 뽑다, 몰아내다, 근절하다 4

root up, eradicate
Pakistani soldiers were launched on a long-awaited ground offensive to **uproot** Al-Qaeda.

0539 upstream [ápstrì:m]

ⓐⓓ 상류에, 강을 거슬러 올라가서 ⓐ 상류의, 흐름을 거슬러 오르는 5

upriver ↔ downstream
The boat maneuvers **upstream** and downstream in river everyday for competition.

▸ maneuvers 연습, 책략, 조작

0540 upheaval [ʌphí:vl]

ⓝ 격변, 대변동 7

disturbance, revolution, turmoil
Mao's political and ideological campaign produced massive social, economic and political **upheaval**.

▸ massive 거대한, 엄청난

Voca Expansion

upstart 벼락부자, 건방진 녀석 **upside** 위쪽, 윗면, 상부 **upturn** 위로 향하게 하다, 뒤집어 엎다 **uproarious** 떠드는, 법석 떠는, 떠들썩한

운전자는 평소에 **직립**의 자세로 앉는다. | 다음번에 내 컴퓨터를 빠르게 하도록 **업그레이드**할 것이다. | 파키스탄 병사들은 알카에다를 **뿌리 뽑기** 위해서 오래 기다린 지상 공격에 투입되었다. | 그 배는 시합에 대비하여 매일 강에서 **오르락**내리락 연습한다. | 마오의 정치 및 이데올로기적 운동이 엄청난 사회적, 경제적, 정치적 **격변**을 만들었다.

DAY 14_Prefix ④

under-
= below 아래로
under- + V / N / A =
new + V / N / A

- under (below) + take (do) 아래에서 시작하다 → 맡다 **시작하다**
- under (below) + go 아래에서 가다 → 겪다, 경험하다 → **견디다**
- under (below) + lying 밑에 누워 있는 → **근원적인, 잠재적인**
- under (below) + gradu + ate (N) 졸업보다 아래인 것 → **대학생**
- under (below) + current (flow) 아래로 흐르는 → 암류 → **저의**

0541 undertake [ʌ̀ndərtéik] ⓥ 착수하다, 시작하다; 약속 [동의]하다 8

initiate, launch; agree, promise, contract
Charlie, a lexicographer **undertook** the task of preparing an English dictionary.

▶ lexicographer 사전 편찬자

0542 undergo [ʌ̀ndərgóu] ⓥ 만나다, 당하다 → 겪다, 경험하다 → 견디다, 참다 7

experience, encounter
Most of the nutrients **undergo** chemical changes as they are used.

0543 underlying [ʌ̀ndərláiiŋ] ⓐ (밑에 있는) → 근원적인, 잠재적인 5

fundamental, basic, elementary
The skin protects **underlying** tissues from harmful rays of the sun.

0544 undergraduate [ʌ̀ndərgrǽdʒuət] ⓝ 대학생, 학부생 7

college student, undergraduate student
Many universities offer **undergraduate** for training in foreign language speech.

▶ training 교육

0545 undercurrent [ʌ̀ndərkə́:rənt] ⓝ 저의, 부정적 감정, 암류 4

undertone, atmosphere, feeling
Their **undercurrent** hit a raw nerve in the American psyche.

▶ psyche 마음, 정신

Voca Expansion

underdeveloped 발달이 불충분한, 저개발의 **underlie** ~의 아래에 있다 → 기초가 되다
undermine ~의 밑을 파다 → 손상시키다 **underprivileged** 권리가 적은, 혜택 받지 못한
undersell 싸게 팔다, 선전하다 **understatement** 삼가서 말함 **underestimate** 과소평가하다

사전 편찬자인 찰리는 영어 사전 준비 작업에 **착수했다.** | 대부분의 영양분은 그것들이 사용되도록 화학변화를 **겪는다.** | 피부는 태양의 유해한 광선으로부터 **내부 조직을** 보호한다. | 많은 대학은 **대학생**들에게 외국어 연설에 대한 교육을 제공한다. | 그들의 **저의**는 미국인의 신경을 거스르게 하였다.

sub-
= under 아래의
sub- + N / A = new N / A

- sub (under) + mit (send) 아래로 보내다 → 복종시키다, 제출하다
- sub (under) + marine (sea) 바다 아래의 → 해저의, 잠수함의
- sub (under) + merge (melt) + d (A) 아래로 녹아드는 → 수몰된, 감추어진
- sub (under) + script (writing) + tion (N) 아래에 쓰는 것 → 기부, 예약 구독
- sub (under) + stanti (stand) + al (A) 아래에서 잡고 있는 → 근본의 → 실질적인

Day 14 Prefix ④

0546 submit [səbmít]

ⓥ 복종시키다, 제시 [제안]하다; 제출하다   8

obey, surrender, yield; present ↔ resist
submission ⓝ 복종, 항복, 굴복 → 온순, 온화 submissive ⓐ 복종하는, 순종하는, 유순한
Writers should **submit** an entire manuscript to a publisher on time.

▸ on time 제시간에, 정각에

0547 submarine [sʌbməríːn]

ⓐ 해저의, 바닷속의, 잠수함의 ⓝ 잠수함   5

underwater / a type of ship that can travel both above and below the surface of the sea
The Civil War introduced observation balloons, ironclad ships, mines, and **submarines**.

▸ ironclad ships 철갑함

0548 submerged [səbmə́ːrdʒd]

ⓐ 수몰된, 액체 내에서, 물속에서 자라는, 감추어진   5

flood, swamp, sink, immersed
Molten rock in the water created a **submerged** mountain range called a mid-ocean ridge.

▸ molten rock 용융암석(녹아서 섞인 암석) ridge 산등성이, 산마루

0549 subscription [səbskrípʃən]

ⓝ 기부, 예약 구독, 신청   5

membership fee, dues
Readers get many consumer magazines by **subscription** through the mail.

0550 substantial [səbstǽnʃəl]

ⓐ 상당한, 실질적인; 중요한   8

real, actual, essential, material; significant
He attended regularly, but made no speeches and did not play a **substantial** role.

Voca Expansion

subordinate (아래로 명령하다) → 하급의, 종속의 **subscribe** (아래에 쓰다) → 기부를 약속하다, 예약 구독하다 **substitute** (아래에 두다) → 대리를 시키다, 대신하다 **subdue** 진압하다 → 누그러지게 하다 → 정복하다 **subsoil** 하층토, 심토 **substance** 물질, 재질, 요지 **submissive** 복종하는, 순종하는 **subjugate** 정복하다, 복종시키다 **subsequent** (아래에 계속하는) → 다음의, 그 후의 **subservient** ~보조적인, 도움이 되는 **subsidiary** 보조의, 보조적인 **subsist** (아래에 서다) → 존재하다, 남아 있다, 생존하다 **subterranean** 지하의, 숨은, 비밀의 **subway** 지하도, (미)지하철 **subject** 주제, 학과, 복종시키다

작가들은 정해진 시간 내에 전체 원고를 출판사에 **제출해야만 한다**. | 남북전쟁은 관측기구, 철갑 선박, 지뢰 및 **잠수함**을 도입했다. | 바다에서 용해된 바위가 중앙해령이라 불리는 **해저산맥**을 생성했다. | 독자는 메일을 통해 **예약 구독하여** 많은 소비자 잡지를 얻는다. | 그는 규칙적으로 참석했지만 연설을 하지 않았고 **중요한** 역할도 맡지 않았다.

DAY 14_Prefix ④

sub- 의 변형 **sus- / suc- / sup- / sup-** = under 아래의	• **suc (under)** + ceed (go) 아래에서 계속 가다 → 성공하다 • **sus (under)** + pend (hang) 아래에서 매달리다 → 매달다, 중지하다 • **suf (under)** + fer (bear) 아래에서 참다 → 경험하다, 겪다 • **sup (under)** + press 내리 누르다 → 억압하다, 가라앉히다 • **sus (under)** + tain (hold) 아래에서 떠받치다 → 견디다, 유지하다

0551 succeed [səksíːd] ⓥ 성공하다; 계속되다, 잘 되다 [5]

triumph, win, prevail ↔ fail; work out, work, do well
success ⓝ 성공, 출세 succession ⓝ 연속, 계승 successive ⓐ 연속하는, 다음의
Disabled students overcome their disabilities with specialised teaching techniques and **succeed** in school.
▶ disabled student 장애 학우들

0552 suspend [səspénd] ⓥ 매달다, 중지하다 [4]

hang, interrupt
suspension ⓝ 정지, 부유물
Lincoln believed he had the power to **suspend** the law if necessary, and he did so.

0553 suffer [sʌ́fər] ⓥ 경험하다, 겪다, 입다 [4]

undergo, tolerate, experience, be affected
In 1813, the British force **suffered** defeat at the Battle of the Thames in southern Canada.

0554 suppress [səprés] ⓥ 억압하다, 가라앉히다 [9]

subdue, conquer, repress, retain
suppression ⓝ 억압
The Europeans **suppressed** or destroyed many local artistic and religious traditions.

0555 sustain [səstéin] ⓥ 견디다, 유지하다 [6]

support, hold up, uphold
sustainable ⓐ 지탱할 수 있는
Heart is the vital organ to **sustain** the life.

Voca Expansion

succumb (아래에 눕다) → 굴복하다, 압도 당하다, 쓰러지다 **supplant** 대신 들어앉다, 대체하다, 탈취하다 **successive** 연속하는, 계속적인 **supplement** 추가, 보충 **succinct** 간결한, 간명한 **supplicate** 간청하다, 간절히 원하다 **supposition** 상상, 가정, 모조품 **surreptitious** 비밀의, 내밀의, 은밀한 **susceptible** (받아들일 수 있는) → 민감한, 허락하는 **suggest** (아래로 꺼내다) → 암시하다, 제안하다 **suppose** (아래에 두다) → 가정하다, 추측하다

장애 학우들은 특별화된 교육 기법으로 그들의 장애를 극복하고 학교생활에서 **성공한다**. | 링컨은 필요하다면 법을 **일시 중지할** 힘을 갖고 있다고 믿었고 그렇게 했다. | 1813년에 영국군은 캐나다 남부의 테임즈의 전투에서 패배를 **경험했다**. | 유럽인들은 많은 지역의 예술적이고 종교적인 전통을 **억압하고** 파괴하였다. | 심장은 생명을 **유지시키는** 중요한 기관이다.

Day 14 Prefix ④

down-	
= beneath 아래의	• down (below) + stairs 계단 아래의 → 아래층의
down- + A / N = moving toward A / N	• down (below) + wind 아래로 부는 바람의 → 바람이 부는 대로
	• down (below) + hill 언덕 아래 → 내리막길, 몰락
	• down (below) + stream 개울의 아래로 → 하류의, 강 아래의
	• down (below) + fall 아래로 떨어짐 → (급격한) 낙하, 쏟아짐, 몰락

0556 downstairs [dáunstɛərz]   ad 아래층에 n 아래층   4

to [at, on, of] a lower floor ↔ upstream
The guest room is **downstairs**.

0557 downwind [dáunwind]   a 바람이 불어가는 쪽으로, 순풍의   3

move the same direction with winds
Winds sweep **downward** from the plateau.

▶ plateau 고원

0558 downhill [daunhíl]   n 내리막길, 몰락   6

moving down a slope
Rainwater drains from the land into streams that flow **downhill**.

▶ drains from ~에서 사라지다, ~에서 물을 빼다

0559 downstream [dáunstri:m]   a 하류의, 강 아래로 ad 하류에, 강 아래로   5

to [at, on, of] a lower floor ↔ upstream
The beaver nest may find to **downstream** river.

0560 downfall [dáunfɔ:l]   n (급격한) 낙하, 쏟아짐, 몰락   4

ruin, fall, destruction
After Napoleon's **downfall** in 1815, the monarchy was restored in Spain.

Voca Expansion

downtown 시내, 중심가 **downward** 아래로 향한, 내려가는 **downgrade** 내리받이의, 내리막길의 **infrared** 적외선 **inferior** 하위의, 열등한

객실은 **아래층**에 있다. | 바람이 고원에서 **아래쪽**으로 쓸고 지나간다. | 빗물은 땅에서 **내리막길**로 흐르는 개울로 배수된다. | 비버 둥지는 강 **하류** 쪽에서 발견할 수도 있을 것이다. | 1815년에 나폴레옹이 **몰락**한 후 군주제가 스페인에서 복원되었다.

DAY 15_Prefix ⑤

> **in- / im-**
> **= into 안으로**
> in- + motion V = into V
>
> - in (in) + sight (see) 안을 들여다보는 것 → **통찰력, 식견**
> - in (in) + flux (flow) 안으로 흘러 들어옴 → **유입, 밀어닥침**
> - in (in) + hale (to get) 안으로 당기다 → **흡입하다**
> - im (in) + port (convey) + ant (A) 안으로 날아오는 → **중요한, 영향력 있는**
> - im (in) + prison 잡아 안에 넣다 → **수감하다, 투옥하다**

0561 insight [ínsàit]
ⓝ 통찰(력), 식견 6

understanding, perception, sense
gain[have] an insight into ~을 간파하다, 통찰하다
The stories are filled with fantastic adventures, and they provide **insight** into other cultures.
▶ are filled with ~로 가득차다

0562 influx [ínflʌks]
ⓝ 유입, 밀어닥침 3

arrival, rush, invasion, inundation ↔ efflux
Korea is expecting massive **influx** of foreign workers.

0563 inhale [inhéil]
ⓥ 들이마시다, 흡입하다 7

breathe in, gasp, respire
inhalation ↔ expiration ⓝ 흡입
When you need a breath, you quickly exhale through the nose and **inhale** through your mouth.

0564 important [impɔ́ːrtənt]
ⓐ 중요한, 영향력 있는 5

crucial, significant, vital ↔ trivial, unimportant
importance ⓝ 중대성, 가치 play an important role ~에 중요한 역할을 하다
Poets have been an **important** part of many cultures since early times.

0565 imprison [imprízn]
ⓥ 교도소에 넣다, 수감하다 5

jail, confine, detain, incarcerate
James was captured by the English and **imprisoned** in the Tower of London.
▶ was captured by ~에게 잡히다

Voca Expansion

impress ~에게 인상을 주다, 감동시키다 **impulsive** 충동적인, 감정에 끌린, 고무적인 **ingress** 들어감, 진입 **imbibe** 흡수하다, 섭취하다, 마시다 **immure** 감금하다, 투옥하다, 제한하다 **immigrate** 이민 오다 **impression** 인상, 감명; 느낌 **imperil** 위태롭게 하다, 위험하게 하다

그 이야기들은 환상적인 모험으로 가득 차 있어서 다른 문화에 대한 **통찰력**을 제공한다. | 한국은 대량의 외국인 노동자 **유입**을 기대하고 있다. | 호흡할 때 코를 통해 빨리 숨을 내 쉬고 입을 통해 **흡입하라**. | 시인은 옛날부터 많은 문화의 **중요한** 역할을 해왔다. | 제임스는 영국인에 의해 체포되었고 런던 타워에 **수감되었다**.

inter-
= inward 안으로
inter- + N / A = person, things, place + N / A

- inter (inward) + ior (A) 안쪽에 있는 → 내부, 인테리어
- inter (inter) + fere (to strike) 서로 치다 → 방해하다, 충돌하다
- inter (inter) + pret (explain) 사이에서 중개하다 → 해석하다, 통역하다
- inter (inter) + rupt (broken) 사이에서 꺾다 → 가로막다, 중단하다
- inter (inter) + val (wall) 성벽 사이의 → 간격, 틈

Day 15 Prefix ⑤

0566 interior [intíəriər]
n 내부, 인테리어 a 안의, 내부의
inside, centre, heart / inner, inside ↔ exterior, foreign
Mercury's **interior** appears to resemble that of the earth.

0567 interfere [intərfíər]
v 방해하다, 충돌하다, 간섭하다
meddle, intervene, intrude
interference n 간섭, 방해
Learning disabilities **interfere** with the ability to behave properly and to concentrate.

0568 interpret [intə́:rprit]
v 해석하다, 통역하다
take, translate, explain, understand
Modern religious thinkers **interpret** the Biblical story of creation in various ways.

0569 interrupt [intərʌ́pt]
v 가로막다, 중단하다
intrude, disturb, intervene, interfere
Commercials **interrupt** TV and radio programmes.

0570 interval [íntərvəl]
n 간격, 틈, 차이, (음) 음정
period, break, space, gap
at intervals 때때로, 이따금   at regular intervals 정기적으로
Magazine is a collection of articles or stories, published at regular **intervals**.

▶ at regular intervals 일정한 간격을 두고

Voca Expansion
interstate 각 주 간의 **intermission** 휴식 시간, 막간 **intercontinental** 대륙간의, 대륙을 잇는 **intramural** 교내의, 건물 안의 **intrastate** 주 내의 **intravenous** 정맥 내의, 정맥주사의 **introspective** 내성적인 **introvert** 안으로 향하게 하다, 안으로 구부리다 **interaction** 상호작용 **intercourse** (사이로 감) → 교제, 왕래 **intervene** (사이에 오다) → 사이에 들다, 방해하다 **intervention** 사이에 듦, 중재

수성의 **내부**는 지구의 내부를 닮은 것으로 보인다. | 학습 장애는 제대로 행동하고 집중하는 능력을 **방해한다**. | 현대의 종교 사상가들은 다양한 방법으로 창조의 성경 이야기를 **해석한다**. | 광고 방송은 TV와 라디오 프로그램을 **중단시킨다**. | 잡지는 기사나 이야기의 모음으로 **정기적으로** 출간한다.

DAY 15_Prefix ⑤

en- / endo-
= into 안으로
en- + A / N = moving into A / N

- en (into) + dem (people) + ic 그 지방 특유의 → 풍토병의
- en (into) + act (law) 법으로 만들다 → 제정하다, 규정하다
- en (make) + slave 노예로 하다 → 노예로 만들다
- en (into) + danger 위험에 들어가다 → 위험에 처한 → 위태롭게 하다, 위험에 빠트리다
- endo (within) + toxin 독이 안에 있는 → 내독소

0571 endemic [endémik]

ⓐ 풍토병의, 지방 특산의   7

native, vernacular ↔ epidemic
Endemic diseases are common in this area.

0572 enact [inækt]

ⓥ 제정하다, 규정하다   6

establish, order, command, authorise
The state legislatures **enact** most criminal laws that protect people and property.

▶ criminal laws 형법, 형사법

0573 enslave [insléiv]

ⓥ 노예로 만들다, 사로잡다   5

make a slave
No one knows how many Africans were **enslaved** until now.

0574 endanger [indéindʒər]

ⓥ 위태롭게 하다, 위험에 빠트리다   8

risky, threatened, jeopardised
Protecting habitat is the key method of preserving **endangered** species.

0575 endotoxin [èndoutɔ́ksin]

ⓝ 내독소   5

a kind of a poison
Pathogenic prokaryotes usually cause illness by producing poisons such as exotoxins or **endotoxins**.

▶ pathogenic prokaryotes 병원성 원핵생물

Voca Expansion

enable 할 수 있게 하다, 가능하게 하다, 허락하다 **endear** 사랑받게 하다, 사모하게 하다 **engulf** ~을 빨아들이다, 삼키다, 들이켜다 **entreat** 간청하다, 탄원하다 **endocardial** 심장 내의, 심장 내막의 **endocarp** 내과피, 속열매 껍질 **endospore** 내생포자 **endophagous** 내식성의, 숙주의 내부에 들어가서 먹는 **endogamy** 동족 결혼 **endoparasite** 내부 기생체 **endogeny** 내인성 발육 **endoscope** 내시경 **endocrinology** 내분비학 **endocytosis** 세포 이물 흡수 **endogenous** 내생의, 내생적인

풍토병은 이 지역에서 흔하다. | 주 입법부는 사람과 재산을 보호하는 대부분의 형사법을 **제정한다**. | 아무도 지금까지 얼마나 많은 아프리카인들을 **노예로 만들었는지** 모른다. | 서식처를 보호하는 것은 **멸종 위기**의 종들을 보존하는데 중요한 방법이다. | 병원성 원핵생물은 보통 외독소 또는 **내독소**와 같은 독을 생산하여 병을 일으킨다.

Day 15 Prefix ⑤

e- / ex- / ec- / ef-
= outer 밖으로
= over 위로

- e (out) + ject (throw) 밖으로 던지다 → 쫓아내다, 추방하다
- e (out) + migr (move) + tion (N) 밖으로 이사 감 → 이민, 이주
- ex (out) + pand (to extend) 밖으로 넓히다 → 확장하다, 팽창하다
- ec (over) + stas (state) + y 흥분 상태로 가는 → 무아경, 황홀경
- ef (out) + fort (strong) 힘을 내보내다 → 노력, 수고 → 업적, 성취

0576 eject [idʒékt]

ⓥ 쫓아내다, 추방하다; 뿜어내다

throw out, remove, expel; spurt, spew, scoosh
The liquefied rock materials **ejected** during the violent eruptions and solidified on the earth.

▸ liquefied 액화된 solidified 굳어지다

0577 emigration [èmigréiʃən]

ⓝ (타국으로) 이민, 이주

expatriation, migration ↔ immigration
emigrate ⓥ (밖으로 이동하다) → 이주하다 emigrant ⓐ (다른 나라로 가는) 이민, 이주자 ⓝ 이주하는
Emigration from Mexico increased steadily from the 1950's to the 1990's.

0578 expand [ikspænd]

ⓥ 넓히다, 확장하다, 팽창하다

extend, enlarge, develop
ⓝ expansion 확장, 팽창
Water **expands** when it becomes colder than 4℃.

0579 ecstasy [ékstəsi]

ⓝ 무아경, 황홀경, 정신 혼미

rapture, delight, euphoria, fervour
be in ecstasies over ~에 아주 정신이 팔리다
During some mystic experiences, people may feel **ecstasy** or great peace.

0580 effort [éfərt]

ⓝ 노력, 수고 → 업적, 성취

attempt, endeavour; achievement
make an effort 노력하다, 애쓰다 make every effort to do 온갖 노력을 다하다, 몹시 애쓰다
Study is an **effort** to learn about any subject.

Voca Expansion

excess 초과 → 지나침 → 부절제, 월권 **emotion** (사람을 밖으로 움직이다) → 감정, 감동
eccentric (중심에서 떨어진) → 별난, 이상한 **exclude** (못 들어오게 하다) → 차단하다, 배제하다 → 물리치다

액화된 바위 물질이 격렬한 폭발 동안에 **분출되었고** 지구 표면에서 굳어졌다. | 멕시코부터의 **이민이** 1950년대에서 1990년대까지 꾸준히 증가했다. | 물은 4℃보다 차가워질 때 **팽창한다**. | 일부 신비주의를 경험하는 동안 사람들은 **무아경**이나 큰 평화를 느낄 수 있다. | 공부는 어떠한 주제에 대해 배우려고 **노력**하는 것이다.

DAY 15_Prefix ⑤

exter- / extre- / extra-
= outer 넘어서다

- **exter (outer)** + nal (A) 외부의, 밖의 → 외국의, 대외적인
- **exter (outer)** + (i) + or 가장 바깥의 → 맨 끝의 → 외부 / 외부의, 밖의
- **extre (outer)** + me 가장 바깥의 → 극도의, 맨 끝의
- **extra (outer)** + ordin (normal) + ary (A) 평범을 넘어선 → 비범한 → 훌륭한
- **extra (beyond)** + vag + ant 도를 지나치다 → 낭비하는, 사치하는

0581 external [ikstə́:rnl]

ⓐ 외국의, 대외적인 — 4

outer, outside; foreign
Computers can use **external** memory devices, such as usb memory and magnetic disks.

0582 exterior [ikstíəriər]

ⓝ 외부 ⓐ (밖의) → 외부의, 밖의, 대외적인 — 9

external, outer, outside ↔ interior
Builders often cover a house's **exterior** with aluminum or vinyl siding.

▶ siding 외장재

0583 extreme [ikstríːm]

ⓐ 극도의, 과격한, 맨 끝의 — 8

terminal, utmost, supreme ↔ moderate, proper
Diamonds are used in such work to cut, grind, and bore hard metals because of their **extreme** hardness.

0584 extraordinary [ikstrɔ́:rdəneri]

ⓐ 비상한, 비범한 → 훌륭한, 특별한 — 9

exceptional, marvelous, remarkable, unusual ↔ common
Son Yeon-Jae gave an **extraordinary** performance in rhythmic gymnastics.

0585 extravagant [ikstrǽvəgənt]

ⓐ (도를 지나치다) → 낭비하는, 사치스러운; 기발한, 엄청난 → 지나친 — 8

luxurious wasteful ↔ economical, frugal, thrifty; excessive, exorbitant
extravagance ⓝ 사치, 낭비, 무절제
Frederick introduced **extravagant** and rich surface details into the monumental style.

Voca Expansion

extrasensory 지각을 넘어선, 초감각적인 **extradite** (외국으로 도망간 범인을 본국에) 넘겨주다, 송환하다 **extradition** 외국 범인의 인도, 본국 송환 **extraneous** 외래의, 외부에서 발생한, 이질적인 **extremity** 말단 → 사지, 팔다리 → 극도, 극치 → 한계 → 곤경, 궁지 **extrinsic** 외래의, 부대적인, 외부로부터 **extrovert** 외향적인 사람, 사교적인 사람

컴퓨터는 usb 메모리와 자기 디스크 등의 **외부** 메모리 장치를 사용할 수 있다. | 건축업자는 종종 집의 **외관**을 알루미늄이나 비닐 벽으로 덮는다. | 다이아몬드는 **극도로** 단단하기 때문에 잘라 내고, 갈아 내고 단단한 금속에 구멍을 내는 그러한 작업에 사용한다. | 손연재는 리듬체조에서 **훌륭한** 연기를 했다. | 프레데릭은 **사치스럽고** 풍부한 피상적인 구체적 내용을 기념비적인 스타일에 도입했다.

out-
= over 넘어서다
out + V/N/A = new V/N/A

- out (over) + law (law) 법 위에 있다 → 불법화하다, 금지하다 → **추방자**
- out (over) + break 깨져 넘치다 → **발발, 돌발, 급증**
- out (over) + do ~보다 낫다 → **능가하다, 이기다**
- out (over) + put (push) 밖으로 두다 → **생산, 산출, 출력**
- out (over) + stand + ing (A) 바깥에 서 있는 → **눈에 띄는, 현저한**

Day 15 Prefix ⑤

0586 outlaw
[áutlɔː]

ⓥ 추방하다, 불법화하다 → 금지하다 ⓝ 무법자, 불량배, 반역자 → 추방자   6

banish, ban, bar, veto, forbid, disallow / bandit, criminal
The Supreme Court **outlawed** the use of poll taxes in national and local elections.

▶ Supreme Court 대법원

0587 outbreak
[áutbreik]

ⓝ 발발, 돌발, 급증, 폭동   9

eruption, outburst, explosion
Many communities suffered **outbreaks** of cholera, malaria, and yellow fever.

▶ yellow fever 황열병

0588 outdo
[áutdu]

ⓥ ~보다 낫다, 능가하다, 이기다   6

surpass, excel
In the late 1800's, papers tried to **outdo** one another with sensational reports of crimes, disasters, and scandals.

0589 output
[áutput]

ⓝ 생산, 산출, 출력   6

production, manufacture, yield, productivity
Front-projection displays produce a lower light **output**, and so viewing is best in a dark room.

0590 outstanding
[àutstǽndiŋ]

ⓐ 눈에 띄는, 현저한   8

excellent, great, important, special
A single **outstanding** play by a fielder led his team to victory.

Voca Expansion

outlet 출구, 방출구; 판로, 직판점 **outgoing** 나가는, 떠나가는, 출발의, 우호적인 **outset** 착수, 시초 **outsider** 문외한, 국외자 **outline** 윤곽, 외곽선, 약도 **outburst** 폭발, 분출 **outcome** 결과, 과정, 결론 **outskirt** 변두리, 교외, 한계

대법원은 총선과 지방선거에서 투표세(인두세)의 사용을 **불법화했다**. | 많은 사회에서 콜레라, 말라리아와 황열병의 **발생**으로 고통을 받았다. | 1800년대 후반에 일간지들은 범죄, 재해와 스캔들의 선정적인 보도로 서로 **이기려고** 시도했다. | 전방 투사 디스플레이는 낮은 광 **출력**을 생성하여 어두운 방에서 보기에 가장 좋다. | 한 (외)야수에 의한 한 번의 **뛰어난** 플레이가 팀을 승리로 이끌었다.

DAY 15_Prefix ⑤

a- / ab- / abs-
= away 이탈의
= from 떨어져

- ab (away) + duct (to lead) 멀리 데리고 가다 → 유괴하다
- ab (away) + norm (rule) + al (A) 규정에서 벗어나다 → 이상한, 변칙의
- abs (from) + tain (hold) 꾹 참다 → 삼가다, 절제하다
- ab (away) + hor (shudder) 벌벌 떨다 → 혐오하다 → 증오하다
- a (away) + vert (turn) 돌리다, 외면하다 → 피하다

0591 abduct [æbdʌ́kt]

ⓥ 유괴하다, 납치하다   6

kidnap, seize, snatch
Yokota was a student when she was **abducted** to N. Korea in 1977.

0592 abnormal [æbnɔ́:rməl]

ⓐ 이상한, 변칙의   8

unusual, different, extraordinary, remarkable ↔ regular
abnormality ⓝ 이상, 변칙
Tumors are **abnormal** growths of cells.

▶ tumors 종양

0593 abstain [æbstéin]

ⓥ 삼가다, 절제하다   5

stop, cease
Many people who want to lose weight **abstained** from eating.

0594 abhor [æbhɔ́:r]

ⓥ 몹시 싫어하다, 혐오하다, 증오하다   5

abominate
Park officials **abhor** how some people leave a lot of trash behind.

▶ a lot of trash 많은 양의 쓰레기

0595 avert [əvə́:rt]

ⓥ 돌리다, 외면하다, 피하다   4

turn away, avoid, frustrate
By analysing weather patterns, they helped **avert** a disaster.

Voca Expansion

abuse 오용, 남용 **abrogate** 폐지하다, 그만두다 **abjure** (악습) 맹세하고 버리다, 회피하다 **abort** 유산하다, 중단하다 **abominable** 지긋지긋한, 혐오스러운 **abrasive** 연마제 **abdicate** 포기하다, 버리다 **aberration** 정도를 벗어남, 탈선, 변이

요코타가 1977년에 북으로 **납치되었을** 때 그녀는 학생이었다. | 종양은 세포의 **비정상적인** 성장이다. | 몸무게를 줄이기를 원하는 많은 사람들이 먹는 것을 **삼갔다**. | 공원 관리인들은 어떻게 일부 사람들이 많은 쓰레기를 두고 가는지를 **혐오한다**. | 날씨 패턴을 분석하여 그들은 재앙을 **피하도록** 도왔다.

de-
= away 떨어져
de- + N = removed N

- de (down) + crease (grow) 아래로 성장하는 → 줄다, 감소하다
- de (away from) + struct + ive (A) 건설하지 않는 → 파괴적인, 해를 끼치는
- de (down) + grade (degree) 지위를 낮추다 → 퇴화시키다, 좌천시키다
- de (off) + com + pose (put) 함께 있는 것을 떼어 내다 → 분해하다
- de (away) + part (piece) 부분이 떨어져 나가다 → 벗어나다 → 출발하다

Day 15 Prefix ⑤

0596 decrease
[dikríːs]

ⓥ 줄다, 감소하다 6

decline, reduce, diminish
To enable the airplane to descend, the pilot must **decrease** engine power.

0597 destructive
[distrʌ́ktiv]

ⓐ 파괴적인, 해를 끼치는 8

devastating, deadly, harmful
One of the most widespread and **destructive** pests of wood and wood products is the termite.

▶ termite 흰개미

0598 degrade
[digréid]

ⓥ 퇴화시키다, 좌천시키다 7

demote, downgrade, reduce, degenerate ↔ uplift
degradation ⓝ 좌천, 파면, 하락, 퇴보
Without conservation, most of the earth's resources would be wasted, **degraded**, or destroyed.

0599 decompose
[dìːkəmpóuz]

ⓥ 분해하다, 부패시키다, 분석하다 7

decay, disintegrate ↔ compose
decomposable ⓐ 분해할 수 있는 decomposition ⓝ 분해, 해체, 부패, 변질
The biggest problem is that most plastics take a very long time to **decompose**.

0600 depart
[dipáːrt]

ⓥ 떠나다, 벗어나다, 출발하다 5

leave, go, exit ↔ arrive, stay
departure ⓝ 출발, 이탈
Many couples prefer a traditional religious ceremony, though some people **depart** from custom.

Voca Expansion

dehydrate 탈수하다, 건조시키다 **degenerate** 퇴보하다, 퇴화하다 **declaim** (큰 소리로 외치다) → 연설하다, 열변을 토하다 **deform** 추하게 하다, 변형시키다 **defer** 연기하다, 미루다 **deforestation** 산림 벌채, 산림 개간 **decode** 풀다, 번역하다 **detach** 떼다, 분리하다

비행기 하강이 가능하려면 조종사는 엔진 출력을 **줄여야** 한다. | 나무와 목제품에서 가장 널리 퍼져 있고 **파괴적인** 해충의 하나가 흰개미이다. | 보존이 없으면 대부분의 지구의 자원들은 버려지고, **퇴보되고** 파괴될 것이다. | 가장 큰 문제는 대부분의 플라스틱이 **분해되는** 데 매우 오랜 시간이 걸린다는 것이다. | 일부 사람들이 관습으로부터 **떠난다** 해도 많은 커플들은 전통적인 종교적 의식을 선호한다.

DAY 16_Prefix ⑥

dia-
= through 통과하여
dis- + N = through, across, between + N

- dia (through) + meter 가로지르는 길이 → 지름, 직경
- dia (through) + logue (say) 가로지르는 말 → 대화, 토론
- dia (through) + gno (know) + sis (N) 아는 것을 통해서 이루어짐 → 진단, 식별
- dia (through) + lect (say) 가로질러서 말함 → 방언, 지방 사투리
- dia (through) + gram (drawing) 그림을 통함 → 도형, 도식, 도해

0601 diameter [daiǽmətər] ⓝ 지름, 직경 5

radius, a length of a straight line
The sun's **diameter** is 400 times as large as that of the moon.

0602 dialogue [dáiəlɔ̀g] ⓝ 대화, 토론 7

conversation
The opera has spoken **dialogue** instead of recitative.

▶ recitative 레치타티보(오페라에서 낭독하듯이 노래하는 부분); 서술의, 암송의

0603 diagnosis [dàiəgnóusis] ⓝ 진단, 식별 7

identification, discovery, recognition, detection
A physician or medical clinic has the knowledge and special equipment to provide accurate **diagnosis** and treatment.

▶ treatment 치료

0604 dialect [dáiəlèkt] ⓝ 방언, 지방 사투리 7

accent, local speech
Many Latin Americans speak a **dialect** of their country's official language or a mixture of languages.

0605 diagram [dáiəgræ̀m] ⓝ 도형, 도식, 도해 5

graph, drawing, illustration
The scientist highlighted the important data in his paper with a **diagram**.

Voca Expansion

dialectic 변증적인, 논증적인, 상호 간의 **diaphanous** 투명한, 내비치는 **diaphragm** 횡격막; 칸막이, 격막 **diagnostic** 진단상의 **diagonal** 대각선의, 사선의

태양의 **직경**은 달의 직경보다 400배 정도 크다. | 오페라는 레치타티보 대신 **대화**로 말하고 있었다. | 의사나 진료소는 정확한 **진단**과 치료를 제공하기 위해 지식과 특별한 장비를 갖추고 있다. | 많은 라틴계 미국인은 그들 나라 공식어의 **방언**이나 혼합된 언어를 구사한다. | 그 과학자는 **도표**를 사용하여 그의 논문에 있는 중요한 데이터를 강조하였다.

trans-
= beyond 넘어서
= across 가로질러
= through 통과하여

- trans (beyond) + miss + ion (N) 넘어서 보냄 → 전달, 전송
- trans (across) + port (carry) + ation (N) 짐을 나름 → 수송, 운송
- trans (across) + atlanta + ic (A) 대서양을 건너서 → 대서양 횡단의
- trans (through) + it + ion (N) 변해감 → 변천, 이식, 이주
- trans (through) + form (shape) 외형을 바꾸다 → 변형시키다, 전환하다

0606 transmission
[trænsmíʃən]

n 전달, 전송, 전도　　7

transmittal, transmittance, sending
Many scientists had experimented involving the **transmission** of big files.

0607 transportation
[trænspərtéiʃən]

n 수송, 운송　　7

vehicle, transport, conveyance
Aircraft are the most important type of **transportation** equipment among nations.

0608 transatlantic
[trænsætlǽntik]

a 대서양 건너편의, 대서양 횡단의; (영) 미국인　　4

crossing the Atlantic
transcontinental ⓐ 대륙 횡단의
A great demand had developed for better **transatlantic** passenger service.

0609 transplant
[trænsplǽnt]

n 이식, 이주 v (식물을 옮겨 심다) → 이식하다, 이주시키다　　8

organ transplant, graft / implant, transfer, graft, shift
Many patients who need a **transplant** die waiting for a suitable heart because there is a shortage of donors.

0610 transform
[trænsfɔ́:rm]

v (외형을 바꾸다) → 변형시키다, 전환하다　　7

change, convert, alter, transmute
A Korean sculptor **transformed** the ancient painting of a building into stone and bronze.

Voca Expansion

transparent 투명한 → 명쾌한 → 솔직한 **transcription** 필사, 모사, 사본, 편곡; (유전) 전사 **transaction** 처리, 거래, 매매 **translation** 번역, 해석 **transpire** 일어나다, 노폐물을 배출하다 **transgress** (한도, 범위를) 넘다, 위반하다 **transcend** 초월하다, 능가하다 **transcribe** 베끼다, 복사하다 **transcendent** 탁월한, 출중한 **transition** 변천, 이행, 변환 **mutant** 변화한 / 돌연변이체 **mutation** 돌연변이, 변성 **metamorphous** 변태의, 변성의 **move- mobile** (움직이는) → 이동할 수 있는

많은 과학자들이 큰 파일의 **전송**에 관련된 실험을 했다. | 항공기는 국가 간의 가장 중요한 유형의 **운송** 장비이다. | 엄청난 수요는 더 나은 **대서양 횡단** 여객 서비스를 개발하게 했다. | **이식**이 필요한 많은 환자들이 기증자가 부족해 적합한 심장을 기다리면서 죽는다. | 한 한국 조각가가 건물의 고대 그림을 돌과 청동으로 **변형시켰다**.

DAY 16_Prefix ⑥

se-
= apart 떨어져
se- + V/N = apart, without V/N

- se (apart) + lect (gather) + ion (N) 따로 모음 → 선발, 선택
- se (apart) + clude (to bolt) + sion (N) 빗장을 걸다 → 격리, 은둔
- se (apart) + duce (to lead) 옆길로 이끌다 → 부추기다 → 유혹하다
- se (apart) + cure (care) 걱정 없는 → 안전한, 확고한
- se (apart) + greg (group) + ate (A) 무리에서 떼어 놓다 → 격리하다

0611 selection [silékʃən]   4

ⓝ 선발, 선택

choice, option, preference
Many songs are wrote from the **selection** of a poem of literary merit and set the words to music.

0612 seclusion [siklú:ʒən]   7

ⓝ 격리, 은둔

hermitic, retired
seclusive ⓐ 은둔적인, 틀어박히기 좋아하는
Many readers fascinated the story about Dickinson's **seclusion**.

0613 seduce [sidjú:s]   7

ⓥ (옆길로 이끌다) → 부추기다 → 유혹하다

tempt, lure, entice, mislead
A virtuous female servant was resisted her master's attempts to **seduce** her.

0614 secure [sikjúər]   6

ⓐ (걱정 없는) → 안전한, 확고한

safe, reliable, protect; acquire, obtain
security ⓝ 안전, 보안
Everyone has the right to be **secure** against unreasonable search or seizure.

0615 segregate [ségrigèit]   6

ⓥ (무리에서 떼어 놓다) → 분리하다, 격리하다

set apart, isolate, separate
Most communities in the United States are still largely racially **segregated** by custom.

Voca Expansion

separate (나누어서 준비하다) → 가르다, 분리하다, 떼어놓다 **seclude** ~에서 떼어 놓다, 차단하다, 은둔하다 **secede** 탈퇴[분리]하다 **sequestered** 은퇴한, 고립된, 외딴, 몰수된

많은 노래들은 한 시의 문학적 장점의 **선택**과 음악에 그 문구의 설정으로 작곡된다. | 많은 독자들은 디킨슨의 **은둔**에 관한 이야기에 매료되었다. | 한 정숙한 여자 하인이 그녀를 **유혹하려는** 그녀 주인의 시도에 저항했다. | 모든 사람은 부당한 수색이나 체포에 대하여 **안전하게** 할 권리를 갖고 있다. | 미국 대부분의 지역사회에서는 여전히 관습에 의해 인종적으로 **차별받고 있다**.

Day 16 Prefix ⑥

| cata- / cat- / cath- / kat-
= down 아래로
= away 떨어져 | • cata (down) + clysm (a washing) 쓸어내리는 것 → 대홍수 → 대재앙
• cata (down) + act (to dash down) 내려치는 것 → 큰 폭포, 홍수
• cata (down) + log(os) (reckoning) 적어 내려간 것 → 목록, 도서 목록
• cata (break) + bol (a throw) + ism (N) 잘게 부수기 → 이화작용, 분해 대사
• cata (toward) + pult (to hurl) 세게 내던지다 → 투석기 |

0616 cataclysm [kǽtəklìzm]
ⓝ 대재앙, 대변동(홍수·전쟁 등의) 6
deluge, calamity, disaster
World War □ was a **cataclysm** for all of Europe countries.

0617 cataract [kǽtərækt]
ⓝ 큰 폭포, 홍수; (안과) 백내장 5
cascade, fall, deluge
There was a big and splendid **cataract** in the forest.

0618 catalogue [kǽtəlɔ̀g]
ⓝ 목록, 도서 목록 ⓥ 목록을 만들다 4
list
Descriptions of all objects appear in the museum's **catalogue** as well.

0619 catabolism [kətǽbəlìzm]
ⓝ 이화작용, 분해 대사 5
metabolism to break down of molecules
About 60 per cent of the energy released during **catabolism** takes the form of heat.

0620 catapult [kǽtəpʌ̀lt]
ⓝ 투석기, 장난감 새총 3
slingshot
Sometimes as we can see in a movie, a **catapult** was used in ancient wars.

Voca Expansion

catacomb 지하 묘지 **catastrophic** 대변동의, 파멸의 **catastrophe** 대참사 **catalyst** 촉매, 자극

제2차 세계대전은 모든 유럽 국가에게 **대재앙**이었다. | 그 숲 속에 크고 장관인 **폭포**가 있었다. | 모든 물건에 대한 설명이 박물관의 **목록**에도 잘 나와 있다. | **이화작용**을 하는 동안 방출된 에너지의 약 60%가 열의 형태를 취한다. | 가끔씩 우리가 영화에서 보듯이 고대 전쟁에는 **투석기**가 사용되었다.

DAY 16_Prefix ⑥

col- / com-
= together 함께
com- + V = together, intensive V

- col (together) + lect (to gather) 함께 모으다 → 수집하다, 모이다
- col (together) + labor (work) + tion 함께 노동하는 것 → 협동, 원조
- com (together) + pact (ending) 꽉 죄어진 → 조밀한, 빽빽한, 간결한
- com (together) + pose (to lay down) 함께 놓다 → 구성하다 → 작곡하다
- cor (together) + rupt (to break) 완전히 부서진 → 부정한 → 타락한

0621 collect [kəlékt]

ⓥ 모으다, 수집하다; 모이다

accumulate, gather ↔ scatter; assemble, meet, cluster ↔ disperse
collection ⓝ 수집, 채집, 수금
Entomologists **collect** insect samples from the worldwide.

▶ entomologists 곤충학자

0622 collaboration [kəlǽbəréiʃən]

ⓝ 협동, 원조

cooperation, coaction
collaborate ⓥ 협조하다 collaborator ⓝ 합작자
Fonteyn's career developed through **collaborations** with other artists.

0623 compact [kámpækt] [kəmpǽkt]

ⓝ 정식 동의, 협정 ⓐ (꽉 죄어진) → 조밀한, 간결한 ⓥ 채우다, 압축하다

condense, compress ↔ loose / formal agreement, contract / condensed, concise, fine-grained
Their dormitory is very **compact**.

0624 compose [kəmpóuz]

ⓥ 조립하다, 구성하다; 만들다, 작곡하다

put together, make up, constitute
Many aboriginal people **compose** their own songs.

▶ aboriginal people 토착민

0625 corrupt [kərʌ́pt]

ⓐ 부정한 → 타락한, 부패한 ⓥ 타락시키다

distorted, altered, vicious ↔ honest / deprave
That Jaebol built lavish palaces and indulged in **corrupt** financial practices.

Voca Expansion

company 동료, 교제, 회사 **condemn** (완전히 파멸시키다) → 비난하다, 유죄판결을 내리다 **conceal** (함께 숨기다) → 숨기다, 감추다 **concede** (함께 가다) → 인정하다, 부여하다 **concur** (함께 뛰다) → 일치하다, 작용하다

곤충학자들은 전 세계로부터 곤충 표본을 **수집한다**. | 폰테인의 경력은 다른 아티스트들과의 **협업**을 통해 발전하였다. | 그들의 기숙사는 매우 **작고 경제적이다**. | 많은 토착민들은 그들 자신의 노래를 **작곡한다**. | 그 재벌은 호화로운 궁전을 짓고 **부패한** 금융 관행에 중독되었다.

sym-
= with 함께
syn- / syl- / sys-
= together 함께

- **sym** (with) + phon (sound) + y (N) 같은 소리가 나는 → 교향곡, 심포니
- **sym** (with) + path (feel) + y (N) 기분이 같은 → 공감, 동정심
- **sym** (with) + metr (measure) + y (N) 똑같이 측정되는 → 대칭, 균형 → 조화
- **syn** (with) + chrono (time) + ise (V) 같은 시간에 일어나는 → 동시에 일어나다
- **syn** (with) + drom (to run) + e (N) 같은 증상이 나타나는 → 증후군

0626 symphony [símfəni] ⓝ 교향곡, 심포니 8

a piece of music written to be played by an orchestra
symphonic ⓐ 교향악의, 조화를 이루는 symphonist ⓝ 교향곡 작곡가, 교향악 단원
Beethoven composed several beautiful **symphonies**.

0627 sympathy [símpəθi] ⓝ 공감, 동정심, 연민 6

affinity, compassion, pity, understanding
The story of her unhappy childhood aroused our **sympathy**.

0628 symmetry [símətri] ⓝ 대칭, 균형; 조화 5

balance, equilibrium; harmony
All the crystals of any one kind of gem mineral have the same type of **symmetry**.

▸ gem 보석

0629 synchronise [síŋkrənàiz] ⓥ 동시에 일어나다; 시간을 맞추다 8

coincide, concur
The recorded sound must be **synchronised** with the action.

0630 syndrome [síndroum] ⓝ 증후군 7

symptom, sign
Scientists are working to find the cause of sudden infant death **syndrome**.

▸ sudden death 돌연사

Voca Expansion

syndicate 기업조합 **syllable** 음절 **syntax** (같이 배열하다) → 구문론, 통사론
systematic 조직적인, 질서 정연한 **synthesis** 종합, 통합

베토벤은 아름다운 **교향곡**들을 작곡했다. | 그녀의 불행했던 어린 시절에 관한 이야기가 우리의 **동정심**을 불러일으켰다. | 어떤 보석 광물류의 모든 결정은 같은 종류의 **대칭**을 이룬다. | 녹음된 소리는 반드시 행동(연기)과 **일치해야** 한다. | 과학자들은 갑작스런 영아의 돌연사 **증후군**의 원인을 찾기 위해 노력하고 있다.

DAY 16_Prefix ⑥

> **ac- / af- / op- / ap- / a-**
> = on ~위에
> = toward ~쪽으로
>
> - ac (to) + custom (habit) 습관이 되게 하다 → 익숙하게 하다
> - af (to) + firm (fix) 확고하게 하다 → 단언하다, 주장하다
> - op (to) + port (port) + une (A) 항구 쪽으로 가는 → 알맞은 → 적절한
> - ap (to) + pease (peace) 평화롭게 하다 → 달래다, 진정시키다
> - a (on) + shore (coast) 바닷가와 접촉하여 → 해변에

0631 accustom [əkʌ́stəm]

ⓥ 익숙하게 하다, 익히다 8

familiarise, train, discipline, school
Our eyes become **accustomed** to colors.

0632 affirm [əfə́ːrm]

ⓥ 단언하다, 주장하다 5

declare, state, assert, confirm ↔ deny, negate
affirmative ⓐ 긍정의, 확언적인 affirmation ⓝ 확언, 단언
Monroe Doctrine did **affirm** an earlier U.S. policy of isolation from Europe.

0633 opportune [ɔ́pətjùːn]

ⓐ 적절한, 시기가 좋은, 알맞은 4

good timing, suitable, proper
Your resume just arrived at an **opportune** time.

0634 appease [əpíːz]

ⓥ 달래다, 진정시키다; 충족시키다 5

pacify, placate; satisfy
Like the airlines, most cruise lines have budgets to **appease** unhappy customers.

▶ budgets 예산

0635 ashore [əʃɔ́ːr]

ⓐⓓ 물가에, 해변에 4

on land, on the beach
MacArthur came **ashore** with his troop to lead the Incheon landing on September. 15, 1950.

▶ troop 군대

Voca Expansion

abreast (가슴을 접촉하고서) → 옆으로 나란히, 병행하여 adjoin ~쪽으로 결합하다 → 인접하다, 이웃하다 observe ~쪽을 지켜보다 → 관찰하다, 준수하다

우리의 눈이 점점 색상에 **익숙해지고** 있다. | 먼로 독트린은 유럽으로부터 초창기 미국의 독립 정책을 **주장했다**. | 당신의 이력서가 **적시에** 도착했다. | 항공사와 같은 대부분의 크루즈 노선은 불운한 고객들을 **달래기 위해** 예산을 두고 있다. | 맥아더는 1950년 9월 15일 인천 상륙을 위해 그의 병사들과 함께 **물가에** 도착했다.

Day 16 Prefix ⑥

> en- = intensive 강조
> a- = wholly 전체로
> be- / de- / per-
> = through 두루두루
>
> - en (intensive) + rich 더욱 부유하게 하다 → 풍성하게 하다
> - en (intensive) + live (vivid) + en (V) 더욱 생기 있게 하다 → 생기를 주다
> - en (intensive) + courage 더욱 용기를 주다 → 격려하다
> - a (intensive) + maze (maze) 미로 속을 헤매다 → 깜짝 놀라게 하다
> - per (through) + fume (smoke) 두루두루 냄새를 풍김 → 향수

0636 enrich [inrítʃ]

ⓥ 풍성하게 하다, 부유하게 하다 7

enhance, improve, better ↔ deteriorate

Some farmers add plant remains or manure (animal wastes) to their fields to **enrich** the soil.

▶ manure 거름, 거름을 주다

0637 enliven [inláivən]

ⓥ 생기를 주다, 활기 있게 만들다 7

make vivid, cheer up

He sang several representative songs from the album so as to **enliven** the atmosphere.

0638 encourage [inkʌ́ridʒiŋ]

ⓥ 격려하다, 용기를 북돋우다 8

inspire, hearten ↔ discourge

Teachers **encourage** student to drink water instead of fizzy drinks.

0639 amaze [əméiz]

ⓥ 깜짝 놀라게 하다 5

astonish, surprise, shock, stun, alarm

In 1908, Wilbur made the first official public flights in France and **amazed** the world with the plane's flying ability.

0640 perfume [pə́:rfjù:m]

ⓝ (주위에 냄새 나는) → 향수, 향기 5

fragrance, scent, smell, aroma, odour

Rose enrichment and sperm whales were used as a base for expensive **perfumes**.

Voca Expansion

beloved 몹시 사랑하는, 친애하는 **declare** 완전히 분명하게 하다 → 선언하다

어떤 농부들은 땅을 **비옥하게 하기** 위하여 그들의 농경지에 (음식) 잔유물이나 (동물 폐기물) 비료를 준다. | 그가 분위기에 **활력**을 주기 위해 앨범에 있는 몇 개의 대표곡을 불렀다. | 교사들은 학생들에게 탄산음료 대신 물을 마시도록 **권장한다**. | 1908년에 윌버는 프랑스에서 최초의 공식적인 공개 비행을 했고 그 비행기의 비행 능력으로 세상을 **놀라게 하였다**. | 장미 농축액과 향유고래는 비싼 **향수**의 기본재료로 사용되었다.

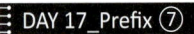

| semi- / hemi- / demi-
= half 절반의 | - semi (half) + circle 반원인 → 반원, 반원형
- semi (half) + perme (pass through) + able (A) 반만 투과하는 → 반투성의
- semi (half) + conduct (lead) + or (N) 반만 유도하는 → 반도체
- hemi (half) + sphere (ball) 구의 반 → 반구, 반구체
- semi (half) + fin (end) + al (A) 절반이 끝난 → 준결승 |

0641 semicircle
[sémisə̀:rkl]

n 반원, 반원형 4

a half circle
Many students sat in the **semicircle** in a classroom.

0642 semipermeable
[sèmipə́:rmiəbl]

a 반투성(半透性)의 5

half transferrable
Egg membrane is an example of **semipermeable** membrane.

▸ membrane 막, 세포막

0643 semiconductor
[sèmikəndʌ́ktər]

n 반도체 6

a substance used in electronics
Semiconductors are materials with special electrical properties.

0644 hemisphere
[hémisfiər]

n 반구, 반구체; 범위, 영역 5

semisphere
The trade winds of the two **hemispheres** meet near the equator, causing air to rise.

▸ trade winds 무역풍

0645 semifinal
[sèmifáinl]

n 준결승 **a** 준결승의 5

a competition to go final
Korea's football team is sitting in the **semifinals** heading into Sunday night's game against Japan.

Voca Expansion

semiarid 반 건조기후의 **semidetached** 절반쯤 떨어진, 두 동 연립의 **semipermeable** 반투성의 **semisolid** 반고체의 **semicivilised** 반(半) 개화의 **semiautomatic** 반자동식의 **demigod** 반신반인, 숭배 받는 인물 **semination** 파종

많은 학생들이 강의실에서 **반원형**으로 앉았다. | 계란의 막은 **반투성**막의 한 예이다. | **반도체**는 특별한 전기적 특성을 갖는 물질이다. | 두 **반구**의 무역풍이 적도 부근에서 만나 공기를 상승시킨다. | 한국 축구팀은 일요일 저녁 일본과의 **준결승** 경기를 맞이하게 되었다.

uni-
= one 하나의
= single 하나의

- uni (one) + vers (turn) + e (N) 한 방향으로 도는 것 → 우주
- uni (one) + form 같은 모양의 → 균일한 → 한결 같은
- uni (one) + (i)on (행동 상태의 V → N) 하나로 하기 → 연합, 결합
- uni (one) + que 단일의 → 유일무이한, 독특한
- uni (one) + fic (make) + tion (N) 하나로 만드는 것 → 통일, 단일화

0646 universe
[júːnəvə̀ːrs]
ⓝ 우주, 천지 만물 6

cosmos, world
universal ⓐ 보편적인, 만국의, 모든 사람의, 우주의
Astronomy is the study of the **universe** and the objects in it.

0647 uniform
[júːnəfɔ̀ːrm]
ⓐ 한결같은, 균일한 ⓝ 유니폼, 제복 7

consistent, similar, same, regular / outfit, dress, costume, attire
Some briquette users require briquette of a **uniform** size.

▸ briquette 연탄, 조개탄

0648 union
[júːnjən]
ⓝ 연합, 결합; 노동조합 5

joining, uniting, coalition; alliance, league
In England, the major social conflict was the emerging trade **union** movement.

0649 unique
[juːníːk]
ⓐ 유일무이한, 독특한; 특별한 9

distinct, special, peculiar; unparalleled, unmatched
Many **unique** kinds of mammals developed on that continent.

0650 unification
[jùːnəfikéiʃən]
ⓝ 통일, 단일화, 통합 7

union, federation, amalgamation
The war had a major role in achieving national **unification** in Goguryeo, Silla and Baekje.

Voca Expansion
unanimity 만장일치 **unicorn** (뿔이 하나인) → 유니콘 **unify** 하나로 하다, 통일하다
unilateral 한쪽 면의 **unity** 단일, 개체, 통일 **universal** 보편적인, 모든 사람의, 우주의

천문학은 **우주**와 그 안에 있는 물체들에 대한 연구이다. | 일부 연탄 사용자들은 **균일한** 크기의 연탄이 필요하다. | 영국에서 주요 사회적 갈등은 **노동조합** 운동의 출현이었다. | 많은 **독특한** 종류의 포유류는 그 대륙에서 발달하였다. | 전쟁은 고구려, 신라와 백제의 국가적 **통일**을 달성하는 데 중요한 역할을 했다.

DAY 17_Prefix ⑦

mono-
= one 하나의
= single 혼자의

- mono (one) + arch (rule) + y (N) 한 사람이 지배함 → 군주정치, 군주제
- mono (one) + logue (say) 혼자만의 이야기 → 독백
- mono (one) + mer (N) 하나의 성분으로 이루어짐 → 단량체
- mono (one) + poly (many) 하나가 여럿을 지배함 → 독점, 전매
- mono (one) + tone + ous (A) 하나의 소리가 나는 → 단조로운, 지루한

0651 monarchy [mɑ́nərki]　ⓝ 군주정치, 군주제　6

kingdom, empire
The **monarchy** in the United Kingdom can be traced back almost 1,200 years.

▶ be traced back ~까지 거슬러 올라가다

0652 monologue [mɑ́nəlɔ̀ːg]　ⓝ 독백, 혼자만의 이야기　5

soliloquy ↔ dialogue
In the dramatic **monologue**, the story is told in the words of only one character.

0653 monomer [mɑ́nəmər]　ⓝ 단량체(單量體), 모노머　4

small molecule ↔ polymer
Chitin is primarily made up of **monomers** of the sugar N-acetylglucosamine.

▶ chitin 키틴질(게, 곤충 등의 껍질을 이루는 성분)
▶ acetylglucosamine 아세틸글루코사민(무코다당, 당단백질, 당지질의 구성성분)

0654 monopoly [mənɑ́pəli]　ⓝ 독점, 전매　7

control
Patents give their owners a legal **monopoly** of an invention.

0655 monotonous [mənɑ́tənəs]　ⓐ 단조로운, 지루한　7

boring, dull, monotonic ↔ various
monotony ⓝ 단조로움, 지루함
The hero of Don Quixote was a Spanish landowner who enlivens his **monotonous** life.

Voca Expansion

monograph 특수 연구 보고서　**sole** 단 하나의, 단 한 사람의　**solo** 독창곡, 독주곡
soliloquy 혼잣말하기, 독백　**solitary** (외톨이) → 혼자의, 외로운, 유일한

영국의 **군주정치**는 거의 1200년 전으로 거슬러 갈 수 있다. | 극적인 **독백**에서, 이야기는 단 한 명의 등장인물의 말로 전달 된다. | 키틴질은 당의 **단량체**인 N-아세틸글루코사민으로 구성되어 있다. | 특허는 그 소유자에게 발명의 법적 **독점권**을 준다. | 돈키호테의 주인공은 **단조로운** 삶을 영위하고 있는 스페인의 한 토지 소유자였다.

bi- / twin- / du- = two 둘의	• **bi** (two) + annu (year) + al (A) 일 년에 두 번의 → 일 년에 두 번씩 • **di** (two) + chotom (cut) + y (N) 둘로 자르다 → 이분법, 양분 • **bi** (two) + lingu (language) + al (N) 두 나라말을 하는 → 2개 국어 말하는 • **twin** (two) 똑같이 생긴 것 → 쌍둥이 • **du** (two) + plic (fold) + ate (A) 두 겹으로 접다 → 중복의 → 사본

0656 biannual
[baiǽnjuəl]

ⓐ 일 년에 두 번씩

happening twice every year
cf. biennial 2년에 한 번의
If we learned about the herbs, we can see easily **biannual** herbs in the garden.

0657 dichotomy
[daikɔ́təmi]

ⓝ 이분법, 양분

a difference between two opposite things or ideas
The **dichotomy** of legislative system provides us with many safeguards.

0658 bilingual
[bailíŋgwəl]

ⓐ 2개 국어를 하는, 이중언어의

involving or written in two languages
One of the earliest programmes designed to improve public education is **bilingual** education.

0659 twin
[twin]

ⓝ 쌍둥이

double, counterpart, mate, match, pair
Venus is known as Earth's **twin** because it resembles Earth in size and mass, though it has no moon.

0660 duplicate
[djú:plikət]

ⓝ 사본, 복사(물) ⓐ 중복의, 복제의; 똑같은, 동일한

copy / repeat, reproduce; identical
It needs more than five copies for the foreign university's applications in addition to the original in **duplicate**.

Voca Expansion

bilateral 양쪽 면이 있는, 쌍방의 **binary** 이진법의, 이진수의 **dual** 둘의, 이중의 **duet** 이중창, 이중주 **duplex** 이중의, 두 부분으로 된 **gemini** 쌍둥이

우리가 허브에 대해서 배웠다면, 우리는 정원에서 쉽게 **이년생** 허브를 볼 수 있다. | **양원제** 의회제도는 우리에게 많은 보호 수단을 제공한다. | 공교육을 개선하도록 설계한 가장 초기의 프로그램 중 하나는 **이중언어** 교육이다. | 금성은 지구의 **쌍둥이**로 알려져 있는데, 달이 없긴 하지만 크기와 질량이 지구를 닮았기 때문이다. | 외국 대학교 지원 원서에 원본 **2장** 이 외에 사본이 5장 이상 필요하다.

DAY 17_Prefix ⑦

> **tri- / tert-** = three 셋
> **quadr- / tetra-** = four 넷
>
> - tri (three) + gono (angled) + metry (measure, N) 3각 측정법 → 삼각법
> - tri (three) + pod (foot) 다리가 세 개인 → 삼각대
> - tri (three) + angle 세 각이 있는 → 삼각형, 트라이앵글
> - tri (three) + ple (fold, N) 3개가 겹쳐 있는 → 3종의, 세 개 한 벌
> - quart (four) + er (A) 4번 하는 → 4분의 1, 사분기, 15분

0661 trigonometry [trìgənɔ́mətri]   n 삼각법, 삼각술   3

measuring using three angle
Arab astronomers of the 900's made major contributions to **trigonometry**.

0662 tripod [tráipɔd]   n 삼각대, 세 개의 다리   5

have three legs
The most common type of support is a three-legged device called a **tripod**.

0663 triangle [tráiæŋgl]   n 삼각형, 트라이앵글   4

have three angles
A delta wing is shaped like a **triangle**.

0664 triple [trípl]   a 3개로 이루어진, 3종의, 세 개 한 벌   6

treble, three times, tripartite
The jumps are the long jump, **triple** jump, high jump, and pole vault.

0665 quarter [kwɔ́ːrtər]   n 4분의 1, 사분기(3개월), 15분   8

four times a year
The academy issues a publication in a **quarter**.

Voca Expansion

trifold 세 부분으로 된 **trident** 삼지창 **tertiary** 제3의, 제3차의 **quadrate** 네모꼴의, 정방형의 **quadrangle** 네모꼴, 사각형 **quadruped** 4지 동물 **quadruple** 4중겹의, 4곱의, 4박자의

900년대의 아랍 천문학자들이 **삼각법**에 큰 공헌을 했다. | 가장 일반적인 유형의 지지 형태는 **삼각대**라 불리는 세 개의 다리를 한 장비이다. | 델타의 날개는 **삼각형** 모양이다. | 점프는 멀리뛰기, **세단**뛰기, 높이뛰기와 장대높이뛰기가 있다. | 학회는 **분기별**로 출판물을 발행한다.

> penta- / quin- = five 다섯
> hexa- / sexa- = six 여섯
> hepta- / septa- = seven 일곱
> octa- = eight 여덟
>
> - **penta** (five) + gon (각형, N) 5번 각진 모양의 → 5각형
> - **oct** (eight) + ave 8번 음절 → 8도 음정
> - **octo** (eight) + pus (pod) 다리가 8개인 → 문어, 낙지
> - **hepta** (seven) + athlon (경기, N) 7종류의 경기 → 7종 경기
> - **hexa** (six) + pod (foot, N) 다리가 6개인 → 6각류

Day 17 Prefix ⑦

0666 pentagon [péntəgən] 6

n 5각형, 펜타곤 〈건물 모양이 오각형인 데에서 유래된 이름〉

polygon, polygonal shape

Pentagon Building, the headquarters of the Department of Defense, is ranked as the world's largest office building.

0667 octave [ɔ́ktiv] 5

n 〈음악〉 옥타브, 8도 음정

musical octave, stanza, religious festival

Octave is an eight-line stanza and octameter is a line of eight feet.

▶ stanza 스탠자(각운이 있는 시구)
▶ octameter 팔보격(8개의 각운으로 이루어진 시구)

0668 octopus [ɔ́ktəpəs] 6

n 문어, 낙지 〈다리가 8개인 문어목 동물〉

devilfish, octopod

The **octopus** is a more interesting subject than the squid.

0669 heptathlon [heptǽθlən] 2

n (육상) 7종 경기

an athletic competition in seven different events

The **heptathlon** is a seven-event competition for men.

0670 hexapod [héksəpɔ̀d] 5

n 6각류, 곤충 a 다리가 여섯 개 있는

an animal having six feet

Hexapods have three major body regions (head, thorax, abdomen) and six thoracic legs.

Voca Expansion

quint 다섯 패 **quinate** 다섯 개의 작은 잎으로 된 **quintuple** 5배의 **hexagram** 6각의 별모양 **sexagenary** 60을 단위로 하는 **heptagon** 7각형의 **heptachord** 7음 음계, 7도 음정 **September** 9월 **septennium** 7년간 **October** 10월 **octagon** 8변형, 8각형 **November** 11월 **nonary** 9진법의 **enneagon** 9각형의

국방부의 본부인 **펜타곤** 건물은 세계에서 가장 큰 오피스 빌딩으로 평가된다. | **옥타브**는 8줄의 절이고 8보격 시는 8운각의 행으로 되어 있다. | **문어**는 오징어보다 더 흥미로운 대상이다. | **7종 경기**는 남자를 위한 7종목의 시합 경기이다. | **6각류**는 세 개의 주요 신체 부위(머리, 가슴, 배)가 있고 6개의 흉부에 붙은 다리가 있다.

DAY 17_Prefix ⑦

> deca- / deci- = ten 열
> centi- / hecto- = hundred 백
> milli- / kilo- / billi- = thousand 천
>
> - dec (ten) + ade (집합수사, N) 10년 동안 → 10년, 10년간
> - deci (ten) + m + al (A) 10으로 이루어진 → 십진법의, 소수의
> - centi (hundred) + grade (scale) 100으로 나누어지는 → 백분도, 섭씨
> - hect (hundred) + are (area) 100에 해당하는 면적 → 헥타르
> - bi- (two) + milli (thousand) + ion (N) 천에 천을 곱한 → 10억

0671 decade [dékeid, dikéid]   7

ⓝ 10년, 10년간

ten years

Over the **decades**, country music has evolved into one of the most important divisions of the American music industry.

0672 decimal [désəməl]   6

ⓐ 십진법의, 소수의

denary, quantitative

By about 3000 B.C., mathematicians of ancient Egypt used a **decimal** system without place values.

▶ mathematicians 수학자 place values 자리값

0673 centigrade [séntəgrèid]   5

ⓝ 백분도, 섭씨 온도 ⓐ 백분도의, 섭씨의

of or relating to a temperature scale

The word **centigrade** means divided into 100 parts.

0674 hectare [héktɛər]   5

ⓝ 헥타르(1만 평방미터)

area unit, square measure

Land is sometimes measured in units called **hectares**.

0675 billion [bíljən]   7

ⓝ 10억, 막대한 수 ⓐ 10억의

one million million
billionaire ⓝ 억만장자

The world's largest country in terms of population is China, which has more than a **billion** people.

Voca Expansion

decagon 10각형 **decathlon** 10종 경기 **decennial** 10년간의, 10년마다의 **centennial** 100년마다의 **century** 1세기, 100년 **centimeter** 센티미터 **millennium** 천년 **kilometer** 킬로미터

수십 년 동안, 컨트리음악은 미국 음악산업의 가장 중요한 분야 중 하나로 발달했다. | 3000년경 고대 이집트의 수학자들은 자리 값이 없는 **10진수**를 사용하였다. | **백분도**라는 말은 100개로 나눈다는 의미이다. | 땅은 때때로 **헥타르**라는 단위로 측정된다. | 인구 측면에서 세계에서 가장 큰 국가인 중국은 **10억** 명 이상의 사람들이 있다.

multi- / poly- = many 많은

- multi (many) + purpose 여러 목적인 → 다목적의
- multi (many) + ply (fold) 여러 번 접다 → 배수 증가하다 → 증가시키다
- multi (many) + cell + ul + ar 여러 개의 세포로 이루어진 → 다세포의
- poly (many) + the(o) + ism (N) 많은 신을 믿는 주의 → 다신론, 다신교
- poly (many) + mer (N) 많이 모여 있는 → 중합체, 고분자

Day 17 Prefix ⑦

0676 multipurpose [mʌltipəːrpəs]
ⓐ 다목적의, 여러 목적에 쓰이는   5

very useful
Multipurpose ships are designed to haul several kinds of cargo at the same time.

0677 multiply [mʌltəplài]
ⓥ 증가시키다, 곱하다   7

increase, extend, expand
Regular shower helps prevent skin infections that may develop if bacteria grow and **multiply** on the skin.

0678 multicellular [mʌ̀ltiséljulər]
ⓐ 다세포의   5

have many cells
Multicellular plants and animals have evolved in just the last 1.4 billion years.

0679 polytheism [pɑ́liθìːzm]
ⓝ 다신론, 다신교   4

have many god
Polytheism is the idea that the sacred appears in many gods rather than in one God.

▶ the sacred 신성함

0680 polymer [pɑ́ləmər]
ⓝ 중합체, 고분자   5

a big molecule
A **polymer** chain consists of hundreds, thousands, or even millions of monomer links.

Voca Expansion

multitude 다수, 수많음, 군중 **multilateral** 다변의, 다각적인 **multifarious** 가지각색의, 잡다한 **multilingual** 다중 언어의, 여러 언어를 말하는 **multiplicity** 다수, 다양성 **multiply** 증가시키다, 곱하다 **polypod** 다지 동물 **polygon** 다각형 **polymorphic** 여러 가지 모양으로 있는, 다형의 **polyandry** 일처다부 **polygamy** 일부다처, 다혼성 **polyglot** 여러 나라말로 쓴 **polygon** 다각형

다목적 선박은 동시에 여러 종류의 화물을 운반할 수 있게 설계되었다. | 규칙적인 샤워는 세균이 자라거나 피부에 **증식하는** 경우 발현할 수 있는 피부 감염을 예방하는 데 도움이 된다. | **다세포** 식물과 동물은 적어도 지난 14억 년 동안 진화해왔다. | **다신론**은 신성함이 하나의 신보다 많은 신들 속에서 나타난다고 보는 생각이다. | **고분자** 체인은 수백, 수천 또는 수백만의 단량체가 연결되어 구성된다.

DAY 18_Prefix ⑧

> **eu- / well-**
> **= good 좋은**
> - eu (good) + log (say) + y (N) 좋은 말 → 찬미, 찬송
> - eu (good) + phem + ism (N) 좋은 표현법 → 완곡어법
> - well (good) + balance + d (A) 좋은 균형을 이룬 → 균형 잡힌, 제정신의, 온건한
> - well (good) + being 잘 사는 것 → 웰빙, 복지
> - well (good) + known 잘 알려진 → 유명한

0681 eulogy [júːlədʒi] 6
ⓝ 찬미, 찬송, 찬양
a good word
Obama will deliver a **eulogy** at the cathedral.

0682 euphemism [júːfəmìzm] 7
ⓝ 완곡어법
periphrasis
'Disappear' is a **euphemism** for 'died.'

0683 well-balanced [wèlbǽlənst] 8
ⓐ 균형 잡힌, 제정신의, 온건한
harmonious, symmetrical
A moderate, **well-balanced** diet can help ensure good health.

0684 well-being [wèlbíːiŋ] 8
ⓝ 웰빙, 복지
welfare
Health is a state of physical, mental, and social **well-being**.

0685 well-known [wèlnóun] 7
ⓐ 유명한, 잘 알려진, 친밀한
famous
The folk song "The Twelve Days of Christmas" is a **well-known** carol.

Voca Expansion

eugenic 우생학의 **euphony** (아름다운 목소리) → 듣기 좋은 음조 **eukaryote** 진핵세포 **well-adjusted** 잘 적응한, 안정된 **benediction** 축복기도, 감사기도 **benefaction** 자비, 은혜, 선행 **benefactor** 은혜를 베푸는 사람, 기부자 **beneficial** 유익한, 이로운

오바마가 성당에서 **추도 연설**을 할 것이다. | '사라지다'는 '죽다'를 **완곡하게 말한** 것이다. | 적당하고 **균형이 잘 잡힌** 식단은 좋은 건강을 유지하도록 돕는다. | 건강은 신체적, 정신적 그리고 사회적 **행복**의 상태이다. | 민속 노래 〈The Twelve Days of Christmas〉는 **잘 알려진** 캐럴이다.

circum- = circle 원의 = around 주변의	• circum (circle) + vent (come) 빙 돌아서 오다 → 일주하다, 우회하다, 피하다 • circum (around) + stance (stand) 주위에 서다 → 상황, 환경 • circum (around) + fer (carry) + ence (N) 주위를 나르다 → 원주, 주변, 경계선 • circum (around) + scribe (write) 둘레에 원을 그리다 → 제한[억제]하다 • circum (around) + spect (see) 빙 돌아보는 → 조심성 있는, 신중한

Day 18 Prefix ⑧

0686 circumvent
[sə́:rkəmvènt]

v 일주하다, 우회하다, 피하다   6

make a detour, take a roundabout
The second option is used to **circumvent** the first option.

0687 circumstance
[sə́:rkəmstəns]

n 상황, 환경, 정황   7

situation, condition
Different nations and cultures make up their own ethical rules to suit their own unique **circumstances**.

0688 circumference
[sərkʌ́mfərəns]

n 원주, 주변, 경계선   7

perimeter, outskirt
The **circumference** of the earth at the equator is 24,901.55 miles (40,075.16 kilometers).

0689 circumscribe
[sə́:rkəmskraib]

v ~의 둘레에 선을 긋다, 제한하다, 억제하다   6

limit, demarcate
A good paved road **circumscribes** the island approximately 30 km.

0690 circumspect
[sə́:rkəmspèkt]

a 조심성 있는, 신중한   5

careful, cautious
Charlie is generally a bright and **circumspect** man.

Voca Expansion

circumlocution (둘러서 말하기, 수다스럽게 말하기) **circumambulate** 걸어서 돌다 **circumcise** 할례하다, 포경수술 하다 **circumnavigate** 일주하다 **circuit** (빙 돌기) → 순회, 빙 둘러서 감 **circuitous** 도는 길의, 에두르는 **circular** 원의, 원형의, 순환성의 **circulate** (원을 만들다) → 순환하다, 빙빙 돌다

두 번째 옵션은 첫 번째 옵션을 **피하기** 위해서 사용된다. | 다른 국가들 및 문화는 자신의 독특한 **상황**에 맞게 자신의 윤리 규칙을 보완한다. | 적도에서 지구의 **둘레**는 24,901.55마일(40,075.16킬로미터)이다. | 잘 포장된 도로가 약 30km의 섬의 주위를 **둘러싸고** 있다. | 찰리는 대체로 밝고 **조심성이 있는** 사람이다.

DAY 18_Prefix ⑧

> **hyper-** = over 위로, 넘어서
> **hypo-** = under 아래로
>
> - hyper (over) + bol (throw) + e (N) 말을 위로 던져 버림 → 과장
> - hyper (over) + act (do) + ive (A) 지나치게 활동적인 → 활동 과잉의
> - hyper (over) + tens (stretch) + ion (N) 과도하게 뻗은 → 고혈압
> - hypo (under) + thesis 가정 하에 → 가설, 가정
> - hypo (under) + crite (distinguish) → 착한 체하는 사람 → 위선자

0691 hyperbole
[háipə̀:rbəli]

ⓝ 과장(법)   5

exaggeration
Common expressions of everyday life are often **hyperboles**.

0692 hyperactive
[háipəræktiv]

ⓐ 활동 과잉의, 매우 활동적인   8

hyperkinetic
Hyperactive, or hyperkinetic, children cannot sit still.

0693 hypertension
[hàipərténʃən]

ⓝ 고혈압   5

high blood pressure
Most victims of cerebral hemorrhage suffer from **hypertension**.

▸ cerebral hemorrhage 뇌출혈

0694 hypothesis
[haipɔ́θəsis]

ⓝ 가설, 가정   6

theory, assumption, thesis
After developing specific **hypotheses**, the scientist gathers information to test them.

0695 hypocrite
[hypocrite]

ⓝ 위선자   7

dissembler
Every his early work showed broad humor, ridiculing snob and **hypocrites**.

▸ snob 속물, 고상한 체하는 사람

Voca Expansion

hyperacidity 위산 과다 **hypersensitive** 과민한, 민감한 **hypertext** 하이퍼텍스트
hyperbola 쌍곡선 **hypodermic** 피하의, 피하주사의 **hypotenuse** 빗변, 사변

일상생활의 일반적인 표현은 종종 **과장**이 있다. | **매우 활동적인** 또는 운동 과잉인 아이들은 가만히 앉아 있을 수 없다. | 뇌출혈의 대부분의 피해자는 **고혈압**으로 고통 받는다. | 특정한 **가설**을 진전시킨 후 그 과학자는 그것을 시험할 정보를 수집한다. | 그의 모든 초기 작품은 속물들과 **위선자**들을 조롱하는 폭넓은 유머를 보여 주었다.

> **inter-** = between 사이에
> **intra-** = within 내에서
>
> - inter (between) + nation + al (A) 국가 간의 → 국제적인, 만국의
> - inter (between) + person + al (A) 사람 사이의 → 대인 관계의
> - inter (between) + planet + ary (A) 행성 간의 → 행성 간의
> - intra (within) + ven (vein) + ous (A) 정맥 내의 → 정맥 내의, 정맥주사의
> - intra (within) + muscule + ar 근육 내의 → 근육 내의, 근육주사의

0696 international [intərnǽʃənəl] ⓐ 국제적인

global, world, worldwide, cosmopolitan
Newsmagazines focus on chief national and **international** events.

0697 interpersonal [intə̀:rpə́rsənl] ⓐ 인간 사이에 존재하는, 대인 관계의

between human
Personal-social guidance stresses **interpersonal** skills more than educational or vocational guidance.

0698 interplanetary [intə̀:rplǽnətèri] ⓐ 행성 간의

between planet
Space between the planets is called **interplanetary** space.

0699 intravenous [intrəvíːnəs] ⓐ 정맥 내의, 정맥주사의

within veins
Today, people with hemophilia are treated as needed with **intravenous** injections of the protein.

▶ hemophilia 혈우병

0700 intramuscular [intrəmʌ́skjulur] ⓐ 근육 내의

within muscles
Intramuscular injection is the injection of a substance such as vitamin directly into a muscle.

▶ injection 주사, 주입

Voca Expansion

intersection 교차, 횡단 **interrelation** 상호관계 **interact** 상호작용하다 **intra-racial** 인종 간에

시사잡지는 주요 국내 및 **국제** 사건에 초점을 맞춘다. | 개인-사회 지도교육은 더 많은 교육적 직업적 지도교육보다 **대인 관계** 능력을 강조하고 있다. | 행성 사이의 공간을 **행성 간** 공간이라 부른다. | 오늘날, 혈우병이 있는 사람들은 필요에 따라서 단백질 **정맥주사**로 치료 받는다. | **근육주사**는 근육에 직접 비타민과 같은 물질을 주입하는 것이다.

DAY 18_Prefix ⑧

> **meta-** = change 변하는
> **para-** = beside 옆에
>
> - meta (change) + morph (form) + ic (A) 형태가 변하는 → **변화의, 변태의**
> - meta (change) + bol (throw) + ism (N) 던져 변하게 하는 기작 → **물질대사**
> - para (beside) + sit(os) (food) + e (N) 옆에서 먹은 → **기생충**
> - para (beside) + llel (another) 측면이 평행인 → **평행의, 같은 방향의**
> - para (beside) + lysis (loose) 측면이 탁 풀림 → **마비, 중풍 → 무기력**

0701 metamorphic [métəmɔ́:rfik] @ 변화[성]의, 변태의   7

changing
Heat and pressure change some of the rocks into **metamorphic** rocks, such as marble and slate.

0702 metabolism [mətǽbəlìzm] ⓝ 물질대사, 신진대사   6

a chemical process in organisms
catabolism and anabolism ⓝ 이화작용과 동화작용
Thyroxine, a hormone secreted by the thyroid gland, plays a key role in determining the rate of **metabolism**.

0703 parasites [pǽrəsàit] ⓝ 기생충(균)   6

sponger
Infections of the skin are caused by bacteria, fungi, **parasites**, or viruses.

0704 parallel [pǽrəlèl] @ 평행의, 같은 방향의   6

matching, corresponding, similar, resembling
The Himalaya consists of several **parallel** mountain ranges.

0705 paralysis [pərǽləsis] ⓝ 마비; 무력, 무능   7

immobility, palsy; standstill, halt
paralyse ⓥ 마비시키다, 무력하게 만들다
A cerebral hemorrhage can cause unconsciousness and **paralysis** of the limbs.

▶ cerebral hemorrhage 뇌출혈 the limbs 팔, 다리

Voca Expansion

paramilitary 준 군사적인 **paratyphoid** 파라티푸스의 **paranormal** (초자연은 아니나) 과학으로 설명할 수 없는 **paraphrase** (다른 말로 말하다) → 바꾸어 쓰다, 의역하다 **paradigm** 패러다임

열과 압력은 일부 바위를 대리석과 슬레이트와 같은 **변성암**으로 바꾸어 놓는다. | 갑상선에 의해 분비되는 호르몬인 티록신은 **신진대사**의 속도를 결정하는 데 핵심적인 역할을 한다. | 피부 감염은 세균, 곰팡이, **기생충** 또는 바이러스에 의해서 발생한다. | 히말라야는 몇 개의 **같은 방향의** 산맥으로 이루어져 있다. | 뇌출혈은 무의식과 팔, 다리의 **마비**를 일으킬 수 있다.

Day 18 Prefix ⑧

hom- = same 같은
hetero- = different 다른

- homo (same) + gen (birth) + ous (A) 같이 발생한 → 상동(相同)의, 균질의
- homo (same) + sexu (sex) + al (N) 같은 성을 가진 → 동성애자
- hetero (different) + zygo (yoke) + ous (A) 다른 접합자를 가진 → 이형접합체의
- homo (same) + log (speech) + ous (A) 같다고 말하는 → 상동의, 일치하는
- homo (same) + logy (study) 같은 것을 공부함 → 상동 관계

0706 homogenous [həmɑ́dʒənəs] @ 역사적 상동(相同)의, 균질의 6

undiversified, unvarying, uniform
homogeneous @ (같은 종류의) → 동종의
In a microbial experiment, make sure the suspension is **homogenous** before proceeding.
▶ suspension 현탁액(고체입자가 분산되어 있는 액체)

0707 homosexual [hòumousékʃuəl] @ 동성애의, 동성의 @ 동성애자 4

homophile, homo, gay
A number of **homosexual** playwrights began to write openly about gay lifestyles.

0708 heterozygous [hètərəzáigəs] @ 이형접합체의, 이형의, 잡종성의 3

having dissimilar alleles at corresponding chromosomal loci
An organism which has two different alleles of the gene is called **heterozygous**.
▶ alleles 대립형질

0709 homologous [həmɑ́ləgəs] @ 상동의, 일치하는 6

biological science, similar, like
During meiosis, **homologous** chromosomes, one inherited from each parent, trade some of their alleles by crossing over.
▶ meiosis 감수분열

0710 homology [həmɑ́lədʒi] @ 상동 관계, 상동 6

similarity
Distinguishing between **homology** and analogy is critical in reconstructing phylogenies.
▶ analogy 유추, 유사

Voca Expansion

homozygous 동형접합의 **homeopathy** 동종요법 **homonym** 동음이의어, 동명이인 **heterosexual** 이성애의, 이성의 **heterodox** 이교의, 이단의 **heterogeneity** 이종, 이류, 이질성

미생물의 실험에서는 진행하기 전에 현탁액이 **균일한지** 확인하라. | 다수의 **동성애** 극작가들이 게이의 생활양식에 대해서 자유롭게 쓰기 시작했다. | 두 개의 다른 대립유전자를 갖고 있는 한 유기체를 **이형접합체**라고 한다. | 감수분열하는 동안에 각 부모로부터 하나를 물려받은 **상동염색체**는 교차에 의하여 그들의 대립유전자의 일부를 교환한다. | **상동성**과 유사성의 구별은 계통발생을 재구성하는 데 결정적이다.

DAY 18_Prefix ⑧

> **macro-** = big 큰
> **micro-** = small 작은
>
> - macro (big) + economics 큰 경제학 → **거시경제학**
> - macro (big) + molecule + ar (성질 A) 커다란 분자 성질의 → **거대 분자의**
> - micro (small) + cosm(os) 작은 우주 → **소우주**
> - micro (small) + bio (life) + logy (study) 작은 생명을 다루는 학문 → **미생물학**
> - micro (small) + scop (see) + e (도구 N) 작은 것을 보는 도구 → **현미경**

0711 **macroeconomics** n 거시경제학 6
[mækrouì:kənɔ́miks]

general features of a country's economy
microeconomics n 미시경제학
These topics will cover the course in a traditional college level introductory **macroeconomics**.

0712 **macromolecular** a 거대 분자의 6
[mækrəmɔ́ləkjù:lər]

of big molecules
Amino acids, fatty acid and nucleic acids are building blocks for **macromolecular** synthesis.

▶ synthesis 합성

0713 **microcosm** n 소우주 5
[máikrəkɔ̀zm]

small cosmos
An ecosystem can encompass a **microcosm** such as the space under a fallen log or a desert spring.

0714 **microbiology** n 미생물학 5
[màikroubaiɔ́lədʒi]

the science that deals with very small living things
Pasteur and Koch are often considered the founders of **microbiology**.

0715 **microscope** n 현미경 7
[máikrəskòup]

a magnifying device
A **microscope** can see discernible to magnify an object.

Voca Expansion

macrocyte 대적혈구 **microorganisms** 미생물 **microcomputer** 초소형 컴퓨터, 마이크로컴퓨터 **microfilm** 마이크로필름 **microstructure** 미세구조 〈현미경을 사용하지 않으면 보이지 않는 구조〉 **microphone** 확성기 **microwave** 극초단파, 전자레인지 **miniature** 축소 모형, 세밀화 **minimum** 최소, 최저

이러한 주제는 전통적인 대학 수준의 입문 **거시경제학**에 있는 과정을 다룰 것이다. | 아미노산, 지방산과 핵산은 **거대분자의** 합성을 위한 소재들이다. | 생태계는 떨어진 통나무 아래의 공간이나 사막에 있는 샘과 같은 **소우주**를 망라한다. | 파스퇴르와 코흐는 종종 **미생물학**의 창시자로 간주된다. | **현미경**은 한 물체를 확대하여 구별할 수 있게 보여준다.

Day 18 Prefix ⑧

> peri- = around 주변의
> proto- = first 최초의
> neo- = new 새로운
> radio- = radiant 방사의
> epi- = on 위에
>
> - **peri (around)** + meter (measure) 주변을 재다 → 주변, 경계선
> - **proto (first)** + type (form) 첫 번째 모형 → 원형, 원조
> - **neo (new)** + lith(os) (rock) + ic (A) 새로운 바위 성질의 → 신석기시대의
> - **radio** + act (do) + ive (A) 방사되어 나가는 → 방사능이 있는, 방사선의
> - **epi (on)** + derm (skin) + ic (N) 피부 위에 만연하는 → 유행병, 전염병

0716 perimeter [pərímitər]
n 주변, 경계선, 방어선   6

boundary, edge, border, margin
In August 1950, U.S. marines arrived in Korea to help rescue the crumbling Busan **perimeter**.

▶ crumbling 무너지는

0717 prototype [próutoutàip]
n 원형, 견본, 원조   6

original, model, first, example, standard
After years of planning and research, engineers build a **prototype** of the plane.

0718 neolithic [niːəlíθik]
a 신석기시대의   5

relating to the period when people had started farming but still used weapons and tools
Neolithic farmers made inventions and discoveries at an even faster rate than did the people of the Upper Paleolithic.

▶ paleolithic 구석기 시대의

0719 radioactive [rèidiouǽktiv]
a 방사능이 있는, 방사성의   6

radiant
Uranium changes slowly into the element lead by means of **radioactive** decay.

0720 epidemic [èpədémik]
n 유행병, 전염병 a 유행성의, 전염성의   7

an infectious disease
From 1347 to 1352, a terrible **epidemic** of plague, now known as the Black Death, killed about a fourth of Europe's population.

▶ plague 전염병

Voca Expansion

peripatetic (걸어 다니는) → 돌아다니는, 순환하는 **peripheral** 주위의, 주변적인 → 중요하지 않은, 피상적인 **periphery** (주위를 움직이는) → 주위, 주변, 바깥 둘레, 겉면 **periscope** (둘러보다) → 잠망경, 전망경 **perigee** (천문) 근지점 〈달, 인공위성이 지구에 가장 가까워지는 점〉 **perihelion** (천문) 근일점 〈태양계 천체가 태양에 가장 가까워지는 위치〉 **protoplanet** n 원시행성 **protohuman** n 원(시)인간 **neonate** n (의학) 신생아 **neoclassic** n 신고전주의 **epigram** n 경구, 풍자시 **epitaph** n (묘 위에) → 비명, 비문

1950년 8월에 미 해병대는 무너져 가는 부산 **방어선** 구제를 돕고자 한국에 도착했다. | 수년의 계획과 연구 후에 기술자들은 비행기의 **초기 모형**을 만든다. | **신석기시대** 농민은 이전의 구석기시대 사람들이 했던 것보다 훨씬 빠른 속도로 발명과 발견을 하였다. | 우라늄은 **방사성** 붕괴로 납 원소로 천천히 바뀐다. | 1347년부터 1352년까지 지금은 흑사로 알려진 끔찍한 역병의 **유행**이 유럽 인구의 약 4분의 1을 사망케 했다.

D·A·Y 19 Polysemy

KEY WORDS

- ☐ attribute
- ☐ foul
- ☐ present
- ☐ direct
- ☐ express
- ☐ account
- ☐ capital
- ☐ check
- ☐ content
- ☐ current
- ☐ settle
- ☐ subject
- ☐ suit
- ☐ term
- ☐ treat

0721 abuse [əbjúːz]　　6
ⓝ 남용, 학대, 욕설 ⓥ 남용하다, 학대하다, 욕하다

maltreatment, insults, misuse / illtreat, maltreat
abusive ⓐ 독설의, 학대하는, 남용하는
In many Western nations, laws forbid **abuse** of children by parents, and of one spouse by the other.

0722 account [əkáunt]　　7
ⓝ 계좌, 장부, 설명, 평가, 보고 ⓥ 간주하다, 설명하다, ~의 이유가 되다(for)

description, list, importance, report / sum, explain, consider, think
accountancy ⓝ 회계직 accountant ⓝ 회계원, 경리 사무원 accountable ⓐ 책임이 있는
I'd like to put some cash into my **account**.

0723 appreciate [əpríːʃièit]　　6
ⓥ 진가를 인정하다; 감상하다, 인식하다; 고맙게 생각하다

value, admire (↔ depreciate, despise); enjoy, recognise; thankful
appreciation ⓝ 진가, 감상, 존중 appreciative ⓐ 감식력 있는, 감사의
Nursery rhymes help children **appreciate** the many sounds and rhythms of a language.
▶ nursery rhymes 동요

0724 attribute [ətríbjuːt]　　9
ⓥ ~의 결과로 [덕분으로]보다 ⓝ 속성, 특성

ascribe, assign, credit / quality, feature, property
attributable ⓐ 〈원인〉 ~에 기인하는, ~의 탓인 attributive ⓐ 속성을 나타내는
attribution ⓝ 귀속, 귀인, 속성
Success of one company can be **attributed** to their employees' hard work.

0725 capital [kǽpətl]　　7
ⓝ 수도, 자본, 대문자 ⓐ 자본의, 가장 중요한, 대문자의

money, fund / fine, excellent, superb
People assumed that the new **capital** would become an important commercial and industrial city.

Translation

많은 서양 국가에서 법은 부모가 아이를, 다른 배우자가 한 배우자를 학대하는 것을 금지하고 있다. | 제 **계좌**에 돈을 좀 입금하고 싶어요. | 동요는 아이들이 언어의 많은 소리와 리듬을 (올바르게) **인식하도록** 돕는다. | 한 회사의 성공은 그 회사 직원들의 노고 **덕분이라고 할 수 있다**. | 사람들은 새 **수도**가 중요한 상업적 산업적 도시가 될 것이라고 당연하게 생각했다.

| 0726 | **cash** [kæʃ] | n 현금 v 현금으로 바꾸다, 환금해 주다 a 현금의, 현금결제의 | 6 |

currency, money, funds
casher n 은행원
Banks keep **cash** and other liquid assets available to meet withdrawals.

▶ liquid assets 유동자산 ▶ withdrawals 철회, 인출

| 0727 | **cast** [kɑːst] | v 던지다, 주조하다, 배정하다 n 주형; 배역 a 벗겨진, 성형된 | 6 |

project, throw, choose / mould; actors, type / molded-in
Indus Valley sculptors **cast** objects of copper, silver, and gold.

▶ sculptors 조각가들

| 0728 | **charge** [tʃɑːrdʒ] | v 청구하다; 고발하다, 돌격하다 n 요금, 비난, 고발, 책임 | 6 |

bill; accuse, attack, assault / load ↔ discharge
chargeable a 고소되어야 할
Critics have **charged** that faith healers are frauds, and that reported cures are faked.

| 0729 | **check** [tʃek] | n 점검, (급)정지 v 조사하다, 점검하다 a 저지에 도움이 되는, 체크무늬의 | 7 |

test, research, investigation, inspection / examine, test
checkpoint n 검문소, 항목 checklist n 대조표, 점검표 check-in n 투숙 절차, 탑승 수속
checkout n 체크아웃, 점검 checkup n 대조, 정밀검사, 건강진단
Prototypes are used to **check** a vehicle's safety.

▶ prototypes 원형, 시제품

| 0730 | **coin** [kɔin] | v 만들다, 주조하다 n 동전, 주화 | 6 |

invent, create, forge, fabricate / money, change, cash, copper
New words are **coined** for new scientific and technical discoveries and special vocabularies constantly spring up.

▶ spring up 발생하다

| 0731 | **company** [kʌ́mpəni] | n 동료, 일행, 교제, 회사 v 사귀다, 따르다 | 4 |

group, troop, business, firm / associate with
Within a few years, his **company** became a leading U.S. producer of military planes.

| 0732 | **content** [kɔ́ntent] | n 만족감; 내용물, 목차, 취지 v 만족시키다 a 만족하여 | 7 |

happy; volume, expression ↔ form / satisfy / pleased ↔ discontent
Most candy and soft drinks have high sugar **content**.

Translation

은행은 인출에 맞게 유용 가능한 **현금**과 다른 유동자산을 보유한다. | 인더스 계곡의 조각가들은 구리, 은과 금색의 개체를 **주조한다**. | 비평가는 그 믿음 치료사가 사기꾼이고 그 보도된 치료는 날조된 것이라고 **고발했다**. | 시제품은 자동차의 안전을 **확인하는** 데 사용된다. | 새로운 용어가 새로운 과학적 기술적 발견에 **만들어지며** 특별한 어휘가 끊임없이 생겨난다. | 몇 년 이내에 그의 **회사**는 군비행기의 선도적인 미국 생산자가 되었다. | 대부분의 사탕과 청량음료는 설탕 **함량**이 높다.

0733 current [kʌ́rənt]

a 지금의, 현행의, 통용하는 **n** 흐름, 유동, 경향 7

present, prevalent, fashionable ↔ out of date / flow, course, stream, tide
currently **ad** 일반적으로, 지금은, 손쉽게
Many **current** studies involve the Southern Ocean.

0734 direct [dirékt]

a 똑바른, 직접의, 솔직한 **v** 지도하다, 돌리다, 가리키다 8

immediate / command, conduct, instruct, order
direction **n** 방향, 지도 director **n** 지도자 directory **a** 지휘의 **n** 안내책자
Human fossils give **direct** evidence of what prehistoric people looked like, what they ate, and how long they lived.

0735 due [dju]

a 지불 기일이 된, 정당한 **n** 당연한 권리, 부과금 **ad** 정(正) 방향으로 3

expected, fitting, payable / rights, privilege / directly
Bad health, chiefly **due** to heart trouble, forced his job to quit.

0736 even [íːvən]

ad 한층, 더욱, 오히려 **a** 평탄한, 한결같은, 짝수의 **v** 평평하게 되다 4

level, flat, regular, equal
In Rome, slavery became so widespread that **even** common people owned slaves.

0737 express [iksprés]

v 표현하다, 나타내다 **a** 명시된, 특수한, 급행의 **n** 급행열차, 속달 8

convey, indicate, show / explicit, specific, fast / special delivery
expression **n** 표현, 표정 expressive **a** 표현적인, 나타내는
People use music to **express** feelings and ideas.

0738 foul [faul]

a 더러운, 부정한, 충돌한 **v** 더럽히다, 부패하다, 충돌하다 **n** 반칙, 파울 9

dirty, obscene, unfair, corrupt / stain, rot / offense
Lakes and rivers become **foul** smelling and can no longer support many fish and other animals.

0739 issue [íʃuː]

n 쟁점, 문제, 발행 **v** 발표 [발행]하다, 발부하다, 유래하다 4

point, problem, topic / publish, release ↔ recall
Slavery became a major **issue** in the U.S. presidential election of 1860.

Translation

많은 **현재** 연구가 남쪽 바다와 연관되어 있다. | 인간의 화석은 선사 이전의 사람들이 어떻게 생겼고 무엇을 먹었으며 얼마나 오래 살았는지에 대한 **직접적인** 증거를 준다. | 주로 심장 문제로 **기인한** 나쁜 건강이 그의 일을 그만두게 하였다. | 로마에서 노예제도는 널리 퍼져서 **심지어** 일반 사람들도 노예를 소유했다. | 사람들은 감정과 아이디어를 **표현하기** 위해 음악을 사용한다. | 호수와 하천이 **더러운** 냄새가 나게 되고 더 이상 많은 물고기와 다른 동물들이 살 수 없게 되었다. | 노예제도는 1860년의 미국 대통령 선거의 주요 **이슈가** 되었다.

| 0740 | **just** [dʒʌst] | **ad** 이제 방금, 간신히, 바로, 오직, 꼭 **a** 올바른, 정당한, 진실의, 적절한 | 4 |

recently, merely, barely / fair, good, legitimate, honest
Radio waves can carry many more kinds of information than **just** sounds.

▶ radio waves 전파

| 0741 | **major** [méidʒər] | **a** 큰 쪽의; 주요한 **n** 전공 **v** 전공하다 | 4 |

greater, larger; important, main / subject ↔ minor / study specially
majority **n** 대부분, 대다수, 과반수
Nearly all **major** cities have theater districts similar to Broadway in organisation and appeal.

| 0742 | **mean** [miːn] | **v** 의미하다, 의도하다 **a** 비열한, 인색한; 평균의, 중간의 **n** 방법, 수단 | 4 |

intend / hateful; medium / method, way
Astronomers now use the term nebula to **mean** a cloud of dust and gas.

▶ nebula 성운

| 0743 | **present** [préznt] [prizént] | **a** 출석한, 존재하는; 현재의 **n** 선물, 선사; 현재 **v** 증정하다, 나타내다 | 9 |

attend ↔ absent; current / gift / give, exhibit
presence **n** 존재, 출석 presentation **n** 증정, 제출
Modern philosophy covers the period from the 1600's to the **present**.

| 0744 | **release** [rilíːs] | **v** 석방하다, 풀어놓다 **n** 석방, 발사 | 5 |

discharge, liberate ↔ capture / acquittal, emission
releasable **a** 석방할 수 있는; 포기할 수 있는
The oceans absorb and **release** the sun's heat slowly.

| 0745 | **scale** [skeil] | **n** 저울접시, 저울, 비례, 비율, 규모, 등급 **v** 기어오르다 | 5 |

balance, system of measurement, gradation, rank / climb up, mount, ascend
In England, currency unit and **scale** for weight are marked in Pound.

| 0746 | **settle** [sétl] | **v** 정착하다, 해결하다; 결정하다 | 7 |

inhabit, resolve; determine
settlement **n** 정착, 이민
People **settle** where water is plentiful – near lakes and rivers.

Translation

전파는 **단지** 소리 이상의 많은 종류의 정보를 나를 수 있다. | 거의 모든 **주요** 도시들은 구성과 매력에 있어서 브로드웨이와 비슷한 극장 지역을 갖고 있다. | 천문학자들은 현재 먼지와 가스의 구름을 **의미하는** 성운이란 용어를 사용하고 있다. | 현대 철학은 1600년대부터 **현재**까지의 기간을 포함한다. | 바다는 태양열을 천천히 흡수하고 **방출**한다. | 영국에서는 화폐 단위와 무게의 **단위**가 파운드로 표시된다. | 사람들은 호수와 강 근처의 물이 풍부한 지역에서 **정착한다**.

| 0747 | **single** [síŋgl] | ⓐ 단 하나의; 혼자의 ⓝ 단일, 독신자 ⓥ 골라내다, 선발하다 | 4 |

one, sole; individual, separate / unmarried person / pick out, choose
Most boats operate with a **single** engine.

| 0748 | **sound** [saund] | ⓝ 소리, 음, 음파 ⓥ 소리가 나다; 조사하다 ⓐ 견실한, 건강한, 완전한 | 4 |

voice / vibrate; measure, investigate / rational, healthy ↔ unsound
Most settlers did not follow **sound** agricultural practices.
The word phonics comes from a Greek word meaning **sound**.

| 0749 | **state** [steit] | ⓝ 상태, 사정; 정부 ⓥ 진술하다 ⓐ 국가의, 주립의 | 4 |

situation, condition; province, nation / express, say / nation, country
The autonomic nervous system tends to keep these tissues in their normal **state** of balance.

▶ autonomic nervous system 자율신경계

| 0750 | **steep** [sti:p] | ⓐ/ⓐⓓ 가파른, 험준한, 터무니없는 ⓥ 적시다, 열중하다 ⓝ 가파름, 험준함 | 6 |

slope, tilt, incline / french, absorb / precipitousness
Before sowing, certain seeds should be in **steep**.
Erosion of the **steep** cliffs has formed beautiful canyons.

▶ erosion 부식, 침식

| 0751 | **stick** [stik] | ⓥ 달라붙다; 찌르다, 내밀다 ⓝ 막대기, 지팡이 | 6 |

paste, persevere; pierce, pin / bar, branch
sticker ⓝ 찌르는 사람, 점착성 물질, 밤송이
Water can **stick** to other substances, such as cloth, glass, and soil.

| 0752 | **stress** [stres] | ⓝ 강조; 압력 ⓥ 강조하다; 압력을 가하다 | 6 |

emphasis, significance; strain, pressure / emphasise; pressure
stressful ⓐ 긴장이 많은
Feelings of **stress** are the body's response to any threatening or unfamiliar situation.
Some of the best animal stories **stress** the affection between animals and human beings.

| 0753 | **subject** [sʌ́bdʒikt] [sʌbdʒékt] | ⓝ 주제, 학과; 국민, 백성 ⓐ ~의 영향을 받기 쉬운 ⓥ 복종시키다 | 7 |

theme, topic, department; citizen, resident / dependent, subordinate, satellite / submit, expose
subjection ⓝ 정복, 복종 subjective ⓐ 주관의, 개성적인
Most students specialise in a field of study called a major **subject**.

Translation

대부분의 보트는 **단일** 엔진으로 작동된다. | 대부분의 정착민들은 **견실한** 농업 관행을 따르지 않았다. 파닉스(phonics)라는 단어는 '**소리**(sound)'라는 의미의 그리스 말에서 유래한다. | 자율신경계는 그들의 조직을 정상적인 균형 **상태**로 유지하려는 경향이 있다. | 파종하기 전에 어떤 종자들은 **물에 담가** 놓아야 한다. **가파른** 절벽의 침식은 아름다운 협곡을 만들었다. | 물은 천이나, 유리 흙과 같은 다른 물질에 **달라붙을 수** 있다. | **스트레스**의 감정은 어떤 위험 또는 익숙하지 않은 상황에 대한 신체의 반응이다. 일부 최고의 동물 이야기는 동물과 인간 사이의 애정을 **강조한다**. | 대부분 학생들은 주요 **과목**이라는 학문의 영역으로 전문화되어 있다.

| 0754 | **suit** [sju:t] | ⓥ 적응시키다, 어울리다 ⓝ 슈트, 한 벌; 소송 | 7 |

adapt, fit ↔ disarrange / outfit, costume, clothing; lawsuit, trial
suitable ⓐ 적당한, 상당한, 어울리는 suitcase ⓝ 여행 가방
The chair's simple lines **suit** the modern interior.

| 0755 | **support** [səpɔ́:rt] | ⓝ 받침, 후원, 도움 ⓥ 부양하다, 유지하다 | 5 |

buttress; aid, assistance / help, maintain ↔ abandon, discourage
supporter ⓝ 지지자, 후원자 supporting ⓐ 받치는, 원조하는
Government **support** for agricultural education increased during the 1900's.

| 0756 | **tap** [tæp] | ⓝ 가볍게 두드림, 똑똑 치는 소리, (수도 등의) 꼭지 ⓥ 개발하다 | 3 |

knock / develop, exploit
tap-dance ⓝ 탭댄스 tap-water ⓝ 수도꼭지에서 받은 맹물
If running water is available, it is most often a single **tap** providing cold water.

| 0757 | **term** [tə:rm] | ⓝ 학기, 기간; 말, 전문어; 조건, 조항; 협약, 동의 ⓥ 이름 짓다, 부르다 | 7 |

semester, period; word, terminology; onditions, particulars; relationship
Student leader is elected for one-year **term**.
Color experts use the **term** brightness to describe the lightness level of a colored light source.

| 0758 | **treat** [tri:t] | ⓥ 간주하다, 대우하다, 치료하다 ⓝ 치료, 대접, 한턱 | 7 |

consider, regard; take care of / cure, entertainment, pleasure
treatment ⓝ 취급, 대우, 치료, 처리
Physicians **treat** with aspirin and other medicines to cure the headache.

| 0759 | **view** [vju:] | ⓝ 견해, 관점, 시야, 경관 ⓥ 바라보다, 조사하다, 간주하다 | 6 |

opinion, vision, sight, scene / regard, see, consider, perceive
A wide-angle lens provides a wider **view** of a scene than a standard lens does.

| 0760 | **wonder** [wʌ́ndər] | ⓥ 궁금(해)하다, ~일까 생각하다 ⓝ 경탄할 만한 것, 경이 | 6 |

think, question / marvel, spectacle, curiosity, amazement
wonderful ⓐ 이상한, 놀라운
Darwin **wondered** whether life on earth had developed gradually as a result of natural processes.

Translation

의자의 단순한 선이 현대적인 인테리어에 **어울린다**. | 농업 교육에 대한 정부의 **지원**은 1900년대 동안에 증가했다. | 만일 수돗물을 사용할 수 있다면, 대부분은 찬물을 공급하는 하나의 **수도꼭지**가 있다. | 학생 회장은 1년 **단위**로 선출된다. 색상 전문가들은 색이 있는 광원의 밝기 수준을 설명하기 위해서 밝기라는 **용어**를 사용한다. | 의사는 두통을 치유하기 위해서 아스피린과 다른 약들로 **치료한다**. | 광각렌즈는 표준렌즈보다 더 넓은 **시야**를 제공한다. | 다윈은 지구상의 생명체가 자연적 과정의 결과로서 점차 발달했는지 **궁금했다**.

DAY 20 Idiom

KEY WORDS

☐ bring about ☐ take into account ☐ be prone to ☐ find fault with ☐ account for
☐ attribute A to B ☐ bear in mind ☐ carry out ☐ come up with ☐ devote oneself to
☐ do away with ☐ for the sake of ☐ in virtue of ☐ stand for ☐ as a rule

---

0761 account for ~을 설명하다, 차지하다 7

explain, consider as, deem, reckon
Plate tectonics still provides the basic framework that **accounts for** the distribution of mountains across the earth's surface.

▶ plate tectonics 판구조론

0762 adapt to ~에 적응하다 4

adjust to, acclimate to
Both individual organisms and entire species must **adapt to** the environmental changes in order to survive.

0763 adjust to ~에 적응하다, 조절하다 5

fit, adapt, suit, accommodate
Education helps people **adjust to** change.

0764 as a rule 통상, 대체로 6

usually, on the whole
The workers in Asia work ten hours a day **as a rule**.

0765 at one's disposal ~의 마음대로 쓸 수 있는 4

Our services are **at your disposal**.

Translation

판구조론은 여전히 지구 표면을 가로지르는 산악의 분포를 **설명하는** 기본적인 틀을 제공하고 있다. | 개별 유기체와 전체 종 모두 생존하기 위하여 환경 변화에 반드시 **적응해야 한다**. | 교육은 사람들이 변화에 **적응**하도록 돕는다. | 아시아의 근로자들은 **통상** 하루에 10시간을 일한다. | 당신이 **원하는 대로** 봉사해드리겠습니다.

0766 at the mercy of

~에 좌우되어

wholly in the power of
The boat was rolling to and from **at the mercy of** the waves.

0767 attribute A to B

A를 B의 탓으로 돌리다

ascribe A to B, impute A to B
The CEO **attributed** his success **to** the employees who work in hand in glove.

▸ hand in glove 긴밀히 협조하는 의기투합하는

0768 be prone to

~하기 쉽다

be inclined to, be apt to
prone to ~을 잘하는, ~하는 경향이 있는
Meat and other foods **are prone to** bacterial growth in warm temperatures.

0769 bear in mind

~을 명심하다, 유념하다

keep in mind, remember, learn by heart
It must be **borne in mind** that success depends on exertions.

▸ bear - bore - borne

0770 behind the times

시대에 뒤떨어진

out-of-date, old-fashioned
His way of thinking was **behind the times**.

0771 bring about

~을 유발하다, 초래하다

be caused by, result from
Riis's photographs of the slums of New York City shocked the public and helped **bring about** the abolition of one of the city's worst district.

0772 bring home to

~에게 절실히 느끼게 하다

cause one to realise
His death **brought home to** me the sorrow of life.

Translation

그 배는 파도**에 좌우되어** 이리저리 흔들리고 있었다. | 그는 자신의 성공을 의기투합하여 일한 근로자들**에게 돌렸다**. | 고기와 다른 음식들은 따뜻한 온도에서 세균의 생장이 **되기 쉽다**. | 성공은 노력에 달려 있다는 것을 **명심해야** 한다. | 그의 사고방식은 **시대에 뒤떨어져** 있었다. | Riis의 뉴욕시의 빈민가 사진은 대중에게 충격을 주었으며 그 도시에서 가장 최악의 지역 중 하나의 폐지를 **초래하는** 것을 도왔다. | 그의 죽음은 내게 인생의 슬픔을 **절실히 느끼게 했다**.

| 0773 | **carry out** | ~을 수행하다, 완수하다 | 7 |

Put sth into practice, implement, perform, fulfil, attain, achieve, serve
In higher animals, each important life function is **carried out** by a group of organs working together.

▶ higher animals 고등동물

| 0774 | **come up with** | ~을 찾아내다, 생산하다, 제시하다 | 7 |

reach, over take, supply, present
Neuroscientists have tried to **come up with** for a way to fix brain injury or brain disorders for decades.

▶ neuroscientists 신경 과학자들

| 0775 | **consist of** | ~로 구성되다, 이루어지다 | 6 |

be made up of, make up, compose
Water molecules **consist of** two atoms of hydrogen and one atom of oxygen.

▶ water molecules 물분자

| 0776 | **cut a fine figure** | 두각을 나타내다 | 4 |

make a fine appearance
His performance **cut a brilliant figure** on the stage.

| 0777 | **devote oneself to** | ~에 몰두하다 | 7 |

give oneself to
He **devoted himself** wholly **to** biology.

| 0778 | **distinguish oneself** | 이름을 내다, 공을 세우다 | 4 |

make oneself well known, perform a glorious deed
Napoleons **distinguished himself** by his bravery in the battle.

| 0779 | **divide into** | ~으로 나누다 | 6 |

break up, keep apart, separate, split
Western music can be **divided into** three main types, classical music, popular music and folk music.

Translation

고등동물에서 각각의 중요한 생명의 기능은 함께 작동하는 일련의 기관에 의해 **수행된다**. | 신경 과학자들은 수십 년간 뇌 손상과 뇌 질환을 치료할 방법을 **찾아내기 위해** 노력해 왔다. | 물 분자는 하나의 산소 원자와 2개의 수소 원자로 **이루어져 있다**. | 그의 연기는 무대에서 **두각을 나타냈다**. | 그는 완전히 생물학에 **몰두했다**. | 나폴레옹은 그 전투에서 용맹으로 **유명해졌다**. | 서양 음악은 세 가지 주요 타입으로 **나눌 수** 있는데 고전음악, 대중음악과 민속음악이다.

0780 do away with
~을 제거하다, 죽이다   7

abolish, get rid of, destroy
Every nation should **do away with** nuclear weapons.

0781 find fault with
~을 비난하다   8

criticise, censure, disapprove of
A bad workman **finds fault with** his tools.

0782 for the sake of
~을 위하여   7

for the benefit of
Man does not live for himself alone but lives **for the sake of** others as well as of himself.

0783 in addition to
~에 더하여, ~뿐 아니라, 이외에   6

as well as, besides, moreover, couple with
Bread, cereals, and potatoes furnish carbohydrates **in addition to** vitamins, minerals, and fiber.

0784 in behalf of
~을 위하여, ~을 도우려고   6

in the interest of
U.S army fought **in behalf of** a good cause during World War II.

▶ a good cause 대의명분

0785 in the presence of
~의 면전에서, ~의 앞에서   5

in front of
It is rude to yawn **in the presence of** others.

▶ be rude to ~에게 무례하게 대하다

0786 in virtue of
~의 덕분 [때문]에, ~에 의하여   7

by means of, because of
The Spaniards, **in virtue of** the first discovery, claimed all America as their own.

▶ Spaniards 스페인 사람

Translation
모든 국가는 핵무기를 **폐기해야만** 한다. | 서투른 일꾼이 연장을 **나무란다**. | 인간은 혼자만을 위해 사는 게 아니라 자기 자신뿐만 아니라, **남을 위해서도** 산다. | 빵, 곡물 및 감자는 비타민과 무기물 및 섬유질 **이외에도(뿐만 아니라)** 탄수화물을 공급한다. | 미국 군대는 제2차 세계대전 동안 대의명분**을 위해** 싸웠다. | 다른 사람들 **앞에서** 하품하는 것은 실례가 된다. | 스페인 사람들은 최초의 발견 **때문에**, 전 아메리카 대륙을 그들 소유라고 주장했다.

| 0787 | **keep pace with** | ~과 보조를 맞추다 | 6 |

change at the same speed as
Many scientists, economists, and other experts fear that food production cannot **keep pace with** the population for much longer.

| 0788 | **keep track of** | ~을 기록하다, 추적하다 | 6 |

on the trail, follow, hunt
Engineers who are called load dispatchers **keep track of** the current flow through the transmission network.
▶ load dispatchers 급전 사령(給電司令, 전력의 생산과 분배를 조절하고 응급대책을 세우는 사람)

| 0789 | **lag behind** | ~보다 뒤처지다, ~보다 뒤떨어지다 | 5 |

leave to the tail
The farming of Africa **lags behind** most other European countries.

| 0790 | **make allowances for** | ~을 참작하다, 감안하다 | 5 |

take into consideration
If you **make allowances for** his youth and experience you will surely succeed.

| 0791 | **make good** | 성공하다, 보상하다, 수리하다 | 4 |

succeed, compensate for, accomplish
Dr. Yoon is working hard, and I am sure he will **make good** in that job.

| 0792 | **prior to** | ~에 앞서, 먼저 | 4 |

earlier than, ahead of, before
Prior to 1900, carmakers used skilled workers to assemble each automobile.

▶ assemble 조립하다, 모으다

| 0793 | **set forth** | ~을 설명하다, 출발하다 | 6 |

set apart, launch, embark, set afloat
Lincoln **set forth** the article to free slaves during the Civil War (1861-1865).

▶ Civil War 남북전쟁

Translation
많은 과학자, 경제학자 및 다른 전문가들은 식량 생산이 오랫동안 인구밀도와 **보조를 맞출 수** 없다는 것을 두려워한다. | 급전 사령이라 불리는 기술자들이 전송 네트워크를 통해서 전류 흐름을 **추적한다**. | 아프리카의 농업은 대부분의 다른 유럽의 국가들보다 **뒤처져 있다**. | 만약 당신이 그의 젊음과 경험을 **고려한다면** 당신은 반드시 성공할 것입니다. | 윤 박사는 열심히 일하고 있어서 나는 그가 그 일에서 **성공하리라** 확신한다. | 1900년 **이전에** 자동차 제조업자는 자동차를 조립하기 위하여 숙련된 기술자를 썼다. | 링컨은 남북전쟁(1861-1865년) 동안에 노예를 해방하기 위한 조항을 **발표하였다**.

| 0794 | **stand for** | ~을 나타내다, 상징하다, 대표하다 | 7 |

represent, serve as, express
The initials CEO **stand for** Chief Executive Officer.

| 0795 | **take into account** | ~을 고려하다, 참작하다 | 9 |

consider, make allowances for, turn into advantage
Individualised reading programs **take into account** the wide range of reading abilities and needs.

| 0796 | **take it for granted** | ~을 당연한 일로 생각하다, 당연히 ~일 거라고 믿다 | 6 |

acknowledge, accept
People **took it for granted** that Dr. Lee would be chosen as the first President.

| 0797 | **take up** | ~을 흡수하다 | 5 |

absorb, soak up, suck up
Insulin is a substance that enables muscles to **take up** sugar from the blood, and also to break it up, so that energy can be obtained.

| 0798 | **turn into** | ~로 변하다, 바뀌다 | 4 |

transform into, convert into
When water reaches the boiling point, it is not immediately **turned into** steam.

▶ boiling point 비등점

| 0799 | **up to** | ~에 이르기까지, ~까지 | 6 |

as much as, a maximum of, as many as
It is **up to** the producer to find a suitable space for performances and rehearsals.

| 0800 | **wear out** | ~을 다 써버리다, 닳아 없어지게 하다 | 6 |

no longer usable, abrased
Each day, about 0.8 percent of the body's red blood cells **wear out** and are destroyed.

Translation

머리글자 CEO는 최고경영자를 **가리킨다**. | 개인 독서 프로그램은 광범위한 독서 능력과 필요성을 **고려한다**. | 사람들은 이 박사가 첫 번째 대통령으로 선택될 것이라는 것을 **당연한 일로 받아들였다**. | 인슐린은 근육이 혈액으로부터 당분을 흡수하도록 하는 물질이며 또한 이것을 분쇄해서 에너지가 얻어질 수 있다. | 물이 비등점에 도달할 때, 즉시 증기로 **변하지** 않는다. | 공연과 예행연습을 위한 적당한 공간을 찾아내는 것은 피디에게 **달려 있다**. | 매일 우리 몸의 적혈구가 0.8%가량 **없어지고** 파괴된다.

IELTS VOCA

Chapter 03 Classified Vocabulary

Day 21 **Biology**_ species, habitat, environment, dwell, predator *etc.*

Day 22 **Humanities**_ colloquial, regard, prohibit, contemporary, tragedy *etc.*

Day 23 **Education**_ literacy, extracurricular, underscore, transition, obligatory *etc.*

Day 24 **Physics & Chemistry**_ soak, reverse, vacuum, synthetic, source *etc.*

Day 25 **Society & Religion**_ ethics, awe, control, urban, socialism *etc.*

Day 26 **Economy & Management**_ merchandise, bankruptcy, management *etc.*

Day 27 **Art**_ eloquent, advertising, scale, media, material *etc.*

Day 28 **Law**_ testify, advocate, summon, royalty, legal *etc.*

Day 29 **Engineering & Mathematics**_ reckon, statistics, particular, cube *etc.*

Day 30 **Environment & Health & Medicine**_ balanced, obese, excess, sensitive *etc.*

DAY 21 Biology

KEY WORDS
- species
- habitat
- environment
- dwell
- predator
- photosynthesis
- offspring
- maintain
- individual
- dominant
- carnivorous
- zoology
- swarm
- reproduce
- camouflage

0801 living things [lívɪŋ θɪŋs]
n (살아 있는 것들) → 생명체
life, living organism, living matter
All **living things** must have food to live.

0802 colony [kɔ́ləni]
n 집단, 군체, 콜로니; 서식지
settlement, territory; habitat
A single **colony** of devil's garden ants can live for hundreds of years.

0803 zoology [zouɔ́lədʒi]
n 동물학
the scientific study of animals
ZOO n 동물원 (=zoological garden)
In biology, **zoology** deals with animals, and botany deals with plants.

0804 fauna and flora [fɔ́:nə ənd flɔ́:rə]
n 동식물군, 동식물종
animals and plants in particular area
Amazon has one of the world's richest habitats for **fauna and flora**.

0805 mammal [mǽməl]
n 포유동물
animal that female feed their young with milk
Mammal is an animal that feeds its young on the mother's milk.

Translation

모든 **생명체**는 살기 위해 음식을 먹어야 한다. | 악마의 정원 개미의 단일 **군체**는 수백 년 동안 살 수 있다. | 생물학에서, **동물학**은 동물을 다루고 식물학은 식물을 다룬다. | 아마존은 세계에서 가장 풍부한 **동·식물군**의 서식처 중 하나이다. | **포유동물**은 어미의 젖을 새끼에게 먹이는 동물이다.

0806 carnivorous
[ka:rnívərəs]

ⓐ 육식성의 7

animal that eat meat; predatory
herbivore ⓝ 초식성/초식동물 (herbi- 초식의) omnivore ⓝ 잡식성/잡식동물 (omni- 전(全))
Snakes are **carnivorous** and a number of adaptations aid them in hunting and eating prey.

0807 predator
[prédətər]

ⓝ 포식자 7

an animal that kill and eats other animals ↔ prey
predatory ⓐ 육식하는
Most mammals try to escape **predators** by fleeing.

▶ fleeing 달아남

0808 primate
[práimeit]

ⓝ 영장류 4

a member of the group of mammals
Primate infants, especially baby human beings and apes, depend heavily on their mother.

0809 invertebrate
[invə́:rtəbrət]

ⓝ 무척추동물 5

a creature that does not have a spine
Invertebrates such as jellyfishes, worms, insects and octopus have no backbones.

▶ backbones 등뼈, 척추

0810 hibernation
[hàibərnéiʃən]

ⓝ 동면 5

overwintering
Bears become extremely fat before they go into **hibernation**.

0811 offspring
[ɔ́fspriŋ]

ⓝ 자식; 생겨난 것 7

children, young, family, descendants
Orangutans usually travel alone, but a female and her **offspring** travel together.

0812 domesticate
[dəméstikèit]

ⓥ 길들이다, 교화하다 3

tame and raise, civilise
More than 10,000 years ago, people learned they could **domesticate** certain useful mammals.

Translation

뱀은 **육식성이**고 다양한 적응력이 사냥과 먹이를 먹는 데 도움을 준다. | 대부분의 포유동물은 **포식자**로부터 도망쳐 피하려고 노력한다. | 인간이나 원숭이의 아기와 같은 **영장류**의 유아는 그들 어머니에 크게 의존한다. | 해파리, 벌레, 곤충과 문어와 같은 **무척추동물**은 등뼈가 없다. | 곰은 **동면**에 들어가기 전에 무척 뚱뚱해진다. | 오랑우탄은 보통 혼자서 이동하지만 암컷과 **자식**은 함께 이동한다. | 만 년보다도 더 이전에 사람들은 어떤 유용한 포유동물을 **길들일** 수 있음을 알았다.

0813 camouflage
[kǽməflɑ̀:ʒ]

n 위장, 눈가림 **v** 위장하다 — 6

cryptic coloration, mask, cloak / disguise, cover, conceal ↔ reveal
Camouflage makes prey difficult to see.

0814 nest
[nest]

n 보금자리, 둥지, 굴 — 4

refuge, retreat, haunt
Dinosaurs built **nests** and brooded their eggs.

0815 habitat
[hǽbitæt]

n 서식지 — 8

niche, environment
The destruction of **habitat** is the major threat to both animals and plants today.

0816 dominant
[dɔ́mənənt]

a 지배적인, 두드러진 — 7

main, chief, prominent, eminent
dominate **v** 지배하다, 조절하다 dominance **n** 우월, 권세
Mammals are the **dominant** animals on the earth.

0817 environment
[inváiərənmənt]

n 환경, 주위 — 8

surroundings, setting, circumstances
Many insects resemble objects in their **environment**, in both color and shape.

0818 rank
[ræŋk]

v 위치시키다, 등급을 매기다, 나란히 세우다 **n** 계급, 열, 줄 — 5

class, categorise / hierarchy, range
Deathstalker scorpions is **ranked** as the most dangerous invertebrates.

0819 abundance
[əbʌ́ndəns]

n 풍부, 유복 — 6

copiousness, plenty ↔ shortage
An **abundance** of land and other natural resources lured America's pioneers westward.

Translation

위장은 먹이를 발견하기 어렵게 만든다. | 공룡은 **보금자리**를 짓고 그들의 알을 품었다. | **서식지**의 파괴는 오늘날 동물과 식물 모두에 주된 위협이다. | 포유류는 지구상에서 **두드러진** 동물이다. | 많은 곤충들이 색깔과 모양 모두 그들 주위 **환경** 안에 있는 물체를 닮는다. | 데스스토커 전갈은 가장 위험한 무척추동물로 **분류**된다. | 땅과 다른 천연자원의 **풍부함**이 미국의 개척자들을 서부로 끌어들였다.

0820 trail
[treil]

ⓥ 끌다, 추적하다 ⓝ 지나간 자국, 흔적 — 5

hunt, track, trace, chase / path, track, route, way
Hunters **trail** deer, fox, and quail in the thick forests.

▸ quail 메추라기 thick 두꺼운, 울창한

0821 dwell
[dwel]

ⓥ 살다, 거주하다 — 8

live, inhabit, reside
dweller ⓝ 거주자, 주민 dwelling ⓝ 거처, 주소
Minke whales **dwell** in all the seas.

0822 maintain
[meintéin]

ⓥ 지속하다, 유지하다, 부양하다 — 7

continue, keep, preserve, sustain ↔ end
maintenance ⓝ 지속, 유지, 주장
Farmers can **maintain** the fertility of the soil by practicing crop rotation.

▸ crop rotation 윤작

0823 fertilise
[fə́:rtəlàiz]

ⓥ 수정하다, 비옥하게 하다 — 4

enrich, improve the soil quality
fertiliser ⓝ 비료
Certain varieties cannot be **fertilised** with their own pollen.

0824 pollen
[pólən]

ⓝ 화분, 꽃가루 — 5

a fine powder produced by flowers
pollinate ⓥ 수분시키다
Pollen is released by the plants and carried by the wind.

0825 photosynthesis
[fòutəsínθisis]

ⓝ 광합성 — 7

the way that green plants make their food using sunlight
Animals breathe the oxygen that the plants release during **photosynthesis**.

0826 bud
[bʌd]

ⓝ 눈, 미숙한 것 ⓥ 싹트다, 자라기 시작하다 — 5

shoot, branch, sprout / develop, grow, burgeon
In the early morning, the apes feed on leaves, **buds**, barks, and fruits.

▸ apes 유인원, 원숭이

Translation

사냥꾼은 울창한 숲에서 사슴, 여우와 메추라기를 **추적한다**. | 밍크고래는 모든 바다에서 **살고 있다**. | 농부는 윤작을 실시하여 토양의 비옥도를 **유지할 수 있다**. | 어떤 품종은 그들 자신의 화분(꽃가루)으로 **수정되지** 않는다. | **꽃가루(화분)**이 식물에 의해 방출되고 바람에 의해 옮겨진다. | 동물은 **광합성**을 하는 동안 식물이 방출한 산소를 호흡한다. | 이른 아침에 유인원은 잎과 **꽃봉오리**, 나무껍질과 과일을 먹는다.

0827 timber
[tímbər]

n 재목, 목재

wood, logs, lumber, beams
Gangwon-do is more than usually rich in minerals and **timber**.

0828 trunk
[trʌŋk]

n (나무) 줄기; 코끼리 코

stem, stalk; nose
Tree **trunk** is covered with small leaves.
An elephant breathes and smells with its **trunk** and uses it when eating and drinking.

0829 shoot
[ʃuːt]

n 순, 싹; 촬영 v 쏘다, 발사하다

sprout, branch, bud; filming / fire, pop a cap
Roots and **shoots** of plants can elongate, increasing exposure to environmental resources.

▶ elongate 길어지다, 길게 늘이다

0830 shrub
[ʃrʌb]

n 관목

plants that have several woody stems
Many **shrubs** and climbing plants are found in the forests.

0831 blossom
[blɔ́səm]

n 꽃 v 꽃 피다, 개화하다

flower, bloom, bud, floret / bloom, grow, develop, succeed
In springtime, gorgeous pink and white cherry **blossoms** bloom on the trees.

0832 reproduce
[riːprədjúːs]

v 복제하다; 번식하다

copy, duplicate, multiply; propagate
Most viruses **reproduce** in specific cells of certain organisms.

0833 swarm
[swɔːrm]

v 무리를 이루다, 떼를 짓다 n 무리, 떼

teem, crawl / crowd, flock, herd
Mayflies, which survive only a day or two as mating adults, often **swarm** in great numbers.

▶ mayflies 하루살이

Translation
강원도는 평균 이상으로 미네랄과 **목재**가 풍부하다. | 나무 **줄기**가 작은 잎들로 덮여 있다. 코끼리는 **코**로 숨을 쉬고 냄새를 맡고, 먹고 마실 때에도 코를 사용한다. | 식물의 뿌리와 **생장점**은 환경 자원에 노출이 증가할수록 길게 자란다. | 많은 **관목**과 덩굴식물이 숲에서 발견된다. | 봄에는 화려한 핑크와 하얀색 벚나무 **꽃들이** 나무에 피어난다. | 대부분의 바이러스는 어떤 유기체의 특정한 세포에서 **번식한다**. | 교미성충으로 하루나 이틀만 사는 하루살이는 종종 대단히 많은 수가 **무리를 이룬다**.

| 0834 | **microbe** [máikroub] | ⓝ 미생물, 세균, 병원균 | 3 |

microorganism, germ, bacteria
Molecular work can explain in detail how certain **microbes** cause disease.

| 0835 | **kingdom** [kíŋdəm] | ⓝ 〈생물〉 계, 영토, 왕국 | 3 |

realm, country, state, nation
Many biologists classified all known species into three domains and four **kingdoms**.

▸ domains 영역, 범위

| 0836 | **species** [spíːʃiːz] | ⓝ 종, 종류 | 8 |

kind, sort, type, group, variety, breed
Darwin set forth his theories of evolution in *The Origin of Species* (1859).

▸ set forth 피력하다, 개진하다

| 0837 | **evolutionary theory** [ìːvəlúːʃənəri θíəri] | ⓝ 진화론 | 5 |

a hypothesis relating to evolution
This article discusses the main ideas of **evolutionary theory** and the scientific evidence that supports the theory.

| 0838 | **variety** [vəráiəti] | ⓝ 종류, 다양성, 여러가지 | 5 |

diversity, change, difference ↔ uniformity
In many regions, ponds have a great **variety** of animal and plant life.

| 0839 | **season** [síːzn] | ⓝ 철, 계절, 한창 때; 양념 ⓥ 맛을 내다, 양념하다 | 6 |

period; flavour, spice / flavour, spice, salt
seasonable ⓐ 계절의, 때를 만난, 적절한 seasonal ⓐ 계절의, 주기적인
Many species of mammals establish territories only during the breeding **season**.

▸ breeding 사육, 번식

| 0840 | **homogenise** [həmɔ́dʒənàiz] | ⓥ 균질이 되게 하다, 통일하다 | 4 |

to make same quality
homogeneous ⓐ 동종의 homogeneity ⓝ 동종, 동질
Dairy plants pasteurise and **homogenise** milk.

▸ pasteurise 저온 살균하다

> **Translation**
>
> 분자(생물) 실험은 어떻게 특정 **미생물**이 병을 일으키는지 자세하게 설명할 수 있다. | 많은 생물학자들은 모든 알려진 (생물) 종을 3개의 역과 4개의 **계(界)**로 분류한다. | 다윈은 〈**종의** 기원〉에서 진화 이론을 피력했다. | 이 기사는 **진화론**과 그 이론을 지지하는 과학적 증거의 주된 생각을 설명하고 있다. | 많은 지역의 연못에는 매우 **다양한** 동물과 식물 세계가 있다. | 포유류의 많은 종들이 양육 **시기** 동안에만 영역을 정한다. | 유제품 공장은 우유를 저온살균과 **균질화시킨다**.

DAY 22 Humanities

KEY WORDS

- colloquial
- regard
- prohibit
- contemporary
- tragedy
- symbol
- satire
- paraphrase
- literature
- essay
- drama
- decipher
- criticism
- emphatic
- dramatic

0841 liberal arts [líbərəl a:rts]

n 인문학

the subjects such as history, philosophy, and literature
The student may be expected to be provided a broad **liberal arts** education.

0842 humanism [hjú:mənìzm]

n 인도주의

a belief that people's spiritual and emotional needs can be satisfied without religion / humanistic ⓐ 인도주의적인 humanist ⓝ 인도주의자
Emphasis on **humanism** led to changes in the aims and techniques of philosophic inquiry.

0843 linguistics [liŋgwístiks]

n 언어학

the scientific study of language
lingual ⓐ 언어의 bilingual ⓐ 이중 언어의
Sociology and **linguistics** separated from philosophy.

0844 language [lǽŋgwidʒ]

n 국어, 언어, 어법

tongue, dialect, speech
English is spoken **language** throughout most of the country.

0845 wit [wit]

n 지혜, 기지, 재치

wisdom, intelligence ↔ folly, stupidity
witty ⓐ 재치 있는, 익살맞은
Some tales that were passed down orally are retold with humor and **wit**.

Translation

학생들은 폭넓은 **인문학** 교육이 지원되기를 기대했을지도 모른다. | **인도주의**에 대한 강조는 철학적 질문의 목적과 기술에 변화를 이끌었다. | 사회학과 **언어학**은 철학으로부터 분리되었다. | 영어는 대부분의 국가에서 사용되는 **언어**이다. | 구두로 전해 내려오는 어떤 이야기는 유머와 **위트**로 회자된다.

0846 intonation
[ìntounéiʃən]

n 억양, 어조

stress
Intonation and stress can help you to learn in a foreign language.

0847 emphatic
[imfǽtik]

a 어조가 강한, 단호한, 강조하는

forceful, vigorous, definite ↔ hesitant
The universities are quite **emphatic** in denying the result.

0848 paraphrase
[pǽrəfrèiz]

n 바꾸어 쓰기, 의역 **v** 바꾸어 쓰다 [말하다]

rewording, interpretation / rephrase, reword
A **paraphrase** seems almost similar in meaning but totally different in style.

0849 lexical
[léksikəl]

a 어휘의, 사전의

relating to the word of a language
lexically **ad** 사전적으로 lexicographer **n** (어휘를 쓰는 사람) → 사전편찬자
Lexicographer arranged the words by **lexical** meaning.

0850 syntax
[síntæks]

n 구문론, 통사론

words put together to make sentence
Invalid **syntax** makes difficult the meaning of a sentence.

0851 suffix
[sʌ́fiks]

n 접미사

a letter to the end of a word to make a different word ↔ prefix
The **suffix** '-ify' is added to 'simple' to form 'simplify.'

0852 prefix
[príːfiks]

n 접두사

a letter to make a different definition
The **prefix** 'over-' is added to 'come' to form 'overcome.'

Translation

억양과 강세는 외국어를 익히는 데 도움을 줄 수 있다. | 그 대학들은 그 결과를 부정함에 있어 꽤 **단호하다**. | **바꾸어 쓴 글**이 의미는 거의 비슷해 보이지만 스타일은 완전히 달라졌다. | 사전 편찬자가 **사전적** 의미로 단어를 정리했다. | 잘못된 **구문**은 문장의 의미를 어렵게 만든다. | **접미어** '-ify(-화)'는 'simple(단순)'에 붙여서 'simplify(단순화하다)'를 만든다. | **접두어** 'over-(위로-)'는 'come(오다)'에 붙여서 'overcome(장애를 넘어오다 → 극복하다)'을 만든다.

0853 root
[ruːt]

ⓝ 어근

the primary lexical unit of a word
General **roots** and prefixes make up the building blocks of numerous English words.

0854 sentence
[séntəns]

ⓝ 문장; 판결, 선고 ⓥ 선고하다

a writing, composition; punishment, verdict, judgement / convict, condemn
A teacher wrote a few memorable **sentences** on the blackboard.

0855 decipher
[disáifər]

ⓥ 해석하다, 판독하다

explain, translate, understand
interpretation ⓝ 해석, 통역 interpreter ⓝ 해석자, 통역자
Paleobotanists **decipher** the earth's history by examining plant fossils.

▶ plant fossils 식물 화석

0856 phonetic
[fənétik]

ⓐ 발음대로의, 음성의

relating to the sound of a word
Phonetic principles may unconsciously aid word recognition in the method.

0857 phonics
[fóuniks]

ⓝ 발음 중심의 언어학 지도법, 음향학

acoustics
phonic ⓐ 음성의 phonically ⓐⓓ 음성 교수법에 관해서
Educators consider **phonics** an essential part of any effective reading programme.

0858 syllable
[síləbl]

ⓝ 음절

a part of a word contains a single vowel sound
The **syllable** with greater stress is marked with an accent.

0859 coinage
[kɔ́inidʒ]

ⓥ 화폐제도; 신조어

coined word
Edgar was a great lawgiver and effectively reformed England's **coinage**.

Translation
일반 **어근**과 접두어는 수많은 영어 단어의 구성단위를 만든다. | 선생님이 칠판에 기억할 만한 몇 개의 **문장**을 썼다. | 고식물학자들은 식물 화석을 조사하여 지구의 역사를 **해석한다**. | **발음** 원칙이 단어 인식의 방법에 있어서 무의식적으로 도움을 줄 수도 있다. | 교육자들은 **음성학**을 어떠한 효과적인 독서 프로그램의 중요한 부분으로 고려한다. | 더 큰 강세가 있는 **음절**에 강세를 표시한다. | 에드가는 위대한 입법자였고 영국의 **화폐 제도**를 효율적으로 개혁했다.

0860 abridge
[əbrídʒ]

v 요약하다, 줄이다, 약화시키다

shorten, abbreviate

Since Congress cannot **abridge** free speech or the press, these are implicit rights.

▶ implicit 암시된, 내포된

0861 grammar
[grǽmər]

n 문법, 문법책

word order to make sentence

Spelling, **grammar**, punctuation, and other elements of style may need to be corrected or altered.

0862 literature
[lítərətʃə]

n 문학, 저술, 문헌

writings, letters, compositions
literary ⓐ 문학의, 문학적인, 문어의
Composition and **literature** courses can be helpful.

0863 satire
[sǽtaiər]

n 풍자, 비꼼

mockery, irony, parody, ridicule
satiric / satirical ⓐ 풍자적인 satirise ⓥ 풍자화하다
Charles Dickens' *The Oliver Twist* is a **satire** that has some moments that are very moving.

0864 criticism
[krítəsìzm]

n 비평, 비판

censure, disapproval, judgment
critic ⓝ 비판하는 사람 → 비평가, 평론가 → 혹평가 critical ⓐ 비평가의 → 위기의 → 결정적인
Washington suffered the bitterest **criticism** of his career.

0865 fable
[féibl]

n 우화, 꾸며낸 이야기

fiction, fantasy, story, parable
One **fable** describes a race between a tortoise and a hare.

0866 comedy
[kɔ́mədi]

n 희극

humour, fun, light entertainment ↔ tragedy
comic ⓐ 희극적인, 우스꽝스러운 comedian ⓝ 희극배우
The drama ranges from **comedy** to tragedy.

▶ ranges from A to B A에서 B까지 다양하다

Translation

의회가 언론이나 출판의 자유를 **약화시키지** 못하기 때문에 그것들(언론, 출판의 자유)은 내포된 권리이다. | 철자, **문법**, 구두점과 다른 문체의 구성 요소들은 수정이나 변경이 필요할지도 모른다. | 작문과 **문학** 교과과정은 도움이 될 것이다. | 찰스 디킨스의 올리버 트위스트는 매우 감동적인 장면들이 있는 **풍자**극이다. | 워싱턴은 지금 그의 경력에 있어서 가장 신랄한 **비판**으로 고통 받고 있다. | 한 **우화**가 거북이와 토끼 사이의 경주에 대해서 서술한다. | 드라마는 **희극**부터 비극까지 다양하다.

0867 tragedy [trǽdʒədi]
- n 비극
- disaster, catastrophe, misfortune, adversity, calamity ↔ fortune
- In Macbeth, Shakespeare wrote a **tragedy** of a man's conscience.

7

0868 drama [drá:mə]
- n 희곡, 연극
- play, show, theatre, acting
- dramatic ⓐ 희곡의, 극적인 dramatise ⓥ 각색하다, 극화하다
- Television producers transformed the hourlong **drama** in the 1980's.
  ▶ hourlong 한 시간의

7

0869 renaissance [renáissance]
- n 문예부흥
- rebirth, revival
- renaissant ⓐ 부흥하고 있는
- The **Renaissance** began in Italy and lasted from about 1300 to about 1600.

6

0870 essay [ései]
- n 수필, 에세이
- composition, study, paper, article
- A personal **essay** is written in a casual, conversational style.

7

0871 owe [ou]
- v 빚지고 있다, ~의 신세를 지다, 의무가 있다
- attribute ↔ pay
- People **owe** worship and obedience to God before any other thing.
  ▶ owe obedience to ~에게 충성(복종)해야 한다.

5

0872 prohibit [prouhíbit]
- v 금하다, 방해하다
- ban, forbid, prevent ↔ permit, allow
- prohibition ⓝ 금지, 규제
- Today, international wildlife laws **prohibit** or restrict the killing of endangered animals.
  ▶ endangered animals 멸종위기동물

8

0873 regard [rigá:rd]
- v ~으로 여기다, 보다 n 존경, 관계, 고려, 주시
- consider, treat ↔ disregard / respect, esteem, look, glance
- regardful ⓐ 주의 깊은, 경의를 표하는
- Many scientists **regard** the species *Homo habilis* (skillful human being) as the first type of human being.

8

Translation

맥베스에서, 셰익스피어는 사람 양심의 **비극**에 대해서 썼다. | TV 감독은 1980년대의 한 시간 분량 **드라마**를 각색했다. | **르네상스**는 이탈리아에서 시작되었고 약 1300년부터 1600년까지 지속되었다. | 개인 **수필**은 평상시의 대화형 스타일로 쓰인다. | 사람들은 다른 어떤 것보다 신에게 예배와 순종의 **의무가 있다**. | 오늘날, 국제 야생생물보호법은 멸종 위기 동물을 죽이는 것을 **금지하거나** 제한한다. | 많은 과학자들은 호모 하빌리스 인류의 시초로 **여긴다**.

0874 starve [staːrv]

v 굶주리다; 갈망하다 — 6

hunger ↔ feed, satiate
starvation ⓝ 기아, 아사
Experts estimate that hundreds of thousands of people **starved** to death.

0875 dramatic [drəmátic]

a 극적인; 연극 같은 — 4

notable, remarkable; theatrical
drama ⓝ 희곡, 연극, 극적인 사건
Shakespeare's direct and **dramatic** verse contributes to the play's power.

0876 sense [sens]

n 감각, 의식, 분별, 의미 — 4

feel, meaning
sensible ⓐ 분별 있는, 느낄 수 있는 sensitive ⓐ 민감한, 섬세한 sensory ⓐ 감각의, 지각의
Smell is the most important **sense** among the majority of mammals.

0877 contemporary [kəntémpərəri]

a 같은 시대의, 현대의, 동시에 발생한 — 8

contemporaneous, current, modern ↔ ancient
Orchestras perform classical and **contemporary** Western music.

0878 speech [spiːtʃ]

n 말, 연설, 담화 — 6

address, lecture, communication
speechless ⓐ 말문이 막힌, 잠자코 있는 speechmaker ⓝ 연설자, 변사
Since the end of World War II, the field of **speech** therapy has expanded rapidly.

0879 symbol [símbəl]

n 상징, 표상, 기호 — 7

sign, representation
symbolic ⓐ 상징적인, 기호의 symbolism ⓝ 상징성, 기호성
Today, the moon is a **symbol** of the peaceful exploration of space.

0880 colloquial [kəlóukwiəl]

a 구어체의, 일상 회화의 — 9

conversable, dialectic, informal ↔ literary
Mark Twain captured American humor and **colloquial** speech in his writings.

Translation

전문가들은 수십만의 사람들이 **굶어** 죽었다고 추정한다. | 셰익스피어의 직접적이고 **극적인** 구절이 그 연극의 힘에 도움이 된다. | 후각은 다수의 포유류에서 가장 중요한 **감각**이다. | 오케스트라가 고전과 **현대**의 서양 음악을 연주한다. | 제2차 세계대전이 끝나고 나서 **언어** 장애교정 영역이 급속히 확대되었다. | 오늘날, 달은 평화적 우주개발의 **상징**이 되었다. | 마크 트웨인은 그의 작품에서 미국식 유머와 **일상 회화**를 표현했다.

D·A·Y 23 Education

KEY WORDS

- [ ] literacy
- [ ] extracurricular
- [ ] underscore
- [ ] transition
- [ ] obligatory
- [ ] accommodation
- [ ] skill
- [ ] instruction
- [ ] graduate
- [ ] discipline
- [ ] application
- [ ] strategy
- [ ] occupation
- [ ] diploma
- [ ] compulsory

0881 education [èdʒukéiʃən] n 교육 6

instruction, nurture
educate v 교육하다 lifelong education n 평생교육 further education n 성인교육
Universities in our town provide lifelong **education** for elder students.

0882 instruction [instrʌ́kʃən] n 교육, 교훈 7

teaching, training, order, ruling
Phonics **instruction** teaches children to relate letters to sounds.

0883 training [tréiniŋ] n 훈련, 교육 6

exercise, practice
Most pilots obtain their **training** at flying schools or in military service.

0884 teach [ti:tʃ] v 가르치다 5

instruct, train, coach, inform tutor
Teachers **teach** students using their own teaching methods.

0885 lecture [léktʃər] n 강의 v 강의하다 5

talk, speak, teach, address, lesson
Charlie asked so many questions during an invited speakers' **lecture**.

Translation

우리 지역의 대학들은 노인 학생들을 위해 평생**교육**을 제공한다. | 발음 **교습**은 아이들에게 글자에 소리를 연관되어 내도록 가르친다. | 대부분의 조종사들은 비행학교나 군 복무를 하는 동안에 **훈련**을 습득한다. | 교사들은 그들 자신만의 교수법을 이용해 학생들을 **가르친다**. | 찰리가 초청 연사의 **강연** 때 많은 질문을 하였다.

Day 23 Education

0886 discipline [dísəplin]
- n 학과; 훈련; 징계
- subject ↔ indiscipline; training, control; punishment, penalty
- disciplinary ⓐ 훈련상의, 징계의
- The teachers enforced strict **discipline** and physically punished students who broke the rules.

0887 strategy [strǽtədʒi]
- n 전략, 전술
- scheme, tactics
- strategic ⓐ 전략의
- Most campaign **strategy** is based on information provided by research.

0888 school system [skuːl sístəm]
- n 학교 체계, 교육 시스템
- educational programme in systematics
- It will soon announce the 8th educational curriculum revision and **school system** operation change.

0889 compulsory [kəmpʌ́lsəri]
- ⓐ 강제적인, 필수의
- mandatory, required, obligatory ↔ voluntary, elective
- Serving in the military is a **compulsory** duty in many countries.

0890 elective [iléktiv]
- ⓐ 임의의 선택의, 선거에 의한
- optional, by election
- election ⓝ 선거, 선임, 당선
- High schools also offer **electives**, which are nonrequired courses.

0891 obligatory [əblígətɔːri]
- ⓐ 의무적인, 필수의
- forcible, required, mandatory
- obligation ⓝ 의무, 책임, 은혜
- Biology 101 is an **obligatory** subject for freshman.

0892 curriculum [kəríkjuləm]
- n 교과과정
- course, programme
- In elementary schools, the **curriculum** emphasises the basic skills of reading, writing, and arithmetic.

Translation

선생님들은 엄격한 **징계**를 실시하고 규율을 깬 학생들에게 물리적으로 벌을 주었다. | 대부분 선거 **전략**은 연구로 제공되는 정보를 기초로 한다. | 제8차 교육과정 개정과 **학교 체계** 운영의 변화를 곧 발표할 것이다. | 군대에 복무하는 것은 많은 나라에서 **필수적인** 의무사항이다. | 고등학교에서 필수과목이 아닌 **선택과목** 또한 제공한다. | 생물학 개론은 신입생에게 **필수**과목이다. | 초등학교의 **교과과정**은 읽고, 쓰고, 셈하는 기본기를 강조한다.

| 0893 | **extracurricular** [èkstrəkəríkjulər] | ⓐ 과외의, 정규과목 이외의 | 9 |

students' activities not in their course
Various activities are offered as **extracurricular**, or voluntary, beginning in junior high schools.

| 0894 | **GPA** | ⓝ 평점, 평균 성적 평가 | 5 |

(= grade point average), score
Your **GPA** is a very important factor to determine your entrance to a good college.

| 0895 | **underscore** [ʌ́ndərskɔːr] | ⓥ 강조하다 | 8 |

emphasise, stress, highlight, underline
This success **underscored** the flexibility and capability of human beings.

| 0896 | **application** [æpləkéiʃən] | ⓝ 신청(서), 지원, 원서, 적용 | 7 |

appeal, request, claim, work
Many students submit the **applications** to the universities and wait for the admission.

| 0897 | **enroll** [inróul] | ⓥ 입학시키다, 등록하다 | 5 |

enlist, recruit, register
enrolment ⓝ 등록, 기재
A student may simply **enroll** in any class for as long as he or she wishes.

| 0898 | **tuition** [tjuːíʃən] | ⓝ 교수, 수업; 수업료 | 4 |

training, schooling, tutoring; tuition
tuitional ⓝ 수업의
Parents must pay **tuition** for public as well as private secondary schools.

| 0899 | **accommodation** [əkɔ̀mədéiʃən] | ⓝ 숙박 시설, 편의 | 8 |

supply, housing, homes, lodging
accommodate ⓥ 숙박하다, 수용하다 accommodating ⓐ 호의적인, 남의 말을 잘 듣는
Accommodations near the universities were always problematic in the beginning of the semester.

Translation

다양한 활동이 중학교를 시작할 때 **정규과목 이외로** 또는 자발적으로 제공된다. | 당신의 **GPA**는 좋은 대학에 입학을 결정하는 매우 중요한 요소이다. | 이 성공은 인간의 유연성과 능력을 **강조했다**. | 많은 학생들이 대학에 **원서**를 제출하고 입학을 기다린다. | 학생은 그들이 원하는 한 어떠한 수업도 쉽게 **등록할** 수 있다. | 부모는 사립고등학교와 마찬가지로 공립학교에 **수업료**를 지불해야 한다. | 대학가 근처의 **숙박 시설**은 학기가 시작할 때 항상 문제가 된다.

Day 23 Education

0900 cafeteria
[kæfətíəriə]

n 카페테리아

restaurant, cafe
Consumers can buy prepared meals at restaurants and **cafeterias**.

0901 examination
[igzæmənéiʃən]

n 시험

exam, test, trial
examinee n 시험 응시자
Upon completion of the programme, graduates must pass a certification **examination**.

0902 scholarship
[skɑ́lərʃip]

n 장학금; 학문

grant, award, fellowship; learning
Many young athletes turned to basketball in the hope of winning a **scholarship**.

0903 dissertation
[dìsərtéiʃən]

n 학위논문

thesis paper, argument, essay
The candidate must complete examinations and present a written thesis or **dissertation**.

0904 diploma
[diplóumə]

n 졸업장, (대학)과정

certificate
The **diplomas** are given out in the commencement ceremonies.

▶ give out 나눠주다, 바닥이 나다

0905 a bachelor's degree
[ə bǽtʃələrs digríː]

n 학사 학위

certificate for a study
High school mathematics teachers must have at least **a bachelor's degree** in mathematics.

0906 graduate
[grǽdʒuət]

n 졸업(생), 대학원 학생 v 졸업하다, 학위를 수여하다

grad, alumnal / grade, regulate; classify, rank
graduation n 학위 취득, 졸업
Some universities offer undergraduate and **graduate** to study of chemical ecology.

Translation
소비자는 식당과 **카페테리아**에서 조리된 음식을 살 수 있다. | 프로그램이 끝나면 졸업자들은 수료 **시험**에 반드시 통과해야 한다. | 많은 젊은 운동선수들이 **장학금**을 받기를 희망하며 농구로 전환했다. | 후보자는 반드시 시험을 완료하고 작성된 논문이나 (박사) **학위논문**을 제출해야 한다. | **졸업 증서**는 학위 수여식 때 나누어 준다. | 고등학교 수학 교사들은 적어도 수학에서 **학사 학위**를 가지고 있어야 한다. | 일부 대학은 재학생과 **대학원생**들에게 화학 생태를 공부하기를 제안한다.

0907 forbid [fərbíd]
v 금하다, 허락하지 않다 5

ban, prevent, prohibit ↔ allow, permit
Copyright law **forbids** unauthorised duplication or distribution of computer programmes.

▶ unauthorised 공인[승인]되지 않은

0908 confer [kənfə́:r]
v 협의하다; 수여하다 4

discuss; bestow, confabulate
conference **n** 회의, 학회
The lighting designer **confers** with the scene designer and the director.

0909 inform [infɔ́:rm]
v 알리다, 통지하다 4

notify, report, tell
information **n** 정보, 지식 informative **a** 정보를 제공하는, 유익한 informed **a** 교양 있는, 박식한
Rural Development Administration (RDA) **informs** the public about food and agriculture.

0910 rely (on) [rilái]
v 의지하다, 신뢰하다 4

depend, trust ↔ distrust, mistrust
reliable **a** 믿을 수 있는, 확실한 reliance **n** 신뢰, 신임
Many people **rely on** TV news or internet for weather forecasts and traffic reports.

0911 standard [stǽndərd]
a 표준의, 권위 있는 **n** 표준, 규범 5

usual, normal, customary / criterion, norm
standardise **v** 표준에 맞추다, 획일화하다
In general, rural people have a much lower **standard** of living than city people do.

0912 background [bǽkgraund]
n 배경, 바탕, 원인 6

experience, setting, circumstances ↔ foreground
Some students feel they can study better with soft music in the **background**.

0913 audiovisual [ɔ̀:diòuvíʒuəl]
a 시청각의 4

sound and vision
Audio-visual materials adapted from children's books are also available.

Translation
저작권법은 컴퓨터 프로그램의 불법 복제와 배포를 **금지한다**. | 조명 디자이너는 현장 디자이너와 감독과 함께 **협의한다**. | 농촌진흥청은 식품과 농업에 대해서 대중에게 정보를 **제공한다**. | 많은 사람들이 날씨 예보나 교통 정보에 관해 TV 뉴스나 인터넷에 **의존한다**. | 일반적으로 시골 사람들은 도시 사람들보다 훨씬 낮은 생활 **수준**으로 산다. | 어떤 학생들은 **배경**으로 부드러운 음악이 있을 때 더 공부가 잘된다고 느낀다. | 아동 도서로부터 채택된 **시청각** 자료들은 이용 가능하다.

0914 literacy
[lítərəsi]

n 읽고 쓸 줄 아는 능력

ability to read and write ↔ illiteracy
literate ⓐ 글을 읽고 쓸 줄 아는 → 교육을 받은 → 지식이 있는 → 박식한
The world **literacy** rate, has been increasing.

0915 occupation
[ɔ̀kjupéiʃən]

n 직업, 점령

business, employment; ownership, possession
occupational ⓐ 직업의, 점령의
The Spanish people bitterly resisted the French **occupation**.

0916 transition
[trænsíʃən]

n (이행) → 변천, 이행, 변이

change, shift, passing
The curriculum of junior high schools is a **transition** from elementary school to high school.

0917 further education
[fə́:rðər èdʒukéiʃən]

n 성인교육 (중등학교 수료 후의 교육)

education for adults
The main purpose of **further education** is to train people of all ages for work.

0918 distance learning
[dístəns lə́:rniŋ]

n 통신교육, 방송교육, 원격교육

distance education
Distance learning is offered the same course programmes to part-time students as on full-time students.

0919 dean
[di:n]

n 학장, 학생과장, 주임 사제

principal
The **dean** of the university passed out diplomas to each graduator.

▶ pass out 건네주다

0920 skill
[skil]

n 솜씨, 숙련 → 기술

expertise, ability, proficiency, technique
Some Students attend extension classes for enjoyment or to learn a **skill**.

Translation

세계의 **식자율 (문명퇴치율)**은 증가하고 있다. | 스페인 사람들은 프랑스의 **점령**에 격렬하게 저항했다. | 중학교의 교육과정은 초등학교에서 고등학교로의 **전환** 과정이다. | **성인교육**의 주요 목적은 직업을 위하여 모든 연령대의 사람들을 훈련하기 위한 것이다. | **통신교육**이 파트타임 학생들에게 풀타임 학생들과 같은 과정의 프로그램을 제공한다. | 그 대학의 **학장**은 각각의 졸업자들에게 졸업 증서를 나눠 주었다. | 어떤 학생들은 즐거움을 위해서나 **기술**을 배우기 위해서 확장 수업에 참관한다.

DAY 24 Physics & Chemistry

KEY WORDS

- ☐ soak
- ☐ reverse
- ☐ vacuum
- ☐ synthetic
- ☐ source
- ☐ progress
- ☐ element
- ☐ alchemy
- ☐ acting
- ☐ solution
- ☐ sink
- ☐ shake
- ☐ matter
- ☐ evaporate
- ☐ equilibrium

0921 physics and chemistry [fíziks ənd kémɪstri]

(n) 물리와 화학　　　　　　　　　　　　　　　　　　　5

the scientific study of forces and structure of substances
Physics and chemistry is a central subject for studying of the nature properties.

0922 element [éləmənt]

(n) 원소, 요소　　　　　　　　　　　　　　　　　　　7

component, part, unit, constitute
electron/neutron/proton (n) 전자/중성자/양성자　atom (n) 원자　molecule (n) 분자
Gold, silver and copper are favoured **elements** by people.

0923 carbon and oxygen [káːrbən ənd áksidʒen]

(n) 탄소(C)와 산소(O)　　　　　　　　　　　　　　　　4

major chemical elements of organisms
Using isotope analysis, **carbon and oxygen** in tree rings can reveal past climate information.

▶ isotope analysis 동위원소분석　tree rings 나이테

0924 compound [kámpaund]

(n) 화합물　　　　　　　　　　　　　　　　　　　　6

combination, mixture, blend ↔ element, simple
Vitamin is a chemical **compound** that the human body needs in small amounts.

0925 ion [áiən]

(v) 이온　　　　　　　　　　　　　　　　　　　　　5

an electrically charged atom
anion and cation (n) 음이온과 양이온
Gain or loss of electrons produces an electrically charged atom called an **ion**.

Translation

물리학과 화학은 자연의 특성을 연구하기 위한 중심학문이다. | 금, 은, 동은 사람들이 좋아하는 **원소**들이다. | 동위원소 분석을 이용하여 나이테의 **탄소와 산소**로 과거 기후 정보를 밝힐 수 있다. | 비타민은 인간의 몸이 소량으로 필요로 하는 **화합물**이다. | 전자의 획득과 손실은 **이온**이라 불리는 전기적으로 전하된 원자를 만든다.

0926 acidic
[əsídik]

ⓐ 산의, 신맛이 나는; 신랄한 5

a substance contain acid ↔ alkali; acidulent, acidulous
acid ⓝ 산 acidity ⓝ 신맛, 신랄함
People arouse the **acidic** taste when others bite the orange piece.

▸ arouse 불러 일으키다, 자아내다

0927 derivative
[dirívətiv]

ⓝ 유도체, 파생어 ⓐ 새롭지 않은 4

introduction, root
Pyrethrin and its **derivatives** have good killing effect to insects.

▸ pyrethrin 피레스린(살충 성분의 화학물질)

0928 acting
[ǽktiŋ]

ⓐ 직무 대행의, 연출용의, 작용하는 7

deputy, performing
Grace explained the behavior of forces **acting** between an object and a fluid, such as air.

0929 metal
[métl]

ⓝ 금속 5

a hard substance such as iron, steel
metalloid ⓝ 준금속
The human and animal images were cast in **metal**, carved from stone, or modeled in clay.

0930 adhesive
[ædhíːsiv]

ⓝ 접착제, 점착성이 있는 것 ⓐ 점착성의, 끈끈한 4

a bonding agent / sticky, viscous
Many people use **adhesives** to make simple household goods repairs.

0931 solution
[səlúːʃən]

ⓝ 용액, 녹임; 해결 6

mixture, compound, blend, solvent; answer, key, result, explanation, resolution
solute ⓝ 용질 solubility ⓝ 가용성, 용해도 solvent ⓝ 용매 ⓐ 용해력이 있는
In most fuel cells, the electrolyte is a liquid **solution**. ▸ electrolyte 전해액, 전해질

0932 synthetic
[sinθétik]

ⓐ 합성의 7

artificial, man-made, fake ↔ real
synthesis ⓝ 합성 synthesise ⓥ 합성하다
Babies should wear clothes made of cotton or **synthetic** materials.

Translation

사람들은 다른 사람들이 오렌지 조각을 깨물 때 **신맛**을 떠올린다. | 피레스린과 그 **유도체**들은 곤충을 죽이는 효과가 좋다. | 그레이스는 한 물체와 공기와 같이 흐르는 유동체 사이에 **작용하는** 힘의 움직임에 대해 설명했다. | 인간과 동물의 형상은 **금속**으로 주조하거나 돌로 조각하고 진흙으로 모양을 만든다. | 많은 사람들이 간단한 가정용품 수선을 하는 데 **접착제**를 사용한다. | 대부분 연료전지에서는 전해물은 액체 **용액**이다. | 아가들은 면이나 **합성** 소재로 만든 옷을 입어야 한다.

0933 analysis
[ənǽləsis]

n 분석, 분해

examination, test, inquiry, investigation ↔ synthesis

Scientific **analysis** helps provide clues to the origin and development of the earth.

6

0934 isotope
[áisətòup]

n 동위원소

atoms that have more neutrons

Most of the elements in nature have more than one **isotope**.

5

0935 alchemy
[ǽlkəmi]

n 연금술

trying to make gold

Until the 1600's, **alchemy** was a major source of chemical knowledge.

7

0936 matter
[mǽtər]

n 물질; 문제, 사건

substance, material, body, stuff; situation, concern, event

Various types of **matter** also create hazards in space.

6

0937 vacuum
[vǽkjuəm]

n 진공

void, vacancy, space, emptiness
vacuum-packed **a** 진공포장된
A **vacuum** tube is a glass or metal container from which most of the air has been removed.

7

0938 essential
[isénʃəl]

a 필수적인, 가장 중요한 **n** 필수적인 것, 요점

vital, important, necessary, critical
essence **n** 본질, 정수
Most scientists consider liquid water **essential** for life.

6

0939 dense
[dens]

a 밀집한, 빽빽한

compact, thick ↔ sparse, thin, weak
density **n** 밀도
Venus has a **dense** atmosphere that consists primarily of carbon dioxide.

6

Translation

과학적 **분석**은 지구의 기원과 발달에 있어 단서를 제공하도록 돕는다. | 자연계에 존재하는 대부분의 원소들은 하나 이상의 **동위원소**(원자 번호는 같지만 질량수가 서로 다른 원소)를 갖는다. | 1600년대까지만 해도 **연금술**은 화학 지식의 주요 원천이었다. | 다양한 종류의 **물질**이 우주에서 위험을 야기한다. | **진공관**은 대부분의 공기가 제거된 유리나 금속 용기이다. | 대부분의 과학자들은 **액체** 상태의 물은 살아가는 데 **필수적이라** 생각한다. | 금성은 주로 이산화탄소로 구성된 **짙은** 대기를 하고 있다.

| 0940 | **evaporate** [ivǽpərèit] | ⓥ 증발하다 | 6 |

disappear, vanish
evaporation ⓝ 증발
Water does not run off or **evaporate** so quickly in forest areas.

| 0941 | **equilibrium** [ìːkwəlíbriəm] | ⓝ 평형, 균형 | 6 |

stability, balance, symmetry, steadiness
In a competition, if the two teams have a close game, the forces will be in **equilibrium**.

| 0942 | **freeze** [friːz] | ⓥ 얼음이 얼다; 정지하다, 멈추다 | 5 |

chill, ice over ↔ melt; fix, hold, suspend
freezing ⓐ 어는, 몹시 추운 frost ⓝ 서리, 서릿발, 결빙
As winter approaches, the polar waters **freeze** over and the whales move to warmer seas.

| 0943 | **chill** [tʃil] | ⓥ 춥게 하다, 오싹하게 하다; 열의를 꺾다 ⓝ 냉기, 한기 ⓐ 차가운, 쌀쌀한 | 5 |

cool, freeze; dishearten, depress ↔ warmth / coldness, bit, sharpness / sharp, chilly, freezing
chilly ⓐ 차가운, 냉담한 chilling ⓐ 냉기가 스미는, 쌀쌀한
Strong, bitter winds in Antarctica also **chill** the air.

| 0944 | **spectrum** [spéktrəm] | ⓝ (눈에 보이는 것) → 분광, 범위 | 5 |

a range of light waves or radio waves
spectrometer ⓝ 분광계 a wide spectrum of ~광범위한, 가지각색의
At one end of the **spectrum**, the light appears as violet.

| 0945 | **soak** [souk] | ⓥ 적시다, 빨아들이다 | 9 |

drench, sop, wet ↔ dry
soakage ⓝ 담그기, 적시기
Ground water comes from rain that **soaks** into the ground.

| 0946 | **melt** [melt] | ⓥ 녹이다, 누그러지게 하다, 차차 없어지다 | 4 |

dissolve, liquefy, disappear ↔ freeze, solidify
meltability ⓝ 녹기 쉬움 meltage ⓝ 용해, 용해물
If a snowflake is taken into a warm room, it will **melt** and become a drop of water.

Translation

물은 산림 지역에서 빠르게 없어지거나 **증발하지** 않는다. | 시합에서 두 팀이 막상막하의 경기를 할 때 그 힘은 **균형**을 이룰 것이다. | 겨울이 가까워지면서 북극 영해는 **얼어붙게** 되고 고래들은 따뜻한 바다로 이동한다. | 남극대륙에서 강하고 지독한 바람이 또한 공기도 **냉각시킨다**. | **스펙트럼**의 한쪽 끝에서 빛은 보라색으로 나타난다. | 지하수는 땅으로 **스며든** 빗물로부터 생겨난다. | 만약 눈송이가 따뜻한 방으로 들어오면 **녹을 것이고** 물방울이 될 것이다.

0947 ignite
[ignáit]

- **v** 불을 붙이다, 발화시키다
- burn, kindle, catch fire ↔ extinguish
- ignition (n) 점화, 발화
- Methanol does not **ignite** as easily as gasoline, reducing the risk of fire in case of a crash.

0948 motion
[móuʃən]

- **n** 운동, 동작
- action, movement ↔ inaction, rest
- The downward **motion** of the gases from the rocket generates a reaction of the rocket upward.

0949 progress
[prágres]

- **n** 전진, 진보 **v** 전진하다, 진보하다
- advance / proceed ↔ regress, retreat
- progression (n) 진행 progressive (a) 전진하는, 진보적인
- Achievements since the 1970's include great **progress** in education and sciences.

0950 reverse
[rivə́:rs]

- **v** 거꾸로 하다, 바꿔 놓다
- invert, overturn, regress ↔ obverse
- Rogan **reversed** his opinion about the theory.

0951 shake
[ʃeik]

- **v** 흔들다, 진동시키다
- tremble, shiver, upset
- shake-hands (n) 악수 shaky (a) 흔들리는, 불확실한
- Powerful earthquakes can **shake** firm ground violently for great distances.

0952 sink
[siŋk]

- **v** 가라앉다, 내려앉다, 쇠약해지다
- decline, fall ↔ float, rise
- sinkable (a) 가라앉힐 수 있는, 침몰할 우려가 있는 sinkage (n) 침하, 함몰, 구덩이
- Elephants also **sink** deep into mud.

0953 shift
[ʃift]

- **v** 방향을 바꾸다, 물건을 이동시키다 **n** 변화, 교체, 수단
- change, alter / change, move, shifting
- shifter (n) 옮기는 사람, 이동장치 shifty (a) 교활한, 엉터리의
- Winds blowing northward **shift** to the east.

Translation

메탄올은 휘발유와 같이 쉽게 **점화되지** 않아서 충돌과 같은 경우 불이 날 위험을 감소시킨다. | 로켓에서 가스의 아래 방향으로의 **움직임**이 로켓을 위 방향으로 반작용시킨다. | 1970년대 이래의 성취에는 교육과 과학에서 위대한 **진보**가 포함된다. | 로건은 그 이론에 대한 그의 의견을 **바꾸었다**. | 강력한 지진이 먼 거리에 떨어진 대지를 심하게 **흔들 수 있다**. | 코끼리 또한 진흙 속에 깊게 **가라앉을** 수 있다. | 북쪽을 향해 부는 바람이 동쪽 방향으로 **바뀌었다**.

0954 erode
[iróud]

v 침식하다, 부식시키다

corrode, abrade, disintegrate ↔ enhance
erosion (n) 부식, 침식
Waves **erode** rocky shorelines and create sandy beaches.

0955 filter
[fíltər]

v 거르다, 여과하다

screen, purify, sieve
filtration (n) 여과법
The **filter** prevents impurities from entering the engine.

▶ impurity 불순물

0956 adhere
[ædhíər]

v 들러붙다, 고수하다

stick to, cling to, attach to, obey ↔ disobey
adherence (n) 집착, 고수 adhesive (a)/(n) 점착성의, 끈끈한 → 잘 들러붙는
adherent (a) 점착성의, 부착력 있는 adhesive (a) 점착성의 끈끈한 (n) 접착제
A sticky material **adhered** to my toes.

0957 source
[sɔːrs]

n 원천, 근원, 출처, 공급자

derivation, origin, course
Along the coast, shellfish were an important **source** of food.

0958 sphere
[sfiər]

n 구체, 천체, 하늘; 영역

ball, globe; field
spherical (a) 구의, 대칭적인, 완벽한 hemisphere (n) 반구 (hemi- 반의)
The earth is a huge **sphere** (ball) covered with water, rock, and soil, and surrounded by air.

0959 iceberg
[áisbəːrg]

n 빙산

a large ice mass of floating in the sea; ice, ice sheet
Ships must steer around towering **icebergs** and break through huge ice piles to reach the continent.

0960 atmosphere
[ǽtməsfìər]

n 대기, 공기, 기압, 분위기

air, sky, heavens, feeling, surroundings
Meteorites reach the earth's surface because they are the right size to travel through the **atmosphere**.

Translation

파도가 암석화된 해안가를 **침식시키고** 모래해변을 만들었다. | **여과기**는 불순물이 엔진으로 들어오는 것을 막는다. | 끈적한 물질이 내 발가락에 **붙었다**. | 해안가를 따라 조개들은 중요한 식량 **원천**이였다. | 지구는 물과 바위 토양 그리고 공기로 둘러싸인 거대한 **구체**이다. | 선박들은 우뚝 솟은 **빙산** 주변으로 나아가야 하고 대륙에 도달하기 위하여 커다란 얼음을 깨야 한다. | 운석이 지구의 표면에 도달하는 것은 **대기**를 지나서 이동할 적당한 크기 때문이다.

DAY 25 Society & Religion

KEY WORDS

- ☐ ethics
- ☐ awe
- ☐ control
- ☐ urban
- ☐ socialism
- ☐ regret
- ☐ phenomenon
- ☐ mistake
- ☐ measure
- ☐ majority
- ☐ depend (on)
- ☐ decide
- ☐ conventional
- ☐ announce
- ☐ abandon

0961 abandon [əbǽndən] ⓥ 그만두다, 버리다, 포기하다 6

desert, forsake, leave ↔ maintain, reclaim
Muhammad and his followers were forced to **abandon** Mecca.

0962 address [ədrés] ⓥ 말을 걸다, 연설하다; 주소를 쓰다 / ⓝ 주소, 위치; 연설, 강연 4

speak to, hail, talk to / location, home; speech, lecture
Charlie teacher **addressed** the importance of 'Gettysburg Address' by Lincoln.

0963 admire [ədmáiər] ⓥ 감탄하다, 경애하다, 칭찬하다 4

respect, esteem, adore, like ↔ abhor, despise
admirable ⓐ 칭찬할만한, 훌륭한 admiration ⓝ 감탄, 찬양, 탄복
The world has **admired** and respected many heroes and heroins of our day.

0964 bother [bɑ́ðər] ⓥ 괴롭히다, 걱정하다 5

annoy, trouble
bothersome ⓐ 귀찮은, 성가신
Many malicious comments **bothered** the TV entertainers.

▶ malicious comments 악플

0965 choose [tʃuːz] ⓥ 고르다, 선출하다, 결정하다 5

select, prefer, adopt
Recently, many people **choose** never to marry.

Translation

무하마드와 그의 추종자들은 메카를 **포기하도록** 압력을 받았다. | 찰리 선생님은 링컨이 말한 게티즈버그의 연설의 중요성을 **강조했다**. | 세상은 우리 시대의 많은 영웅들(남성과 여성)을 **칭찬하며** 존경한다. | 많은 악플이 TV 연예인들을 **괴롭혔다**. | 최근에 많은 사람들이 결혼하지 않겠다고 **결정한다**.

| 0966 | **control** [cntról] | v 지배하다, 통제하다 | 7 |

govern, manipulate, curb
controller ⓐ 감사관, 관리인
An autopilot device **controlled** the spacecraft during the entire flight.

| 0967 | **depend (on)** [dipénd] | v 의존하다, 의지하다, 믿다 | 6 |

rely, be subject to
dependence ⓝ 의뢰, 의존 dependent ⓐ 의존하는
In many African and Asian countries, the people **depend** on plants for more than two-thirds of their food.

| 0968 | **invite** [inváit] | v 부탁하다, 초청하다 | 5 |

request, ask, encourage
invitation ⓝ 초대, 초대장
The president **invited** war heroes to present awards.

| 0969 | **awe** [ɔː] | ⓝ 경외, 외경심 v 경외하다 | 8 |

wonder, fear, respect / impress, dread ↔ scorn
awful ⓐ 지독한, 대단한, 무서운 awesome ⓐ 무시무시한, 굉장한
One kind of religious music seeks to create a state of mystery and **awe**.

| 0970 | **boom** [buːm] | v 활기를 띄우다, 폭등하다 | 5 |

flourish, thrive, increase ↔ fall, slump, depress
booming ⓐ 급속히 발전하는, 뛰어난
Business **boomed**, and industries expanded.

| 0971 | **measure** [méʒər] | v 재다, 측정하다, 평가하다 ⓝ 기준; 수단, 대책; 평가 | 6 |

quantify, determine, weigh, calculate / criterion; step; assess, estimate
measurable ⓐ 측정할 수 있는, 상당히 중요한 measurement ⓝ 측량, 치수
Scientists **measure** the amount of heat produced with an instrument called a calorimeter.

| 0972 | **regret** [rigrét] | v 슬퍼하다; 뉘우치다, 후회하다 | 6 |

sorrow; sorry ↔ content
regretful ⓐ 뉘우치는, 슬퍼하는 regrettable ⓐ 유감스러운, 후회되는
After the battle, some Southerners **regretted** not moving on to capture Washington.

Translation

자동조정장치는 전체 비행을 하는 동안 우주선을 **통제했다**. | 많은 아프리카와 아시아 국가에서 사람들은 그들 식량의 2/3 이상을 식물에 **의존한다**. | 대통령은 상을 주기 위하여 전쟁영웅들을 **초청하였다**. | 한 종류의 종교음악이 신비하고 **경외로운** 상태를 만드는 것을 찾고 있다. | 경기가 **활성화 되었고** 산업은 확장되었다. | 과학자들은 열량계라는 기구로 발생되는 열량을 **측정한다**. | 전쟁 후에 일부 남부군은 워싱턴을 잡으러 움직이지 않은 것을 **후회했다**.

0973 sail
[seil]

- **v** 출항하다, 조종하다 **n** 돛, 범선
- navigate, voyage / sheet, canvas
- sailboat (n) 범선, 요트 sailor (n) 선원, 뱃사람
- No boat can **sail** directly into the wind.

0974 speed
[spi:d]

- **v** 질주하다, 속도를 내다 **n** 속력, 속도
- race, rush, haste, hurry / velocity, pace
- speedy (a) 빠른, 신속한, 즉시의
- In the stomach, digestive juices **speed** up the breakdown of such foods as meat, eggs, and milk.

0975 supply
[səplái]

- **v** 공급하다, 보충하다 **n** 공급, 비축물자
- furnish, provide ↔ demand / store, fund, stock
- supplier (n) 공급하는 사람
- Plants **supply** most of the food people eat.

0976 talk
[tɔ:k]

- **v** 말하다, 의논하다
- speak, converse, discuss, inform
- talkative (a) 이야기를 좋아하는, 말이 많은 talker (n) 이야기하는 사람, 연설자
- The astronauts and mission controllers can **talk** to each other by radio.

▸ by radio 무선으로

0977 ethics
[éθiks]

- **n** 윤리학
- morality, principles
- ethical (a) 도덕상의, 윤리적인 ethnic (a) 인종의
- **Ethics** tries to introduce order into the way people think about life and action.

0978 tribe
[traib]

- **n** 부족
- race, tribe, people, family
- The **tribe** hunted buffalo, caught fish, and raised corn and squash.

▸ squash 호박, 짓누르다

0979 religion
[rilídʒən]

- **n** 종교, 신조
- belief, faith, creed
- Many rulers tried to convert the colonial people to their own **religion**.

Translation

어떤 배도 바람이 부는 방향으로 곧장 **항해할** 수 없다. | 위에서 소화액은 고기, 계란과 우유와 같은 음식의 분해를 **가속화시킨다**. | 식물은 사람들이 먹는 대부분의 음식을 **제공한다**. | 우주비행사와 관제사 간에는 무선으로 서로 **이야기할 수** 있다. | **윤리학**은 (자연의) 도리를 삶과 행동에 대한 사람들이 생각하는 방법으로 소개하기를 시도한다. | 그 **부족**은 들소를 사냥하고 물고기를 잡았으며 옥수수와 호박을 길렀다. | 많은 통치자들은 식민지 사람들을 그들의 **종교**로 바꾸려고 노력했다.

0980 civilisation
[sìvəlaizéiʃən]

n 문명, 국민   4

society, people, culture
civilise **v** 개화하다
The rise of **civilisation** led to the construction of better and larger buildings.

0981 majority
[mədʒɔ́rəti]

n 대부분, 대다수, 과반수   6

most, mass, bulk
A **majority** of adolescent girls mention that they would like to be thinner.

0982 mistake
[mistéik]

v 오해하다, 착각하다 **n** 잘못, 착오, 실수   6

misunderstand, misinterpret, err, misidentify / error, fault, blunder
Someone who was trying to discover comets could easily **mistake** a nebula for a comet.

▶ nebula 성운

0983 exile
[éksail]

v 추방하다, 유배에 처하다   5

banish, expel, expatriate
In April 1814, Napoleon was **exiled** to the island of Elba, off the coast of Italy.

0984 poverty
[pɔ́vərti]

n 빈곤, 가난, 결핍, 빈약   5

hardship, destitution, scarcity, absence, deficit
Children often grown up in **poverty** are more likely to turn to crime.

0985 announce
[ənáuns]

v 알리다, 공고하다, 전하다   6

declare, proclaim, notify ↔ keep secret
announcement **n** 공고, 발표
The prologue **announces** the theme of the drama.

0986 decide
[disáid]

v 결심하다, 결정하다, 해결하다   6

determine, resolve ↔ hesitate, waver
decision **n** 결정, 결심 decided **a** 결정적인, 결연한, 단호한
Antony **decided** unwisely to fight Octavius at sea.

Translation

문명의 발흥은 더 나은 그리고 더 커다란 건물의 건설을 이끌었다. | **대다수**의 사춘기 소녀들은 더 날씬해지고 싶다고 말한다. | 혜성을 발견하고자 노력했던 사람들은 성운을 혜성으로 쉽게 **착각한다**. | 1814년 봄에 나폴레옹은 이탈리아 앞바다에 있는 Elba 섬으로 **추방되었다**. | 종종 **가난** 속에서 자란 아이들은 범죄를 저지를 가능성이 높다. | 서곡은 드라마의 주제를 **알린다**. | 안토니는 바다에서 옥타비우스와 싸우려는 현명하지 못한 **결정을 했다**.

0987 cancel
[kǽnsəl]

v 취소하다, 중지하다

cease, call off, delete, annul
cancellation (n) 말소, 취소, 해제
The major automobile races were **canceled** during World War II (1939-1945).

0988 quit
[kwit]

v 그만두다, 떠나다

abandon, resign, leave ↔ continue, stay
Smokers who **quit** significantly reduce their risk of heart disease.

0989 sociology
[sòusiɔ́lədʒi]

(n) 사회학

the study of society
sociologist (n) 사회학자
Sociology studies the nature, origin, and development of human society and community life.

0990 marriage
[mǽridʒ]

(n) 결혼, 혼인

wedding, match, nuptial, matrimony
marital (a) 결혼의, 부부의
To encourage births, the President recommended that young men and women hurry up **marriage**.

0991 phenomenon
[finɔ́minən]

(n) 현상, 사건

occurrence, happening, event, incident
phenomenal (a) 현상적인
The atmosphere bends light due to a **phenomenon** known as refraction.

▶ refraction 굴절

0992 urban
[ə́ːrbən]

(a) 도시의

civic, city, town, metropolitan, municipal ↔ rural
urbanisation (n) 도시화
Today, most of the people live in **urban** areas.

0993 community
[kəmjúːnəti]

(n) 공동사회, 군락

district, society, people, group
Students at **community** and technical colleges usually study for particular careers.

Translation
주요 자동차 경주대회들이 제2차 세계대전 동안 **취소되었다**. | **금연하는** 사람들은 그들의 심장병 위험이 상당히 감소한다. | **사회학**은 인간 사회와 공동체 삶의 특성, 기원, 발달에 대해 연구한다. | 출산을 장려하기 위해 대통령은 젊은 남녀가 서둘러 **결혼**할 것을 권장했다. | 대기에서는 굴절이라 알려진 **현상** 때문에 빛이 휘어진다. | 오늘날 대부분의 사람들이 **도시**지역에서 산다. | **지역** 전문대학과 기술대학의 학생들은 특별한 직업을 위해 공부한다.

0994 conventional
[kənvénʃənl]

a 전통적인, 관습적인

custom, traditional, ordinary, standard, normal
convention ⓝ 총회, 관습, 관례 conventionality ⓝ 인습, 관례
The **conventional** method involves five main steps.

0995 civil right
[sívəl rait]

n 시민권

human right, civil liberty
The **Civil Right** movement provided citizenship for former slaves and gave African American full civil rights.

0996 clan
[klæn]

n 씨족, 일문

family, group, society, tribe
A **clan** consisted of a group of relatives who had a common ancestor.

0997 face-to-face
[feis tə feis]

직면하여, 정면으로 맞서서

nose to nose
In 2000, for the first time since Korea was divided, the leaders of North and South Korea met **face-to-face** to discuss relations.

0998 extended family
[iksténdid fǽməli]

n 대가족

a large family a nuclear family
The tribes living in the Plateau consist of bands of **extended families**.

0999 socialism
[sóuʃəlìzm]

n 사회주의 (운동)

socialist economy, ideology ↔ capitalism
Socialism was further developed by Karl Marx, a German philosopher and economist.

1000 sociobiology
[sòusiəbaiɔ́lədʒi]

n 사회생물학

biological science, biology
Sociobiology deals with the biological basis for the social behavior of people and other animals.

Translation

전통적인 방법은 주된 다섯 단계를 수반한다. | **시민권** 운동은 이전의 노예들에게 시민권을 제공했고 아프리카계 미국인들에게 완전한 시민권을 주었다. | **문종**은 공통의 조상이 있는 친척의 그룹으로 구성된다. | 한국이 분단되었던 이래로 2000년도에 처음으로 남북의 지도자가 관계를 논의하고자 **얼굴을 맞대고** 만났다. | 대초원에서 살고 있는 부족은 **대가족**의 무리로 구성되어 있다. | **사회주의**는 독일의 철학자이자 경제학자인 칼 마르크스에 의해 더욱 발전되었다. | **사회생물학**은 사람과 다른 동물들의 사회적 행동에 대해 생물적 기준으로 다룬다.

D·A·Y 26 Economy & Management

KEY WORDS

- merchandise
- bankruptcy
- management
- financial
- expenditure
- profit
- interest
- fiscal
- expense
- economy
- transaction
- trademark
- stock
- monetary
- investment

1001 economy [ikánəmi] ⓝ 경제; 절약 6

financial system; thrift, frugality ↔ luxury
economic ⓐ 경제학의, 경제상의 economical ⓐ 경제적인, 절약하는
economics ⓝ 경제학 economist ⓝ 경제학자
The petroleum industry plays a large role in the **economy** of many nations.

1002 financial [finǽnʃəl] ⓐ 재정상의, 재무의 7

economic, business, commercial, monetary, fiscal
finance ⓝ 재정, 재원
Many people still worry about the concentration of **financial** power.

1003 management [mǽnidʒmənt] ⓝ 경영, 관리 8

administration, control, operation, direction
Agricultural economists study farm **management** and crop and livestock production.

1004 candidate [kǽndidit] ⓝ 후보자, 지원자 4

contender, competitor, applicant, nominee
resignation ⓝ 사직, 사직서 resigner ⓝ 사직자
One man resigned and the two other **candidates** were deposed.
▶ were deposed 물러나다, 폐해지다

1005 currency [kə́ːrənsi] ⓝ 통화, 통용 5

money, coinage, coins
current ⓐ 현재의, 통용되는
The bank has authority over the **currency** system.

Translation

석유산업은 많은 국가의 **경제**에 커다란 역할을 차지한다. | 많은 사람들이 여전히 **재정적** 힘의 집중을 걱정한다. | 농업경제학자는 농장**경영**과 작물과 축산물에 대해서 연구한다. | 한 후보자가 **사퇴했고** 다른 두 후보는 물러났다. | 은행은 **통화**체계에 대한 권한을 갖고 있다.

1006 saving
[séiviŋ]

ⓝ 절약, 저금   4

economy, discount, fund
In the home, common sense is often the best guide to **saving** energy.

1007 monetary
[mʌ́nitəri]

ⓐ 화폐의, 재정상의   5

financial, money, economic, capital, cash, budgetary
Monetary policy is only one policy tool to manage inflation.

1008 investment
[invéstmənt]

ⓝ 투자   5

investing, funding, transaction
invest ⓥ 투자하다, 부여하다
An **investment** bank makes a profit by selling securities at a higher price than it pays for them.

1009 profit
[prɔ́fit]

ⓝ 이득, 이윤   6

advantage, benefit
profitable ⓐ 이익이 되는, 유익한 nonprofit ⓐ 비영리적인 ⓝ 비영리단체 net profit ⓝ 순이익
Prey species can also **profit** from group life.

1010 demand
[dimǽːnd]

ⓝ 요구, 청구, 수요 ⓥ 요구하다, 필요로 하다   5

requirement, need / request, ask, want ↔ supply, provide
demanding ⓐ 요구가 지나친, 큰 노력을 요하는
The **demand** for smart phones became enormous.

1011 stock
[stɔk]

ⓝ 재고품, 축적, 주식, 줄기 ⓥ 채우다, (물건 등이) 있다   5

shares, holdings, property, goods, supply / fill, supply, furnish
General motors common **stock** plunged as car sales dried up.

▶ dried up 마르다, 고갈되다

1012 production
[prədʌ́kʃən]

ⓝ 생산, 제품   4

producing, making, manufacture, formation
Industrial revolution consisted chiefly of a huge increase in factory **production**.

▶ industrial revolution 산업혁명

Translation
가정에서는 상식이 종종 에너지를 **절약**하는 데 최고의 길잡이이다. | **통화정책**은 인플레이션을 관리하는 유일한 하나의 정책 도구이다. | **투자**은행은 샀던 것보다 비싼 가격으로 유가증권을 팔아 이득을 챙긴다. | 먹이생물은 단체 생활로 **도움**이 될 수 있다. | 스마트폰에 대한 **수요**가 엄청났다. | 제너럴모터스의 보통**주**가 자동차 판매가 마르면서 추락했다. | 산업혁명은 주로 공장 **생산**의 커다란 증가로 이루어졌다.

1013 consumption
[kənsʌ́mpʃən]

n 소비, 소모　　5

expenditure, use, loss, waste ↔ production
consume **v** 소비하다 consumption **n** 소비
LED panels have very low power **consumption**.

1014 expenditure
[ikspéndit∫ər]

n 지출, 경비; 소모　　7

spending, payment, cost; consumption, depletion
expend **v** 쏟다, 들이다
Advertising **expenditures** in the United States have increased tremendously since World War II.

1015 distribution system
[dìstrəbjúːʃən sístəm]

n 분배 체계; 유통기구　　4

distributive machinery
Independent newspaper carriers make up an important part of the **distribution system**.

▸ carriers 사업자

1016 inflation
[infléiʃən]

n 인플레이션, 통화팽창　　4

increase, expansion, swelling ↔ deflation
inflate **v** 팽창하다 inflatable **a** 부풀게 할 수 있는
By increasing the money supply, the government promoted **inflation**.

1017 fluctuate
[flʌ́ktʃuèit]

v 변동하다, 오르내리다　　5

change, swing, waver
fluctuation **n** 변동, 동요, 흥망
Teenagers' feelings about themselves may **fluctuate**, especially during early adolescence.

1018 trademark
[tráidmàːrk]

n 상표　　5

name or symbol of a company
Trademark is a symbol that distinguishes the products of one company.

1019 fiscal
[fískəl]

a 국고의, 재정상의, 회계의　　6

government money
fiscal year **n** (미) 회계연도 vs. tax year (영) 과세 연도
Senior executives will take pay cuts for the next **fiscal** year.

Translation
LED판은 매우 적은 전력 **소모**를 한다. | 미국에서 광고 **지출**이 제2차 세계대전 이후 엄청나게 증가했다. | 독립신문의 사업자들은 **분배 시스템**의 중요한 부분을 차지한다. | 돈의 공급을 증가시켜 정부는 **인플레이션**을 촉진했다. | 자기자신에 대한 십대들의 감정은 특히 사춘기 초기 동안에 **기복이 심하다**. | **상표**는 한 회사의 상품을 구별할 수 있는 상징이다. | 임원진들은 다음 **회계연도** 동안 급료가 삭감될 것이다.

Day 26 Economy & Management

1020 budget [bʌ́dʒit] — ⓝ 예산, 비용 ⓥ 예산을 세우다 — 5

allowance, ration / apportion, ration
The council approves the mayor's **budget**.

1021 industrialisation [indʌ̀striəlàizéiʃən] — ⓝ 산업화, 공업화 — 4

the process to develop industry
The beginning of **industrialisation** in Europe led to a major change in the role of tariffs.

▶ tariffs 관세

1022 merchandise [mə́:rtʃəndàiz] — ⓝ 상품 ⓥ 거래하다 — 9

goods, produce, stock, commodities / trade
merchandising ⓝ 판매, 판촉 merchant ⓝ 상인, 소매상인 merchandiser ⓝ 상인
Newspaper advertisements can quickly reflect a sudden demand for certain **merchandise**.

1023 commerce [kɔ́məs] — ⓝ 상업, 교역 — 5

business, trade
commercial ⓐ 상업상의, 영리적인
Profits from a tax on international **commerce** go to the poor.

1024 taxation [tækséiʃən] — ⓝ 과세, 징세 — 4

revenue
tax ⓝ 세금 tax-free ⓐ 면세의
Taxation provides about 60 percent of the government's general revenue (income).

▶ revenue 수익, 매출

1025 interest [íntərəst] — ⓝ 관심, 흥미; 이익, 이득 ⓥ 흥미를 일으키게 하다 — 6

hobby, activity, entertainment; advantage, good, benefit / attract, fascinate, entertain
Funds deposited in a savings account earn **interest** at a specified annual rate.

1026 bankruptcy [bǽŋkrəptsi] — ⓝ 파산, 실패 — 9

failure
During IMF from 1997 in S. Korea, a many companies faced serious financial difficulties and **bankruptcy**.

Translation

의회는 시장의 **예산**을 승인한다. | 유럽에서 **산업화**의 시작은 관세 역할의 주요 변화를 이끌었다. | 신문광고는 특정 **상품**에 대한 갑작스런 요구를 빠르게 반영한다. | 국제**교역**에 붙는 세수는 가난한 사람들에게 간다. | **과세**가 정부의 일반 수입의 60% 정도를 지급한다. | 저축계좌에 저축된 예금은 명기된 연이율로 **이자**를 얻는다. | 1998년부터 남한의 IMF로 많은 회사들이 재정적 어려움과 **파산**에 직면했다.

1027 commission
[kəmíʃən]

ⓝ 위원회; 임무, 수수료　5

mission; committee, duty
commissioner ⓝ 위원
He instructed a church **commission** to study Galileo's case.

1028 depression
[dipréʃən]

ⓝ 의기소침; 불경기; 우울증　5

despair, misery, sadness; recession, slump
depress ⓥ 낙담시키다, 저하시키다　depressive ⓐ 우울증의
With the decline in foreign trade, a **depression** swept the United Kingdom.

1029 purchase
[pə́ːrtʃəs]

ⓥ 사다, 획득하다 ⓝ 구입, 획득　4

buy, obtain, shop ↔ sell / acquisition, buy, grip, hold
purchaser ⓝ 구매자
Shakespeare **purchased** a house in the Blackfriars district of London in 1613.

1030 rent
[rent]

ⓝ 지대, 집세, 임차료 ⓥ 임대하다　4

ground rent, refunding expense / lease, let
rental ⓐ 임대의 ⓝ 임대료
A family pays no more than 30 percent of its income for **rent**.

1031 transaction
[trænzǽkʃən]

ⓝ 처리, 거래, 매매　5

deal, negotiation, business, enterprise
The customer carries out the **transaction** to bank account via internet.

1032 expense
[ikspéns]

ⓝ 지출, 비용, 경비　5

cost, payment, expenditure ↔ income
expensive ⓐ 값비싼, 고가의
They share the **expense** of maintenance, repair, and improvement for the entire building.

1033 client
[kláiənt]

ⓝ 의뢰인, 고객　6

customer, consumer, guest
clientele ⓝ 소송 의뢰인, 단골손님
A designer and **client** may spend several months planning the decoration of a large hotel.

Translation

그는 교회**위원회**에 갈릴레오 사례를 연구하라고 지시했다. | 외국 교역이 감소하여 **경기침체**가 영국을 휩쓸고 갔다. | 셰익스피어는 1613년에 런던의 블랙프라이어구에 있는 주택을 **구입했다**. | 한 가정은 집을 **임대**하는 데 수입의 30% 이상 지불하면 안 된다. | 고객은 인터넷을 통해 은행계좌로 **거래**를 한다. | 그들은 건물 전체에 대한 유지 보수, 수리, 개선의 **비용**을 함께 부담한다. | 디자이너와 **고객**은 큰 호텔의 장식을 계획하는 데 여러 달을 소비할 수 있다.

1034 holding
[hóuldiŋ]

n 보유, 쥠, 소유권 **a** 들고 있는   5

ownership, possession
holder (n) 보유자, 소유주 hold (v) 잡고 있다, 유지하다
The **holding** of Bank of Korea has been increased since 2012.

1035 annual consumption
[ǽnjuəl kənsʌ́mpʃən]

n 연간 소비량   5

used amount a year
The **annual consumption** of honey in the United States is about 285 million pounds.

1036 internationalisation
[ìntərnæ̀ʃənəlaiéiʃən]

n 국제화   5

the process to use everywhere
Internationalisation of trade has become a major trend in the aviation industry.

▸ aviation 항공, 비행

1037 banking
[bǽŋkiŋ]

n 은행업, 은행 업무   4

work relating to bank
People simply visit their banks' Web sites to do their **banking**.

1038 funding
[fʌ́ndiŋ]

n 자금 제공, 융자   5

capital, money reserve, loan
fund (n) 기금
Attempts to enact public **funding** of congressional campaigns have been unsuccessful.

1039 economic value
[èkənɔ́mik vǽlju:]

n 경제적 가치   6

estimation with the money
Some insects feed on stored materials, clothing, or wood that have **economic value**.

1040 audit
[ɔ́:dit]

v (듣기) → 회계감사를 하다, 심사하다; 청강하다 **n** 회계감사   5

scrutinise, inspect / examine accounts
auditor (n) 회계감사원; 청강생
She used to **audit** accounts many companies.

Translation

한국은행의 금 **보유량**이 2012년 이래로 증가해 왔다. | 미국에서 꿀의 **연간 소비**는 약 285만 파운드 정도이다. | 무역의 **국제화**는 항공 산업에서 주요 추세가 되었다. | 사람들은 간단히 은행의 웹 사이트를 방문해 그들의 **은행 업무**를 본다. | 의회 캠페인의 공적 **자금**을 제정하기 위한 노력이 성공하지 못했다. | 어떤 곤충들은 **경제적 가치**가 있는 저장된 재료, 옷이나 나무 등을 먹는다. | 그녀는 많은 회사의 **회계감사**를 하곤 했다.

DAY 27 Art

KEY WORDS

- eloquent
- advertising
- scale
- media
- material
- masterpiece
- inspiration
- forge
- fashion
- exhibition
- eclectic
- sculpture
- portrait
- instrument
- compete

1041 art [aːrt] ⓝ 예술, 기술   6

artwork, creativity, skill, expertise
artifact ⓝ 인공물, 공예품
Art is a diverse range of human activities and the products of those activities.

1042 imagine [imǽdʒin] ⓥ ~라고 생각하다, 상상하다   5

believe, think, suppose, envisage, see, picture
imaginable ⓐ 상상할 수 있는, 생각할 수 있는 imagination ⓝ 상상, 공상, 창의력
imaginative = imaginary ⓐ 상상의, 가공의
People **imagine** that the Inuit lived in snowhouses for much of the year.

1043 paint [peint] ⓥ 페인트칠하다, 그리다 ⓝ 그림물감, 페인트   4

colour, cover; depict, draw, portray / stain, dye, tint
painter ⓝ 화가 painting ⓝ 그림, 그림 그리기
Indians often **painted** their bodies for ceremonies.

1044 masterpiece [mǽːstərpiːs] ⓝ 걸작, 대표작   6

classic, best piece of work
Beethoven's fifth symphony is his **masterpiece**, Judy think.

1045 amateur [ǽmətʃùər] ⓝ 아마추어, 애호가   5

beginner, novice ↔ professional, expert
amateurish ⓐ 서투른, 미숙한
Amateur photographers also use a wide variety of equipment and techniques.

Translation

예술은 다양한 인간 활동의 한 범주이며 그 활동의 산물이다. | 사람들은 에스키모인이 오랜 세월 동안 눈집에서 살았다고 **상상한다**. | 인디언들은 종종 의식을 위해 그들 몸에 **색칠을 했다**. | 베토벤의 5번 교향곡이 그의 **최고의 작품**이라 주디는 생각한다. | **아마추어** 사진작가들 역시 다양한 장비와 기술을 사용한다.

Day 27 Art

1046 gallery [gǽləri] Ⓝ 관객, 회랑 — 5

corridor

Most museums offer **gallery** talks, guided tours, and other programmes for children and adults.

1047 exhibition [èksəbíʃən] Ⓝ 전람, 전람회 — 6

show, display, representation

Various members of the museum staff prepare the materials for **exhibition**.

1048 collection [kəlékʃən] Ⓝ 수집, 소장품 — 5

accumulation, set, store, gathering

Encyclopedia is a **collection** of information about people, places, events, and things.

1049 inspiration [ìnspəréiʃən] Ⓝ 영감, 암시 — 6

imagination, creativity, originality, motivation

Religion has been a supreme source of **inspiration** in the arts.

1050 impressionism [impréʃənìzm] Ⓝ 인상파 — 4

a style of depicting the visual impression of the moment

Impressionism became widespread during the early 1900's.

1051 portrait [pɔ́:rtrit] Ⓝ 초상화, 묘사 — 5

picture, painting, image, description

This book provides a realistic **portrait** of black children growing up in a big-city ghetto.

1052 landscape [lǽndskèip] Ⓝ 풍경, 경치, 풍경화 — 4

scenery, view, scene, outlook

The **landscape** of this region seems very pastoral scenery.

▶ pastoral 목가적인, 전원생활의

Translation

대부분 박물관은 어린이와 성인을 위한 **갤러리** 토크, 가이드 투어와 기타 프로그램을 제공한다. | 다양한 박물관 직원들이 **전시회**를 위한 자료를 준비한다. | 백과사전은 사람과 장소, 사건과 사물에 대한 정보를 **모아 놓은 것**이다. | 종교는 예술에 있어서 **영감**을 주는 뛰어난 원천이 되었다. | **인상주의**는 1900년대 초기 동안 확산되었다. | 이 책은 큰 도시 빈민가에서 자라는 흑인 어린이의 현실적인 **모습**을 제공한다. | 이 지역의 **풍경**은 매우 전원생활의 풍경처럼 보인다.

| 1053 | **pigment** [pígmənt] | n 안료, 색소 | 3 |

colour, paint, stain, dye, tint
Skin colour depends mainly on the amount of the brown **pigment** melanin produced in the skin.

| 1054 | **eloquent** [éləkwənt] | a 웅변을 잘하는, 유창한 | 8 |

well-spoken, expressive, fluent
eloquence n 웅변
Dr. Yoon is one of the most famous **eloquent** speakers in that region.

| 1055 | **easel** [í:zəl] | n 이젤, 받침틀 | 4 |

a wooden frame for supporting a picture
An **easel** on the baseboard holds the printing paper.

| 1056 | **bronze** [brɔnz] | n 청동, 브론즈 a 청동제의, 청동색의 | 4 |

reddish-brown, copper, tan, rust
The **Bronze** Age began when bronze replaced stone as the chief toolmaking material.

▶ toolmaking material 도구 제작 소재

| 1057 | **sculpture** [skʌ́lptʃər] | n 조각, 조각술 | 5 |

statue, figure, model, bust, carve
sculptural a 조각의, 조각술의
Relief **sculpture** can be carved or modeled.

| 1058 | **architecture** [á:rkətèktʃər] | n 건축, 건축학 | 4 |

design, planning, building, construction
architect n 건축가
Designers try to make their design harmonise with the interior **architecture**.

| 1059 | **melody** [mélədi] | n 멜로디, 선율 | 4 |

tune, song, music
melodic a 선율의, 곡조가 아름다운
Composers often use a part of a **melody** or theme to develop musical ideas.

Translation

피부색은 피부에서 생성되는 갈색 **색소**인 멜라닌의 양에 대부분 의존한다. | 윤 박사는 그 지역에서 가장 유명한 **웅변을 잘하는** 연사 중의 한 사람이다. | 베이스보드 위의 **받침틀**은 인쇄종이를 잡고 있다. | 청동기시대는 주요 도구 제작 소재로서 **청동**이 돌을 교체하였을 때 시작되었다. | 화상석은 새기거나 조형할 수 있다. | 디자이너는 그들의 디자인을 실내 **건축**과 조화시키려고 노력한다. | 작곡가는 종종 일부 **멜로디**나 주제를 사용하여 음악적 아이디어를 개발한다.

1060 composer
[kəmpóuzər]

n 작곡가 (클래식 음악)   4

a person who writes music
compose **v** 구성하다, 작곡하다   composition **n** 구성, 작품
The **composer** combines pitches and rhythms to create a melody, or tune.

1061 rhythm
[ríðm]

n 율동, 리듬, 규칙적인 반복   5

beat, tempo
rhythmic **a** 율동적인, 주기적인
In many poems, we can sense something repeating in the **rhythm**.

1062 orchestra
[ɔ́ːrkəstrə]

n 오케스트라, 관현악단   5

a large group of musicians play a different instrument together
The size of an **orchestra** ranges from about 15 to more than 100 musicians.

1063 fashion
[fǽʃən]

n 방법, 방식; 유행   6

form, mode, mold, method; style
fashionable **a** 최신 유행의, 사교계의
People tend to regard unusually thin individuals, such as actors and **fashion** models, as ideals of personal appearance.

1064 opera
[ɔ́pərə]

n 오페라, 가극   5

a play with music and all words are sung
opera-house **n** 오페라극장
Solos express the feelings and thoughts of characters in an **opera**.

1065 lullaby
[lʌ́ləbài]

n 자장가   4

cradlesong
Lullabies are simple, soothing melodies sung to children to help them fall asleep.

1066 instrument
[ínstrəmənt]

n 기계, 기구, 악기   5

apparatus, implement, utensil, musical instrument
instrumental **a** 악기의, 도움이 되는
Composers have written concertos for nearly every **instrument**.

Translation

작곡가는 음조와 리듬을 결합하여 선율과 곡조를 만든다. | 많은 시에서 우리는 그 박자에서 **반복**되는 뭔가를 느낄 수 있다. | **오케스트라**의 규모는 15에서 100명의 음악가까지 다양하다. | 사람들은 배우와 **패션**모델과 같이 비정상적으로 마른 사람들을 개인외형의 이상형으로 간주하는 경향이 있다. | 솔로는 **오페라**에서 등장인물의 감정과 생각을 표현한다. | **자장가**는 아이들이 잠들도록 도와주는 단순하고 부드러운 멜로디이다. | 작곡가는 거의 모든 **악기**를 위한 협주곡을 썼다.

| 1067 | **episode** [épəsòud] | n 삽화, 에피소드 | 5 |

section, event
The death of Little Eva is another famous **episode**.

| 1068 | **pitch** [pitʃ] | n 음조, 투구, 경기장 v 내던지다 | 3 |

tone, sound, key, frequency, stadium, arena / throw
Each of the strings is tuned to a different **pitch**.

| 1069 | **civic** [sívik] | a 시민의, 도시의 | 6 |

metropolitan, urban ↔ rural
Mexican Americans formed **civic** groups to deal with their problems.

| 1070 | **duet** [djuːét] | n 이중창, 이중주 | 4 |

a piece of music song or played by two people
Most operas consist of a series of arias, **duets**, and choruses connected by recitatives.

| 1071 | **sonata** [səná:tə] | n 소나타, 주명곡 | 5 |

classical music, symphonic music
The movements of a **sonata** vary in speed and style.

| 1072 | **soprano** [səprá:nou] | n 소프라노 (가수) | 5 |

a person with high singing voice
Mary Margaret had a brief career as a concert **soprano** and later became a writer.

| 1073 | **eclectic** [ekléktik] | a 다방면에 걸친 | 6 |

made up of combining elements from a variety of sources
The singer's style is very **eclectic**.

Translation

리틀 에바의 죽음은 또 다른 유명한 **에피소드**이다. | 각 현은 다른 **음조**로 조율된다. | 멕시코계 미국인들은 그들의 문제를 다루는 **시민** 단체를 형성했다. | 대부분의 오페라는 일련의 아리아와, **듀엣** 그리고 낭송으로 연결된 합창으로 구성된다. | **소나타**의 악장은 속도와 스타일에 따라 다양하다. | 메릴 마거릿은 콘서트 **소프라노**로 짧은 경력을 가지고 있었고 후에 작가가 되었다. | 그 가수의 스타일은 **다방면에 걸쳐** 있다.

1074 forge
[fɔːrdʒ]

v 만들다, 위조하다 **n** 대장간 — 6

form, build, create, establish, mold / smithy
forgeable ⓐ 위조할 수 있는
Unlike passwords and key cards, biometric identifiers cannot be lost, forgotten, or **forged**.

1075 genre
[ʒáːnrə]

n 유형, 장르 — 3

type, group, order, class, style
A **genre** is a set of conventions and styles within a particular medium.

1076 material
[mətíəriəl]

n 재료, 용구, 자료 — 6

matter, substance, corporal ↔ mental, spiritual
materialise ⓥ 실현시키다, 물질적으로 하다 materialism ⓝ 물질주의, 실리주의
materialist ⓝ 유물론자, 물질주의자 materialistic ⓐ 유물론적인
The polysaccharide cellulose is the chief supporting **material** in green plants.

1077 media
[míːdiə]

n 중간, 수단, 방편, 매개물, 매체 — 6

middle, mean, centre, average
mass media ⓝ 대중매체
The mass **media** such as television and newspapers freely discuss the candidates and issues.

1078 classic
[klǽsik]

ⓐ 고전의, 일류의 ⓝ 고전 — 5

classical, typical, first-rate / a book, play, or film that is important and has been admired for a long time / classical ⓐ 고전주의의
The first **classic** of children's literature was Stories and Tales of Past Times with Morals.

1079 advertising
[ǽdvərtàiziŋ]

ⓝ 광고 — 8

advertisement, propaganda
advertiser ⓝ 광고주
Advertising is common in almost all countries.

1080 compete
[kəmpíːt]

ⓥ 경쟁하다, 경합하다, 필적하다 — 5

contend, contest, fight, challenge
competition ⓝ 경쟁 competitive ⓐ 경쟁할 수 있는
Sharks have keen senses that enable them to **compete** successfully for prey.

Translation

암호와 키 카드와 달리 생체 인식 식별기는 분실하거나, 잊어버리거나 **위조될** 수 없다. | **장르**는 특정 매체 내에서 규정과 스타일의 집합체이다. | 다당류인 셀룰로오스는 녹색식물에 있어서 주요 자원 **물질**이다. | TV와 신문과 같은 대중 **매체**는 후보자와 논쟁거리를 자유롭게 토론한다. | 어린이 문학의 첫 번째 **고전**은 Stories and Tales of Past Times with Morals이라는 책이다. | **광고**는 거의 모든 국가에서 일반적이다. | 상어는 감각이 예민하여 먹이를 두고 성공적으로 **경쟁할** 수 있다.

DAY 28 Law

KEY WORDS

☐ testify ☐ advocate ☐ summon ☐ royalty ☐ legal
☐ decree ☐ verdict ☐ liable ☐ legislation ☐ jurisprudence
☐ hearing ☐ evidence ☐ draft ☐ administer ☐ smuggle

1081 draft [draːft]

ⓥ 밑그림을 그리다, 초안을 작성하다 ⓝ 초안, 수표   7

drawing, outline, sketch / outline, cheque
Adams **drafted** the document for Thomas Jefferson.

1082 bill [bil]

ⓝ 계산서, 지폐; 법안 ⓥ 청구서를 보내다, 알리다   4

note, check; act of parliament / charge, publicise
Parliament finally passed the **bill**, the Reform Act.

1083 constitute [kɔ́nstitjùːt]

ⓥ 구성하다, 설립하다   6

compose, comprise, form
constitution ⓝ 구성; 헌법
Wealth and health do not necessarily **constitute** happiness.

1084 ratification [ræ̀təfikéiʃən]

ⓝ 비준, 추인   5

to make an agreement official by signing it
ratify ⓥ 비준하다, 승인하다
In 1987, the EC completed **ratification** of the Single European Act.

1085 legitimate [lidʒítəmət]

ⓐ 합법적인, 합리적인   6

legal, genuine, authentic, reasonable ↔ unlawful
By the mid-1960's, rock 'n' roll had earned wide respect as a **legitimate** art form.

Translation

애덤스는 토머스 제퍼슨을 위하여 문서 **초안을 만들었다**. | 의회는 마침내 개혁법의 **법안**을 통과시켰다. | 부와 건강은 반드시 행복을 **구성하지는** 않는다. | 1987년에 EC는 단일 유럽법의 **비준**을 완료했다. | 1960년대 중반에 로큰롤은 **합법적인** 예술형태로 광범위한 관심을 받았다.

204

Day 28 Law

1086 legislation [lèdʒisléiʃən] — 🄝 법률제정, 법안 — 7

lawmaking, enactment
legislate ⓥ 법률을 제정하다 legislative ⓐ 입법상의
The Council of Ministers approves **legislation** for the European Union.

1087 legal [líːɡəl] — ⓐ 합법의, 법의 — 8

judicial, legitimate ↔ illegal
Only betting on horse races at race tracks is **legal**.

1088 jurisprudence [dʒùərisprúːdns] — 🄝 법률학, 법리학 — 7

study of law
Law students obtain the Doctor of **Jurisprudence** (J.D.) after more training.

1089 clue [kluː] — 🄝 실마리, 단서, 열쇠 — 6

clew, cue, hint, indication
have no clue ⓐ 단서가 없다 → 전혀 이해 못하다; 능력이 없다
Clues were found at the crime scene.

1090 enforce [infɔ́ːrs] — ⓥ 실시하다, 집행하다 — 6

apply, implement, execute, administer
enforcement 🄝 시행, 집행
The FDA **enforces** standards for the food industry in general.

1091 court [kɔːrt] — 🄝 법정 ⓥ 구애하다, 사귀다 — 6

courtroom / chase, pursue
courtship 🄝 구애, 구혼
They must explain in **court** why the person is being restrained.

1092 decree [dikríː] — 🄝 법령, 판결 — 8

fiat, order
Many **decrees** issued by the council deliberately opposed Protestant viewpoints.

▶ protestant 개신교

Translation

각료회의는 유럽연합에 대한 **법안**을 승인하였다. | 경마장에서 경주마에 배팅하는 것만이 **합법**이다. | 법학 학생들은 교육 후 **법학** 박사 (J.D.) 학위를 취득한다. | 범죄현장에서 **단서**들이 발견되었다. | FDA는 일반적으로 식품 산업에 대한 기준을 **실시한다**. | 그들은 왜 그 사람이 감금되는지 **법정**에서 설명해야 한다. | 위원회에 의해 공표된 많은 **법령**이 의도적으로 개신교의 견해를 반대했다.

1093 copyright
[kɔ́pirait]

n 저작권, 판권

authority, original

The first modern **copyright** law was adopted by Britain in 1709.

1094 royalty
[rɔ́iəlti]

n 왕위, 왕권

throne, crown

Beethoven associated as an equal with **royalty** and the nobility.

1095 tariff
[tǽrif]

n 관세, 요금표

duty
taxation **n** 과세, 징세
Tariff is a tax placed on goods that one nation imports from another.

▶ tariff barriers 관세장벽 retaliatory tariff 보복관세

1096 advocate
[ǽdvəkèit]

v 옹호하다, 지지하다 **n** 변호사

favor, uphold, support ↔ impugn
advocator **n** 주창자 advocacy **n** 옹호, 지지
Some editorial campaigning is sometimes called advocacy journalism because it **advocates** (pleads for) certain causes.

▶ plead for ~을 탄원[호소]하다

1097 arbitrate
[á:rbətrèit]

v 중재하다, 조정하다

adjust, interpose, intervene
arbitration **n** 중재, 조정
The British would not **arbitrate** USA dispute with Venezuela.

1098 solicitation
[səlisətéiʃən]

n 간청, 권유; 교사죄

the act of asking someone for money, help and etc; instingation
solicitor **n** 의뢰인, 법무관 solicit **v** 간청하다, 권유하다 solicitant **a** 탄원하는 사람
Personal **solicitations** are individual requests by the candidate or a campaign worker.

1099 attorney
[ətə́:rni]

n 대리인, 변호사; 검찰총장

lawyer, advocate; the Attorney General
The people of Virginia elect the **attorney** general to a four-year term.

Translation

최초의 근대 **저작권**법은 1709년에 영국에 의해 채택되었다. | 베토벤은 **왕권**과 귀족을 동등하게 연결 지어 생각했다. | **관세**는 한 국가가 다른 국가로부터 수입하는 상품에 붙이는 세금이다. | 어떤 사설 운동은 가끔은 특정 원인을 **변호하기** 때문에 옹호 저널리즘이라 불린다. | 영국은 베네수엘라의 미국 분쟁을 **조정하지** 않을 것이다. | 사적인 **간청**이란 후보자나 선거 노동자에 의한 개별적 요청이다. | 버지니아 사람들은 4년 임기로 **검찰총장**을 선출한다.

1100 hearing
[híəriŋ]

n 청력, 듣기, 공청회

audition, listening, inquiry, trial, investigation
A public **hearing** is scheduled for this Friday.

1101 evidence
[évidəns]

n 증거, 흔적

indication, proof, sign
The oldest **evidence** of the use of fire by ancient people was found in a cave.

1102 trial
[tráiəl]

n 공판, 심리, 실험, 시도

experiment, test
try **v** 시도하다
All people are guaranteed **trial** by jury and freedom of religious worship.

1103 penalty
[pénəlti]

n 형벌, 벌금

fine, punishment ↔ reward
penal **a** 형벌의, 형사상의 death penalty **n** 사형
Many people oppose the death **penalty**, chiefly because they consider it cruel.

1104 adopt
[ədɔ́pt]

v 채택하다, 양자로 삼다

espouse, assume ↔ reject
adopted **a** 채택된 adoptive **a** 채용의, 양자 관계의 adoption **n** 채택, 양자 결연
By 500 B.C., the ancient Greeks **adopted** the Egyptian papyrus scrolls as their chief writing material.
▶ scrolls 두루마리

1105 administer
[ədmínistər]

v 관리하다, 다스리다

manage, execute, contribute
administration **n** 관리, 행정 administrative **a** 행정상의 administrator **n** 관리자
The academy **administers** funds for research and awards prizes for outstanding achievement.

1106 testify
[téstəfài]

v 증명하다, 증언하다

affirm, prove, verify
testifier **n** 증언자 testimony **n** 증언, 고증
Criminalists usually present their findings in written reports and may also **testify** in court.

Translation

공청회가 이번주 금요일에 예정되어 있다. | 고대인들이 불을 사용하였다는 가장 오래된 **증거**는 동굴에서 발견되었다. | 모든 사람들이 배심원과 종교적 신앙의 자유에 의해 **재판**을 보장받는다. | 많은 사람들이 죽음의 **형벌** (사형)은 대부분 잔인하다고 생각하여 이에 대해 반대한다. | B.C 500년경에 고대 그리스 사람들은 이집트인의 파피루스 종이 뭉치를 그들의 글의 재료로 **채택했다** | 학술원은 연구를 위한 기금을 **관리하고** 뛰어난 업적에 대한 상을 수여한다. | 범죄학자는 일반적으로 서면 보고서로 그들의 조사 결과를 제시하거나 법정에서 **증언할** 수 있다.

1107 amend
[əménd]

v 고치다, 개정 [수정]하다 5

revise, rectify, mend, correct, improve
amendment **n** 개정, 수정안 amand the Constitution 헌법을 개정하다
The present Constitution of USA was adopted in 1894, and has been **amended** more than 180 times.

1108 saddle
[sǽdl]

v 안장을 얹다, 책임을 지우다 **n** 안장 5

burden, load, lumber / a leather seat that you sit on when you ride a horse
Wearing cowboy clothes, Roosevelt often spent 14 to 16 hours a day in the **saddle**.

1109 sue
[sju:]

v 고소하다, 소송을 제기하다 5

take to court, prosecute, charge
suer **n** 고소인, 탄원인 sue for ~에 대해 소송을 걸다
The creator of a copyrighted work may **sue** anyone who plagiarises it.

▸ plagiarise 표절하다

1110 lawsuit
[lɔ́:sju:t]

n 소송, 고소 4

case, action, trial, suit
Asiana Air could avoid the **lawsuit** for the air crash in San Fransisco.

1111 perjury
[pə́:rdʒəri]

n 위증죄 6

tell a lie in a court
perjurious **a** 위증죄의 perjuriously **ad** 위증하여
The House charged Bush with **perjury** and obstruction of justice.

▸ obstruction 방해

1112 criminal
[krímənl]

n 범죄자 **a** 범죄의, 형사상의 6

lawbreaker, convict, offender ↔ civic
crime **n** 범죄 criminate **v** 죄를 지우다, 기소하다
A person who commits any crime is called a **criminal**.

1113 verdict
[və́:rdikt]

n 평결, 답신 7

judgment, decision
The **verdict** sparked rioting in Los Angeles and other U.S. cities.

Translation

미국의 현재 헌법은 1894년에 채택되었고 180회 이상이나 **수정되었다**. | 카우보이 옷을 입은 루스벨트는 **안장**에서 종종 하루 14~16시간을 보냈다. | 저작권이 있는 작품의 제작자는 그것을 표절한 사람이 누구든지 **고소할** 수 있다. | 아시아나 항공은 샌프란시스코에서의 충돌 사고에 대한 **소송**을 피할 수 있었다. | 의회는 부시를 **위증**과 사법방해로 고소했다. | 어떤 범죄를 지은 사람을 **범죄자**라 부른다. | 그 **평결**은 로스앤젤레스와 다른 미국 도시에서 폭동을 촉발했다.

| 1114 | **smuggle** [smʌgl] | ⓥ 밀수하다 | 6 |

import illegally
smuggler ⓝ 밀수범, 밀수업자
Many English ships **smuggled** merchandise to Spanish colonies in the West Indies.

| 1115 | **summon** [sʌ́mən] | ⓥ 소환하다, 소집하다 | 8 |

muster, rally
smmons ⓝ 소환장 summonable ⓐ 호출할 수 있는
Galileo was **summoned** to Rome for a determination on the orthodoxy of his views.
▶ orthodoxy 정설, 통설

| 1116 | **prosecute** [prásikjù:t] | ⓥ 기소하다, 수행하다 | 5 |

accuse
prosecutor ⓝ 검찰관, 검사 prosecution ⓝ 기소, 고발 prosecutable ⓐ 기소할 수 있는
The attorney **prosecutes** or defends cases that involve the state.

| 1117 | **liable** [láiəbl] | ⓐ 책임 있는, ~할 것 같은 | 7 |

obligated, responsible, accountable
Offenders may be **liable** for actual damages and profits or for damages specified by the law.

| 1118 | **abandoned** [əbǽndənd] | ⓐ 버려진, 유기된 | 7 |

deserted, desolate ↔ **accepted**
It is illegal that people do harsh treatment with the **abandoned** dogs.
▶ abandoned dogs 유기견

| 1119 | **infringement** [infríndʒmənt] | ⓝ 위반, 침해 행위 | 6 |

break, violation
infringe ⓥ 위반하다, 침해하다 infringement of privacy 사생활 침해
Copying a patented invention without permission is called **infringement**.

| 1120 | **misdemeanor** [mìsdimí:nər] | ⓝ 경범죄, 못된 짓 | 5 |

violation, infringement, infraction ↔ **felony**
A **misdemeanor** is punishable by a fine or by imprisonment for less than a year.

Translation

많은 영국 배들이 서인도제도에 있는 스페인 식민지로 상품을 **밀수했다**. | 갈릴레오는 그의 견해의 정통성에 대한 판단을 위해 로마로 **소환되었다**. | 변호사는 주와 관련된 사건들을 **기소하거나** 방어한다. | 범죄자는 실제 손해와 손익 혹은 법에 명시된 손실에 대해서 **책임을 져야** 할 것이다. | 사람들이 **유기견**들에게 가혹 행위를 하는 것은 불법이다. | 허가 없이 특허발명을 복제하는 것을 **침해**라 한다. | **경범죄**는 1년 이하의 징역 또는 벌금으로 처벌한다.

DAY 29 Engineering & Mathematics

KEY WORDS

- ☐ reckon
- ☐ statistics
- ☐ particular
- ☐ cube
- ☐ vertical
- ☐ sophisticated
- ☐ electronic
- ☐ device
- ☐ breakthrough
- ☐ square
- ☐ properties
- ☐ precision
- ☐ perpendicular
- ☐ optical
- ☐ framework

1121 engineering [èndʒiníəriŋ] ⓝ 공학기술, 공학 — 5

technology
chemical 화학 civil 토목 electrical 전기 social 사회 mechanical 기계
A process called genetic **engineering** became a valuable tool in genetics research.

1122 hi-tech [haitek] ⓝ 첨단 기술 — 5

high technology, high-tech
state-of-the-art ⓐ 최고 기술 수준의, 최신식의
Samsung company became a world leader in the production of **hi-tech** electric appliances.

1123 electronic [ilektrάnik] ⓐ 전자의, 전자공학의 — 6

process involves the use of electronic devices
electron ⓝ 전자 electronics ⓝ 전자공학
Electronic sensors that detect invisible forms of electromagnetic radiation is working.
▶ radiation 방사선

1124 precision [prisíʒən] ⓝ 정확, 정밀 — 5

exactness, accuracy
precise ⓐ 정확한, 정밀한
Micrometers are used for **precision** measurement.

1125 sophisticated [səfístəkèitid] ⓐ 복잡한, 세련된, 교양있는 — 6

worldly, advanced ↔ naive
sophistication ⓝ 복잡, 정교 sophisticated technology 정교한 기술
People can find a way using **sophisticated** navigational systems.

Translation

유전**공학**이라는 과정은 유전학 연구에 있어서 유용한 도구가 되었다. | 삼성은 **최첨단** 가전제품 생산에 있어서 세계 리더가 되었다. | 보이지 않는 전자기 방사선의 형태를 검출할 수 있는 **전자**센서가 작동하고 있다. | 마이크로미터는 **정밀** 측정에 사용된다. | 사람들은 **정교한** 항법 장치를 사용하여 길을 찾을 수 있다.

1126 breakthrough
[bréikθru:]

n 돌파구, 큰 발전 — 6

discovery, find, progress

Breakthroughs in nuclear research have led to the development of weapons of mass destruction.

▸ mass destruction 대량 살상[파괴]

1127 microwave
[máikrouweiv]

n 극초단파, 전자레인지 — 4

microwave oven

Microwave ovens are using High-energy radio waves to cook.

▸ radio waves 전자파

1128 laser
[léizər]

n 레이저 — 4

beam, radiation, ray

Keynote speakers in the international congress uses **laser** pointer to explain their slides.

1129 optical
[ɔ́ptikəl]

a 눈의; 빛의, 광학상의 — 5

visual, seeing

optics **n** 광학 optically **ad** 시각적으로

Alhazen stated that the reflected light forms **optical** images in the eyes.

1130 alteration
[ɔ̀:ltəréiʃən]

n 변경, 개조, 변화 — 4

change, modification, amendment

alter **v** 변경[개조]하다

Chemical changes involve **alterations** in a substance's chemical makeup.

▸ alterative 바꾸는

1131 solar
[sóulər]

a 태양의 — 3

relating to sun ↔ lunar

Solar energy usually means the direct use of sunlight to produce heat or electric power.

1132 property
[prɔ́pərti]

n 재산, 소유, 부동산; 특성, 속성 — 5

possession, goods, holding, estate; quality, feature, characteristic

Chemists investigate the **properties** of the substances that make up the universe.

Translation

핵 연구에 **획기적인 발명**은 대량 살상 무기의 발달을 이끌어 냈다. | **전자레인지**는 고에너지의 전자파를 이용하여 음식을 요리한다. | 국제 학회에서 기조연설자가 발표 자료를 설명하기 위해 **레이저**포인터를 사용한다. | 알하즌은 굴절된 빛이 눈에서 **빛의** 상을 형성한다고 설명하였다. | 화학**변화**는 물질의 화학적 구성에 있어서의 변화를 포함한다. | **태양**에너지는 보통 열이나 전력 생산을 위해 햇빛을 직접 사용하는 것을 의미한다. | 화학자들은 우주를 구성하는 물질의 **특성**을 조사한다.

| 1133 | **artificial** [ɑ̀ːrtəfíʃəl] | ⓐ 인조의, 인위적인 | 5 |

man-made, unreal, synthetic ↔ genuine, real
artificiality ⓝ 인위적인 것, 가짜
Lack of donor hearts has raised interest in mechanical **artificial** hearts.

| 1134 | **access** [ǽkses] | ⓥ 이용하다, 접근하다 ⓝ 접근, 출입 | 4 |

admission, entrance, entry ↔ retirement, retreat / reach, get at
accessible ⓐ 접근하기 쉬운, 이해하기 쉬운 **accessory** ⓝ 부속물, 장신구 ⓐ 보조적인, 부속의
People can **access** texts, illustrations, sounds and moving pictures via the Internet.

| 1135 | **device** [diváis] | ⓝ 장치, 고안, 상표 | 6 |

apparatus, instrument, equipment
Electron microscope is a **device** that uses a beam of electrons to magnify an object's image.

| 1136 | **beam** [biːm] | ⓝ 광선, 빛줄기; 평균대 ⓥ 활짝 웃다, 비추다 | 5 |

ray, flash; support / grin, shine
beaming ⓐ 빛나는, 밝은 **beamy** ⓐ 광선을 발사하는, 빛나는
As the **beam** travels, the atmosphere distorts it slightly.

▶ distorts 왜곡하다, 비틀다

| 1137 | **arc** [ɑːrk] | ⓝ 호, 원호 | 3 |

curve, bend, arch, crescent
Astronomers study the radiation in the **arc** or ring to learn about the small galaxy.

| 1138 | **arithmetic** [ərìθmǽtik] | ⓝ 산수, 연산 | 4 |

count, calculation
arithmetician ⓝ 산술자 **arithmetical** ⓐ 산수의 **arithmetically** ⓐⓓ 산술적으로
The teacher taught them reading, writing, and **arithmetic**.

| 1139 | **binary** [báinəri] | ⓐ 둘의, 2진법의, 2진수의 | 4 |

a dual, duet, binary number
binaries ⓟⓛ 2진법의
Each 1 or 0 is called a bit, a contraction of **binary** digit.

Translation

기증 심장의 부족은 기계적 **인공** 심장에 대한 관심을 증가시켰다. | 사람들은 인터넷을 통해 글, 그림, 소리와 영상을 **접근할 수 있다**. | 전자현미경은 물체의 형상을 확대하는 데 전자 빔을 사용하는 **장치**이다. | **빛**이 이동함에 따라 대기가 빛을 약간 비틀어 놓는다. | 천문학자는 작은 은하에 대해서 알아야 할 **호** 또는 원의 방사선을 연구한다. | 선생님은 그들에게 읽기, 쓰기와 **산수**를 가르쳤다. | 각각의 1과 0은 **2진수**로 축약하여 한 비트라 부른다.

| 1140 | **circle** [sə́:rkl] | ⓥ 선회하다, 돌다, 회전하다 ⓝ 원, 원주 | 4 |

go round, surround curve / ring, disc
The earth and the moon **circle** around the barycenter as they travel around the sun.

▶ barycenter 무게중심

| 1141 | **reckon** [rékən] | ⓥ 세다, 계산하다, 측정하다; ~라고 생각하다 | 9 |

calculate, estimate, count; suppose
reckoning ⓝ 계산, 집계
Cave explorer **reckoned** the size of the cave.

| 1142 | **sector** [séktər] | ⓝ 부문, 부채꼴 | 4 |

part, section, fan shape
sectoral ⓐ 부채꼴의
Telephone companies are the most important part of the communications **sector**.

| 1143 | **spherical** [sférikəl] | ⓐ 구형의, 둥근, 천체의 | 4 |

round like a ball
The earth is not **spherical**, it is oval shape.

▶ oval 타원형

| 1144 | **square** [skwɛər] | ⓐ 정사각형의, 제곱의; 공명정대한, 정직한 | 5 |

quadrate; fair, straight, genuine
Smaller areas may be measured in square centimeters or **square** millimeters.

| 1145 | **convex** [kanvéks] | ⓐ 볼록한 | 4 |

arched, bent
a convex mirror / lens 볼록거울 / 렌즈
The lens is **convex** (curved outward) on both sides so that the middle is thicker than the edges.

| 1146 | **attach** [ətǽtʃ] | ⓥ 붙이다, 접착하다; 소속시키다 | 5 |

fasten, connect, cling ↔ detach; ascribe, associate, assign
attachment ⓝ 부착, 애착, 부속물
Carpenters **attach** the doors high enough to swing over rugs or carpets.

> **Translation**
> 지구와 달은 태양주위를 돌때 무게중심을 주축으로 **회전한다**. | 동굴 탐험가는 동굴의 크기를 **계산했다**. | 전화 회사는 통신 분야에 가장 중요한 **부분**이다. | 지구는 **구형**이 아니며 타원형이다. | 좁은 지역은 평방 센티미터 또는 **평방** 밀리미터로 측정할 수 있다. | 이 렌즈는 양쪽이 **볼록하여** 가운데가 가장자리보다 두껍다. | 목수는 러그나 카펫 위에서 충분히 열 수 있도록 문을 높게 **달았다**.

Day 29 Engineering & Mathematics

1147 statistics
[stətístiks]

ⓝ 통계학, 통계, 통계자료 — 7

analyse data and express in numbers
Statistics is a set of methods that are used to collect and analyse data.

1148 cube
[kju:b]

ⓝ 정육면체, 입방체 — 7

an object with six square surface
cubic ⓐ 정육면체의
Salt usually forms clear crystals that are almost perfect **cubes**.

1149 vertical
[və́:rtikəl]

ⓐ 수직의, 세로의 — 6

erect, upright ↔ horizontal
vertical angle 꼭지각 vertical circle 수직권
Fish have **vertical** tail fins, but whales have sideways tail fins.

1150 framework
[fréimwə:rk]

ⓝ 틀 구조, 뼈대, 구성 — 5

structure, skeleton, system
Skeleton of mammals provides a **framework** for the body and protects vital organs.

1151 particular
[pərtíkjulər]

ⓐ 특별한, 개개의, 상세한 — 7

exceptional, special ↔ common, general
particularly ⓐⓓ 특히, 각별히 particularise ⓥ 자세히 다루다
Many airplanes are built for **particular** purpose such as cargo craft.

1152 digital
[dídʒətl]

ⓐ 숫자로 된; 디지털 방식의 — 4

numeral ↔ analogue
digit ⓝ 손가락; 아라비아 숫자 digitise ⓥ 계수화하다 digitally ⓐⓓ 숫자로
Digital cameras do not use film.

1153 dozen
[dʌzn]

ⓝ 숫자 12, 1개짜리 한묶음 — 4

the number of twelve
A **dozen** or more people held a round blanket made of walrus hides sewn together.

Translation

통계학은 데이터를 모으고 분석하는 데 사용하는 방법이다. | 소금은 대개 거의 완벽한 **입방체**인 깨끗한 크리스털을 형성한다. | 물고기는 **수직**의 꼬리지느러미를 하고 있지만 고래는 옆으로 꼬리지느러미를 하고 있다. | 포유류의 뼈는 신체의 **뼈대**를 제공하며 중요한 장기를 보호한다. | 많은 비행기들은 화물 운송기와 같은 **특별한** 목적을 위해 만들어진다. | **디지털** 카메라는 필름을 사용하지 않는다. | **12명** 이상의 사람들이 물개 가죽을 함께 바느질해 만든 둥근 담요를 가지고 있다.

| 1154 | **equation** [ikwéiʒən] | ⓝ 방정식, 수식; 균등화 | 4 |

= equalisation
Einstein provided **equations** that describe this curvature precisely.

▶ curvature 곡률

| 1155 | **level** [lévəl] | ⓝ 정도, 수준 ⓐ 수평의, 평평한 | 4 |

amount, standard / horizontal, even, flat, equal
Some lands exist below under sea **level**.

▶ sea level 해수면

| 1156 | **harness** [há:rnis] | ⓥ 이용하다, 동력화하다 ⓝ 마구(馬具) | 5 |

exploit, control, employ, channel, utilise
People have **harnessed** the power of the wind to do work for thousands of years.

| 1157 | **odd** [ɔd] | ⓐ 이상한; 홀수의 | 3 |

peculiar, strange, unusual ↔ even
Any odd number multiplied by 5 is an **odd** number, so x might be any odd number.

| 1158 | **intersect** [ìntərsékt] | ⓥ 가로지르다, 교차하다 | 4 |

traverse, put across
Parallel lines are defined as lines that never **intersect**.

| 1159 | **perpendicular** [pə̀:rpəndíkjulər] | ⓐ 직각을 이루는 ⓝ 수직선 | 5 |

vertical, steep
Students try to draw a **perpendicular** line.

| 1160 | **automate** [ɔ́:təmèit] | ⓥ 자동화하다, 자동으로 제조하다 | 4 |

to replace or enhance human labor with machines
automatic ⓐ 자동의, 기계적인 automation ⓝ 자동 조작 automotive ⓐ 자동차의, 자동적인
Ships today have become increasingly **automated**.

Day 29 Engineering & Mathematics

Translation
아인슈타인은 곡률을 정확하게 설명하는 **수식**을 제공했다. | 어떤 땅들은 **해수면** 아래에 존재한다. | 사람들은 수천 년 동안 일을 하기 위해 풍력을 **이용해왔다**. | 5를 곱한 모든 홀수는 **홀수**이므로 x는 모두 홀수가 된다. | 평행선은 결코 **교차하지** 않는 선으로 정의된다. | 학생들은 **수직선**을 그리려고 한다. | 오늘날의 배는 점점 **자동화되었다**.

DAY 30 — Environment & Health & Medicine

KEY WORDS

- ☐ balanced ☐ obese ☐ excess ☐ sensitive ☐ pollution
- ☐ physical education ☐ injure ☐ influenza ☐ heart disease
- ☐ foot-and-mouth disease ☐ fatal ☐ contagious ☐ clinic

1161 abortion [əbɔ́ːrʃən]

(n) 낙태, 실패   6

termination, miscarriage
abortion laws 낙태법
Abortion is the ending of a pregnancy before birth.

1162 acute [əkjúːt]

(a) 예리한, 끝이 뾰족한, 심각한, 급성의   6

keen, sharp, critical, smart ↔ dull, blunt, chronic
acute exposure 급성노출 acuity (n) 예리함, 명민함 acutely (ad) 강렬히, 절실히
One of Seoul's most **acute** problems is the insufficient number of fire fighter to extinguish the fire.

1163 aggravate [ǽgrəvèit]

(v) 악화시키다, 짜증나게 하다   5

worsen, exasperate ↔ alleviate
aggravation (n) 악화, 심각화
Such eating habit **aggravated** his illness.

1164 anatomy [ənǽtəmi]

(n) 해부학, 구조, 몸   4

dissection
anatomical (a) 해부의, 해부상의 anatomic (a) 해부의 anatomise (v) 해부하다, 분석하다
Knowledge of **anatomy** and physiology is essential to an understanding of insects.

1165 disinfect [dìsinfékt]

(v) 살균 소독하다, 바이러스를 제거하다   5

eliminate
Most plants **disinfect** water by adding a substance called chlorine.

▶ chlorine 염소

Translation

낙태는 출생 전에 임신이 끝나는 것이다. | 서울의 가장 **심각한** 문제 중 하나는 화재를 진화하기 위한 소방관이 부족하다는 것이다. | 그러한 식습관이 그의 질병을 **악화시켰다**. | **해부학**과 생리학의 지식은 곤충의 이해에 중요하다. | 대부분의 식물은 염소라는 물질을 첨가하여 물을 **소독한다**.

1166 influenza
[ìnfluénzə]

n 독감

flu, a bad cold

Doctors use vaccines in order to prevent such virus diseases as **influenza**, measles, and polio.

▶ measles 홍역　polio 소아마비

1167 prescription
[priskrípʃən]

n 처방, 규정, 법규

instruction, direction; medicine
prescribe ⓥ (미리 쓰다) → 규정하다, 정하다, 처방하다
Some drugs are freely available without a **prescription**.

1168 limb
[lim]

n 다리, 팔, 날개; 돌출부

part, arm, leg
When we look at such a figure, our eyes follow the lines of the body and the **limbs**.

1169 specialist
[spéʃəlist]

n 전문가, 전문의

expert, authority, professional, master
specialisation ⓝ 전문화; 분화
All reading problems should be diagnosed and treated by a **specialist**.

1170 quarantine
[kwɔ́rəntìːn]

n 검역, 격리

isolation, medical inspection
Public health officers may **quarantine** any person who has a contagious disease.

▶ contagious disease 전염병

1171 chronic
[krɔ́nik]

a 상습적인, 만성적인

habitual, confirmed ↔ acute
Some **chronic** diseases, such as diabetes and kidney disease, are also linked to miscarriages.

1172 balanced
[bǽlənst]

a 균형 잡힌, 안정된

poised ↔ unbalanced
Normal diet, or **balanced** diet, contains all the food elements needed to keep healthy.

Translation

의사는 **독감**, 홍역, 소아마비와 같은 바이러스 질병을 예방하기 위하여 백신을 사용한다. | 어떤 약들은 **처방전** 없이 자유롭게 이용할 수 있다. | 우리가 한 인물을 보게 되면, 우리의 눈은 **팔, 다리**와 신체 라인을 따라간다. | 모든 독서 문제는 **전문가**에 의해 진단 받고 치료를 받아야 한다. | 공중보건의 공무원은 전염성 질병이 있는 어떠한 사람도 **격리시킬** 수 있다. | 당뇨병과 신장 질환과 같은 어떤 **만성**질환은 유산에도 연관이 있다. | 평범한 식단이나 **균형 잡힌** 식단에는 건강을 유지하는 데 필요한 모든 음식의 요소를 포함하고 있다.

1173 clinic
[klínik]

n 진료소, 병원, 상담소

hospital, infirmary
clinician n 임상의학자
The scientists helped the farmers increase their crop production and build a school and medical **clinic**.

1174 contagious
[kəntéidʒəs]

a 전염성의

infectious, poisonous
Both lice and scabies mites cause the skin to itch and are **contagious**.

▶ scabies mites 옴진드기

1175 contamination
[kəntæmənéiʃən]

n 오염, 타락

pollution, taint, impurity, contagion
Special chemical instruments detect **contamination**.

1176 pollution
[pəlú:ʃən]

n 오염, 더럽힘, 공해

contamination, dirtying, taint, foulness
pollute v 오염시키다 pollutant n 오염원
Scientists are seeking ways to reduce the **pollution** hazard so more coal can be used.

1177 sensitive
[sénsətiv]

a 민감한, 예민한

susceptible to, easily affected by
Many people are particularly **sensitive** to bee or wasp stings.

▶ wasp 말벌

1178 vector
[véktər]

n 매개자, 벡터(크기와 방향으로 정해지는 양), 진로

transmitter
The insects that attack people and animals do their greatest damage when they act as disease **vectors**.

1179 decaying
[dikéiŋ]

a 썩어 가는, 부패하는, 쇠퇴하는

rotting, spoiling, deteriorating
Larva of one kind of fly is used in treating conditions involving **decaying** tissues.

Translation

그 과학자들은 농부들이 그들의 생산을 증진시키고 학교와 **진료소**를 짓도록 도왔다. | 이와 옴진드기는 피부에 가려움증을 유발하고 **전염될 수 있다**. | 특별한 화학 기구들은 **오염**을 감지한다. | 과학자들은 **오염**의 위험성을 줄여서 더 많은 석탄을 사용할 수 있는 방법을 찾는다. | 많은 사람들이 벌이나 말벌의 침에 특히 **민감하다**. | 사람과 동물을 공격하는 곤충은 질병 **매개자**로서 행동할 때 최고의 피해를 주게 된다. | 어떤 한 종류의 파리 유충은 **썩어 가는** 조직에 들어가 병을 치료하는 데 사용되어진다.

| 1180 | **therapeutic agent** [θèrəpjúːtik éidʒənt] | ⓝ 치료제 | 4 |

remedy
For centuries people have used insects or their products as **therapeutic agents**.

| 1181 | **sign** [sain] | ⓝ 기호, 신호, 간판, 표지 ⓥ 서명하다, 계약하다, 신호를 보내다 | 5 |

mark, symbol, figure, notice / contract, make movement
signal ⓝ 신호, 암호 signature ⓝ 서명
Doctors recommend that people seek medical care at the first **sign** of illness.

| 1182 | **air-conditioning** [ɛər-kəndíʃəniŋ] | ⓝ 공기 순환장치 | 6 |

air circulation system
Honey bees has been **air-conditioning** their hives long before humans even appeared on earth.

| 1183 | **germ** [dʒəːrm] | ⓝ 세균, 병원균; 새싹, 기원 | 5 |

microbe, virus, bug, microorganism; seed, origin
Germs that cause diseases attack a tired person more easily than a rested one.

| 1184 | **cure** [kjuər] | ⓥ 치료하다, 고치다 ⓝ 치료, 치유, 회복 | 4 |

preserve, heal, relieve, mend / remedy, treatment, panacea
curable ⓐ 치료할 수 있는, 고칠 수 있는 curer ⓝ 치료자 cureless ⓐ 치료법이 없는
A number of tribes have folk songs to control the weather or to **cure** illness.

| 1185 | **circulatory system** [səːkjuléitəri sístəm] | ⓝ 순환계 | 5 |

an organ for blood circulation
The **circulatory system** consists of the heart and blood vessels.

| 1186 | **cleaning agent** [klíːniŋ éidʒənt] | ⓝ 청소 약품, 표백제 | 5 |

bleach
Boric acid is used as an antiseptic; and in form of borax is used as a **cleaning agent**.

▶ boric acid 붕산 borax 붕사

Translation

수세기 동안 사람들은 곤충과 그들의 산물을 **치료제**로 이용해왔다. | 의사들은 사람들이 질병의 첫 **징후**를 보고 의학 치료를 찾을 것을 권고한다. | 꿀벌은 인류가 지구상에 모습을 나타내기 오래 전부터 그들의 벌집을 **공기조절** 하였다. | 질병을 일으키는 **병원균**은 피곤한 사람을 휴식을 한 사람보다 더 쉽게 공격한다. | 다수의 부족들은 날씨를 조절하거나 질병을 **치료하기 위한** 민요가 있다. | **순환계**는 심장과 혈관으로 이루어져 있다. | 붕산은 소독제로서 사용되고 붕사의 형태로는 **청소 약품**으로 사용된다.

| 1187 | **excess** [iksés] | ⓐ 여분의, 초과한 ⓝ 초과, 지나침, 지나친 행위 | 7 |

extra, redundant, addition / overload, surplus ↔ insufficient
excessive ⓐ 과도의, 지나친 exceed ⓥ 넘다, 넘어서다
Weight control is the process of losing or avoiding **excess** body fat.

| 1188 | **first-aid** [fə́:rst-eid] | ⓐ 응급치료의 | 5 |

emergent treatment
First-aid care is vital for a victim of almost any burn.

| 1189 | **foot-and-mouth disease** [fut ənd mauθ dizí:z] | ⓝ 구제역 (가축의 입과 발굽에 생기는 전염병) | 6 |

highly infectious disease that affects cattle, pigs, and goats
Virus diseases in animals include distemper in dogs and **foot-and-mouth disease** in cattle.

| 1190 | **fatal** [féitl] | ⓐ 운명의, 중대한; 치명적인 | 7 |

disastrous, devastating; lethal, deadly ↔ minor, harmless
fatality ⓝ 재난, 참사, 숙명 fate ⓝ 운명, 죽음
The sting of some scorpions may be **fatal**.

| 1191 | **heart disease** [há:rt dizí:z] | ⓝ 심장병 | 6 |

malfunction of a heart
Obesity can increase the risk of getting various life-threatening ailments, such as **heart disease**.

| 1192 | **injure** [índʒər] | ⓥ 상처를 입히다, 피해를 주다 | 6 |

hurt, wound, harm, damage
Most types of plants including all sorts of growing crops are attacked and **injured** by insects.

| 1193 | **physical education** [fízikəl èdʒukéiʃən] | ⓝ 체육 | 6 |

body fitness
Instruction is provided in art, music, social studies, science, and **physical education**.

> **Translation**
> 체중조절은 **과도한** 체지방을 빼거나 피하는 과정이다. | **응급치료**는 거의 모든 화상 환자에게 중요하다. | 동물에서 바이러스성 질병에는 개에서 디스템퍼와 소에서 **구제역**이 포함된다. | 몇몇 전갈의 침은 **치명적**일 수 있다. | 비만은 **심장병**과 같은 생명을 위협하는 다양한 질병을 얻을 위험을 증가시킨다. | 모든 종류의 성장 작물을 포함한 대부분의 식물들은 곤충에 의해 공격 받고 **피해를 입는다**. | 교육은 예술, 음악, 사회, 과학과 **체육교육**에서 제공된다.

1194 radiation
[rèidiéiʃən]

n 방사, 복사 — 5

ray, emission
radiate **v** 발하다, 발출하다
The earth's atmosphere shields human beings from most of **radiation** such as x ray.

1195 skeleton
[skélətn]

n 골격, 뼈대, 줄기 — 4

bones, bare bones, frame
The **skeleton** of an animal supports and protects the body.

1196 spoil
[spɔil]

v 망치다, 썩히다 — 5

ruin, destroy, mar
Many foods tend to **spoil** quickly.

1197 humidity
[hju:mídəti]

n 습기, 축축한 기운 — 5

dampness, moisture, wetness
Humidity in crop field may cause fungal diseases.

▶ fungal 균류에 의한

1198 obese
[oubí:s]

a 지나치게 살찐 — 7

overweight
In the US, recent studies show that about one-fourth of US adults are **obese**.

1199 biosafety
[bàiouséifti]

n 생물 안전 — 5

quarantine, bio-protection
Biosafety encompasses protecting against any risk through 'biological harm.'

1200 sickness
[síknis]

n 병, 메스꺼움 — 5

disease, illness ↔ health
sick **a** 병의, 병든, 메스꺼운
This sign shows to be fight the bacteria or virus causing the **sickness** in the body.

Translation

지구의 대기권은 x선과 같은 대부분의 **방사선**으로부터 인간을 막아 준다. | 동물의 **뼈**는 몸을 지탱하고 보호해 준다. | 많은 음식들은 쉽게 **상하는** 경향이 있다. | 작물 재배지에서 **습도**는 곰팡이 병을 일으킬 수 있다. | 미국에서 최근의 연구는 미국 성인의 4분의 1정도가 **비만**임을 보여 주고 있다. | **생물 안전**은 '생물적으로 위해한' 어떠한 위협에 대한 보호를 포함한다. | 이 징후는 몸에서 **질병**을 일으키는 세균이나 바이러스와 싸우는 것을 보여 준다.

IELTS VOCA

Chapter 04 Basic Vocabulary

Day 31 Basic ①_ wild, vary, separate, order, heart *etc.*

Day 32 Basic ②_ boundary, crude, perfect, myth, driveway *etc.*

Day 33 Basic ③_ ultimately, abbreviate, documentary, edit *etc.*

Day 34 Basic ④_ irritate, amendment, value, originate, expose *etc.*

Day 35 Basic ⑤_ competent, narrative, Arctic, reliable, raise *etc.*

Day 36 Basic ⑥_ perception, existing, defensible, aggression, accumulate *etc.*

Day 37 Basic ⑦_ counseling, administrator, creativity, competing, challenging *etc.*

Day 38 Basic ⑧_ conquest, appetising, adaptation, transparent, insufficient *etc.*

Day 39 Basic ⑨_ initiate, discrimination, calculated, attain, strain *etc.*

Day 40 Basic ⑩_ enthusiast, ridicule, oriental, loaded, lifestyle *etc.*

DAY 31 Basic Vocabulary ①

KEY WORDS

☐ wild ☐ vary ☐ separate ☐ order ☐ heart
☐ farming ☐ correct ☐ compare ☐ understand ☐ suppose
☐ rare ☐ rapid ☐ mate ☐ mark ☐ ignore

1201 ease [iːz]

n 편함, 안정, 쉬움 v 편해지다, 수월하게 하다   3

comfort, relaxation ↔ difficulty, anxiety / relive, alleviate
easy ⓐ 쉬운 ⓐd 조심해서
Ease of use is important to every person who wants to look up information in an encyclopedia.
▶ encyclopedia 백과사전

1202 match [mætʃ]

v 필적하다, 경쟁시키다 n 어울리는 것, 경기, 경쟁 상대   4

correspond, pair / contest, game
unmatchable ⓐ 필적하기 어려운, 대항할 수 없는
People often have difficulty trying to describe or **match** a certain color.

1203 hunt [hʌnt]

v 사냥하다, 추적하다   5

game, chase, track, trail
hunter ⓝ 사냥꾼
People began to **hunt** whales in prehistoric times.
▶ prehistoric 선사시대의

1204 vary [véəri]

v 바꾸다, 변경하다, 다양하다, 차이가 있다   6

alter, change, diverge
various ⓐ 가지각색의, 다양한 variant ⓝ 다른, 상이한 variation ⓝ 변화, 변동
Sharks **vary** greatly in size and habits.

1205 affect [əfékt]

v ~에 영향을 미치다, 침범하다, 감명을 주다; ~인 체하다, 가장하다   4

influence, impress, move, attack; pretend to, simulate, impersonate
affection ⓝ 애정, 호의, 감동, 영향 affective ⓐ 감정의, 감정적인
Human activities **affect** the weather both intentionally and unintentionally.

Translation

사용의 **용이성**은 백과사전에서 정보를 조회하고 싶은 모든 사람에게 중요하다. | 사람들은 종종 특정한 색상을 설명하거나 **일치시키려는** 데 어려움을 겪고 있다. | 사람들은 선사시대에 고래를 **사냥하기** 시작했다. | 상어는 크기와 습성에서 매우 **다양하다**. | 인간의 활동은 의도적이거나 비의도적이거나 간에 기상에 **영향을 준다**.

1206 pick
[pik]

- **v** 골라잡다; 따다, 채집하다 **n** 선택, 수확량
- choose, select; collect, gather
- picked ⓐ 정선된, 최상의; 뾰족한 picky ⓐ 법석대는, 성미 까다로운
- Rescue party **picked** up radio messages from the boat that was wrecked.

1207 understand
[ʌndərstǽnd]

- **v** 이해하다, 알다
- comprehend, know, grasp ↔ misunderstand
- understandable ⓐ 이해할 수 있는, 알만한 understanding ⓝ 이해, 이해력
- Babies **understand** many more words than they use.

1208 compare
[kəmpέər]

- **v** 비교하다, 견주다
- match, contrast
- comparable ⓐ ~와 비교되는, 유사한 comparative ⓐ 비교의, 상대적인
- comparison ⓝ 비교, 유사 compare A with[to] B A와 B를 비교하다
- We can take a picture of a person and **compares** it to a set of stored images.

1209 develop
[divéləp]

- **v** 발달시키다, 개발하다
- advance, progress, elaborate, explicate ↔ decay
- development ⓝ 발달, 개발 developer ⓝ 개발자 developing ⓐ 발전 중인
- Most children **develop** speech habits until about the age of 8.

1210 drive
[draiv]

- **v** 몰다, 운전하다, 내몰다
- handle, steer, force, impel
- driver ⓝ 운전사
- Many visitors **drive** along the fine view path of the Halla Mountain.

1211 separate
[sépərèit]

- **v** 가르다, 분리하다, 떼어 놓다
- unconnected, individual, isolated
- affection ⓝ 애정, 호의, 감동, 영향 affective ⓐ 감정의, 감정적인
- Petroleum refineries **separate** the various fractions and change them into useful products.

1212 wrap
[ræp]

- **v** (감)싸다, 두르다, 감추다
- enclose, envelop ↔ unwrap, loosen
- cloak, cape ⓝ 싸개, 덮개, 외투
- Newborn infants are often **wrapped** in a cotton blanket for warmth.

Translation

조난 구조대가 조난당한 배로부터 온 무선 전신을 **잡아냈다**. | 아기들은 그들이 사용하는 것보다 더 많은 단어들을 **이해한다**. | 우리는 인물 사진을 찍고 저장된 일련의 이미지들을 **비교할 수** 있다. | 대부분 아이들은 8세경까지 말하는 습관을 **발달시킨다**. | 많은 관광객들이 한라산의 전망 좋은 길을 따라 **운전한다**. | 석유정제는 다양한 분류로 **나누고** 그것을 유용한 산물로 바꾼다. | 신생아는 보온을 위해 종종 면담요로 **감싸 주어야** 한다.

1213 defeat [difíːt]

v 쳐부수다; 좌절시키다 n 패배, 좌절 4

overcome, conquer; frustrate, conquest ↔ surrender / failure to win or succeed

Napoleon was finally **defeated** in 1815 in the Battle of Waterloo.

1214 earn [əːrn]

v 벌다, 획득하다 5

gain, make, obtain ↔ consume, spend
earning n 벌기, 수입, 소득

Some students started chiefly to **earn** the money working at a part-time job.

1215 endure [indjúə]

v 참다, 견디다 5

bear, last, tolerate
endurable a 참을 수 있는, 견딜 수 있는 endurance n 지구력, 인내

Astronauts and equipment must **endure** the physical effects of space travel.

1216 heal [hiːl]

v 고치다, 화해시키다 4

cure, mend, restore ↔ hurt, injure
healing a 치유, 치료법

Most large third-degree burns do not **heal** naturally.

1217 save [seiv]

v 구하다; 모으다, 절약하다 4

rescue; accumulate, deposit
saving n 절약하는, 도와주는

Motorists can **save** gasoline by driving smaller cars and by forming car pools.

1218 send [send]

v 보내다, 부치다 4

dispatch, post, transmit
send-off n 전송, 송별 sender n 발송인

Scientists **send** radio waves into the sky to learn about the weather.

1219 adjust [ədʒʌ́st]

v 조절하다, 조정하다, 바로잡다 5

adapt, alter, conform, change, modify
adjustment n 조정, 수정

Cameras can **adjust** from a close-up to a long-range view of a scene by means of a device called a zoom lens.

Translation

나폴레옹은 1815년에 워털루전투에서 결국 **패배했다**. | 일부 학생들은 주로 아르바이트로 일해서 돈을 **벌기** 시작했다. | 우주 비행사와 장비는 반드시 우주여행의 물리적 영향을 **견뎌 내어야** 한다. | 대부분 심한 3도 화상은 자연적으로 **치유되지** 않는다. | 자동차 운전자는 소형차를 운전하거나 카풀을 하여 연료를 **절약할** 수 있다. | 과학자들은 날씨를 탐지하기 위해 하늘로 전자파를 **보낸다**. | 카메라는 줌렌즈라 불리는 장비 수단으로 가까이에서부터 먼 거리의 장면까지 **조절할** 수 있다.

1220 follow
[fɑ́lou]

v 따르다, 쫓다, 따라가다 5

obey, comply, trace, accompany ↔ lead, precede
following ⓐ 다음의, 이하의
The preface **follows** the title page.

1221 host
[houst]

v 사회를 맡다, 접대하다 / n 주인, 사회자 4

introduce, receive, throw a party / manager, owner
In 2016, Rio de Janeiro in Brazil will **host** the Summer Olympic Games.

1222 ignore
[ignɔ́ːr]

v 무시하다, 모르는 체하다 5

disregard, overlook, neglect ↔ notice, pay attention to
ignorant ⓐ 무지한, 무식한 ignorance ⓝ 무지, 모름
The president quietly **ignored** this proposal.

1223 mark
[mɑːrk]

v 자국[흠집]을 남기다; 눈에 뜨이게 하다 n 기호[표시], 점수, 표적 5

label, blemish, stain; attend, discern / sign, grade, characteristic
Mammals **mark** the boundaries of their territories in various ways.

1224 talent
[tǽlənt]

n 재능 4

ability, genius ↔ inability, incapability
talented ⓐ 재능이 있는, 유능한 talentless ⓐ 무능한
At the age of 3, Mozart showed signs of remarkable musical **talent**.

1225 correct
[kərékt]

ⓐ 옳은, 정확한 v 정정하다, 바로잡다 6

right, proper, accurate / rectify, reform, cure ↔ incorrect, wrong
correctness ⓝ 정확함
The foods must be eaten together to provide the **correct** balance of amino acids.

1226 order
[ɔ́ːrdər]

v 명령하다, 주문하다, 정돈하다 n 순서, 차례, 질서, 명령 6

command, instruct ↔ disorder / arrangement, line, rule
The new law **ordered** automakers to reduce the pollution produced by new cars.

Translation

머리말은 표제지를 **뒤따른다**. | 2016년에는 브라질의 리우데자네이루가 하계 올림픽을 **개최할** 것이다. | 회장은 조용히 이 제안서를 **무시했다**. | 포유동물은 다양한 방법으로 그들 영토의 경계를 **표시한다**. | 세 살 나이에 모차르트는 놀라운 음악적 **재능**의 징후를 보였다. | 그 음식들은 아미노산의 **올바른** 균형을 제공하기 위해 반드시 함께 먹어야 한다. | 새로운 법은 자동차 회사에게 신차가 발생하는 오염을 줄이도록 **명령하였다**.

| 1227 | **suppose** [səpóuz] | **v** 생각하다, 추측하다, 가정하다 | 5 |

imagine, consider, think
supposal = supposition ⓐ 상상, 추측, 가정 supposing [conj] 만약 ~이라면
Suppose the room measures 100 metres long.

| 1228 | **goal** [goul] | **n** 목표, 목적지, 결승선 | 5 |

aim, target, object
goalkeeper ⓝ 골키퍼
The chief **goal** of some philosophers is not understanding and knowledge.

| 1229 | **rare** [rɛər] | **a** 드문, 진기한, 희박한 | 5 |

peculiar, scarce ↔ ordinary
Snowfall is **rare** in Jeju island.
Many cave animals are extremely **rare** and can be easily harmed.

| 1230 | **wild** [waild] | **a** 길들지 않은, 야생의, 난폭한 | 7 |

barbarous, savage ↔ cultivated, tame
wilderness ⓝ 황야 wildlife ⓝ 야생 생물
The earliest human beings lived by hunting and gathering **wild** plants.

| 1231 | **heart** [hɑːrt] | **n** 중심; 본심; 감정, 애정 | 6 |

center, core; nature, character; emotions, feeling
heartbeat ⓝ 심장박동 heartbroken ⓐ 비탄에 잠긴, 애끓는 hearty ⓐ 친절한, 원기 왕성한
The **heart** of an automobile's power system is the engine.

| 1232 | **heat** [hiːt] | **n** 열, 더위, 온도 **v** 뜨겁게 하다, 가열하다 | 5 |

warmth, hotness, temperature ↔ cold / inflame, warm, cook
Many chemical reactions produce **heat**.

| 1233 | **former** [fɔ́ːrmər] | **a** 먼저의, 전자의 | 4 |

previous, prior ↔ current, latter
formerly [ad] 전에, 먼저
India, South Africa, and many other **former** British colonies also have parliaments.

Translation

방의 한 길이가 100 미터라고 **가정해 보라**. | 일부 철학자들의 주요 **목표**는 이해와 지식이 아니다. | 눈 내리는 것이 제주도에서는 **드물다**. | 많은 동굴에서 사는 동물들은 매우 **희귀하고** 쉽게 피해를 입는다. | 초기의 인류는 사냥과 **야생**식물을 수확하며 살았다. | 자동차 전력 시스템의 **핵심**은 엔진이다. | 많은 화학반응이 **열**을 만든다. | 인도, 남아프리카공화국, 그리고 많은 다른 **이전의** 영국 식민지들 역시 의회를 갖고 있다.

| 1234 | **rapid** [rǽpid] | ⓐ 빠른, 신속한, 가파른 | 5 |

quick, swift ↔ slow, tardy
rapidity ⓝ 급속, 민첩, 속도
Gold rush is a **rapid** movement of people to a site where gold has been discovered.

| 1235 | **farming** [fá:rmiŋ] | ⓝ 농업, 농작 경영, 사육 | 6 |

agriculture, husbandry
Rich soil and a mild climate provide good **farming**.

| 1236 | **fortune** [fɔ́:rtʃən] | ⓝ 행운, 부, 재산 | 5 |

destiny, wealth, treasure ↔ misfortune
fortunate ⓐ 운이 좋은, 행운의
Astrologers believe certain angles represent signs of good **fortune**.

▸ Astrologers 점성가

| 1237 | **mate** [meit] | ⓝ 동료, 배우자 ⓥ 결혼하다, 동료가 되다, 교미하다 | 5 |

friend, companion, partner, assistant / copulate, match, pair
Only a few species of mammals seem to take one **mate** for life.

| 1238 | **tip** [tip] | ⓝ 끝, 첨단 | 4 |

top, point, pinnacle, zenith
About 1 percent of all Inuit live on the northeastern **tip** of Siberia.

| 1239 | **brand** [brænd] | ⓝ 상표, 품질 | 4 |

label, mark, trademark
brand-new ⓐ 아주 새로운, 신품의
Advertisers compare their product with similar **brands** and point out the advantages of using their brand.

| 1240 | **data** [déitə] | ⓝ 데이터, 자료 | 4 |

information
database ⓝ 데이터베이스
Soviet attempts to obtain **data** from Venus finally succeeded in 1967.

Translation

골드러시는 금이 발견되었다는 장소로 사람들의 **빠른** 이동이다. | 풍부한 토양과 온화한 기후가 좋은 **농사**를 제공한다. | 점성가들은 특이한 앵글이 **행운**의 표시를 나타낸다고 믿는다. | 포유류 중 단지 몇 종만이 일생 동안 하나의 **짝**만을 찾는 것으로 보인다. | 전체 에스키모인 부족의 약 1퍼센트가 시베리아 북동쪽 **끝**에 산다. | 광고주는 그들에 제품을 비슷한 브랜드와 비교를 하고 그 **브랜드**의 장점을 지적한다. | 금성으로부터 **데이터**를 얻기 위한 (구)소련 정부의 시도가 마침내 1967년에 성공했다.

DAY 32 Basic Vocabulary ②

KEY WORDS

- ☐ boundary   ☐ crude   ☐ perfect   ☐ myth   ☐ driveway
- ☐ occur   ☐ observe   ☐ monitor   ☐ injury   ☐ global
- ☐ favourite   ☐ fault   ☐ betray   ☐ trap   ☐ represent

1241 occur [əkə́:r]   6

ⓥ 일어나다, 생기다, 나타나다

happen, emerge, exist, appear
occurrence ⓝ 발생, 사건, 출현
Some vitamins **occur** in food and pills in inactive forms.

1242 saint [seint]   4

ⓝ 성인, 성자, 신앙가

holy
Muslims believe each **saint** can perform a special miracle.

1243 taste [teist]   5

ⓝ 미각, 소량, 취미, 경험

savour, flavour, sense, liking ↔ distaste
tasteful ⓐ 멋을 아는, 세련된 tasty ⓐ 맛 좋은 고상한
Pure sucrose has an extremely sweet **taste** and almost no odor.
▶ sucrose 수크로오스, 자당 odor 냄새

1244 represent [rèprizént]   5

ⓥ 표현하다; 의미하다

depict, describe; symbolise, express
representation ⓝ 표시, 표현, 묘사, 설명, 주장 representative ⓐ 대표자; 대표하는
The Egyptians **represented** the sun as a boat.

1245 boundary [báundəri]   9

ⓝ 경계선, 국경

bound, border
Big lakes or rivers occasionally form part of the **boundary** between countries.

Translation

어떤 비타민은 음식과 약에 불활성 형태로 **발생한다**. | 이슬람 교인들은 각 **성자**들이 특별한 기적을 수행할 수 있다고 믿는다. | 순수한 자당은 매우 단**맛**이지만 냄새는 거의 없다. | 이집트인들은 태양을 배로 **표현하였다**. | 큰 호수 또는 강이 때때로 국가 간의 **경계**의 부분을 형성한다.

| 1246 | **calendar** [kǽləndər] | n 달력, 책력, 연중행사표 | 3 |

schedule
Today, the **calendar** is based entirely on the year.

| 1247 | **career** [kəríər] | n 직업, 생애, 이력, 성공 | 4 |

occupation, vocation, profession, employment
Adams seldom achieved popularity during his long political **career**.

| 1248 | **challenge** [tʃǽlindʒ] | n 도전, 공격, 난제 v 도전하다, 대답을 요구하다 | 5 |

test, trial, opposition, confrontation / confront, dispute
challenging ⓐ 도전적인, 매력적인
Canoe racing provides **challenge** and excitement.

| 1249 | **solve** [sɔlv] | v 풀다, 용해하다, 해결하다, (부채) 갚다 | 5 |

answer, resolve
solvable ⓐ 풀 수 있는, 해결할 수 있는 solution ⓝ 해결책, 해답
New research and fossil discoveries will help **solve** such mysteries.

| 1250 | **observe** [əbzə́:rv] | v 알다, 관찰하다, 진술하다, 준수하다 | 6 |

notice, obey ↔ violate, break
observation ⓝ 관찰, 주목 observance ⓝ 준수, 의식 observant ⓐ 관찰력 있는
Biology students **observe** algae, protozoa, and other single-cell organisms under a microscope.

| 1251 | **duty** [djú:ti] | n 의무, 임무, 세금 | 4 |

obligation, responsibility; tariff
duty-bound ⓐ 의무로서 해야 할 duty-free ⓐ 관세가 없는, 면세의
Investigating wrongdoing has become an increasingly important **duty** of journalism.

| 1252 | **perfect** [pə́:rfikt] [pərfékt] | ⓐ 완전한, 결점이 없는 v 완성하다, 수행하다 | 7 |

ideal, flawless ↔ defective, imperfective
perfection ⓝ 완전, 모범
Salt usually forms clear crystals that are almost **perfect** cubes.

Translation

오늘날 **달력**은 전적으로 연도에 기반을 둔다. | 애덤스는 오랜 정치 **경력** 동안 좀처럼 인기를 얻지 못했다. | 카누 경주는 **도전**과 흥분을 제공한다. | 새로운 연구와 화석의 발견은 그러한 신비를 **푸는 데** 도움이 될 것이다. | 생물학 학생들은 조류, 원생동물과 다른 단세포 유기체를 현미경으로 **관찰한다**. | 비리를 조사하는 것이 저널리즘의 점차적인 중요한 **임무**가 되어가고 있다. | 소금은 보통 거의 **완벽한** 큐브(입방체)인 깨끗한 크리스털 모양이다.

1253 focus (on)
[fóukəs]

- v 집중하다, 초점을 맞추다 n 초점, 집중, 중심
- concentrate, spotlight / centre, focal point, heart, target
- focal ⓐ 초점의, 초점이 있는
- Newsmagazines **focus** on chief national and international events.

1254 injury
[índʒəri]

- n 상해, 손상
- harm, hurt, wound, damage
- injure ⓥ 상처를 입히다, 해치다 injurious ⓐ 해로운, 손상을 주는
- Most shark attacks seldom result in death or serious **injury**.

1255 lack
[læk]

- n 부족, 결여, 결핍
- need, want, shortage ↔ fill
- Because of the **lack** of atmosphere, Mercury's sky is black.

1256 load
[loud]

- n 적재 하물, 짐, 부담, 하중 ⓥ 짐을 싣다, 부담을 지우다
- cargo, shipment ↔ unload / burden, lade, cargo, charge
- When a ship sinks in the water to a certain line with cargo, it has reached the maximum **load**.

▶ maximum load 최대 선적

1257 betray
[bitréi]

- ⓥ 무심코 나타내다, 배반하다, 누설하다
- deceive, mislead, trick
- betrayal ⓝ 배반, 폭로 betrayer ⓝ 배반자, 매국노
- Randolph later published a book in which he declared that he had never **betrayed** his country.

1258 fault
[fɔːlt]

- ⓥ 단층, 결점, 단점, 과실, 실수
- a crack, blemish, flaw, shortcoming
- The accident was not a **fault** made by any single side, both sides should have equal responsibility.

1259 monitor
[mɑ́nitər]

- n 모니터, 반장, 학급위원 ⓥ 감시하다, 관찰하다, 조사하다
- reminder, supervisor
- Geologists closely **monitor** certain fault zones where quakes are expected.

▶ Geologists 지질학자들

Translation

일간지는 주요 국내와 국제 사건에 **초점을 맞춘다**. | 대부분의 상어의 공격은 좀처럼 죽음이나 심각한 **부상**의 결과를 초래하지는 않는다. | 대기의 **부족**으로 수성의 하늘은 검다. | 배가 화물을 싣고 물에서 특정 선까지 가라앉으면 이는 최대 **선적**에 도달한 것이다. | 랜돌프는 나중에 그가 결코 조국을 **배반하지** 않았다고 주장했던 것을 책으로 출간했다. | 그 사고는 어느 한쪽에 의해 생긴 **과실**이 아니었기에 양쪽 모두 동등한 책임을 져야 했다. | 지질학자들은 지진이 예상되는 특정 단층 지역을 면밀히 **감시한다**.

| 1260 | **myth** [miθ] | ⓝ 신화, 가공의 인물 | 7 |

legend, fable, fiction ↔ reality
mythical ⓐ 신화의
A large society may develop a particular **myth**.

| 1261 | **global** [glóubəl] | ⓐ 세계적인, 전체적인 | 6 |

worldwide, international, universal
globalise ⓥ 세계화하다 globalisation ⓝ 세계적 규모화, 세계화
Human activity may be changing the **global** climate.

| 1262 | **curious** [kjúəriəs] | ⓐ 호기심이 강한, 캐기 좋아하는 | 4 |

inquisitive, queer ↔ incurious, indifferent
curiosity ⓝ 호기심
From earliest times, people have been **curious** about the world around them.

| 1263 | **puzzle** [pʌzl] | ⓝ 수수께끼, 어려운 문제 | 4 |

perplex, confuse, problem
puzzling ⓐ 헷갈리게 하는 puzzlement ⓝ 곤혹케 하는 것
Mathematics can help us solve some of the deepest **puzzles** we must face.

| 1264 | **trap** [træp] | ⓝ 덫, 올가미, 술책 | 5 |

catch, trick, snare
The earth's atmosphere helps **trap** the heat of the sun.

| 1265 | **weight** [weit] | ⓝ 무게, 부담, 중요성 | 4 |

burden, mass, heaviness, importance, force
weigh ⓥ 무게를 달다, 심사숙고하다
Many people try to lose **weight** quickly by exercising diets.

| 1266 | **beach** [bi:tʃ] | ⓝ 바닷가, 해변, 해수욕장 | 4 |

coast, seaside, shore
A long, sandy **beach** stretches southward from the eastside area.

Translation

큰 사회에서 특별한 **신화**가 발달될 수 있다. | 인간의 활동이 **세계** 기후를 변화시킬 수 있다. | 초기시대부터 사람들은 그들 주위의 세계에 대하여 **궁금해했다**. | 수학은 우리가 직면해야 하는 가장 어려운 **퍼즐** 중 일부를 해결하는 데 도움을 줄 수 있다. | 지구의 대기는 태양의 열을 **가두는** 데 도움이 된다. | 많은 사람들이 다이어트 운동으로 빠르게 **몸무게**를 빼려고 시도한다. | 긴 모래사장의 **해변**이 동쪽 지역에서 남쪽으로 뻗어 있다.

1267 alcohol
[ǽlkəhɔ̀l]

n 술, 알코올, 주정 — 3

beverage, drink
alcoholic ⓐ 알코올성의 alcohol abuse 알코올 남용
Criminalists use a gas chromatograph to determine the amount of **alcohol** in a person's blood.   ▸ chromatograph 크로마토그래프

1268 code
[koud]

n 신호, 암호, 법전 — 4

cipher, principles, rules
The attack plan received the **code** name *Never Die*.

1269 tape
[teip]

n 납작한 끈, 테이프 — 3

binding, strip, band, ribbon
Videotape recording stores television pictures and sound as magnetic impulses on **tape**.

1270 comfort
[kʌ́mfərt]

n 위안, 위로 v 위로 [위안]하다 — 5

consolation, relief, ease / console, hearten solace, soothe ↔ discomfort
comfortable ⓐ 기분 좋은, 편안한, 안락한 comforting ⓐ 위로가 되는
Skiers also wear special clothing for warmth and **comfort**.

1271 league
[li:g]

n 연맹, 동맹 — 4

association, union, coalition, partnership, federation
Teams play at least 60 games a season to determine the **league** champion.

1272 distribute
[distríbju:t]

v 분배하다, 배치하다 — 4

allot, dispense, spread ↔ assemble, collect, gather
The electric power is **distributed** to individual consumers.

1273 edge
[edʒ]

n 가장자리, 끝, 날 — 5

border, fringe, verge ↔ center, core
The solar system is about three-fifths of the way from the center to the **edge** of the Galaxy.

Translation

범죄학자는 개인의 혈액에서 **알코올** 양을 결정하기 위하여 가스크로마토그래피를 사용한다. | 공격 계획은 **코드** 네임 'Never Die: 죽지 않는다'를 받았다. | 비디오테이프 녹화는 **테이프**에 TV 화면이나 자기 자극으로서 소리를 저장한다. | 스키 타는 사람들은 따뜻함과 **편안함**을 위한 특별한 옷을 입는다. | 팀은 **리그** 챔피언을 결정하는 데 한 시즌당 적어도 60게임을 해야 한다. | 전력은 각 개별 소비자에게 **분배된다**. | 태양계는 은하계의 중심에서 **가장자리**로 약 5분의 3정도 거리에 위치해 있다.

1274 favourite
[féivərit]

ⓐ 마음에 드는, 매우 좋아하는 ⓝ 좋아하는 사람 [물건]　6

beloved, precious / preference, choice, darling
Today, millions of fans crowd into gymnasiums and arenas to watch their **favourite** teams.

1275 plan
[plæn]

ⓝ 계획, 모형, 도면　4

design, project, scheme
planner ⓝ 입안자, 계획자
Neither the President nor the Congress seriously considered the **plan**.

1276 format
[fɔ́:rmæt]

ⓝ 판형, 체재, 형식　4

mode, fashion, arrangement
Fingerprint readers convert the pattern in the skin to a digital **format**.

1277 despotism
[déspətizm]

ⓝ 전제정치, 폭정　4

tyranny, dictatorship, oppression
Despotisms do not allow freedom of the press.

1278 column
[kɔ́ləm]

ⓝ 기둥, 원주, 종렬　4

cylinder, pillar, section
columnar ⓐ 원주의 columnist ⓝ 특별 기고가
Air pressure is the weight per unit of area of a **column** of air that reaches to the top of the atmosphere.

1279 crude
[kru:d]

ⓐ 대충의, 대충 만든, 원래 그대로의, 조잡한　8

coarse, rude, raw ↔ elegant, refined
Early maps were simply **crude** drawings that showed distance and direction.
Heat is used to separate metals from their ores and to refine **crude** oil.

1280 driveway
[dráivwèi]

ⓝ 차도　7

road
highway ⓝ 주요 도로, 평탄한길
Young people enjoy playing on neighborhood playgrounds, in backyards, in alleys, and on **driveways**.

Translation
오늘날, 수많은 팬들은 그들이 **좋아하는** 팀을 보러 체육관 및 경기장에 몰려든다. | 대통령뿐만 아니라 의회에서도 그 **계획**을 심각하게 고려하지 않았다. | 지문 판독기들은 피부의 유형을 디지털 **형식**으로 변환한다. | **독재**는 언론의 자유를 허용하지 않는다. | 기압은 대기의 상단에 도달한 공기 **기둥**의 영역 단위당 무게를 말한다. | 초기의 지도들은 단순히 **조잡한** 그림으로 거리와 방향만을 보여주었다. 열은 광석에서 금속을 분리하고 **원유**를 정제하는 데 사용되곤 한다. | 청소년들이 동네 놀이터와 뒤뜰, 골목, **차도**에서 놀기를 즐긴다.

DAY 33 Basic Vocabulary ③

KEY WORDS

- ultimately
- abbreviate
- documentary
- edit
- course
- accumulation
- accelerate
- touch
- tend
- target
- pattern
- impact
- idolise
- honour
- facilitate

1281 fuel [fjúːəl]

n 연료 v 연료를 공급하다, 부채질하다   4

incitement, incentive / stoke

The cells use glucose as **fuel** for the muscles and nerves and to build and repair body tissues.

▶ glucose 포도당

1282 impact [ímpækt] [impækt]

n 충격, 충돌, 영향 v 영향을 주다, 충돌하다   5

effect, influence, collision, contact / affect, collide

The war has enormous **impacts** on our economy, art, environment and life.

1283 ultimately [ʌ́ltəmətli]

ad 최후로, 마침내, 결국   9

eventually, finally, fundamentally, primarily

Not only koreans but **ultimately** all people, would suffer.

1284 label [léibəl]

n 라벨, 꼬리표, 표지 v 꼬리표를 붙이다   4

tag, ticket, marker / tag

All processed foods must carry a **label** that states the amount of total fat, protein and other nutritional information.

▶ processed foods 가공 식품

1285 limit [límit]

v 한정하다, 제한하다 n 한계선, 제한   3

confine, restrict / end, ultimate, extremity

limitation n 한정, 제한, 한계

A person with diabetes must **limit** use of sugar.

▶ diabetes 당뇨병

Translation

세포는 근육과 신경을 위해 그리고 신체 조직을 만들고 복구하기 위한 **연료**로서 포도당을 이용한다. | 전쟁은 우리의 경제, 예술, 환경과 생활에 막대한 **영향**을 끼친다. | 한국인뿐만 아니라 **결국** 모든 사람이 고통 받을 수 있다. | 모든 가공 식품은 총 지방, 단백질과 다른 영양정보의 양을 명시하는 **라벨**을 부착해야 한다. | 당뇨병이 있는 사람은 반드시 설탕의 사용을 **제한해야** 한다.

1286 neighbour
[néibər]

n 이웃 사람, 동료   4

acquaintance, friend
neighbourhood **n** 근처, 이웃, 주민
Moon is the earth's nearest **neighbour** in space.

1287 pattern
[pǽtən]

n 무늬, 형, 양식, 모범, 견본   5

model, example, design, plan
Most composers build their music on a **pattern** of regularly occurring accents.

1288 prize
[praiz]

n 상, 포상   3

award, cherish
prizewinner **n** 수상자
Reading Association established a **prize** for the best first or second book by a new author.

1289 foster
[fɔ́stər]

v 기르다, 육성하다, 마음에 품다   5

rear, breed, nourish, raise, promote
The key to being a competent leader is to **foster** good relations with the people.

1290 target
[tɑ́ːrgit]

n 과녁, 표적, 목표 **v** 목표로 삼다   5

aim, object, mark
As the beam moves across the **target**, it strikes areas with different amounts of positive charge.

1291 touch
[tʌtʃ]

v 감동시키다, 접촉하다 **n** 만짐, 손을 댐, 촉감   5

affect, move / contact
touchable **a** 만질 수 있는, 감동시킬 수 있는
The chimpanzees learned to identify by **touching** the object.

1292 desire
[dizáiər]

n 욕구, 욕망, 갈망 **v** 바라다   4

lust, want, wish ↔ despair, appetite, drive, craving
desirable **a** 바람직한, 호감이 가는
Advertisers often use sexual themes that appeal to a person's **desire**.

Day 33 Basic Vocabulary ③

Translation

달은 우주에서 지구와 가장 가까이 있는 **이웃**이다. | 대부분의 작곡가는 규칙적으로 발생하는 악센트의 **양식**으로 그들의 음악을 구축한다. | 독서협회는 신규 저자가 쓴 첫 번째와 두 번째 책에 **상**을 제정하였다. | 유능한 리더가 될 수 있는 열쇠는 다른 사람들과 좋은 관계를 **길러주는** 것이다. | 빛이 **목표**를 향해 가로질러 이동할 때 양전화된 다른 양의 영역에 부딪힌다. | 침팬지는 물체를 **접촉하여** 식별하는 것을 배운다. | 광고주는 종종 사람들의 **욕구**에 호소하는 성적 주제를 사용한다.

| 1293 | **absorb** [əbsɔ́ːrb] | v 흡수하다, 열중시키다 | 4 |

assimilate, suck up
absorption (n) 흡수, 몰두 absorbing (a) 흡수하는 absorber (n) 흡수재
Forests **absorb** carbon dioxide from the atmosphere.

| 1294 | **accelerate** [æksélərèit] | v 가속하다, 촉진하다 | 6 |

speed up, advance, quicken ↔ decelerate, retard
Vitamins help **accelerate** certain chemical reactions that occur in the body and are essential for health.

▶ be essential for ~에 필요하다

| 1295 | **accordingly** [əkɔ́ːrdiŋli] | ad 따라서, 그러므로, 적절히 | 5 |

correspondingly, consequently
Performers decide what qualities are desirable, and adjust their voices **accordingly**.

| 1296 | **broadcast** [brɔ́ːdkæ̀st] | v 방송하다, 방영하다 n 방송, 방영 | 5 |

air, send, transmit / a programme on the radio or on television
broadcaster (n) 방송 broadcasting (n) 방송, 방영
Radio stations also **broadcast** many colleges and some high school sports contests.

| 1297 | **live** [liv] [laiv] | v 살아가다, 남아 있다 a 라이브의, 살아 있는 | 5 |

survive, exist, remain alive / living, alive, breathing, pressing
lively (ad) 생방송으로
Electronics has changed the way people **live**.

| 1298 | **documentary** [dɔ̀kjuméntəri] | n 실록 a 문서의, 서류의 | 7 |

documental
A **documentary** is a dramatic, but nonfictional, presentation of information.

| 1299 | **courage** [kə́ːridʒ] | n 용기, 담력 | 5 |

bravery ↔ cowardice
courageous (a) 용기 있는
Washington brought extraordinary **courage**, prestige, and wisdom to the U.S. presidency.

Translation

산림은 대기로부터 이산화탄소를 **흡수한다**. | 비타민은 건강에 필수적이고 몸에서 일어나는 특정 화학반응의 **가속화**를 돕는다. | 연기자는 어떤 자질이 바람직하고 **적절하게** 그들의 목소리를 조절한다. | 라디오 **방송국**이 많은 대학과 일부 고등학교의 스포츠 대회를 방송하기도 한다. | 전자기기는 사람들이 **살아가는** 방식을 바꾸었다. | **다큐멘터리**는 극적이지만 허구가 없는 정보이다. | 워싱턴은 미국 대통령직에 특별한 **용기**, 명성과 지혜를 가져다주었다.

Day 33 Basic Vocabulary ③

1300 abbreviate [əbríːvièit]
v 줄여 쓰다, 단축하다 — 9

abridge, condense ↔ amplify, lengthen
The word 'compact disc' can **abbreviate** as to CD.

1301 aboard [əbɔ́ːrd]
ad 배로, 승선하여 — 3

onboard ↔ ashore
Astronauts **aboard** the shuttle can repair the satellites and then return them to orbit.

1302 delay [diléi]
v 늦추다, 지체시키다, 미루다 **n** 지연, 유예 — 4

detain, suspend, postpone ↔ hasten, hurry / postponement, deferment
Cool spring winds **delay** the blossoming of the fruit trees.

1303 dominate [dɔ́mənèit]
v 지배하다, 조절하다 — 4

control, rule
dominant **a** 지배적인 dominance **n** 우월, 지배
A variety of themes **dominated** the literature of the mid-1900's.

1304 abroad [əbrɔ́ːd]
ad 국외로, 널리 — 5

overseas, out of the country ↔ home
South Korea imports all its petroleum from **abroad**.

1305 edit [édit]
v 편집하다, 교정하다 — 6

revise, improve, correct, polish
edition **n** 판, 쇄 editor **n** 편집자, 교정자 editorial **n** 사설 **a** 편집자의
Journalists write stories, **edit** articles, or gain other valuable experience.

1306 debt [det]
n 빚, 채무 — 5

liability
Canada's national **debt** rose from $4 billion in 1939 to $16 billion in 1945.

Translation

단어 compact disc는 CD로 **줄여 쓸 수** 있다. | 셔틀에 **탑승한** 우주 비행사는 위성을 고치고 그것을 궤도로 되돌릴 수 있다. | 차가운 봄바람이 과실수의 개화를 **지체시킨다**. | 다양한 주제가 1900년대 중반의 문학을 **지배했다**. | 대한민국은 모든 페트롤륨(석유)을 **외국으로부터** 수입한다. | 저널리스트들은 이야기를 쓰고, 기사를 **편집하고** 다른 귀중한 경험을 얻는다. | 캐나다의 국가 **채무**가 1939년의 4억 불에서 1945년에 16억 불로 늘어났다.

1307 battery
[bǽtəri]

n 배터리, 건전지

small device that provide the power for electrical items
rechargeable battery 충전용 건전지
Most calculators are powered by a small **battery** or by a panel of solar cells.

1308 hub
[hʌb]

n 중심지, 중추

center, nucleus
Cheonan, situated at the transportation **hub** between Seoul and middle areas, is a distribution centre for all kinds of important goods and materials.

1309 flight
[flait]

n 날기, 비행 [편], 떼

flying, plane, aircraft, group of birds
The manufacturer tests an experimental plane in **flight**.

1310 concern
[kənsə́:rn]

n 관심, 관심사 **v** 관계하다, 걱정시키다

worry, care, anxiety / interest, involve ↔ unconcern
concerning [prep] ~에 관하여
The supply of food is a major **concern** of the human race.

1311 honour
[ɔ́nər]

v 존경하다, 명예를 주다 **n** 명예, 영광

acclaim, praise / esteem, respect, glory ↔ dishonor
honourable [a] 고결한, 명예로운, 존경할 만한
Some people **honours** important people or events in their national history.

1312 tend
[tend]

v ~하는 경향이 있다, ~으로 향하다; 돌보다, 간호하다

incline, attend; care, protect
tendency [n] 경향, 의도 tendentious [a] 편향적인
The most highly saturated fats **tend** to be hardest at room temperature.

▶ saturated fat 포화 지방

1313 course
[kɔ:rs]

n 과정, 진행; 강의, 강좌

track, way; class
A high-school physics **course** is also useful.

Translation

대부분의 계산기는 작은 **전지**나 태양 **전지** 패널로 동력을 공급받는다. | 서울과 중부 지역간에 교통 **중심지**에 위치한 천안은 모든 종류의 중요한 상품과 재료를 위한 유통센터이다. | 제조업체는 **비행**에 시험 비행기를 시험했다. | 음식의 공급은 인류의 중요한 **관심사**이다. | 어떤 사람들은 그들 역사에 있어서 중요한 사람이나 사건을 **명예롭게 생각한다**. | 가장 높게 포화된 지방은 고온에서 딱딱한 **경향이 있다**. | 고등학교의 물리 **과정**은 유용하다.

1314 absence
[ǽbsəns]

n 결핍, 부재 — 4

lack, deficiency, scarcity ↔ presence
absent **v** 결석하다 **a** 결석한 absence from work 결근
The **absence** of hind legs distinguishes the whale from most other mammals.
▸ hind 뒤의

1315 facilitate
[fəsílətèit]

v 쉽게 하다, 용이하게 하다; 촉진하다 — 5

aid, ease; promote
All his efforts **facilitate** the company to merge his main rival.

1316 advertiser
[ǽdvərtàizər]

n 광고주 — 5

publicist
advertise **v** 광고하다, 선전하다 advertising **n** 광고, 광고업
Advertisers may broadcast their commercials several times a day for weeks on TV or radio.

1317 customer
[kʌ́stəmər]

n 고객, 단골 — 5

client, buyer
customise **v** 주문에 응하여 만들다 customisation **n** 고객화
After the manufactured goods passes these final tests, it is ready for delivery to a **customer**.

1318 idolise
[áidəlàiz]

v 우상화하다, 맹목적으로 숭배하다 — 5

worship
Women tend to **idolise** men who are mentors or heroes.

1319 climb
[klaim]

v 오르다 — 4

mount, ascend, rise ↔ fall, drop
Gorillas sometimes **climb** into trees to sit or eat.

1320 accumulation
[əkjùːmjuléiʃən]

n 축적, 누적 — 6

collection, assemblage, growth
accumulate **v** 모으다, 축적하다 accumulative **a** 축적하는
A salt crystal becomes larger through the **accumulation** of new layers of salt.

Translation

뒷다리의 **부재**가 고래를 다른 포유류와 구별시킨다. | 그의 모든 노력은 회사가 그의 주요 경쟁사와 합병을 **용이하게 한다**. | **광고주**는 TV나 라디오에 여러 주 동안 하루에 몇 차례씩 그들의 광고방송을 할 것이다. | 공산품은 최종 테스트를 통과한 후에 **고객**에게 배달되도록 준비가 된다. | 여성들은 스승이나 영웅인 남성을 **우상화**하는 경향이 있다. | 고릴라는 가끔씩 앉거나 먹기 위해 나무에 **오른다**. | 소금 결정은 소금의 새로운 층의 **축적**을 통해 더 커진다.

D·A·Y 34 Basic Vocabulary ④

KEY WORDS

- ☐ irritate
- ☐ amendment
- ☐ value
- ☐ originate
- ☐ expose
- ☐ vague
- ☐ session
- ☐ serious
- ☐ responsibility
- ☐ request
- ☐ realistic
- ☐ qualification
- ☐ presentation
- ☐ poll
- ☐ extinct

1321 expose [ikspóuz]   7

ⓥ 드러내다, 쐬다, 폭로하다

disclose, reveal ↔ conceal, cover, hide
exposed ⓐ 드러난, 노출된 exposure ⓝ 노출, 드러남 → 폭로
Vitamin D forms when the skin is **exposed** to sunlight.

1322 mixed [mikst]   6

ⓐ 다양한; 혼합된

diverse, different, combinde, blended
When two different colorants are **mixed**, a third color is produced.

▶ colorants 색료, 염료

1323 value [vǽljuː]   7

ⓝ 가치, 가격, 중요성, 평가 ⓥ 평가하다, 존중하다

worth, importance, assess / appreciate, rate, esteem
valuable ⓐ 값비싼, 귀중한 valuation ⓝ 평가, 사정
Most societies **value** the ability to read and write well.

1324 accident [ǽksidənt]   5

ⓝ 사고; 재해

event, crash; misfortune, disaster
accidental ⓐ 우연한, 부수적인
A dangerous **accident** will occur to everyone, everywhere and any time.

1325 appear [əpíər]   5

ⓥ 나타나다, ~인 것 같다, 보이게 되다

emerge, occur, surface
apparent ⓐ 분명한, ~인 것처럼 보이는
Fossils of the first animals **appear** in rocks about 600 million years old.

Translation

비타민 D는 피부가 햇빛에 **노출될** 때 형성된다. | 두 개의 다른 염료가 **혼합될** 때 제3의 색깔이 만들어진다. | 모든 사회는 잘 읽고 잘 쓸 능력을 **평가한다**. | 위험한 **사고는** 누구에게나 어디에서나 언제나 일어날 수 있다. | 초창기 동물의 화석이 600만 년 된 바위에서 **보여진다**.

| 1326 | **disability** [dìsəbíləti] | ⓝ 무능, 장애 | 6 |

weakness ↔ ability
Physicians cannot always discover the specific cause of a child's learning **disability**.

| 1327 | **amendment** [əméndmənt] | ⓝ 개정, 수정(안) | 8 |

correction, refinement
amend ⓥ 수정하다, 개정하다
The terms of the **amendment** clarify how citizenship is acquired.

| 1328 | **extinct** [ikstíŋkt] | ⓐ 불이 꺼진, (화산이) 활동을 멈춘, 멸종한, 사라진 | 6 |

quenched, vanished
extinction ⓝ 멸종, 소멸 extinct species 절멸종 extinct volcano 사화산
Mammoths became **extinct** in prehistoric times.

| 1329 | **vague** [veig] | ⓐ (기억 등이) 희미한, 모호한 | 6 |

ambiguous, obscure ↔ clear, distinct
vagueness ⓝ 막연함 vaguely ⓐⓓ 모호하게
Socrates wanted to replace **vague** opinions with clear ideas.

| 1330 | **utilise** [júːtəlàiz] | ⓥ 이용하다, 활용하다 | 5 |

use, employ, advantage of
utility ⓝ 공익사업, 유용성; 다용도의
Single-lens reflex cameras can **utilise** a variety of interchangeable lenses.

| 1331 | **thrive** [θraiv] | ⓥ 번창하다, 번성하다 | 5 |

prosper, bloom, flourish ↔ decline
thrift ⓝ 절약, 검약 thriving ⓐ 번성하는
Microscopic organisms **thrive** in most ponds.

| 1332 | **cultivate** [kʌ́ltəvèit] | ⓥ 경작하다, 재배하다 → 양성하다 | 5 |

develop, farm, civilise
cultivation ⓝ 경작, 양성; 배양
With improved machinery, farmers could **cultivate** large areas.

Translation

의사가 항상 아이의 학습 **장애**의 구체적 원인을 발견할 수는 없다. | **수정안**은 어떻게 시민권이 획득되는지 명확하게 한다. | 매머드는 선사 시대에 **멸종되었다**. | 소크라테스는 **모호한** 의견을 명확한 생각으로 바꾸길 원했다. | 단렌즈 반사 카메라는 교환 가능한 다양한 렌즈를 **이용할 수** 있다. | 아주 작은 생물은 대부분의 연못에서 **번성한다**. | 개량된 기계로 농민들은 광대한 지역을 **경작할 수** 있다.

| 1333 | **bent** [bent] | ⓐ 구부러진, 정직하지 못한 ⓝ 소질, 취향 | 5 |

bended, determined ↔ straight / aptitude, propensity
bend ⓥ 구부러지다
The thicker the lens, the more sharply the light is **bent**.

| 1334 | **serious** [síəriəs] | ⓐ 진지한; 중대한 | 6 |

earnest, solemn; grave, severe ↔ frivolous
The use of illegal drugs by drivers is a **serious** safety problem.

| 1335 | **session** [séʃən] | ⓝ 회기, 기간 | 6 |

conference, meeting
At the end of each study **session**, test yourself to make sure you understand the major points of the topic.

| 1336 | **improve** [imprú:v] | ⓥ 개선 [개량]하다, 이용하다, 나아지다 | 5 |

better, enhance, perfect, progress ↔ impair, worsen
improvement ⓝ 개량, 향상
Exercise helps to maintain and **improve** body function and posture.

| 1337 | **responsibility** [rispɔ̀nsəbíləti] | ⓝ 책임, 의무, 부담 | 8 |

duty, obligation, job
responsible ⓐ 책임지고 있는
The people aged over 18 have **responsibility** for electing the president.

| 1338 | **reputation** [rèpjutéiʃən] | ⓝ 평판, 명성 | 5 |

name, standing, esteem
Libel is an untrue written statement that damages a person's **reputation**.

| 1339 | **request** [rikwést] | ⓝ 요청, 신청 ⓥ 신청하다, 구하다 | 6 |

demand, call, application / ask, appeal ↔ grant
require ⓥ 요구하다, 필요로 하다
Wilson refused the **request**.

Translation

렌즈가 두꺼워질수록 빛은 더 급격하게 **굴절된다**. | 운전자의 불법 마약의 상용은 **심각한** 안전 문제이다. | 각 학습**모임**의 마지막에 주제의 주요 문장을 이해하고 있는지 확인하기 위하여 스스로 테스트하라. | 운동은 몸의 기능과 자세를 유지하고 **개선하는** 데 도움을 준다. | 18세 이상 국민은 대통령 선거에 대한 **책임**이 있다. | 명예훼손은 한 사람의 **명성**을 손상시키는 글로 쓰인 허위진술이다. | 윌슨은 그 **요청**을 거부했다.

| 1340 | **readership** [ríːdərʃip] | ⓝ 독자층 | 4 |

a class of readers
Poverty and illiteracy restrict **readership** in developing countries.

| 1341 | **realistic** [rìəlístik] | ⓐ 현실주의의, 사실적인 | 6 |

practical, real ↔ impractical
Brooks wrote **realistic** songs about everyday life.

| 1342 | **qualification** [kwɔ̀ləfikéiʃən] | ⓝ 자격 부여, 조건 | 7 |

certificate ↔ disqualification
qualify ⓥ 자격을 갖추다
To be a professional city planner, one needs educational **qualifications** in its field.

| 1343 | **imposing** [impóuziŋ] | ⓐ 훌륭한, 인상적인 | 5 |

impressive, striking, awesome
imposingly ⓐⓓ 인상적으로
Surrounded by the Italian capital Rome, Vatican city packs **imposing** building into its small area.

| 1344 | **presentation** [prèzəntéiʃən] | ⓝ 증정, 제출, 발표 | 6 |

giving, award, appearance
present ⓥ 주다, 제출하다 ⓝ 선물, 현재 ⓐ 현재의, 출석한
A lecturer may control a **presentation** near the edge of the theater.

| 1345 | **poll** [poul] | ⓝ 투표, 여론조사, 투표수 ⓥ 득표하다, 여론 조사를 하다 | 6 |

survey, count, sampling, election / vote, survey
Every public opinion **poll** predicted that Kim would win a landslide victory.

| 1346 | **politician** [pɔ̀litíʃən] | ⓝ 정치가, 정치인 | 5 |

statesman, representative, congressman
Mr. Hong is an ambitious and unscrupulous **politician**.

Translation

가난과 문맹은 개발국가에서 **독자층**을 제한한다. | 브룩은 매일 삶에 대한 **현실적인** 노래를 썼다. | 전문적인 도시 계획가가 되기 위해서는 그 분야의 **교육 자격**을 필요로 한다. | 이탈리아 수도 로마에 둘러싸인 바티칸시는 작은 지역 내에 **인상적인** 건물들로 채워져 있다. | 연사는 강당의 가장자리 근처에서 **발표**를 조절한다. | 모든 **여론조사**에서 킴이 압도적인 승리를 할 것이라고 예측했다. | 미스터 홍은 야심 있고 파렴치한 **정치인**이다.

| 1347 | **originate** [ərídʒənèit] | **v** 유래하다; 발명하다 | 7 |

arise, begin; invent, create, design, generate
These superstitions **originated** in the 18th century.

▸ superstitions 미신

| 1348 | **circus** [sə́:rkəs] | **n** 서커스, 경기장 | 4 |

show, arena
Trained **circus** elephants stand on their heads, lie down and roll over, dance, and perform other tricks.

| 1349 | **site** [sait] | **n** 대지, 장소 | 4 |

location, position, area, place
Geographers can identify the **site** of anywhere on the earth's surface.

| 1350 | **likely** [láikli] | **a** ~할 것 같은, 있음직한, 가능성 있는 | 6 |

possible, liable, probable ↔ unlikely
likelihood **n** 있음직함, 가능성
If you see a bright object near the ecliptic at night or near sunrise or sunset, it is most **likely** a planet.

| 1351 | **juice** [dʒu:s] | **n** 주스, 즙 | 4 |

liquid, extract, nectar
juicy **a** 즙 많은
Fruits and vegetables may be canned or pickled or used to make **juice**.

| 1352 | **irritate** [írətèit] | **v** 짜증 나게 하다, 화나게 하다 | 8 |

agitate, provoke, annoy, bother ↔ appease, soothe, calm
irritable **a** 화를 잘 내는 irritation **n** 짜증 나게 함 irritability **a** 화를 잘 냄
Ultrafine particle can **irritate** outdoor citizens and workers.

| 1353 | **ivory** [áivəri] | **n** 상아, 상아색 | 4 |

the hard yellowish substance from the long teeth of an Elephant
black ivory 흑인 노예 hunt ivory 코끼리를 사냥하다
Elephant tusks are valued as sources of **ivory**.

Translation

이러한 미신은 18세기에 **시작되었다**. | 훈련된 **서커스** 코끼리들은 머리로 서고 눕고 구르고 춤추고 다른 재주를 부린다. | 지리학자들은 지표면의 어느 **장소**든 식별할 수 있다. | 밤이나 일몰과 일출 즈음에 황도 근처에서 밝게 빛나는 물체를 본다면 그것은 아마도 행성일 **가능성이 크다**. | 과일이나 야채는 통조림이나 절이거나 **주스**를 만드는 데 사용될 수 있다. | 초미세입자(먼지)는 집밖의 시민들과 작업자들을 **짜증 나게 할 것이다**. | 코끼리의 어금니는 **상아**로 가치를 인정받는다.

Day 34 Basic Vocabulary ④

1354 advisory [ədváizəri]
a 조언하는, 권고하는, 자문의 6

advising, helping, recommending, counselling
advisory committee[board] 자문 위원회
Parliament was only an **advisory** council.

1355 forward [fɔ́:rwərd]
a 앞쪽의, 전진하는 **ad** 앞으로 5

frontward, onward ↔ backward, forward-looking / toward the front or at the front
As the plane starts to move **forward**, air begins to flow over and under the wing.

1356 figure [fígə]
n 숫자, 계산, 모습, 인물 **v** 계산하다, 생각하다 4

number, sum, form, outline / diagram, drawing, count, reckon
Lincoln in particular became a respected **figure** throughout the world.

1357 entrance [éntrəns]
n 들어감, 입구 5

entry ↔ exit
One passage will serve as an **entrance** and exit for the miners and their equipment.

1358 complain [kəmpléin]
v 불평하다 6

grumble, moan
complaint **n** 불평, 푸념 complainingly **ad** 불평하며, 투덜거리며
Government leaders frequently **complain** that the Indians lack respect for national policies.

1359 anthropoid [ǽnθrəpɔid]
n 유인원 **a** 사람을 닮은, 유인원 무리의 5

an anthropoid animal, such as an ape / like humans, like apes
The **anthropoids** have more of the characteristic primate features than humans.

▶ primate features 영장류의 특징

1360 implication [ìmplikéiʃən]
n 함축, 내포, 의미 5

suggestion, hint, meaning
imply **v** 포함하다, 의미하다, 암시하다
Although legends may have religious **implications**, most are not religious in nature.

▶ in nature 사실상, 현실적으로

Translation

의회는 단지 **자문** 위원회였다. | 비행기가 **앞으로** 움직이기 시작하면서 공기는 날개의 위와 아래로 흐르기 시작한다. | 특히 링컨은 전 세계로부터 존경 받는 **인물**이 되었다. | 하나의 통로가 광부와 그들의 장비를 위한 **입구**와 출구로서 제공될 것이다. | 정부 지도자들은 인디언이 국가 정책에 대한 존중이 부족하다고 자주 **불평한다**. | **유인원**은 인간보다 영장류의 특징을 더 많이 갖고 있다. | 비록 전설이 종교적 **의미**를 가질 수 있지만 대부분은 사실상 종교적이지 않다.

DAY 35 Basic Vocabulary ⑤

KEY WORDS

- competent
- narrative
- Arctic
- reliable
- raise
- practical
- panic
- opportunity
- nominate
- lifelong
- illuminate
- headquarters
- freshman
- foundation
- daily

1361 Arctic [á:rktik]

ⓐ 북극의 ⓝ 북극   7

North pole ↔ Antarctic

Arctic foxes, polar bears, and many other mammals make their home in polar regions.

1362 logic [lɔ́dʒik]

ⓝ 논리   6

reason, sense
logical ⓐ 논리적인
Scientific reasoning depends on both deductive **logic** and inductive logic.

▶ deductive 연역적인 inductive 귀납적인

1363 erase [iréiz]

ⓥ 지우다, 삭제하다   4

cancel, delete ↔ record
eraser ⓝ 지우개
The information in USB (Universal Serial Bus) can be **erased** or added to.

1364 clearance [klíərəns]

ⓝ 허가, 정리, 승인, 틈, 청소   5

approval, endorsement, authorisation
clear ⓐ 알아듣기 쉬운, 분명한
Public health work may include improvement of substandard housing and slum **clearance**.

1365 attend [əténd]

ⓥ 출석하다; 보살피다   5

participate, be present; take care ↔ ignore, disregard
attendance ⓝ 출석, 시중 attendant ⓐ 안내원, 참석자
Some students **attend** grammar schools, which provide a college preparatory education.

Translation

북극여우, 북극곰과 많은 다른 포유류들이 극지방에 그들의 보금자리를 만든다. | 과학적 추론은 연역적 **논리**와 귀납적 **논리**를 기초로 한다. | USB에 있는 정보는 **삭제하거나** 추가될 수 있다. | 공중 보건의 업무는 불량 주택의 개선과 슬럼가 빈민촌의 **청소**를 포함할 수 있다. | 어떤 학생들은 문법 학교에 **출석하고**, 그 학교는 대학 준비 교육을 제공한다.

| 1366 | **peaceful** [píːsfəl] | ⓐ 평화스러운, 온화한 | 5 |

calm, steal, tranquil, restful, amicable
peace ⓝ 평화
Gorillas usually lead a **peaceful** life although males occasionally may kill infants of other males.

| 1367 | **advancement** [ədvάːnsmənt] | ⓝ 전진, 승진, 출세 | 5 |

promotion, furtherance
advance ⓝ 전진, 진군 ⓥ 다가가다, 증진하다
Many a Artists, teachers, musicians, students, and writers all flocked to London to seek **advancement**.

| 1368 | **adolescent** [ædəlésnt] | ⓐ 미숙한, 청소년의 ⓝ 청소년 | 6 |

juvenile, puerile, teenage, young / youth, a teenager, teen
A majority of **adolescent** girls report that they would like to be thinner.

| 1369 | **reliable** [riláiəbl] | ⓐ 믿을 수 있는, 믿을 만한 | 7 |

dependable, trustworthy ↔ unreliable
reliability ⓝ 신뢰도 reliably ⓐⓓ 확실히
Fossil-fueled steam electric power plants are efficient and **reliable**, but they can cause pollution.

| 1370 | **raise** [reiz] | ⓥ 올리다, 향상시키다 | 6 |

elevate, lift, bring up ↔ level, lower
raiser ⓝ 올리는 사람, 사육자
More heat added to the steam will **raise** its temperature above 100 °C.

| 1371 | **license** [láisəns] | ⓝ 허가, 인가서 ⓥ 허가하다, 면허를 주다 | 5 |

approve, authorise, permit ↔ disapprove
licensed ⓐ 인가된 licence ⓝ 면허(장)
Most airlines require their flight engineers to have a commercial pilot **license**.

| 1372 | **lifelong** [láiflɔŋ] | ⓐ 일생의, 필생의 | 6 |

long-lasting, enduring, persistent
To prevent osteoporosis, physicians recommend a **lifelong** combination of regular exercise and a diet with adequate calcium.

▶ osteoporosis 골다공증

Translation

고릴라는 **평화로운** 삶을 살지만 수컷은 때때로 다른 수컷의 어린 고릴라를 죽이기도 한다. | 많은 예술가, 교사, 음악가, 학생과 작가는 모두 **출세**를 위해 런던에 몰려들었다. | 대다수의 **사춘기** 소녀들은 날씬해지고 싶다고 말한다. | 화석연료를 쓰는 증기 전기발전소는 효율적이고 **신뢰할** 수 있지만 공해를 일으킬 수 있다. | 증기에 더해진 더 많은 열은 온도를 100도 이상 **올릴** 것이다. | 대부분의 항공사들은 그들의 비행기 엔지니어들이 상업용 파일럿 **면허증**을 갖도록 요구한다. | 골다공증을 방지하기 위하여 의사는 적절한 운동과 적절한 칼슘이 있는 식단의 **평생** 조합을 추천한다.

1373 destruction
[distrʌ́kʃən]

n 파괴, 파멸

devastation, ruin ↔ construction, establishment
destructive ⓐ 파괴적인 destroy ⓥ 파괴하다, 말살하다
World War II took more lives and caused more **destruction** than any other war.

1374 opportunity
[ɔ̀pətjúːnəti]

n 기회

chance, occasion
opportune ⓐ 시기가 좋은, 알맞은
The textbooks give students **opportunities** to apply and practice the various skills.

1375 practical
[prǽktikəl]

a 실제의, 실용적인

empirical, real, actual
practice ⓝ 실행, 습관; 숙련
Geometry has **practical** applications in many fields.

1376 borrowing
[bɔ́rouiŋ]

v 대출, 빌린 것

loan
Most of the money came from **borrowing**, which created huge debts.

1377 narrative
[nǽrətiv]

n 이야기 **a** 이야기체의, 화술의

story, report, history / telling a story
narrate ⓥ 이야기하다 narration ⓝ 서술, 이야기
Legend is a type of folk **narrative**.

1378 freshman
[fréʃmən]

n 신입생, 1학년생

a first year student at college
The small, 19-year-old Harvard University '**freshman**' faces her first major test of this semester.

1379 panic
[pǽnik]

n 갑작스런 공포, 공황 **v** ~에 공포를 일으키다, 허둥대다

scare, terror / to feel overwhelming fear
panic-stricken ⓐ 공황에 휩쓸린, 당황한 panicky ⓐ 공황의
2,207 people of Titanic were in **panic** when the ship was sinking into the ocean.

Translation

제2차 세계대전은 다른 어떤 전쟁보다 더 많은 생명을 앗아가고 **파괴**를 일으켰다. | 그 교과서는 학생들에게 다양한 기술을 적용하고 연습할 수 **기회**를 제공한다. | 기하학은 많은 분야에서 **실용적인** 용도로 쓰인다. | 대부분의 돈은 **차용**을 하였고, 그것은 큰 빚을 지게 했다. | 설화는 민속 **이야기**의 한 종류이다. | 키가 작은 19세의 하버드대학 **신입생**은 이번 학기의 첫 번째 주요 시험을 맞이하게 되었다. | 타이타닉의 2207명의 사람들은 배가 바다로 가라앉고 있을 때 **공황 상태**에 있었다.

| 1380 | **kilogram** [kíːlougræm] | n 킬로그램(무게 단위) | 5 |

a metric unit of weight
The **kilogram** is the base unit for mass, the weight of an object when measured on the earth.

| 1381 | **kilometre** [kíləmìːtər] | n 킬로미터(거리 단위) | 5 |

a metric unit of distance or length
Long distances, such as those between cities, are measured in **kilometers**.

| 1382 | **nominate** [nɔ́mənèit] | v 지명 [추천]하다 | 6 |

designate, appoint, name
nomination n 지명, 임명 nominee n 지명된 사람 nominator n 추천자
President Park **nominated** Mr. Yoon for spokesman.

| 1383 | **illuminate** [ilúːmənèit] | v 조명하다, 계몽하다 | 6 |

brighten, light
illumination n 조명, 계몽
A scanning optical microscope does not **illuminate** the entire specimen at once.

▶ specimen 표본

| 1384 | **headline** [hédlain] | n 큰 표제, 주요 제목 v 표제를 달다 | 5 |

heading
A successful **headline** leads a person into reading the rest of the ad.

| 1385 | **headquarters** [hédkwɔ̀ːrtər] | n 본부, 사령부 | 6 |

home office, base
The IOC has **headquarters** in Lausanne, Switzerland.

| 1386 | **dairy** [déəri] | n 버터, 치즈; 유제품 | 4 |

food such as butter and cheese
Consumption of meat and **dairy** products is small but increasing.

Translation

킬로그램은 지구에서 물체의 부피와 질량을 재는 기본단위이다. | 도시와 도시 사이와 같은 먼 거리는 **킬로미터** 단위로 잰다. | 박 대통령은 Mr. 윤을 대변인으로 **지명했다**. | 주사 광학현미경은 한 번에 표본 전체를 **비추지** 못한다. | 성공적인 광고 **제목**은 사람들을 광고의 나머지 부분을 읽도록 이끈다. | IOC는 스위스 로젠에 **본부**가 있다. | 육류와 **유제품**의 소비가 작지만 증가하고 있다.

1387 foundation
[faundéiʃən]

🅝 창설, 초석, 기금 — 6

base, establishment, fundament
found ⓝ 기초를 세우다 foundational ⓐ 기본의, 기초적인
World War I shook the **foundations** of several governments.

1388 frame
[freim]

🅝 창틀, 뼈대, 구조 — 5

framework, skeleton
framework ⓝ 틀 구조, 뼈대
Most houses were made of a wooden **frame** covered by reed mats with plaster spread over them.
▶ reed 갈대

1389 daily
[déili]

🅐 매일, 날마다 🅐 매일의 — 6

every day / day by day
A large **daily** newspaper provides a great variety of information.

1390 oath
[ouθ]

🅝 맹세, 선서 — 5

pledge, vow, promise
New President must take the **oath** of office and begins the important work.

1391 critic
[krítik]

🅝 비평가, 평론가 — 6

judge, authority, expert, analyst
critical ⓐ 비판적인 criticism ⓝ 비평
Music **critics** review performances for newspapers or magazines.

1392 crop
[krɔp]

🅝 농작물, 수확 🅥 수확하다, 베어 들이다, 따다 — 5

yield, produce, gathering / clip, harvest, cut, trim
Rice is one of the most valuable **crops** in South Korea.

1393 sight
[sait]

🅝 시력, 시계, 조망 — 5

look, vision, spectacle
sightly ⓐ 볼 만한 sightable ⓐ 발견할 수 있는
The monks wear special robes and are a common **sight** in all Buddhist countries.

Translation

제1차 세계대전은 여러 정부의 **기초**를 흔들었다. | 대부분의 주택은 석고를 펴서 바른 갈대 매트로 덮은 목조 **틀**로 만들어졌다. | 대형 **일일** 신문은 다양한 정보를 제공한다. | 새 대통령은 반드시 임무에 대한 **선서**를 하고 중요한 일을 시작한다. | 음악 **평론가**들은 신문이나 잡지에 공연을 리뷰한다. | 벼는 남한에서 가장 가치 있는 **작물** 중 하나이다. | 스님은 특별한 겉옷을 입는데 모든 불교 국가에서는 일반적인 **광경**이다.

| 1394 | **adapt** [ədǽpt] | ⓥ 적응시키다, 익숙해지다; 개조하다, 각색하다 | 5 |

adjust, conform; modify, convert
adaptability ⓝ 적응성, 융통성 adaptable ⓐ 융통성이 있는, 개조할 수 있는
adaptation ⓝ 적응, 각색 adaptive ⓐ 적응할 수 있는, 적응성의
You must **adapt** your study habits to your own situation.

| 1395 | **compel** [kəmpél] | ⓥ 강요하다 | 6 |

force, coerce, oblige, press ↔ liberate, free
compelling ⓐ 강제적인, 어쩔 수 없는
The teachers **compelled** students to stay indoors when the siren rang.

| 1396 | **competent** [kɔ́mpətənt] | ⓐ 유능한, 충분한 | 9 |

capable, qualified, able ↔ incapable, incompetent
compete ⓥ 경쟁하다, 맞서다 competence ⓝ 능력, 권한 competing ⓐ 경쟁하는
Steve was a brave and **competent** soldier.

| 1397 | **comic strip** [kɔ́mik strip] | ⓝ 연재 만화(신문 등의) | 6 |

strip cartoon
The storyboard resembles his **comic strip**.

| 1398 | **combat** [kʌ́mbæt] [kəmbǽt] | ⓝ 전투, 싸움 ⓥ 싸우다 | 5 |

battle, oppose
combat troops 전투 병력 single combat 일대일 격투
The teams are kept **combat** ready at all times.

▶ in combat 전투중의

| 1399 | **developing** [divéləpiŋ] | ⓐ 발전 도상의 | 6 |

underdeveloped
developing country 개발도상국
Developing nations import IT-based equipments such as smart phones and notebooks.

| 1400 | **promise** [prɔ́mis] | ⓥ 약속하다, 계약하다, 기대하다 ⓝ 약속, 가능성 | 5 |

guarantee, contract, expect, anticipate / appointment, potential
promising ⓐ 장래성 있는, 전도유망한
The science of today and tomorrow **promises** to continue to improve our understanding of the universe.

Translation

당신은 당신의 상황에 맞는 학습 습관으로 **적응시켜야** 한다. | 교사들은 사이렌이 울렸을 때 학생들을 실내에 머물도록 **강요했다**. | 스티브는 용감하고 **유능한** 군인이었다. | 스토리보드는 그의 **연재만화**와 유사하다. | 팀은 항시 **전투할** 준비가 되어 있다. | **개발도상국**들은 스마트폰과 노트북과 같은 IT기반 기기들을 수입한다. | 오늘날과 미래의 과학은 우주에 대한 우리의 이해를 증진시킬 수 있을 것을 **기대한다**.

DAY 36 Basic Vocabulary ⑥

KEY WORDS

- perception
- existing
- defensible
- aggression
- accumulate
- questionnaire
- mysterious
- exchange
- diet
- attendance
- recognition
- performance
- freedom of the press
- firm
- destiny

1401 existing [igzístiŋ]

ⓐ 현존하는, 현행의 9

existent, contemporary
exist ⓥ 존재하다 existence ⓝ 존재, 실재 existent ⓐ 존재하는
A cockroach is the oldest one among **existing** insects.

1402 exchange [ikstʃéindʒ]

ⓝ 교환, 교역 ⓥ 교환하다, 주고받다 7

interchange, trade, switch
exchangeable ⓐ 교환 가능한
Inventors revealed their secrets in **exchange** for a monopoly for a limited amount of time.

1403 mysterious [mistíəriəs]

ⓐ 신비한, 수수께끼 같은 7

mystical, incomprehensible
mystery ⓝ 신비, 비밀
The birds have a **mysterious** ability to orient themselves with the earth's magnetic field.
▶ magnetic field 자기장

1404 anxiety [æŋzáiəti]

ⓝ 걱정, 근심거리, 불안, 염원 6

concern, worry, doubt, misgiving
anxious ⓐ 불안해 하는, 열망하는
Newspapers reflect the **anxieties** of modern urban living.

1405 firm [fəːrm]

ⓐ 견고한, 확고한, 탄탄한 ⓝ 회사 6

solid, compact / company
Discipline should be **firm** but just.

Translation

바퀴는 **현존하는** 곤충 중 가장 오래되었다. | 발명가는 제한된 시간 동안 독점에 대한 **교환**의 대가로 그들의 비밀을 폭로했다. | 새들은 지구의 자기장으로 스스로 방향을 설정하는 **신비한** 능력이 있다. | 신문들은 현대 도시생활의 **불안**을 반영한다. | 징계는 **확고**하고 공정해야만 한다.

1406 recognition
[rèkəgníʃən]

n 인식, 인지, 승인   6

identification, discovery, acceptance
recognise **v** 알아보다, 인식하다
Armstrong gained **recognition** as the world's greatest jazz cornet and trumpet player in the 1920's and early 1930's.

1407 questionnaire
[kwèstʃənéər]

n 설문지   7

survey
fill out questionnaire 설문지를 작성하다
The investigator may interview participants personally or mail **questionnaires** to them.

1408 diet
[dáiət]

n 식사, 규정식 **v** 다이어트를 하다   7

meal plan
dietary **a** 음식물의, 규정식의   dietician **n** 영양사
An improper or inadequate **diet** can lead to a number of diseases.

1409 apparently
[əpǽrəntli]

ad 보기에, 외관상으로는, 분명히, 명백히   5

seemingly, outwardly, clearly
apparent **a** 분명한, 누가봐도 알 수 있는
Many predators lose interest in the **apparently** dead animal.

1410 destiny
[déstəni]

n 운명, 숙명   6

fate, fortune
destine **v** 예정해두다, 운명짓다
Although beaten and scorned, Quixote still believes in his heroic **destiny**.

1411 aggression
[əgréʃən]

n 침범   8

invasion, intrusion, assault
aggressive **a** 침략적인, 적극적인   aggressor **n** 침략자, 침략국
Western nations faced Communist subversion and **aggression** in a Cold War that divided the world.

1412 freedom of the press
[frí:dəm əv ðə pres]

n 출판의 자유   6

free to publish
This work was one of the earliest arguments for freedom of the **press**.

Translation

암스트롱은 1920년대와 1930년대 초기에 세계에서 가장 위대한 재즈 트럼펫과 코넷 연주자로 **인정**을 받았다. | 조사자는 참가자를 개인적으로 인터뷰를 하거나 그들에게 **설문지**를 발송할 수 있다. | 부적당하고 부적절한 **식단**이 많은 질병으로 이어질 수 있다. | 많은 포식자들이 **분명히** 죽은 동물에는 흥미를 잃는다. | 비록 두들겨 맞고 비난 받아도 돈키호테는 여전히 그가 영웅적 **운명**이라고 믿는다. | 서방국가는 세계를 갈라놓았던 냉전에서 공산주의의 전복과 **침략**에 직면했다. | 이 작품은 **출판의 자유**에 대한 초기의 주장들 중 하나이다.

1413 defense
[difénse]

n 방어, 변호

defence, vindication
defensible ⓐ 방어(변호)할 수 있는 defender ⓝ 방어자
The raiders met strong German **defenses** and suffered heavy losses.

▸ raiders 돌격대

1414 oily
[ɔ́ili]

a 지방질의, 기름기 있는

greasy, slimy, fatty
oil ⓝ 기름
Lipid is one of a large group of **oily** or fatty substances essential for good health.

1415 crowd
[kraud]

n 군중, 다수 **v** 붐비다, 군집하다

multitude, mass, throng, group / bustle, troop together
A large **crowd** usually gathers in St. Peter's Square to await the outcome of the election.

1416 faith
[feiθ]

n 신뢰, 신념, 확신

belief, confidence, trust ↔ doubt
faithful ⓐ 충실한, 헌신적인
Religious leaders often used these stories to dramatise the teachings of **their** faith.

1417 scandal
[skǽndl]

n 추문, 수치, 험담

disgrace, shame ↔ praise
scandalous ⓐ 수치스러운, 비방적인
Watergate **scandal** led to the resignation of President Richard M. Nixon in 1974.

1418 aid
[eid]

n 도움, 원조 **v** 돕다

help, assist
first aid 응급치료(처치)
Minerals **aid** in numerous body processes.

1419 beverage
[bévəridʒ]

n 마실 것, 음료

drink, liquid, potable
Tea with milk and sugar is the most popular hot **beverage**.

Translation

돌격대는 독일의 강한 **저항**을 만났고 심한 손실을 입었다. | **지방질**은 건강에 중요한 큰 그룹의 유성 또는 지방성 물질들 중 하나이다. | 많은 **군중**은 선거 결과를 기다리기 위해 성베드로 광장으로 모인다. | 종교적 지도자는 그들의 **신념**의 가르침을 극적으로 하기 위해 이 이야기들을 사용했다. | 워터게이트 **스캔들**은 1974년에 닉슨 대통령의 사임을 이끌어 냈다. | 미네랄은 많은 신체의 대사 과정을 **도와준다**. | 우유와 설탕을 넣은 차가 가장 인기 있는 따뜻한 **음료**이다.

| 1420 | **attendance** [əténdəns] | n 출석, 참석 | 7 |

presence ↔ absence
attend v 출석하다 attendant n 종업원 a 수반되는
The rise of TV in the 1950's caused a sharp drop in movie **attendance**.

| 1421 | **according to** [əkɔ́ːrdiŋ tu] | ~에 따라, 나름대로 | 4 |

in agreement, on authority of, in keeping with
Opera singers are classified **according to** the range of their voices.

| 1422 | **accumulate** [əkjúːmjulèit] | v 모으다, 축척하다 | 8 |

gather, collect, assemble, cumulate, amass ↔ dissipate, waste
accumulation n 축적 accumulative a 축적하는, 적립식의
Sediment **accumulates** in layers known as strata.

| 1423 | **performance** [pərfɔ́ːrməns] | n 실행, 성과, 성적, 공연 | 6 |

carry out, practice, achievement
perform v 행하다, 수행하다 performer n 연주자 performable a 이행할 수 있는
Some were intended for outdoor **performance**.

| 1424 | **accompany** [əkʌ́mpəni] | v 동반하다, 수반하다 | 4 |

attend ↔ leave
accompaniment a 부속물, 반주
Development of oil and natural gas was **accompanied** by the growth of new industries.

| 1425 | **perception** [pərsépʃən] | n 지각, 직관 | 9 |

understanding, insight, percept, sensing
perceptive a 지각하는, 예민한 perceptivity n 지각할 수 있음, 명민
The process of **perception** does not reveal objects and events of the world.

| 1426 | **glory** [glɔ́ːri] | n 영광, 영화 | 5 |

honour ↔ disgrace, shame
glorify v 찬미하다, 찬송하다 glorious a 영광스러운, 장려한
Warriors fought for **glory** and often tattooed their bodies with signs of brave deeds.
▶ fought 싸웠다

Translation

1950년대 TV의 출현은 영화 **관객 수**의 급격한 감소의 원인이었다. | 오페라 가수는 그들 목소리의 범주에 **따라** 분류된다. | 퇴적은 지층이라 알려진 층으로 **축적된다**. | 일부는 야외 **공연**을 할 작정이었다. | 석유와 천연가스의 개발은 새로운 산업의 성장을 **수반했다**. | **인지**의 과정은 세상의 대상과 사건을 공개하지 않는다. | 전사는 **영광**을 위해 싸웠고 종종 용감하다는 표시로 그들의 몸에 문신을 했다.

1427 gossip
[gɔ́səp]

n 잡담, 험담, 가십 — 4

idle talk, scandal, chatterbox

Rumors and **gossip** appearing on Web sites often leave people unsure what to believe.

1428 purse
[pəːrs]

n 지갑, 재원, 자금, 주머니 — 5

wallet, fund, money

The owner of the winning horse gets most of the **purse**.

1429 channel
[tʃǽnl]

n 수로; 채널 — 4

line, way; TV station

A pipeline carries fuel across the **channel**.

1430 asset
[ǽset]

n 자산, 재산; 장점 — 5

property, wealth; benefit ↔ liability

The United States has more banks and banking **assets** than any other country in the world.

1431 acquire
[əkwáiər]

v 취득하다, 몸에 익다 — 5

get, gain, obtain ↔ lose, miss
acquisition **n** 획득, 습득 acquisitive **a** 획득하려는, 욕심 많은
In time, the writer can **acquire** a more flexible approach to his or her own work.

1432 acrobatic
[æ̀krəbǽtik]

a 곡예의 — 4

involving balancing, jumping, or turning one's body
acrobat **n** 곡예사 acrobatics **n** 재주넘기, 곡예
Skiers try to ski quickly down the slope while performing small jumps and **acrobatic** maneuvers.

▶ maneuvers 연습, 훈련

1433 acquaint
[əkwéint]

v 익히다, 숙지하다 — 4

inform, know well
acquaintance **n** 아는 사람, 면식
Many violent crimes are committed by people who are **acquainted** with their victims.

Translation

웹 사이트에 나오는 소문이나 **가십**은 종종 사람들이 무엇을 믿어야 할지 모르게 놔둔다. | 우승마의 소유자는 대부분의 **상금**을 받는다. | 파이프라인은 **수로**를 통해 연료를 수송한다. | 미국은 다른 어떤 나라보다 은행과 금융**자산**이 많다. | 조만간 작가는 그 자신의 작업에 더욱 유연한 접근을 **얻을 수 있다**. | 스키어는 작은 점프와 **곡예** 동작을 수행하면서 경사면을 빠르게 내려오도록 시도한다. | 많은 폭력 범죄는 그들의 피해자와 **안면이 있는** 사람들에 의해 저질러진다.

| 1434 | **devise** [diváiz] | ⓥ 고안하다, 발명하다 | 5 |

contrive, create, invent
device ⓝ 고안, 발명
Nutritionists have **devised** systems that group foods according to nutrient content.
▶ nutritionists 영양사

| 1435 | **clash** [klæʃ] | ⓝ 땡땡 울리는 소리, 충돌 ⓥ 땡땡 소리나다, 충돌하다 | 5 |

conflict, crash
The two armies **clashed** frequently in small battles.

| 1436 | **classified ads** [klǽsəfàid ædz] | ⓝ 안내광고 | 6 |

classified advertisement
Workers in the **classified-ad** department sell ads over the telephone.

| 1437 | **coeducation** [kòuedjukéiʃən] | ⓝ 남녀공학 | 6 |

educational system teaching students of both sexes together
John does not approve of **coeducation** in his schools, though he realises this might be necessary.

| 1438 | **accuracy** [ǽkjurəsi] | ⓝ 정확성, 정밀성 | 4 |

exactness, precise ↔ inaccuracy
accurate ⓐ 정확한, 정밀한
Encyclopedia editors carefully organise their material and demand **accuracy**.

| 1439 | **achievement** [ətʃíːvmənt] | ⓝ 달성, 성취 | 6 |

accomplishment, triumph
achieve ⓥ 달성하다, 성취하다 notable achievement 뛰어난 업적
Your **achievement** in school depends greatly on how much you study.

| 1440 | **crash** [kræʃ] | ⓝ 충돌, 붕괴 ⓥ 부수다; 떨어지다 | 5 |

collision / break, smash; fall
Most economists agree that the stock market **crash** of 1929 started the depression.

Translation

영양사는 영양소의 함량에 따라 음식을 나누는 시스템을 **고안했다**. | 두 군대는 작은 전투에서 종종 **충돌했다**. | **안내광고** 부서에서 일하는 사람은 전화로 광고를 팔고 있다. | 존은 **남녀공학**이 필요하다는 것을 파악하고 있음에도 그의 학교에서는 승인하지 않았다. | 백과사전의 편집자는 그들 자료를 신중하게 정리하고 **정확성**을 요구한다. | 학교에서 너의 (학업적) **성취**는 얼마나 많이 공부하느냐에 많이 달려 있다. | 대부분의 경제학자들은 1929년에 주식시장의 **붕괴**가 그 불황을 시작했다는 데 동의한다.

D·A·Y 37 Basic Vocabulary ⑦

KEY WORDS

- counseling
- administrator
- creativity
- competing
- challenging
- yearn
- proceed
- enormous
- emerge
- organise
- industrialise
- indifferent
- fiance
- endless
- council

1441 accordance [əkɔ́:rdns] — n 일치, 조화 — 5

conformity ↔ inconformity
accord n 합의 v 부합하다   in accordance with ~과 일치하여, ~에 따라서
The judge sentenced to the guilt person in **accordance** with the principles of fundamental justice.

1442 amount [əmáunt] — n 총액, 총계, 양 v 총계가 ~에 이르다, 결과적으로 ~이 되다 — 5

sum, total, quantity / add up
People need only small **amounts** of minerals each day.

1443 council [káunsəl] — n 회의, 평의회, 자문위원회 — 6

committee, parliament
The city **council** passes local laws.

1444 feminist [fémənist] — n 여권 주장자, 남녀 평등주의자 — 5

a person who believes in bringing about the equality of the sexes
feminism n 여권 확장 운동
The American artist Judy Chicago dealt with **feminist** concerns in The Dinner Party.

1445 fortunate [fɔ́:rtʃənət] — a 운이 좋은, 행운의 — 5

blessed, lucky ↔ unfortunate
fortune n 운, 행운, 재산
You are very **fortunate** to have found such a cozy house.

Translation

판사는 기본정의 원칙**에 따라** 죄 지은 사람에게 구형했다. | 사람들은 매일 적은 **양**의 미네랄을 필요로 한다. | 시**의회**는 지역 법안을 통과시킨다. | 미국의 예술가 주디 시카고는 디너파티에서 **여성**해방 문제를 다루었다. | 너는 그렇게 안락한 집을 발견하다니 정말 **운이 좋다**.

| 1446 | **fiancé**
[fiɑ̀:nséi] | ⓝ 약혼자, 피앙세 | 6 |

fianc (남자) 약혼자 fiancee (여자) 약혼녀
George married Clarence's **fiance**, Princess Mary of Teck, later Queen Mary.

| 1447 | **involvement**
[invɔ́lvmənt] | ⓝ 관련, 개입, 말려들게 함, 곤란한 일 | 5 |

complexity, connection, association
involve ⓥ 수반[포함]하다, 관련시키다
Most Americans opposed U.S. **involvement** in a European war.

| 1448 | **confusing**
[kənfjú:ziŋ] | ⓐ 혼란시키는, 당황케 하는 | 5 |

perplexing, puzzling ↔ intelligible
confuse ⓥ 혼란시키다 confusingly ⓐⓓ 당황하여
The Henry VI plays are **confusing** to read because of their large and shifting casts of characters.

| 1449 | **colonial**
[kəlóuniəl] | ⓐ 식민지의, 식민의 | 5 |

colonising
colony ⓝ 식민지 British colonies 영국의 식민지들
The Roman Empire was the greatest **colonial** empire of ancient times.

| 1450 | **maple**
[méipl] | ⓝ 단풍나무, (캐나다의) 대표 나무 | 5 |

a tree with five-pointed leaves
The **maple** leaf has been a symbol of Canada since the early 1800's.

| 1451 | **apparent**
[əpǽrənt] | ⓐ 또렷이 보이는 → 겉모양의, 명백한 | 4 |

distinct, clear, obvious, evident ↔ obscure
He skillfully created action that reflects the **apparent** aimlessness of life itself.

| 1452 | **challenging**
[tʃǽlindʒiŋ] | ⓐ 도전적인, 자극적인 → 어려운 | 8 |

intriguing, thought-provoking
challenge ⓥ 도전하다 challenger ⓝ 도전자 challenged ⓐ 불구가 된
Poetry is one of the most **challenging** types of writing.

Translation

조지는 Teck의 메리 공주이자 나중에 메리 여왕이 된 클라렌스의 **약혼녀**와 결혼했다. | 대부분의 미국인들은 유럽 전쟁에 미국의 **개입**을 반대했다. | 헨리 6세의 연극은 등장인물이 과장되고 배역이 변화하여 읽는 데 **혼란스럽다**. | 로마제국은 고대 시대의 가장 큰 **식민** 제국이었다. | **단풍나무** 잎은 1800년대 초기 이래로 캐나다의 상징이 되었다. | 그는 **명백하게** 목표가 없는 삶 자체를 반영하는 행동을 능숙하게 만들었다. | 시는 작문의 가장 **어려운** 유형 중 하나이다.

1453 systematically
[sistəmǽtikəli]
ad 체계적으로, 규칙적으로, 분류적으로 — 6

consistently
system **n** 체계, 조직, 방식 systematise(=systemise) **v** 조직화하다, 분류하다
Scholars **systematically** organise large and complex collections of all kinds.

1454 enormous
[inɔ́:rməs]
a 거대한, 엄청난 — 7

colossal, huge, tremendous, vast ↔ little, small, tiny
Shakespeare has had **enormous** influence on culture throughout the world.

1455 crack
[kræk]
n 갈라진 금, 흠 **v** 금가게 하다, 지끈 깨다 — 5

break, slits, split / solve, break down
Tree roots may grow through **cracks** in rocks and cause the rocks to split.

1456 emerge
[imə́:rdʒ]
v 나타나다, 드러나다 — 8

appear, come out, arise ↔ submerge
emergent **a** 출현하는, 긴급한 emergence **n** 출현, 발생
Opera **emerged** as an art form in western Europe during the Baroque period in music history.

1457 except for
[iksépt fər]
~이 없으면, ~을 제외하고는 — 5

apart from, not including, but for
All resident nearby have moved away, **except for** a few householders who are holding out.

▶ holding out 버티다

1458 mature
[mətjúə]
v 성숙시키다, 익히다, 완성하다 **a** 잘 발육한, 익은, 심사숙고한 — 5

develop, grow up, bloom / full-grown, ripe ↔ immature
maturity **n** 성숙, 발달
Growth is the orderly increase in size that organisms undergo as they **mature**.

1459 yearn
[jə:rn]
v 동경하다 — 8

desire, long
yearning **n** 동경, 그리움 **a** 동경하는, 열망하는
Some people **yearn** the life seemed to simpler and gentler.

Translation

학자들은 모든 종류의 크고 복잡한 수집품들을 체계적으로 **정리한다**. | 셰익스피어는 세계 문화에 **엄청난** 영향을 끼쳤다. | 나무뿌리는 바위의 **틈**을 통해 자랄 수 있고 바위를 쪼개는 원인이 될 수도 있다. | 음악사에서 오페라는 바로크 시기에 서유럽에서 예술형식으로 **출현하였다**. | 버티고 있는 몇몇 가옥 소유자를 **제외하고는** 인근 주민 모두 이사했다. | 성장은 생물이 **성숙하는** 과정에서 크기가 규칙적으로 증가하는 것이다. | 어떤 사람들은 인생이 보다 단순하고 온화해지기를 **갈망한다**.

| 1460 | **crossing** [krɔ́ːsiŋ] | n 횡단, 교차(점); 《생》 교배 | 5 |

intersection, crossway
Amundsen and his four assistants began **crossing** the Ross Ice Shelf from the Bay of Whales on Oct. 19, 1911.

| 1461 | **abstract** [ǽbstrækt] | n 요약 a 추상적인 v 추출하다, 빼내다 | 6 |

summary, outline / theoretical, abstruse ↔ actual / extract, remove, pull
The topics for adolescence involve such **abstract** concepts as loyalty, faith, and fairness.

▶ adolescence 청소년

| 1462 | **category** [kǽtəgɔ̀ːri] | n 범주, 부분 | 6 |

classification, division
categorise (v) 분류하다 set up category 범주를 설정하다
Anthropology, psychology, and sociology are behavioral sciences included in the **category** of the social sciences.

| 1463 | **blacksmith** [blǽksmìθ] | n 대장장이, 대장간 | 6 |

smith, ironmaker
The mines supplied coal chiefly to **blacksmiths** and ironmakers.

▶ ironmakers 제철소

| 1464 | **commercial** [kəmə́ːrʃəl] | a 상업상의, 영리적인 | 6 |

mercantile, trading
commerce (n) 무역, 상업
Advertising pays all the costs of **commercial** television and radio.

| 1465 | **cartoon** [kaːrtúːn] | n 만화 | 6 |

comic strip, drawing, caricature
cartoonist (n) 만화 작가
Cartoon animals or characters are used in advertisements over a long period.

| 1466 | **deteriorate** [ditíəriərèit] | v 나쁘게 하다, 악화시키다, 타락시키다 | 5 |

degenerate, worsen, slump ↔ ameliorate, improve
deterioration (n) 악화, 퇴화
The quality of a pond rapidly **deteriorates** when people fill it with garbage or other wastes.

Translation

아문센과 4명의 보조원들은 1911년 10월 19일에 Bay of whales에서 Rase Ice Self를 **횡단하기** 시작했다. | 청소년을 위한 주제들은 충성, 믿음, 공정성과 같은 **추상적** 개념을 포함한다. | 인류학, 심리학과 사회학은 사회과학의 **범주**에 포함되는 행동과학이다. | 그 광산은 주로 **대장간**과 제철소에 석탄을 공급했다. | 광고는 **상업용** TV와 라디오 비용 모두를 지불한다. | **만화** 속 동물이나 등장인물은 오랫동안 광고에 사용되고 있다. | 연못의 수질은 사람들이 연못에 쓰레기 또는 다른 폐기물로 채울 때 빠르게 **악화된다**.

1467 administrative
[ədmínəstrèitiv]

a 관리의, 행정상의 5

managerial, executive
administration (n) 관리직(원)
The president uses a variety of powers to carry out **administrative** duties.

1468 indifferent
[indífərənt]

a 무관심한, 중요치 않은 6

detached, apathetic ↔ concerned, interested
indifference (n) 무관심
People who were **indifferent** to slavery now believe that it was to be stamped out.
▶ stamped out ~을 근절하다

1469 century
[séntʃəri]

n 세기, 백년 5

hundred
centurial (n) 1세기의, 백년의
Carlo Goldoni was the greatest Italian dramatist of the 18th **century**.

1470 industrialise
[indʌ́striəlàiz]

v 산업화하다 6

in industry, mechanise
industrial (a) 산업의 industrialism (n) 산업주의 industrious (a) 근면한 industrialist (n) 경영주
Nowadays, personal computers link to the Internet are **industrialised**.

1471 alarmingly
[əláːrmiŋli]

ad 놀랄 만큼 5

surprisingly
alarming (a) 걱정스러운 alarm (n) 불안, 공포
By the late 1960's, the number of missiles and nuclear warheads had grown **alarmingly** large.

1472 proceed
[prəsíːd]

v 나아가다, 속행하다 7

continue, go on, progress
process (n) 과정, 절차 procession (n) 행진, 행렬
The work requires many employees and **proceeds** only as fast as the workers must do their jobs.

1473 endless
[éndlis]

a 끝이 없는, 무한의 6

eternal, interminable ↔ finite
Plastics can be rubbery or rigid, and they can be shaped into an **endless** variety of objects.

Translation

대통령은 **행정** 업무를 수행하기 위해 다양한 권력을 사용한다. | 노예제도에 **무관심했던** 사람들이 지금은 이것은 반드시 근절되어져야 한다고 믿는다. | 카를로 골도니는 18**세기**에 가장 위대한 이탈리아 극작가였다. | 오늘날에는, 인터넷이 연결되는 개인용 컴퓨터가 **산업화되었다**. | 1960년대 후반에 미사일과 핵탄두 수는 **놀랄 만큼** 크게 성장했다. | 그 작업은 많은 노동자들을 필요로 하고 그 노동자들이 그들의 작업을 가능한 빨리 **진행해야** 한다. | 플라스틱은 고무 같이 되거나 딱딱해질 수 있고 **수없이** 다양한 모양으로 만들어질 수 있다.

1474 competing
[kəmpíːtiŋ]

ⓐ 경쟁하는, 필적하는 — 8

contending, fighting, challenging
compete ⓥ 경쟁하다, 겨루다 competing goods 경쟁상품
The people were now watching swimmers **competing** for medals.

1475 crime
[kraim]

ⓝ 죄, 범죄 — 6

emergency, juncture, offence, lawbreaking
criminal ⓝ 범죄 ⓐ 형사상의
The **crime** rate in the cities has increased sharply.

1476 counseling
[káunsəliŋ]

ⓝ 상담, 조언 — 9

guidance, direction
counsel ⓥ 상담, 조언 counselor ⓝ 상담역, 고문
A number of registered dietitians offer personal nutrition **counseling** directly to the public.

1477 shape
[ʃeip]

ⓝ 모양, 모습, 실현 ⓥ 어떤 모양으로 만들다, 형성하다 — 4

form, figure, appearance, condition / frame, model
shaper ⓝ 모양으로 만드는 사람 shapeable(=shapable) ⓐ 형체를 이룰 수 있는
Eggs have an oval **shape**.

1478 creativity
[krìːeitívəti]

ⓝ 창조성, 독창력; 활기 — 8

ingenuity, imagination
The mid-1960's became a time of peak **creativity** for rock music.

1479 administrator
[ədmínistrèitər]

ⓝ 관리자, 행정가 — 9

executive, organiser
administer ⓥ 관리하다, 다스리다 administrated ⓐ 관리하는
He was an able **administrator** and soldier.

1480 accomplish
[əkʌ́mpliʃ]

ⓥ 이루다, 끝내다 — 6

achieve, complete, fulfil, finish
accomplishment ⓝ 완성, 성취 accomplishable ⓐ 성취할 수 있는 accomplished ⓐ 성취된
Holmes **accomplished** as a violinist and an expert on beekeeping.

▶ beekeeping 양봉

Translation
국민들이 지금 메달 **경쟁을 하는** 수영선수들을 지켜보고 있다. | 도시에서 **범죄율**이 급격히 증가했다. | 다수의 공인된 영양사가 대중에게 직접 개인의 영양 **상담**을 제공한다. | 계란은 타원형의 **모양**을 하고 있다. | 1960년대 중반은 록 음악의 **활기**가 최고조인 시기였다. | 그는 능력 있는 **행정가**이자 군인이었다. | 홈스는 바이올리니스트와 양봉의 전문가가 **되었다**.

DAY 38 Basic Vocabulary ⑧

KEY WORDS

- ☐ conquest
- ☐ appetising
- ☐ adaptation
- ☐ transparent
- ☐ insufficient
- ☐ hardship
- ☐ character
- ☐ notion
- ☐ moderate
- ☐ Instruct
- ☐ grant
- ☐ crawl
- ☐ connect
- ☐ congratulate
- ☐ atlas

1481 surprise [sərpráiz]

ⓥ 놀라게 하다 ⓝ 놀람 — 5

amaze, astonish, startle, astound / the feeling that something unexpected has happened

Most **surprise** endings involve an unexpected event or a revealing explanation.

1482 appetising [ǽpətàiziŋ]

ⓐ 식욕을 돋우는, 맛있어 보이는 — 9

look delicious
appetiser ⓝ 전채 appetisingly ⓐⓓ 식욕을 돋우어, 구미가 당기는
Cooking makes food more **appetising** and easier to digest.

1483 crawl [krɔːl]

ⓥ 기어가다, 포복하다 ⓝ 포복 — 6

creep
Many infants begin to **crawl** at about 9 to 10 months of age.

1484 courtesy [kə́ːrtəsi]

ⓝ 예의 바름, 공손, 호의 — 4

politeness, good manners
courteous ⓐ 공손한, 정중한
As a **courtesy**, a ship flies the flag of any country it visits.

1485 exaggeration [igzædʒəréiʃən]

ⓝ 과장(된 표현) — 5

overstatement, magnification
exaggerate ⓥ 과장하다
Hyperbole is simply **exaggeration**.

Translation

대부분의 **깜짝 놀라는** 결말은 예기치 못한 사건이나 사실을 폭로하는 것과 관련이 있다. | 요리는 음식을 더욱 **맛있어 보이게** 하고 소화하기 쉽게 만든다. | 많은 유아들은 9개월에서 10개월 사이에 **기어 다니기** 시작한다. | **예의**로서 배는 방문하는 그 국가의 국기를 게양한다. | **과장법**은 단순히 과장된 표현이다.

| 1486 | **hardship** [háːrdʃip] | ⓝ 곤란, 고충 | 7 |

suffering, difficulty, adversity ↔ ease
Large parts of Asia suffered widespread destruction and severe **hardship** during the war.

| 1487 | **assist** [əsíst] | ⓥ 거들다, 원조하다 | 5 |

help, aid
assistance ⓝ 원조, 보조 assistant ⓝ 조수, 보조 수단 ⓐ 보조의
Drills and workbooks **assist** some people in mastering certain activities or skills.

| 1488 | **astonishing** [əstóniʃiŋ] | ⓐ 놀라운, 눈부신 | 5 |

surprising, astounding, shocking
astonish ⓥ 놀라게 하다
Shakespeare's widespread influence reflects his **astonishing** popularity.

| 1489 | **gymnasium** [dʒimnéiziəm] | ⓝ 체육관 | 5 |

gym
Roosevelt's father built a **gymnasium** in the family home, and Theodore exercised there regularly.

| 1490 | **atlas** [ǽtləs] | ⓝ 지도책, 도해서 | 6 |

map
A comprehensive **atlas** was artificially created using satellite images.

| 1491 | **bark** [baːrk] | ⓝ 나무껍질, 수피 ⓥ 짖다, 고함치다 | 4 |

covering, skin, layer, crust / yelp, yap, bay, howl, snarl
Many moths are colored like the **bark** of a tree.

| 1492 | **abbreviation** [əbrìːviéiʃən] | ⓝ 생략, 축약, 약어 | 6 |

abstract, compendium, abridgement ↔ extension
abbreviate ⓥ 줄여 쓰다, 생략하다
Composers may use their **abbreviations** to indicate dynamics (loudness or softness).

Translation

아시아의 대부분이 전쟁 동안에 광범위한 파괴와 심각한 **어려움**을 겪었다. | 훈련과 연습서는 사람들이 특정 활동이나 기술을 습득하는 데 **도움을 준다**. | 셰익스피어의 광범위한 영향은 그의 **놀라운** 대중성을 반영한다. | 루주벨트의 아버지는 집에 **체육관**을 지어 놓았고 시어도어가 거기서 정기적으로 운동했다. | 종합적인 **지도책**이 인공위성의 이미지를 이용해서 인위적으로 제작되어졌다. | 많은 나방들이 나무의 **수피**(나무껍질)와 같은 색깔을 한다. | 작곡가는 역동성(크게 또는 부드럽게)을 표현하기 위해 그들의 **약어**를 사용한다.

| 1493 | **grant** [gra:nt] | v 주다, 승인하다 n 허가, 인가, 보조금 | 6 |

give, award, accept / allowance, donation, subsidy
granter n 수여자, 양도자 grantable a 허가의
Most governments **grant** a patent to the inventor who first applied for it.

| 1494 | **arouse** [əráuz] | v 깨우다, 자극하다 | 5 |

awaken, stimulate, excite ↔ calm, quiet
arousal n 각성, 흥분
An attractive book cover can **arouse** a person's interest in buying the book.

| 1495 | **arrange** [əréindʒ] | v 배열하다, 조정하다 | 6 |

fix up, order, position ↔ disorganise
arrangement n 정렬
French and Korean chefs carefully **arrange** food to make each dish look beautiful.

| 1496 | **array** [əréi] | n 정렬 v 정렬시키다 | 5 |

order, range
an array of 죽 늘어선
In my hometown, a spectacular **array** of wildflowers blooms after the summer rainy season.

| 1497 | **article** [á:rtikl] | n 기사, 물품, 조항 | 6 |

essay, writing, object, thing, clause
featured article 특집기사 article 5 제5조
For camping tips, see the Camping **article**.

| 1498 | **arise** [əráiz] | v 일어나다, 생기다 | 5 |

rise, uprise, appear ↔ descend
Warts, which are caused by a virus, may **arise** anywhere on the skin.

▶ warts 사마귀

| 1499 | **active** [æktiv] | a 활동적인, 활기찬 | 5 |

energetic, dynamic, lively, vigorous
DNA science is a particularly **active** area of scientific research today.

Translation

대부분의 정부는 먼저 신청한 발명가에게 특허를 **부여한다**. | 흥미를 끄는 책 표지는 그 책을 구입하는 데 있어서 개인의 관심을 **자극할** 수 있다. | 프랑스와 한국 요리사들은 각 요리가 예쁘게 보이도록 음식을 조심스럽게 **배열한다**. | 나의 고향에서는 **죽 늘어선** 장관인 야생화가 여름 장마 이후에 핀다. | 캠핑을 위해서 캠핑 **조항**을 보아라. | 바이러스에 의해 발생하는 사마귀는 피부의 아무 곳에서나 **발생할** 수 있다. | DNA 과학분야는 오늘날 과학연구에서 특히 **활발한** 영역이다.

1500 activity
[æktívəti]

n 활동, 활약

action, labour, pursuit
Latin Americans enjoy a wide variety of outdoor **activities**.

1501 posture
[pɔ́stʃər]

n 자세, 태도

position, pose, stance
postural ⓐ 선 자세의
Exercise helps to maintain and improve body function and **posture**.

1502 Instruct
[instrʌ́kt]

v 가르치다, 지시하다

dictate, direct, guide
instruction ⓝ 교육, 교훈
The head coach **instructs** him to follow his order.

1503 insufficient
[insəfíʃənt]

a 불충분한, 부족한

inadequate ↔ sufficient
There are **insufficient** resources to complete the operation.

1504 discard
[diskɑ́:rd]

v 버리다, 처분하다 **n** 버린 패

get rid of, drop, dispose of
Young people have **discarded** many traditional customs and ceremonies.

1505 moderate
[mɑ́dərət]

a 알맞은, 절도 있는

medium, modest, temperate ↔ immoderate
moderation ⓝ 알맞음, 온건
A **moderate**, well-balanced diet can help ensure good health.

1506 future
[fjú:tʃər]

n 미래, 장래

time to time, prospect, expectation
Animals and plants store carbohydrates for **future** use.

Translation
라틴계 미국인은 다양한 야외 **활동**을 즐긴다. | 운동은 신체의 기능 및 **자세**를 유지하고 개선하도록 돕는다. | 수석 코치는 그에게 그의 지시를 따르라고 **교육한다**. | 작업을 완료하는 데 자원이 **부족하다**. | 젊은 사람들이 많은 전통적인 관습과 의식을 **버렸다**. | **적절하고** 균형이 잡힌 식단이 좋은 건강을 유지하는 데 도움을 준다. | 동물과 식물은 **미래**를 위해 탄수화물을 저장한다.

| 1507 | **congratulate** [kəngrǽtʃulèit] | v 축하하다 | 6 |

compliment, commend, praise
congratulation n 축하
At school graduate time, many students **congratulates** for their new life of the job.

| 1508 | **conical** [kɔ́nikl] | a 원뿔의 | 5 |

a shape like a cone
Indians constructed a **conical** shelter of pine poles covered with bark, grass, and animal skins.

| 1509 | **conquest** [kɑ́nkwest] | n 정복, 승리 | 9 |

triumph, victory ↔ defeat, failure
conquer v 정복하다
Most empires have been won through military **conquest**.

| 1510 | **connect** [kənékt] | v 연결하다, 접속하다 | 6 |

link, affiliate, associate, combine, unite ↔ disconnect
connection n 접속, 연결, 관계
Ferry services **connect** coastal and island communities in the United Kingdom.

| 1511 | **cheat** [tʃi:t] | v 속이다 n 사기 | 5 |

trick, deceive, swindle
Europeans **cheated** the Indians and took their land.

| 1512 | **chapter** [tʃǽptər] | n 장, 구획 | 5 |

section, subdivision
The space age, which began in 1957, opened a new **chapter** in the study of the moon.

| 1513 | **character** [kǽriktər] | n 성격, 특성, 인성 | 7 |

nature, personality, role
characteristic a 특징적인 n 특성 characterise v 특성을 기술하다
In the dramatic monologue, the story is told in the words of only one **character**.

Translation

학교를 졸업할 때 많은 학생들은 그들의 직장의 새로운 생활을 **축하한다**. | 인디언들은 나무 수피와, 풀과 동물 가죽으로 덮은 소나무 막대기를 이용한 **원뿔 모양**의 은신처를 만들었다. | 대부분의 제국은 군사적인 **승리**를 통해서 승리했다. | 페리 서비스는 영국에 있는 해안과 섬 마을을 **연결한다**. | 유럽인들은 인디언들을 **속였고** 그들의 땅을 빼앗았다. | 1957년에 시작된 우주 시대는 달의 연구에 새로운 **장**을 열었다. | 연극의 독백에서 이야기는 단지 한 **사람**의 말로서 이야기 된다.

1514 adaptation
[ædəptéiʃən]

n 적응, 적합, 각색 — 8

adjustment, moderation
adapt v 맞추다, 적응하다
Adaptation makes it better able to survive and reproduce in its environment by an organism.

1515 pride
[praid]

n 자존심, 자만 — 4

dignity, vanity ↔ modesty, humility
proud n 자존심이 있는, 거만한
Our names reflect the **pride** of each personality in itself and own way of life.

1516 transparent
[trænspǽrənt]

a 투명한, 명쾌한, 명료한 — 7

clear, sheer, obvious, plain
Many specimens viewed through a microscope are **transparent** or have been made transparent.

1517 dam
[dæm]

n 댐, 막아 놓은 물 — 4

dike, levee
The construction of a **dam** may provide water to irrigate farmland or to produce electric power.

▶ irrigate 물을 대다, 관개하다

1518 environmentalist
[invàiərənméntəlist]

n 환경보호론자 — 5

conservationist, ecologist
Conservationists are also called **environmentalists**.

▶ conservationists 자연보호론자

1519 notion
[nóuʃən]

n 관념, 생각 — 6

idea, view, belief, conception, opinion
notional a 개념적인, 추상적인
Virtue does not depend upon believing some rational **notion** of the good life.

1520 contributor
[kəntríbjutər]

n 기부[고]자, 공헌자 — 5

donor, giver
contribute v 기부하다, 공헌하다
The editors in publishing journal select **contributors** who are experts in their field.

Translation

적응은 생물이 더 잘 생존하고 그 환경에서 번식할 수 있도록 만든다. | 우리의 이름은 자신과 자신의 삶의 방식에 있어 한 인성의 **자존심**을 반영한다. | 현미경을 통하여 보는 많은 표본들은 **투명하거나** 투명하게 만들어져야 한다. | **댐**의 건설은 농지를 개간하는 데 물을 대고 전기를 생산할 수 있을 것이다. | 자연보호론자들은 **환경론자**라고도 불린다. | 미덕은 좋은 삶의 몇 가지 합리적인 **개념**에 의존하지 않는다. | 출간하는 저널의 편집자는 그 분야의 전문가인 **기고가**를 선택한다.

DAY 39 Basic Vocabulary ⑨

KEY WORDS

- ☐ initiate
- ☐ discrimination
- ☐ calculated
- ☐ attain
- ☐ strain
- ☐ yield
- ☐ vegetable
- ☐ monster
- ☐ flavour
- ☐ damage
- ☐ characterise
- ☐ afford
- ☐ privilege
- ☐ fulfill
- ☐ deadline

1521 characterise [kǽriktəràiz]   7
ⓥ 특징짓다, ~의 특징이 되다, ~의 특징을 묘사하다
depict, portray
character ⓝ 성격, 기질   characteristic ⓐ 특유의
Indian sculptors created powerful works **characterised** by spiritual content and technical brilliance.

1522 addiction [ədíkʃən]   6
ⓝ 탐닉, (마약) 중독, 열중
dependence, indulgence
addictive ⓐ 습관성의
The regular use of alcohol, narcotics, or sedatives can lead to **addiction** and also serious damage to the body.
▶ narcotics 마약   sedatives 진정제

1523 deadline [dédlain]   6
ⓝ 마감 시간, 최종 기한
time limit, limit
Each article has a **deadline** and a specified length.

1524 attain [ətéin]   9
ⓥ 달성하다, 이루다, 도달하다
accomplish, achieve, reach, gain ↔ fail
attainable ⓐ 이룰 수 있는, 도달할 수 있는   attainment ⓝ 달성, 도달
Cuban Americans generally **attain** a higher level of education than other Hispanic Americans.

1525 attempt [ətémpt]   6
ⓝ 시도, 공격   ⓥ 시도하다
try, seek
The **attempt** did not succeed.

Translation

인도 조각가는 영적인 내용과 기술적 탁월함으로 **특징지어지는** 강력한 작품을 만들었다. | 술이나 마약, 진정제를 정기적으로 사용하면 **중독**과 신체에 심각한 손상이 발생할 수 있다. | 각 기사는 최종 **기한**과 지정된 길이가 있다. | 쿠바계 미국인들은 일반적으로 다른 히스패닉계 미국인들 보다 더 높은 교육수준에 **도달한다**. | 그 **시도**는 성공하지 못했다.

| 1526 | **dawn** [dɔːn] | ⓝ 새벽, 여명 ⓥ 날이 새다, 나타나기 시작하다 | 5 |

daybreak, morning ↔ dusk, nightfall / begin, start
The roots of astronomy extend back to the **dawn** of civilisation.

| 1527 | **damage** [dǽmidʒ] | ⓝ 손해, 피해 ⓥ 손해를 입히다, 다치다 | 7 |

harm, hurt, impair ↔ benefit, repair
damageable ⓐ 손해를 입기 쉬운, 손상되기 쉬운.
A major cause of death and property **damage** in earthquakes is fire.

| 1528 | **danger** [déindʒər] | ⓝ 위험 | 5 |

risk, hazard ↔ safety, secure
dangerous ⓐ 위험한
Fire resulting from broken gas or power lines is another major **danger** during a quake.

| 1529 | **shine** [ʃain] | ⓥ 광채가 나다, 빛나다, 반짝이다 | 4 |

burnish, polish, gleam, flash, beam
shining ⓐ 빛나는, 반짝이는: 두드러진, 탁월한 shiny ⓐ 빛나는, 해가 비치는, 청명한
Minerals with metallic luster **shine** like metal.

▶ luster 광택, 광채

| 1530 | **arena** [əríːnə] | ⓝ 경기장, 공연장, 무대 | 6 |

theatre, stadium
art arena 예술계 sports arena 경기장
Schools built large **arenas** for games, increasing attendance.

| 1531 | **argue** [áːrgjuː] | ⓥ 논하다, 주장하다, 설득하다 | 5 |

discuss, debate
arguable ⓐ 논쟁의 여지가 있는 argument ⓝ 논의, 토론
A couple may **argue** about almost anything.

| 1532 | **conserve** [kənsə́ːrv] | ⓥ 보존하다, 절약하다 | 5 |

preserve, keep, save ↔ destroy, waste
conservation ⓝ 보호, 보존 conservatism ⓝ 보수주의, 보수적 경향
conservative ⓐ 보수적인, 수수한
People can **conserve** energy by using less hot water and turning off lights.

Translation

천문학의 뿌리는 문명의 **태동기**로 거슬러 간다. | 지진에서 죽음과 재산 **피해**의 주된 원인은 불이다. | 끊어진 가스와 전선으로 발생한 불은 지진 도중 또 다른 주요 **위험**이다. | 금속성 광택이 나는 미네랄은 금속처럼 **반짝인다**. | 학교는 증가하는 관객 수로 경기를 위한 큰 **경기장**을 지었다. | 연인은 아무것도 아닌 것으로 **논쟁하기도** 한다. | 사람들은 덜 뜨거운 물을 사용하고 전기를 꺼서 에너지를 **절약할 수 있다**.

1533 privilege
[prívəlidʒ]

n 특권, 특허 — 6

favour, advantage
privileger n 특전을 주는 사람
The British granted certain trading **privileges** to export some goods.

1534 alphabetical
[ælfəbétikəl]

a 알파벳순의, ABC순의 → 가나다순 — 5

alphabetic, alphabetical order
The nominations are listed in **alphabetical** order.

1535 vegetable
[védʒətəbl]

n 야채 — 7

greens, greenstuff
vegetation n 초목, 식물성 기능 vegetative a 생장력 있는, 성장하는
Fructose, an extremely sweet sugar, comes from fruits and **vegetables**.

1536 monster
[mɔ́nstər]

n (거대한 것) → 괴물 — 7

brute, devil, beast
monstrous a 기괴한, 극악무도한
In the story, Oedipus himself kills a **monster** called the Sphinx.

▶ Oedipus 오이디푸스

1537 mood
[mu:d]

n 기분, 분위기 — 5

disposition, temper
moody a 침울한
Active children need a play area with a bright **mood**.

1538 already
[ɔ:lrédi]

ad 이미, 벌써 — 5

before, previously
Rommel had **already** returned to Germany.

1539 soundproof
[sáundpru:f]

v ~에 방음장치를 하다 a 방음의, 방음장치가 된 — 5

sound absorbed
It is **soundproofed** so that no outside sounds can interfere with the broadcasts.

▶ interfere 간섭 [참견]하다

Translation
영국은 어떤 상품들을 수출하기 위하여 특정 거래 **특권**을 부여했다. | 후보명은 **알파벳** 순서로 나열된다. | 과당은 매우 달콤한 당으로서 과일과 **야채**에서 나온다. | 이야기에서는 오이디푸스 자신이 스핑크스라는 **괴물**을 죽인다. | 아이들은 밝은 **분위기**의 활동적인 놀이 공간이 필요하다. | 롬멜은 **이미** 독일로 돌아왔다. | 이것은 **방음이 되어 있어서** 어떠한 외부 소리도 방송을 방해할 수 없다.

1540 engineer [èndʒiníər]

n 기사, 기술자

designer, worker, producer
engineering **n** 공학, 공학 기술
In many ways, Smith worked like an **engineer** rather than a traditional sculptor.

1541 flavour [fléivər]

n 냄새, 풍미, 맛

taste, savor, aroma, smell
Varietal characteristics preserved in the wine leads to the intensity of **flavours** and aromas.

▶ varietal 포도 품종을 표시한, 버라이틀

1542 adventure [ədvéntʃər]

n 모험, 희한한 사건

experience, exploit
adventurer **n** 모험가 adventurous **a** 모험을 좋아하는
Many people choose the Navy as a career because of their love of **adventure** and the sea.

1543 ashamed [əʃéimd]

a 부끄러운, 창피한, 수치스러운

humiliated, shameful ↔ proud
be ashamed of ~을 부끄러워하다
He felt **ashamed** because he was not strong enough to fight back.

1544 strain [strein]

v 잡아당기다, 긴장시키다 **n** 부담, 압박, 혈통, 계통

extend, strive, tense ↔ relax / worry, anxiety, pressure, family line
The Revolutionary War severely **strained** the United Kingdom's economy.

1545 initiate [iníʃièit]

v 시작하다, 전하다

start, begin, launch, originate
initiative **a** 처음의, 발단의 **n** 시작, 독창력, 발의권 initiation **n** 가입, 개시
He **initiated** a campaign against the king.

1546 origin [ɔ́rədʒin]

n 기원, 태생

beginning, start, birth, launch
originate **v** 유래하다, 발명하다 original **a** 원래의, 독창적인
Some scientists search for clues to the **origin** of the universe.

Translation

여러 면에서 스미스는 전통적인 조각가보다는 **엔지니어**처럼 일했다. | 와인에 보존된 품종의 특징이 강렬한 **맛**과 향을 이끌어 낸다. | 많은 사람들이 그들의 **모험**과 바다에 대한 애정 때문에 직업으로서 해군을 선택한다. | 그는 싸울 만큼 충분히 강하지 못했기 때문에 **수치스러움**을 느꼈다. | 독립전쟁은 영국 경제를 심하게 **부담을 주었다**. | 그는 왕에 대항한 군사행동을 **시작했다**. | 일부 과학자들은 우주의 **기원**에 대한 단서를 찾는다.

1547 minor
[máinər]

a 작은 편의, 중요치 않은 5

small, lesser, lower ↔ major
minority **n** 소수, 소수민족
There were several groups of **minor** divinities in Greek mythology.

▸ divinities 신, 신성

1548 intelligence
[intéləʤəns]

n 지성, 정보 4

intellect, wit, information
intelligent **a** 이해력 있는, 총명한
Most elected leaders believe **intelligence** agencies are essential to the security of their nations.

1549 smooth
[smu:ð]

a 매끄러운, 부드러운 5

glossy, polished ↔ rough, uneven
smoothen **v** 매끄럽게 하다 smooth-tongued **a** 말솜씨가 좋은
Whales have **smooth**, rubbery skin that slips easily through the water.

1550 scatter
[skǽtər]

v 흩뿌리다, 뿌리다, 확산시키다 5

disperse, spread ↔ gather
scattershot **a** 무차별의, 난사의
Many thousands of islands lie **scattered** throughout the Pacific Ocean.

1551 hostel
[hɔ́stl]

n 호스텔, 쉼터 4

hotel, inn
hostel for the homeless 노숙자 쉼터
Many **hostels** occupy historic buildings.

1552 dispute
[dispjú:t]

n 논쟁, 분쟁 **v** 논쟁하다, 다투다 5

argument, conflict, quarrel ↔ agreement / argue, quarrel, squabble
Two tribes played a stickball game to settle a **dispute** and thereby avoided a war.

1553 fulfil
[fulfíl]

v 다하다, 이행하다 6

accomplish, complete, finish
fulfilment **n** 이행, 수행
Sunny **fulfils** the condition for the entrance of the public institution.

Translation

그리스 신화에서는 **중요치 않은** 신의 여러 그룹이 있다. | 대부분의 선출된 지도자들은 **정보**기관이 국가 안보에 필수적이라고 믿는다. | 고래는 물을 쉽게 미끄러지는 **부드럽고** 탄력이 있는 피부를 가지고 있다. | 수많은 섬들이 태평양 전체에 **흩어져** 있다. | 많은 **호스텔**(값싼 숙박업소)이 역사적인 건물을 사용한다. | 두 부족이 **분쟁**을 해결하기 위해 스틱볼 게임을 했고, 그래서 전쟁을 피했다. | Sunny는 공공기관의 입사를 위한 조건을 **충족한다**.

1554 discrimination
[diskrìmənéiʃən]

n 구별, 식별, 차별   9

discernment, prejudice, bias

Physical and cultural differences have been a basis of **discrimination** and prejudice.

1555 calculated
[kǽlkjulèitid]

a 계산된, 예측된   9

intentional, premeditated ↔ accidental
calculate **v** 계산하다, 추정하다 calculation **n** 계산, 산출 calculator **n** 계산기
Competition among journalists often creates sensational news reports **calculated** to attract a large audience.

1556 gear
[giər]

n 톱니바퀴, 장치 **v** 조정하다, 설치하다   6

equipment / adjust, adapt
gear up 준비를 갖추다
That police came slowly onward, equipped with riot **gear**.

1557 attention
[əténʃən]

n 주의, 배려   6

care, concern ↔ inattention
attentive **a** 주의 깊은, 친절한 pay attention to ~에 주의하다
Any threat of suicide demands immediate professional **attention**.

1558 afford
[əfɔ́:rd]

v ~할 여유 [형편]가 되다, 제공하다   7

supply, give, offer
affordable **a** 줄 수 있는, 알맞은 afford data 데이타를 제공하다
Most developing nations cannot **afford** the advanced technology required to build a modern air force.

1559 intelligible
[intélədʒəbl]

a 알기 쉬운, 지성적인, 이해할 수 있는   4

sensible
intelligibility **n** 명료, 명료한 것
The monk is the most **intelligible** man in this town.

1560 yield
[ji:ld]

v 산출하다; 낳다 **n** 수확, 이윤   7

succumb, concession; produce, concede / output
yieldable **a** 생산할 수 있는
California mines **yield** all of the boron that is produced in the United States.

▶ boron 붕소

Translation
물리적·문화적 차이가 **차별**과 편견의 근간이 되어 왔다. | 언론인들 사이에서의 경쟁은 종종 많은 고객을 끌기 위하여 **계산된** 깜짝 놀랄만한 뉴스를 만든다. | 그 경찰은 폭동 진압 **장비**를 갖추고 천천히 전방으로 다가왔다. | 어떠한 자살의 위협도 즉시 전문가의 **주의**를 요구한다. | 대부분의 개발도상국에서는 현대식 공군을 구축하는 데 필요로 하는 선진 기술을 **감당할** 수 없다. | 그 스님이 이 마을에서 가장 **지적인** 사람이다. | 캘리포니아의 광산은 미국에서 생산되는 붕소의 전량을 **생산한다**.

DAY 40 Basic Vocabulary ⑩

KEY WORDS

☐ enthusiast ☐ ridicule ☐ oriental ☐ loaded ☐ lifestyle
☐ evil ☐ dew ☐ day-to-day ☐ controller ☐ consuming
☐ congressman ☐ comeback ☐ collected ☐ coastline ☐ burning

1561 consume [kənsjúːm]   v 소비하다   8

wasting, spending
consumption n 소비
People are **consuming** petroleum much faster than it is being formed.

1562 ridicule [rídikjùːl]   v 비웃다, 조롱하다   n 비웃음   8

flout, jeer ↔ respect
ridiculous a 웃기는, 말도 안되는
Galileo's often **ridiculed** his opponents with quick wit, and earned him a number of enemies.

1563 drain [drein]   v 배수하다, 유출시키다, 쇠진하다   n 배수관, 배수구 뚜껑   4

flow out, leak, exhaust, empty / sewer, offlet, scupper
drainable a 잘 빠질 수 있는
The small channels **drain** into larger channels.

▶ channels 채널, 통로, 수로

1564 aspect [ǽspek]   n 관점, 국면, 용모   5

appearance, view
Legends usually relate some **aspect** of the history of a culture.

1565 expedition [èkspədíʃən]   n 탐험, 원정, 여행, 탐험대   4

journey, exploration
expedite n 신속히 처리하다   expeditious a 신속한, 효율적인
Lord Fairfax began planning an **expedition** to survey his western lands.

Translation

사람들이 석유를 생성된 것보다 더 빠르게 **소비하고** 있다. | 갈릴레오는 종종 그의 상대를 빠른 재치로 **조롱하였고** 다수의 적을 얻게 되었다. | 작은 수로가 큰 수로로 **배수한다**. | 전설은 일반적으로 문화의 역사적인 일부 **측면**과 관계된다. | 페어팩스 영주는 그의 서부 땅을 조사할 **탐험**을 계획하기 시작했다.

| 1566 | **oriental** [ɔːriéntl] | ⓐ 동양의, 동양인의 | 8 |

coming from eastern Asia
orient ⓝ 동양
The orchestral music especially helps create the rich **oriental** atmosphere of the opera.

| 1567 | **evil** [íːvəl] | ⓝ 악, 사악 ⓐ 나쁜, 불길한, 불쾌한 | 8 |

bad, vice, wickedness, harm, sin / wicked, vicious ↔ good, virtuous
In colonial times, most Americans regarded slavery as a necessary **evil**.

▸ necessary evil 필요악

| 1568 | **burning** [bə́ːrniŋ] | ⓝ 연소, 태우는 것 ⓐ 불타는, 뜨거운 | 8 |

combustion, burn / blazing, flaming
Historically, the **burning** of coal has been a major cause of air pollution.

| 1569 | **replacement** [ripléismənt] | ⓝ 교체, 대체, 후임자 | 7 |

substitution, replacing, successor
replace ⓥ 대신[대체]하다
Railroad companies have track **replacement** programmes.

| 1570 | **controller** [kəntróulər] | ⓝ 감사관, 관리인 | 8 |

administrator
The astronauts and mission **controllers** can talk to each other by radio.

▸ by radio 무선으로

| 1571 | **aggressive** [əgrésiv] | ⓐ 침략적인, 적극적인 | 6 |

hostile, offensive, obstructive
Japan, Italy, and Germany followed a policy of **aggressive** territorial expansion during the 1930's.

▸ territorial expansion 영토확장

| 1572 | **criteria** [kraitíəriə] | ⓝ 표준, 기준, 척도 cf. criterion의 복수형 | 6 |

standard, test, principle, measure
Philosophers have attempted to define **criteria** for distinguishing between truth and error.

Translation

오케스트라 음악은 특히 오페라의 풍부한 **동양적** 분위기를 만드는 데 도움이 된다. | 식민지 시대에 많은 미국인들은 노예제도를 필요**악**으로 간주했다. | 역사적으로 석탄을 **태우는 것**이 대기오염의 주요 원인이 되어왔다. | 철도 회사는 철로 **교체** 프로그램이 있다. | 우주 비행사와 우주 비행 관제는 무선으로 서로 이야기할 수 있다. | 일본, 이탈리아와 독일은 1930년대 동안에 **공격적인** 영토 확장의 정책을 취했다. | 철학자들은 진리와 오류를 구별할 **기준**을 정의하고자 했다.

1573	**loaded** [lóudid]	a 짐을 실은, 만원인	8

laden, charged, weighted
load n 짐, 화물, 무게 v 싣다, 적재하다, 로딩하다
That vessel may be safely **loaded** at various times of the year and in various waters.

1574	**operate** [ɔ́pərèit]	v 움직이다, 작용하다, 수술을 하다	6

conduct, handle, manage
operational a 조작상의, 사용 중인 operation n 작용, 운전 operative a 움직이는, 효과적인
All industries require energy to **operate**.

1575	**compensation** [kɔ̀mpənséiʃən]	n 보수, 배상금	7

reimbursement, amends
compensate v 보상하다, 보상금을 주다
As the victors in the war, the Japanese demanded **compensation** payments from Russia.

1576	**permit** [pərmít] [pé:rmit]	v 허락하다, 허가하다, 용납하다 n 허가증	6

allow, let ↔ forbid, prohibit
permission n 허가, 승인 permissive a 관대한
Some religions do not **permit** their members to eat certain foods.

1577	**lifestyle** [láifstail]	n 생활양식	8

the mode of living
Scientists gradually came to believe that *Tyrannosaurus* had a much more dynamic **lifestyle**.

1578	**range** [reindʒ]	n 범위, 넓이, 줄지음	5

extent, scope, limits, reach
rangeland n 방목장 range table a 조립 테이블 a wide range of 광범위한, 드넓은
Chimpanzees live in a wide **range** of habitats from western to eastern Africa.

1579	**dealing** [dí:liŋ]	n 관계, 거래, 매매	7

behavior, transaction
deal with 처리하다, 대처하다, 논의하다, 다루다
Seven people was charged with drug **dealing** offences.

Translation

그 선박은 연중 다양한 시기에 다양한 해역에서 안전하게 **짐을 실을** 수 있을 것이다. | 모든 산업은 **운영하는 데** 에너지가 필요하다. | 전쟁에서 승리자로 일본은 러시아에게 **보상** 지불을 요구했다. | 일부 종교는 그들의 구성원들이 특정 음식을 먹는 것을 **허락하지** 않는다. | 과학자들은 점차 티라노사우루스가 훨씬 더 역동적인 **삶**을 살았다고 믿게 되었다. | 침팬지는 서부에서 동부 아프리카까지 **드넓은** 서식지에서 살고 있다. | 7명이 마약 **거래** 범죄 혐의로 기소되었다.

1580 persuade
[pərswéid]

v 설득하다, 설득 [납득]시키다

convince, convict ↔ dissuade
persuasion (n) 설득, 납득 persuasive (a) 설득력 있는, 설득 잘하는
China has **persuaded** millions of couples to have only one child.

1581 dew
[dju:]

n 이슬, 신선함, 상쾌함

freshness
Because lichens have no roots, they grow only when moistened by **dew** or rain.

▶ lichens 라이켄, 지의류

1582 chart
[tʃa:rt]

n 도표, 해도 v 기록하다, 표로 그리다

illustration / mark
As the plane flies over each landmark on the plotted course, the pilot checks it off on the **chart**.

1583 enthusiast
[inθjú:ziæst]

n 열성적인 사람, 애호가

supporter, lover, fanatic
sport enthusiast 스포츠 맨 film enthusiast 영화광
For the wildlife **enthusiast**, there are several opportunities for encounters with animals, with parks, sanctuaries and reserves.

1584 complement
[kámpləmənt]

n 보완물 v 보완하다, 덧붙이다

supplement / add to, make up, supplement
complete (v) 끝마치다, 기입하다 (a) 완벽한, 완전한
One of the problems of the immune system includes deficiencies of **complement** proteins.

1585 outlook
[autluk]

n 조망, 경치, 예측

view, expectation, prospect
An **outlook** provides advance notice of a general weather trend.

1586 setting
[sétiŋ]

n 환경, 배경, 조절

surroundings, site, location ↔ rising
Noisy bars became the usual **setting** for dancing.

Translation

중국은 수백만의 부부에게 오직 한 아이만 갖도록 **설득했다**. | 지의류(라이켄)는 뿌리가 없기 때문에 오직 **이슬**이나 비로 습기 있는 곳에서만 자란다. | 비행기는 계획된 코스에 있는 각각의 이정표를 비행하기 때문에 비행사는 **차트**에 그려진 것을 체크한다. | 야생동물 **애호가**들을 위해서 동물과, 공원과 보호 지역을 조우할 여러 기회가 있다. | 면역 체계의 문제들 중 하나는 **보충** 단백질의 부족을 포함한다. | **예측**은 일반적인 날씨 동향을 사전 통지로 제공한다. | 시끄러운 술집들이 춤추기 위한 일반적인 **환경**이 되었다.

1587 grasp [gra:sp]

- **v** 붙잡다, 움켜잡다 **n** 움켜잡기, 이해
- take, apprehend, comprehend / grip, hold, understand
- Nearly all kinds of primates can **grasp** objects with their hands and feet.

1588 comeback [kʌ́mbæk]

- **n** 컴백, 복귀, 재기
- recovery, return, revival
- The right whale has been fully protected since 1935, but it has not yet made a significant **comeback**.

▶ right whale 참고래

1589 assure [əʃúər]

- **v** 보증하다, 확실하게 하다
- guarantee, convince
- assurance **n** 보증, 확신
- The skills **assure** more job opportunities for performers.

1590 companion [kəmpǽnjən]

- **n** 동료, 반려, 친구
- comrade, friend ↔ antagonist, enemy
- companionate **a** 친구의, 우애적인 companionship **n** 교제
- Always swim with a **companion** and know where that person is at all times.

1591 scarce [skɛərs]

- **a** 부족한, 적은 → 드문, 진귀한
- rare, few, extraordinary
- Water and trees are **scarce** in the desert.

1592 mussel [mʌ́səl]

- **n** 홍합, 펄조개
- a variety of edible shellfish with a shell in two parts
- Large amounts of **mussels** and abalones were collected along the western coast.

▶ abalones 전복

1593 feature [fíːtʃər]

- **n** 특징, 얼굴, 용모 **v** 특징을 그리다, ~와 닮다, 특집하다
- characteristic / part
- Maps are an essential **feature** of a good encyclopedia.

Translation

거의 모든 종류의 영장류들은 그들의 손과 발로 물체를 **붙잡을** 수 있다. | 참고래는 1935년 이래로 완전한 보호를 받아 왔지만 아직도 의미있는 **회복**이 이루어지지 않고 있다. | 그 기술은 연기자에게 더 많은 일자리의 기회를 **보장한다**. | **동반자**와 함께 수영을 하고 그 사람이 항상 어디 있는지 알아야 한다. | 물과 나무는 사막에서는 **드물다**. | 많은 양의 홍합과 전복이 서쪽 해안을 따라 **채취**된다. | 지도는 좋은 백과사전의 필수적인 **특징**이다.

1594 hasten
[héisn]

v 재촉하다, 서두르다

hurry, rush ↔ slow, delay
haste n 급함, 서두름
Many people believe drugs **hastened** early death of Preseley.

1595 resume
[rizjú:m]

v 다시 시작하다, 재개하다

continue, return to, restart
resumption n 되찾음, 회복
Railway construction **resumed**, banking activities increased, and cities grew.

1596 congressman
[káŋgrismən]

n [미] 하원의원

representative
Adams became the first **congressman** to assert the right of the government to free slaves during time of war.

1597 day-to-day
[dei tə dei]

a 나날의, 일상의

daily
Most conflicts take the form of minor arguments over **day-to-day** issues.

1598 coastline
[kóustlain]

n 해안선

shoreline
A navy's air force may also patrol its country's **coastline**.

1599 teller
[télər]

n 이야기하는 사람, 출납계원

narrator, storyteller
A novel is a narrative, that is, a story presented by a **teller**.

1600 lasting
[lá:stiŋ]

a 지속적인, 오래 견디는

enduring ↔ temporary
Some photographs, like great paintings, have **lasting** value as works of art.

Translation

많은 사람들이 마약이 프레슬리의 조기 사망을 **서둘렀다고** 믿는다. | 은행의 호경기가 증가되면서 철도 건설은 **재개되었고** 도시는 성장했다. | Adams는 전쟁하는 동안 노예를 풀어 주도록 정부의 권리를 주장한 최초의 **의원**이 되었다. | 대부분의 충돌은 사소한 논쟁의 형태에서 **일상적인** 문제로 사소한 논쟁의 모습을 취한다. | 해군의 공군력은 그 국가의 **해안선**을 순찰할 수 있다. | 소설은 **이야기하는 사람**에 의해 소개되는 이야기, 즉 담화이다. | 훌륭한 그림과 같은 일부 사진은 예술 작품으로서 **지속적인** 가치를 가지고 있다.

IELTS
VOCA

Chapter 05 Intermediate Vocabulary

Day 41 **Intermediate ①**_ touching, texture, distinctive, adulthood, reinforce *etc.*

Day 42 **Intermediate ②**_ comprehensive, superintend, outnumber, notorious *etc.*

Day 43 **Intermediate ③**_ hearty, vital, incorporate, drainage, compassion *etc.*

Day 44 **Intermediate ④**_ wallpaper, walnut, slit, nearsighted, nationwide *etc.*

Day 45 **Intermediate ⑤**_ superpower, obligation, joyous, embrace, underway *etc.*

Day 46 **Intermediate ⑥**_ stride, refine, belonging, agricultural, solemn *etc.*

Day 47 **Intermediate ⑦**_ unsuccessful, thrift, mound, chant, brood *etc.*

Day 48 **Intermediate ⑧**_ imprisonment, erosion, dwarf, displace, corporation *etc.*

Day 49 **Intermediate ⑨**_ verge, uncomfortable, sturdy, rip, fascist *etc.*

Day 50 **Intermediate ⑩**_ woodland, eruption, smash, simplicity, resist *etc.*

DAY 41 Intermediate Vocabulary ①

- ☐ touching
- ☐ texture
- ☐ distinctive
- ☐ adulthood
- ☐ reinforce
- ☐ immense
- ☐ deliberately
- ☐ adolescence
- ☐ unify
- ☐ tragic
- ☐ slump
- ☐ procedure
- ☐ ensure
- ☐ discriminate
- ☐ adore

1601 chartered [tʃáːrtərd]

ⓐ 특허를 받은, 공인된 — 5

patent, leased

In Canada, commercial banks are federally **chartered** and regulated.

1602 real estate [ríəl istéit]

ⓝ 부동산, 부동산 중개업 — 6

land, property

The **real estate** business is a major economic activity in London.

1603 considering [kənsídəriŋ]

prep ~을 고려하면 — 6

in view of ↔ regardless of

The United States was already **considering** ways of acquiring California as a territory.

1604 immense [iméns]

ⓐ 엄청난, 어마어마한, 거대한 — 8

tremendous, huge, enormous ↔ finite, limited
immensity ⓝ 거대, 무한
The peoples of Africa have created an **immense** variety of sculpture.

1605 literate [lítərət]

ⓐ 글을 읽고 쓸 줄 아는, 교육을 받은 — 5

cultured, educated, learned ↔ illiterate
literacy ⓝ 지식, 능력 literature ⓝ 문학
Illiterate people relied on **literate** people to read and write for them.

Translation

캐나다에서 상업은행은 연방정부의 **공인**과 규제를 받는다. | **부동산** 사업은 런던에서 주요 경제활동이다. | 미국은 캘리포니아를 영토로 취득하는 방법을 이미 **고려하고** 있었다. | 아프리카의 민족들은 **거대한** 각양각색의 조각을 만들었다. | 문맹자들은 그들을 위해 읽고 써 주는 **교육 받은** 사람들에게 의존한다.

| 1606 | **initial** [iníʃəl] | ⓐ 처음의, 시초의 | 6 |

beginning, primary ↔ final
initiate ⓥ 시작하다
The scientist would need more information about the **initial** conditions.

| 1607 | **appetite** [ǽpətàit] | ⓝ 식욕, 욕망 | 4 |

desire, demand
appetiser ⓝ 식욕을 돋우는 것, 전채
The **appetite** of active people can increase if they become very active.

| 1608 | **distinctive** [distíŋktiv] | ⓐ 특유의, 독특한 | 9 |

characteristic, typical ↔ common
distinctiveness ⓝ 특수성
A number of **distinctive** schools of philosophy also flourished in ancient Greece.

| 1609 | **affair** [əfɛ́ər] | ⓝ 사건, 일거리 | 5 |

matter, business, thing
Some Greek scientists had an interest in practical **affairs**.

| 1610 | **guard** [ga:rd] | ⓥ 지키다, 보호하다, 경계하다 ⓝ 경비원, 보호자 | 6 |

defend, protect / watchman
guardian ⓝ 보호자, 감시인
The United Kingdom sent soldiers to **guard** the frontier and keep settlers out.

| 1611 | **evaluation** [ivæljuéiʃən] | ⓝ 평가, 사정 | 6 |

appraisal, valuation
evaluate ⓥ 평가하다, 감정하다 job evaluation 직무평가
Evaluation specialists determine how well the museum meets the educational needs of the public.

| 1612 | **correlation** [kɔ̀rəléiʃən] | ⓝ 상호 관련, 상호작용 | 6 |

relation, interaction
There is a strong **correlation** between greenhouse effect and CO_2.

Translation

그 과학자는 **초기** 조건에 대한 더 많은 정보가 필요했을 것이다. | 활동적인 사람들의 **식욕**은 매우 활동적일 때 증가할 수 있다. | 다수의 **독특한** 철학 학파도 고대 그리스에서 번성했다. | 몇몇 그리스 과학자들은 실질적인 **문제**에 관심을 두었다. | 영국은 군인들을 국경을 **지키고** 정착민들을 지키기 위해 파견했다. | **평가**전문가는 박물관이 어떻게 대중의 교육적 요구와 어떻게 잘 부합할지를 결정한다. | 온실효과와 이산화탄소 간에는 강한 **상호 관련**이 있다.

1613 grace
[greis]

n 우아, 세련됨 → 호의

beauty, refinement ↔ disgrace
graceful **a** 우아한, 품위 있는
In spite of their tolerance of cruelty, Elizabethans were extremely sensitive to beauty and **grace**.

1614 anniversary
[æ̀nəvə́ːrsəri]

n 기념일

a date remembered or celebrated
wedding anniversary 결혼 기념일
Mexican Americans celebrate the **anniversary** of Mexico's independence from Spain on September 16.

1615 amuse
[əmjúːz]

v 재미있게 하다, 놀다

delight, cheer, entertain ↔ bore
amusement **n** 즐거움, 오락
The magician played a magic show in order to **amuse** the children.

1616 adolescence
[æ̀dəlésns]

n 사춘기, 청춘

teenage, youth
adolescent **a** 청춘의, 불안정한
Many experts in human development believe **adolescence** begins at about the age of 10.

1617 adore
[ədɔ́ːr]

v 숭배하다, 받들다

worship, idolise, cherish, love, admire ↔ anger, abhor, hate
adoring **a** 숭배하는, 경배할 만한 adorer **n** 숭배자
She **adores** her biology teacher.

1618 adulthood
[ədʌ́lthu]

n 성인, 성년

maturity, manhood
cf. adult 성인, 어른; 성인의
Emotional development does not end when a person reaches **adulthood**.

1619 deliberately
[dilíbərətli]

ad 신중히, 고의로

intentionally, on purpose, consciously
deliberate **a** 고의의, 의도적인 **v** 숙고하다, 신중히 생각하다
Back lighting can be **deliberately** used to create silhouettes.

▶ back lighting 역광조명

Translation
그들의 잔인함의 내성에도 불구하고 엘리자베스 여왕 시대에는 아름다움과 **우아함**에 매우 민감했다. | 멕시코계 미국인들은 9월 16일에 스페인으로부터 멕시코의 독립**기념일**을 축하한다. | 그 마술가는 어린아이들을 **즐겁게** 하기 위하여 마술 쇼를 했다. | 많은 전문가들이 인간 발육에 있어서 **사춘기**가 약 10세에 시작한다고 믿는다. | 그녀는 생물 선생님을 **좋아한다**. | 감정의 발달은 한 개인이 **성인기**에 도달한다고 끝나지 않는다. | 역광 조명은 **의도적으로** 실루엣을 만들기 위하여 사용할 수 있다.

1620 anxious
[ǽŋkʃəs]

a 걱정하는, 열망하여 — 6

nervous, worried, eager ↔ easy, relaxed
anxiety (n) 걱정, 염원
Parents who are **anxious** or nervous may communicate these feelings to a child.

1621 compute
[kəmpjúːt]

v 계산하다, 평가하다, 추정하다 — 5

calculate, figure, reckon
computational (a) 계산의, 평가의 computation (n) 계산
Mathematics helps insurance companies calculate risks and **compute** the rates charged for insurance coverage.

1622 taboo
[təbúː]

a 금기의, 금제의 — 6

forbidden, banned, prohibited
forbid, prohibit (n) 금지하다, 추방하다
The islanders believed a person who touched a **taboo** object would suffer injury or even death.

1623 texture
[tékstʃər]

n 직물, 본질, 질감 — 9

fabric, structure, construction, composition
textural (a) 조직상의 textured (a) 직물의 짜임이 ~한
Wool can be woven into an extremely strong fabric with either a rough or a smooth **texture**.

1624 slump
[slʌmp]

n 쿵 떨어지다, 폭락하다 — 7

fall, decline, depression
In 1997, the stock market **slumped**.

1625 reinforce
[rìːinfɔ́ːrs]

v 강화하다, 보강하다 — 8

strengthen, intensify, fortify ↔ weaken
reinforcement (n) 보강, 증원
Parents can **reinforce** the school's reading instruction by learning about their youngster's school experiences.

1626 unify
[júːnəfài]

v 통합 [통일]하다 — 7

combine, unite, merge ↔ disunify
unification (n) 통일, 단일화
Carpets help **unify** the entire room.

Translation

근심 **걱정**이 많은 부모들은 아이들과 그들의 감정에 대해 이야기해야 할지도 모른다. | 수학은 보험사를 도와 위험을 계산하고 보험 적용 범위에 대한 청구 요금을 **계산한다**. | 섬마을 사람들은 **금기시하는** 물체를 만진 사람은 부상이나 심지어 사망할 수 있다고 믿었다. | 양모는 거칠거나 부드러운 **질감**을 가진 매우 강한 **직물**로 짠다. | 1997년에 주식 시세가 **폭락했다**. | 부모는 아이들의 학교 경험에 대해 학습하여 학교의 독서 지도를 **강화할** 수 있다. | 카펫은 방 전체의 분위기를 **통합하는 데** 도움이 된다.

1627 anarchist [ǽnərkist]

n 무정부주의자, 테러리스트 — 6

terrorist, person who opposes regulations and government
Among the crowd of people attending was included an **anarchist**.

1628 descent [disént]

n 강하, 몰락, 혈통 — 5

fall, decline, deterioration
Most white Latin Americans are of European **descent**.

1629 clarity [klǽrəti]

n 명쾌함, 투명함 — 6

lucidity, limpidity, clearness ↔ mistiness, obscurity
clarify v 명백하게 설명하다, 정화하다
The **clarity** of jewels can be lessened by various kinds of flaws.

▶ flaws 결함, 허물

1630 discriminate [diskrímənèit]

v 구별하다, 식별하다, 차별하다 — 7

separate, distinguish, differentiate, discern ↔ generalise
discrimination n 구별, 식별, 차별 대우
Many Muslim nations **discriminate** against Christians and Jews.

1631 sympathetic [sìmpəθétik]

a 동정심이 있는, 호소하는 — 4

pitiful
sympathise v 공감하다, 동정하다 sympathy n 공감, 융화, 조문
A biography of the entertainer is both frank and **sympathetic**.

1632 touching [tʌ́tʃiŋ]

a 접촉한, 감동시키는, 측은한 — 9

impressive, moving
Some tribes honoured a warrior more for merely **touching** an opponent than for killing the opponent.

1633 assign [əsáin]

v 할당하다, 임명하다 — 5

distribute, appoint
assignment n 할당, 숙제
Each swimmer in a race is **assigned** a lane.

Translation

참석한 사람들의 무리 가운데 **무정부주의자**도 포함되었다. | 대부분 백인의 라틴계 미국인은 유럽 **혈통**이다. | 보석의 **투명함**은 다양한 흠집으로 감소될 수 있다. | 많은 이슬람 국가들은 기독교인들과 유태인들을 **차별한다**. | 한 연예인의 자서전은 솔직하고 **공감이 간다**. | 일부 부족은 단순히 적을 죽인 것보다 적을 **감동시킨** 전사들을 더 많이 예우했다. | 경주에서 각 수영 선수는 각각의 레인이 **할당된다**.

1634 procedure
[prəsí:dʒər]

(n) 순서, 절차, 경과   7

method, process, course, practice
procedural (a) 절차상의
Rockefeller became vice president under the new **procedure**.

1635 tragic
[trædʒik]

(a) 비극의, 비참한   7

catastrophic, disastrous ↔ comic
tragedy (n) 비극, 참사 tragicomic (a) 희비극적인, 웃고픈
The first part of the play is serious, almost **tragic**.

1636 jeopardise
[dʒépərdàiz]

(v) 위태롭게 하다, 위험에 빠뜨리다   5

endanger, put at risk, threaten, imperil
Excessive killing, the whale populations were greatly reduced and **jeopardised** the survival of some species.

1637 portable
[pɔ́:rtəbl]

(a) (운반하다) → 들고 다닐 수 있는, 휴대용의   6

movable, transferable ↔ stationary
portability (n) 이동성
The Army uses **portable** radar sets to detect troop movements in darkness.

1638 refuge
[réfju:dʒ]

(n) 피난, 도피처, 보호처   6

protection, shelter, asylum
refugee (n) 피난자
Wildlife biologists may work in national wildlife **refuges** or nature and forest reserves.

1639 combustion
[kəmbʌ́stʃən]

(n) 연소, 격동   4

burning
combustible (a) 타기 쉬운, 흥분하기 쉬운
The fuel is burned in a **combustion** chamber to produce heat.

1640 ensure
[inʃúər]

(v) 안전하게 하다, 보증하다, 확실하게 하다   7

make certain, guarantee, secure
Many flowers have peculiar features of structure that help to **ensure** pollination.

Translation
록펠러는 새로운 **절차**에 따라 부사장이 되었다. | 이 연극의 첫 번째 부분은 진지하고 거의 **비극적이다**. | 과도한 살생으로 고래 수가 급격히 줄어들었고 일부 종의 생존을 **위태롭게 했다**. | 군대는 어둠 속에서 병력의 이동을 감지하기 위하여 **휴대용** 레이더 세트를 사용한다. | 야생 생물학자들은 야생동물 **보호처**나 자연과 산림 보호구역에서 일할 수 있다. | 연료는 열을 만들기 위해 **연소**실에서 태워진다. | 많은 꽃들은 수정을 **확실하게 하도록** 도와주는 독특한 구조적 특징을 가지고 있다.

D·A·Y 42 Intermediate Vocabulary ②

KEY WORDS

- comprehensive
- superintend
- outnumber
- notorious
- generator
- evolution
- alliance
- virtue
- torture
- meteoroid
- irony
- fellowship
- faithfully
- erupt
- distinguish

1641 mythology [miθɔ́lədʒi]
n 신화, 근거 없는 믿음
legend, folklore, tradition
For thousands of years, **mythology** has provided material for much of the world's great art.

1642 alliance [əláiəns]
n 동맹, 결연
agreement, contract
ally v 동맹하다, 결합하다
Henry strengthened his power by **alliances**.

1643 minute [mínit] [mainjúːt]
n 분, 순간 a 미세한, 상세한
moment, instant / small, tiny ↔ broad, immense
minimise v 최소(최저)로 하다 minimum n 최소
Tiny as atoms are, they consist of even more **minute** particles.

1644 irony [áiərəni]
n (모른 체하기) → 비꼼, 풍자; 반어
satire, sarcasm
ironic(al) a 빈정대는, 반어의
Much of the literature was written with self-consciousness and **irony**.

1645 greedy [gríːdi]
a 탐욕스러운, 몹시 ~하고 싶어 하는
grabby, desirous
The **greedy** servant attracted to the reward led the innocent little girl away.

Translation

수천 년 동안 **신화**는 많은 세계의 위대한 예술에 자료를 제공했다. | 헨리는 **동맹**으로 그의 힘을 강화했다. | 원자가 아주 작듯이 원자는 훨씬 더 **미세한** 입자들로 구성된다. | 많은 문학이 자기의식과 **풍자**로 쓰였다. | 보상에 유혹당한 **탐욕스러운** 시종이 무고한 어린 소녀를 데려갔다.

| 1646 | **definitive** [difínətiv] | ⓐ 최종적인, 확정적인, 명확한 | 7 |

conclusive, decisive ↔ indistinct
Scientists do not know enough about the social behavior of baleen whales to make a **definitive** comparison with other whales.

| 1647 | **demonstrator** [démənstrèitər] | ⓝ 시위대, 논증자, 증명자 | 7 |

protester
Hundreds of **demonstrators** were killed in what came to be known as the Gwangju Massacre.

| 1648 | **consciousness** [kánʃəsnis] | ⓝ 의식, 자각, 인식 | 7 |

awareness, feeling, perception ↔ insensibility
Fainting is a temporary loss of **consciousness**.

| 1649 | **notorious** [noutɔ́:riəs] | ⓐ 유명한, 악명 높은 | 8 |

infamous, ill-famed, disreputable ↔ famous, reputable
notoriety ⓝ 평판, 악평
Hydrogen sulfide gas, with its **notorious** odor of rotten eggs, passes through the membrane.
▸ Hydrogen sulfide gas 황화수소 가스

| 1650 | **faithfully** [féiθfəli] | ⓐⓓ 충실히, 정확하게 | 7 |

truthfully ↔ unfaithfully
Parents help their baby develop a sense of trust and security **faithfully**.

| 1651 | **compression** [kəmpréʃən] | ⓝ 압축, 요약 | 6 |

compaction, condensation, contraction ↔ extension
compressive ⓐ 압축의
Glaciers are composed of layers of ice created by the **compression** of winter snows.

| 1652 | **damp** [dæmp] | ⓐ 축축한, 습기 찬 | 6 |

dampish, moist ↔ dry
dampish ⓐ 조금 습한, 눅눅한
Papyrus is a vegetable substance that decay rapidly in **damp** climates.

Translation

과학자들은 다른 고래들과 **명확한** 비교를 할 수염고래의 사회적 행동에 대해 충분히 알지 못한다. | 수백 명의 **시위대**가 지금은 광주 대학살이라 알려진 곳에서 살해됐다. | 기절은 일시적으로 **의식**을 잃는 것이다. | **악명** 높은 썩은 계란 냄새를 내는 황화수소 가스는 막을 관통한다. | 부모는 그들의 아기가 신뢰감과 안정감을 **충실히** 발육하도록 돕는다. | 빙하는 겨울눈이 **압축**으로 생성된 얼음의 층으로 이루어져 있다. | 파피루스는 **축축한** 기후에서 빨리 상하는 식물성 물질이다.

| 1653 | **distinguish** [distíŋgwiʃ] | v 구별하다, 분류하다 | 7 |

differentiate, discriminate, discern ↔ confuse
distinguished a 두드러진, 저명한, 뛰어난
Philosophers often **distinguish** between two kinds of knowledge, a priori and empirical.

| 1654 | **evolution** [ìːvəlúːʃən] | n 발달, 진화 | 8 |

development, progress ↔ devolution
evolve v 서서히 발전시키다, 진화하다 evolutionary a 진화적인
Darwin's theory of evolution 다윈의 진화론
The study of fossils provides important evidence for **evolution**.

| 1655 | **comprehensive** [kɔ́mprihénsiv] | a 이해력이 있는, 포괄적인 | 9 |

all-inclusive ↔ incomplete
comprehension n 이해력
In 1809, the French naturalist Lamarck formulated the first **comprehensive** theory of evolution.

| 1656 | **generator** [dʒénərèitər] | n 발전기, 발생기 | 8 |

engine, machine
On turboelectric ships, the turbine turns a **generator** that produces electricity for a motor.

| 1657 | **crush** [krʌʃ] | v 눌러 부수다, 압착하다, 궤멸시키다 | 6 |

process, squeeze
North Carolina's governor, Josiah Martin, hoped to **crush** the rebellious colonists by force.
Some sharks **crush** their prey.
▶ rebellious 폭동하는

| 1658 | **fellowship** [félouʃip] | n 동료 의식, 친교 | 7 |

companionship, friendship
Angela and her companions established a **fellowship** of teachers.

| 1659 | **outnumber** [áutnʌ̀mbər] | v 수로 압도하다 | 8 |

exceed
In most magazines, nonfiction articles greatly **outnumber** poems and short stories.

Translation

철학자는 종종 선험적인 것과 경험적인 두 종류의 지식을 **구별한다**. | 화석에 대한 연구는 **진화**에 대한 중요한 증거를 제공한다. | 1809년 프랑스 박물학자인 라마르크는 진화의 **포괄적인** 이론을 공식화하였다. | 터빈 발전의 배에서 터빈은 모터에 전기를 생성하는 **발전기**를 돌린다. | 노스캐롤라이나 주지사인 조시아 마틴은 폭동하는 식민지 사람들을 무력으로 **진압하기를** 원했다. 어떤 상어들은 그들의 먹이를 눌러 **부순다**. | 안젤라와 그의 동료들은 교사들 **친목 모임**을 설립했다. | 대부분의 잡지에서 논픽션 기사가 시나 단편소설보다 훨씬 **많다**.

| 1660 | **durable** [djúərəbl] | ⓐ 영속성 있는, 튼튼한, 견고한 | 6 |

long-lasting, enduring ↔ disposable
Many gems are beautiful, **durable**, rare, and valuable.

| 1661 | **authorise** [ɔ́:θəràiz] | ⓥ 권한을 부여하다, 재가 [인가]하다 | 7 |

empower ↔ forbid, prohibit
authority ⓝ 권한, 재가
The bank is **authorised** to issue notes, make loans, and hold deposits.

| 1662 | **authoritarian** [ɔ:θɔ̀rətɛ́əriən] | ⓐ 권위주의의, 독재주의적인 | 5 |

strict, severe, autocratic
Authoritarian governments may rule by persuasion, force, or both.

| 1663 | **structural** [strʌ́ktʃərəl] | ⓐ 구조상의, 구조적인 | 5 |

architectural, formal
structure ⓝ 구조, 건축물
The body repairs and replaces tissues with **structural** proteins.

| 1664 | **altitude** [ǽltətjùːd] | ⓝ 고도, 고지 | 6 |

elevation, height ↔ depth
altitude sickness 고산병
Ozone is most concentrated in a layer that ranges in **altitude** from about 15 to 30 kilometers.

| 1665 | **seemingly** [síːmiŋli] | ⓐⓓ 겉으로는, 표면상은, 어울리는 | 6 |

apparently, becomingly
Victims, **seemingly** healthy children, die suddenly in bed.

| 1666 | **factual** [fǽktʃuəl] | ⓐ 사실의, 실제의 | 6 |

actual ↔ fictional
fact ⓝ 사실, 실제 factuality ⓝ 사실성
The **factual** elements in fiction are always combined with imaginary situations and incidents.
▶ imaginary situations 가상상황

Translation

많은 보석들이 아름답고, **견고하고** 희소하며 가치가 있다. | 은행은 채권을 발행하고 대출을 하고 예금을 유지할 **권한을 부여 받는다**. | **독재적인** 정부는 설득이나 강압 혹은 둘 다에 의해 지배를 할 수 있다. | 신체는 **구조**단백질로 조직을 고치고 바꾸어 놓는다. | 오존은 대부분 약 15에서 30킬로미터의 **고도**의 범위에 있는 한 층에 집중되어 있다. | **겉으로는** 건강해 보이는 아이들인 피해자들이 침대에서 갑자기 죽었다. | 소설에서 **사실적** 요소는 항상 사건과 가상 상황이 결부된다.

1667 fade
[feid]

v 바래다, 사라지다, 시들다   6

pale, bleach, decline, dwindle ↔ bloom
fader **n** 명상·음향 조절가
Unfortunately, the colors have **faded** from most surviving sculptures of ancient Egypt and Greece.

1668 virtue
[və́:rtʃuː]

n 덕, 미덕, 장점   7

merit, morality ↔ vice
virtuous **a** 덕 있는, 고결한
Plato thought there are four **virtues**: wisdom, courage, temperance, or self-control, and justice.

1669 virgin
[və́:rdʒin]

a 처녀의, 더럽혀지지 않은, 아직 손대지 않은 **n** 처녀, 소녀   6

pure, original, fresh / maiden, girl
virginity **n** 처녀, 동정
The destruction of **virgin** forests by loggers and settlers has eliminated vast expanses of wildlife habitats.

1670 torture
[tɔ́:rtʃər]

v 고문하다, 괴롭히다   7

afflict, agonise, distress, torment ↔ comfort
torturous **a** 고문의, 고통스러운 tortuous **a** 구불구불한
Some gangsters **torture** people to obtain money.

1671 superintend
[sjùːpərinténd]

v 감독하다, 지휘하다   8

oversee, superintend, manage
supervision **n** 감독, 통제 supervisor **n** 감독자, 관리인
The UN wanted to **superintend** elections to choose one government for Korea.

1672 supplement
[sʌ́pləmənt]

v 추가하다, 보충하다 **n** 추가, 증보   6

append / appendant, complete
supplementary **a** 보충하는, 보유의
The illustrations should complement and **supplement** the information that is given in the text.

1673 crust
[krʌst]

n 빵 껍질, 딱딱한 표면   5

layer, covering, coating, skin
The history of the earth is recorded in the rocks of the earth's **crust**.

Translation
불행하게도 고대 이집트와 그리스의 잔존한 조각에서 색상이 **바래지고** 있다. | 플라톤은 지혜, 용기, 절제나 자기통제, 그리고 정의를 4가지 **미덕**으로 생각했다. | 벌목꾼과 정착민에 의해 **원시림**의 파괴는 방대한 야생동물 서식지를 없애 왔다. | 일부 조폭들은 돈을 편취하기 위하여 사람들을 **괴롭힌다**. | 유엔은 한국을 위해 하나의 정부를 선택하도록 선거를 **감독하고** 싶어 했다. | 그 삽화는 텍스트에서 주어진 정보를 보완하고 **보충**해야 한다. | 지구의 역사는 지구 **지각**의 암석에 기록되어 있다.

| 1674 | **meteoroid** [míːtiəròid] | ⓝ 유성체, 운성체 | 7 |

meteor, falling star
meteorite ⓝ 운석, 유성체
The earth meets a number of streams or swarms of tiny **meteoroids** at certain times every year.

| 1675 | **leap** [liːp] | ⓥ 뛰어오르다, 도약하다 ⓝ 도약, 급증 | 6 |

jump, spring, bound, bounce, hop, skip, vault
Ski jumpers are evaluated on the distance of their **leap** and on their jumping style.

| 1676 | **trait** [treit] | ⓝ 특성, 형질 | 6 |

feature, characteristic
Nearly all ancient peoples invented folk tales in which animals had human **traits**.

| 1677 | **affiliate** [əfílièit] | ⓥ 친분을 맺다, 제휴하다 | 5 |

attach, associate
affiliation ⓝ 가입, 제휴, 양자 결연
The **affiliate** stations change the microwave signals back into TV signals.
▶ change A into B A를 B로 변경하다

| 1678 | **volunteer** [vɔ̀ləntíər] | ⓝ 자원자, 지원병, 자생식물 ⓥ 자발적으로 하다, 지원하다 | 6 |

offer, step forward ↔ refuse
voluntary ⓝ 자발적인
Amelia Earhart became a **volunteer** nurse during World War I (1914-1918).

| 1679 | **vulgar** [vʌ́lgər] | ⓐ 상스러운, 저속한 | 5 |

coarse, indecent ↔ decent, elegant
vulgarian ⓝ 속물
Johnson objected to many comic passages, which he considered **vulgar**.

| 1680 | **erupt** [irʌ́pt] | ⓥ 분출하다, 폭발하다 | 7 |

jet, explode
eruption ⓝ 폭발, 분화
Yellowstone is world famous for hot geysers that **erupt** from the ground.

Translation

지구는 매년 정해진 시간에 다수의 작은 **유성체**의 무리나 흐름을 만난다. | 스키점프 선수들은 그들의 **도약** 거리와 그들의 점프 스타일로 평가된다. | 거의 모든 고대 민족들은 동물이 사람의 **특성**을 가진 민속 이야기를 고안해 냈다. | **제휴** 방송국들은 마이크로파 신호를 TV 신호로 다시 변경한다. | 아멜리아 이어하트는 제1차 세계대전(1914년~1918년) 중 **자원봉사** 간호사가 되었다. | 존슨은 그가 **저속하다고** 생각하는 많은 희극적인 구절을 반대했다. | 옐로스톤은 지상에서 **분출하는** 뜨거운 간헐천으로 유명하다.

DAY 43 Intermediate Vocabulary ③

KEY WORDS

- hearty
- vital
- incorporate
- drainage
- compassion
- update
- up-to-date
- relaxed
- hazard
- eventuality
- convinced
- cautious
- aquatic
- agenda
- muscular

1681 brilliant [bríljənt]

ⓐ 빛나는, 훌륭한 6

bright, glorious, magnificent, splendid ↔ dismal, gloomy
brilliance ⓝ 광휘, 탁월
The **brilliant** colors of many kinds of blossoms attract insects.

1682 conscious [kánʃəs]

ⓐ 의식하고 있는, 지각이 있는 5

aware, sensitive ↔ unconscious
consciousness ⓝ 의식
Freud developed several techniques to bring repressed feelings to the level of **conscious** awareness.

1683 accurate [ǽkjurət]

ⓐ 정확한, 정밀한 6

correct, perfect, precise ↔ inaccurate, incorrect
accuracy ⓝ 정확성, 정밀도
As travel became more common, maps became more **accurate** and detailed.

1684 additional [ədíʃənəl]

ⓐ 부가적인, 추가의 5

extra, new, spare
add ⓥ 더하다, 보태다, 삽입하다 addition ⓝ 추가, 추가물
Many companies enlarged their factories and hired **additional** workers.

1685 agenda [ədʒéndə]

ⓝ 의사일정, 의제 7

programme, schedule, docket
The **agenda** at the Yalta Conference included the major problems in a postwar Europe.

Translation

많은 종류의 개화한 꽃의 **밝은** 색깔이 곤충을 유혹한다. | 프로이드는 억눌린 감정을 **의식** 수준으로 가져올 여러 기술들을 개발시켰다. | 여행이 더 일반적이 되어감에 따라 지도도 더 **정확하고** 자세해졌다. | 많은 회사들이 공장을 확대하고 **추가** 노동자들을 고용했다. | 얄타회담의 **의제**는 전후 유럽의 주요 문제를 포함시켰다.

1686 hearty [háːrti]

ⓐ 따뜻한, 원기 왕성한, 영양이 풍부한   9

affectionate, warm-hearted
heartiness ⓝ 성실, 원기 왕성 heartily ⓐⓓ 열심히, 진심으로
Most of the vegetables planted by the settlers could be cooked into **hearty** meals.

1687 countless [káuntlis]

ⓐ 셀 수 없는, 무수한   6

innumerable, unlimited ↔ finite
Industries use minerals to manufacture **countless** products.

1688 cautious [kɔ́ːʃəs]

ⓐ 조심성 있는, 주의하여   7

careful, prudent, conservative ↔ careless, rash, incautious
caution ⓝ 조심, 신중
British military leaders were **cautious** in their battle plans.

1689 distort [distɔ́ːrt]

ⓥ 비틀다, 찌푸리다, 왜곡하다   5

deform, twist
distortion ⓝ 뒤틀림, 왜곡
Legends **distort** the truth, but they are based on real people or events.

1690 enlightenment [inláitnmənt]

ⓝ 계몽, 깨우침, 이해   6

understanding something clearly
They sought **enlightenment** by a combination of meditation and moral action.

1691 aviation [èiviéiʃən]

ⓝ 비행, 항공술   5

aeronautics
The National Air and Space Museum has exhibits on the history of **aviation** and space travel.

1692 hue [hjuː]

ⓝ 색조, 빛깔, 외관   5

colour, tone, shade, dye, tint
Each color differs from all the others by degrees of **hue**, lightness, and chroma.

▶ chroma 채도

Translation

이주민이 재배한 대부분의 야채는 **영양**식으로 요리될 수 있다. | 산업은 **무수한** 제품을 생산하기 위하여 광물을 사용한다. | 영국군 지도자는 그들의 전투 계획에 **신중하다**. | 전설이 진실을 **왜곡하지만** 그것은 실제 사람이나 사건에 근거를 하고 있다. | 그들은 명상과 도덕적 행동의 결합으로 **깨달음**을 추구했다. | 국립우주항공박물관에는 **항공**의 역사와 우주여행에 대해 전시하고 있다. | 각 색상은 **색조**, 밝기 및 채도의 양에 따라 다른 것들과 차이가 난다.

1693 allergy
[ǽlərdʒi]

n 알레르기, 과민증, 혐오 — 5

sensitivity, reaction, antipathy
allergic (a) 알레르기, 알레르기 체질의 allergen (n) 알레르기
Many foods may cause **allergic** reactions.

1694 furnace
[fə́:rnis]

n 난로, 화덕, 용광로, 초열지옥 — 4

oven, stove
In hot-air heating, a fan connected to the **furnace** blows warm air through ducts (pipes) into the rooms.

1695 burrow
[bə́:rou]

v 굴을 파다, 잠복하다 n 굴 — 5

tunnel
burrower (n) 굴 파는 동물 burrow a hole 굴을 파다
Animals also build shelters, such as birds' nests and rabbit **burrows**.

1696 burst
[bə:rst]

v 파열하다, 터뜨리다 n 파열, 한차례 사격 — 4

explode, break / explosion, bang
burst into 갑자기 ~을 터뜨리다
A volcano forms when magma, hot gases, and fragments of rock **burst** through the surface.
▸ fragments 파편

1697 annual
[ǽnjuəl]

a 일 년의, 해마다의 n 일 년생 식물 — 4

once a year, yearly
annually (ad) 일 년에 한 번 annual meeting 연례회의 annual ring 나이테
Average **annual** rainfall varies from about 175 to 250 centimeters.

1698 commute
[kəmjú:t]

v 통근하다, 갈다, 교환하다 n 통근 — 6

transpose, exchange, convert
commuter (n) 통근자
The **commute** to Manhattan, New York should be short and simple.

1699 gathering
[gǽðəriŋ]

n 모임, 집회 — 5

crowd, group, assembly
The earliest human beings lived by hunting and **gathering** wild plants.

Translation

많은 식품이 **알레르기** 반응을 일으킬 수 있다. | 뜨거운 공기로 가열되면서 **난로**로 연결된 팬은 객실에 덕트를 통해서 따뜻한 공기를 불어 준다. | 동물 또한 조류의 둥지나 토끼의 **굴**과 같은 은신처를 짓는다. | 화산은 마그마, 뜨거운 가스와 바위의 파편이 표면을 통해 **분출**될 때 형성된다. | **연간** 평균 강우량이 175~250센티미터까지 다양하다. | 뉴욕 맨해튼까지의 **통근**이 짧고 단순해져야 한다. | 가장 초기 인류는 사냥과 야생식물을 **수확하며** 살았다.

1700 backbone
[bǽkbòun]

ⓝ 등뼈, 척추, 근간, 기개   5

spine, stamina, mainstay
a Britisher to the backbone 순수한 영국인
The animals with **backbone** are called vertebrates.

▶ vertebrates 척추동물

1701 mortgage
[mɔ́:rgidʒ]

ⓝ 저당, 저당권, 융자 ⓥ 저당 잡히다   5

financing, loan of money / commit, engage, pledge
Thousands of workers and farmers lost their home because they could not pay the **mortgage**.

1702 convinced
[kənvínst]

ⓐ 확신하는, 신념 있는   7

determined, confident ↔ uncertain
convince ⓥ 확신, 신념; 확신[납득]시키다 conviction ⓝ 유죄 판결, 확신
The victory **convinced** France that the Americans could win the war.

1703 relaxed
[rilǽkst]

ⓐ 느슨한, 긴장을 푼, 편안한   7

easeful
relax ⓥ 휴식을 취하다, 안심하다 relaxed manner 느긋한 태도
People feel most **relaxed** in rooms that have some variation in color and light.

1704 drainage
[dréinidʒ]

ⓝ 배수, 배수장치   8

guttering, exhaustion, draining
drain ⓥ 배수하다, 고갈시키다
The **drainage** of wetlands in agricultural areas has destroyed many wildlife habitats.

1705 distraction
[distrǽkʃən]

ⓝ 산만, 방심   6

diversion, interference
distract ⓥ 집중이 안 되게 하다
Your study area should be as free as possible of noise and visual **distractions**.

1706 disastrous
[dizá:strəs]

ⓐ 비참한, 대실패의   5

calamitous, fatal ↔ fortunate
In the long run, the attack on Pearl Harbor proved **disastrous** for Japan.

Translation

등뼈가 있는 동물을 척추동물이라 부른다. | 수많은 노동자와 농민이 **융자**를 갚지 못했기 때문에 집을 잃었다. | 그 승리는 미국 사람들이 전쟁에서 이길 것이라고 프랑스를 **확신시켰다**. | 사람들은 색과 빛이 약간 변화가 있는 그런 방에서 가장 **편안하게** 느낀다. | 농업지역에서 습지의 **배수**는 많은 야생동물 서식지를 파괴해 왔다. | 당신의 공부 공간은 가능한 한 소음과 시각적인 **산만함**에서 벗어나야야 한다. | 결국, 진주만 공격은 일본에게 대 **실패작**이 되었음을 증명했다.

1707 eventually [ivéntʃuəli]

ad 결국, 마침내   7

in the end, finally, after all, ultimately
eventual **a** 최후의, 결과로서 일어나는 eventuality **n** 예측 못할 사건, 궁극, 결말
Most of the refugees were **eventually** admitted to the United States.

1708 vital [váitl]

a 생명의, 극히 중대한   8

fatal, crucial ↔ dispensable
vitality **n** 생명력, 활기
The readers play a **vital** role in making an encyclopedia.

1709 aquatic [əkwǽtik]

a 물의, 물속에 사는, 수생의   7

aquaculture
aquarium **n** 수족관, 유리 수조
Some experts fear that ozone depletion could damage **aquatic** food webs around the world.
▶ depletion 고갈, 소모

1710 surfing [sə́:rfiŋ]

n 파도타기 (놀이)   5

surfriding
surf **n** 밀려드는 파도, 부서지는 파도 surfer **n** 파도 타는 사람 web surfing **n** 웹 서핑
Snowboarding is a popular winter sport that resembles **surfing** or skateboarding on snow.

1711 crucial [krú:ʃəl]

a 결정적인, 중대한   6

key, significant, all-important, determinant, essential ↔ unimportant
Gloves are also a **crucial** part of the space suit.

1712 compassion [kəmpǽʃən]

n 연민, 동정심   8

mercy, pity ↔ oldness
compassionate **a** 연민어린, 동정하는 **v** 연민하다, 동정하다 in compassion 동정하여
A Korean folk tale about kindness and **compassion** is gracefully retold and stunningly illustrated.

1713 up-to-date [ʌp tə deit]

a 최신식의, 현대적인   7

advanced, fashionable ↔ old-fashioned
out-of-date **a** 구식의 state-of-the-art **a** 최첨단 기술을 사용한, 최신식의
The city has one of the world's most **up-to-date** systems of docks and warehouses.

Translation

대부분의 난민들은 **결국** 미국에 받아들여졌다. | 독자들은 백과사전을 만드는 데 **중요한** 역할을 한다. | 어떤 전문가들은 오존의 고갈이 전 세계의 **수생** 먹이그물을 손상시킬 것이라고 우려하고 있다. | 스노보드는 눈 위에서 하는 **서핑**이나 스케이트보드와 유사한 인기 있는 겨울 스포츠이다. | 장갑 또한 우주복의 **중요한** 한 부분이다. | 친절과 **연민**에 대한 한국의 민담은 우아하게 회자되고 훌륭하게 묘사되었다. | 그 도시는 세계에서 가장 **최신** 시스템의 부두와 창고들 중에 하나를 가지고 있다.

| 1714 | **update** [ʌpdeit] | v 새롭게 하다, 갱신하다 n 갱신, 개정, 최신 정보 | 7 |

modernise, revise / renewal, improvement
updated ⓐ 업데이트 된, 정보가 추가된
During the 1920's and 1930's, the church **updated** its worldwide missionary activities.

| 1715 | **muscular** [mʌ́skjulur] | ⓐ 근육의, 힘찬 | 6 |

strong, powerful, energetic
muscle ⓝ 근육, 힘
Heart is the hard-working **muscular** pump whose steady action sustains life.
▶ sustains 살아가게 하다

| 1716 | **incorporate** [inkɔ́:rpərèit] | v 법인으로 만들다, 통합하다 | 8 |

combine, join, integrate
incorporation ⓝ 법인, 회사, 결합 in corporate into ~에 통합시키다
Modern psychology has **incorporated** many teachings of the earlier schools.

| 1717 | **hazard** [hǽzərd] | ⓝ 위험, 우연, 운 | 7 |

danger, risk, venture
hazardous ⓐ 모험적인, 위험한, 운에 맡기는
Certain gases that occur in underground coal mines can become a serious **hazard** if they accumulate.

| 1718 | **collision** [kəlíʒən] | ⓝ 충돌, 격돌 | 5 |

crash, conflict
collide ⓥ 충돌하다
Scientists hoped to learn much about the effects of a **collision** between a planet and a comet.

| 1719 | **commencement** [kəménsmənt] | ⓝ 개시, 최초; 학위 수여식 | 6 |

beginning, start, first
commence ⓥ 시작하다 commencement ceremony 졸업식
US president attended the **commencement** ceremonies for the school.

| 1720 | **resign** [rizáin] | ⓥ 사임하다, 사직하다, 포기하다 | 5 |

quit, give up, abandon, surrender, relinquish
resignation ⓝ 사직, 체념 resigned ⓐ 단념한, 사직한
A few officials have **resigned** to avoid impeachment.
▶ impeachment 탄핵

Translation

1920년대와 1930년대 동안 교회는 전 세계의 선교 활동을 **새롭게 하였다**. | 심장은 꾸준한 활동으로 생명을 유지시키는 열심히 일하는 **근육펌프**이다. | 현대 심리학은 초기 학교의 많은 가르침을 **통합시켰다**. | 지하 탄광에서 발생하는 특정 가스가 누적되면 심각한 **위험**이 될 수 있다. | 과학자들은 행성과 혜성 간의 **충돌**의 결과에 대해 많이 배울 것을 기대하였다. | 미국 대통령은 그 학교의 **학위 수여식** 행사에 참석했다. | 몇 명의 관리들이 탄핵을 피하기 위해서 **사임했다**.

DAY 44 Intermediate Vocabulary ④

- ☐ wallpaper
- ☐ walnut
- ☐ slit
- ☐ nearsighted
- ☐ nationwide
- ☐ antislavery
- ☐ abundant
- ☐ absent-minded
- ☐ witty
- ☐ vigorous
- ☐ ultimate
- ☐ transmission
- ☐ spectacle
- ☐ ruling
- ☐ indicator

1721 ruling [rú:liŋ]

ⓐ 지배하는, 유력한 ⓝ 결정, 판결 — 7

reigning, governing / decision, verdict, judgment, decree
Most national boundaries established by the **ruling** countries remained after the colonies gained their independence.

1722 dedication [dèdikéiʃən]

ⓝ 봉헌, 헌신 — 6

commitment, devotion
dedicate ⓥ 봉헌하다, 바치다
The church attracted many people who lacked the **dedication** of the early Christians.

1723 indicator [índikèitər]

ⓝ 지시하는 사람[사물], 표준 — 7

signal, mark, measure
indicative ⓐ ~을 나타내는, 암시하는; 직설법의 indicate ⓥ 가리키다, 나타내다
An **indicator** needle on the equipment indicates when the plane is flying on a direct course.

1724 hovercraft [hʌ́vəkrà:ft]

ⓝ 수륙양용의 탈것 — 5

watercraft
Some larger **hovercrafts** are used to haul cargo along inland and coastal waters.

1725 aging [éidʒiŋ]

ⓝ 노화 — 7

senescence
Gentle movements of older person provide good exercise for **aging** bodies.

▶ gentle 온화한, 심하지 않은

Translation

지배 국가에 의해 설정된 대부분의 국경은 식민지가 그들의 독립을 얻은 후에 남겨진 것이다. | 교회는 초기 기독교인들의 **헌신**이 부족했던 많은 사람들을 끌었다. | 장비상에 지시 바늘은 비행기가 올바른 방향으로 날아가는 것을 **표시한다**. | 일부 큰 **수륙양용차**는 내륙 및 해안을 따라 화물을 운반하는 데 쓰인다. | 노인의 가벼운 움직임은 **노화된** 신체에 좋은 운동을 제공한다.

1726 nearsighted
[níərsàitid]

ⓐ 근시안의, 근시의 — 8

shortsighted, purblind ↔ farsighted

While playing with friends one day, he discovered that he was **nearsighted**.

1727 hatch
[hætʃ]

ⓥ 부화하다, 부화되다 **ⓝ** 화물출입구, 출입문 — 5

brood, incubate

Among most species of sharks, the eggs **hatch** inside the female, and the pups are born alive.

1728 naval
[néivəl]

ⓐ 해군의, 해군에 의한 — 6

navy, nautical, marine, maritime

The United Kingdom sent additional troops and a large **naval** force to America.

1729 mainstream
[méinstrì:m]

ⓝ 주류 **ⓐ** 주류의, 정통파의 — 5

main current / conventional, accepted

Country music has been strongly affected by **mainstream** pop music.

1730 absent-minded
[ǽbsəntmaindid]

ⓐ 방심 상태의, 얼빠져 있는 — 8

unconscious ↔ attentive, wide-awake

As a professor, he was very **absent-minded**.

1731 charity
[tʃǽrəti]

ⓝ 자비, 동정심 — 6

benevolence, donation ↔ cruelty

charitable ⓐ 자비로운, 관용적인

Some organisations express their faith chiefly through social work and acts of **charity**.

1732 barrel
[bǽrəl]

ⓝ 배럴, 통, 몸통, 총신 — 5

cask

barrelful ⓝ 한 통, 대량

The cost of a **barrel** of crude oil jumped from about $2.75 in 1973 to a peak of $110 in 2012.

Translation

어느 날 친구들과 놀고 있는 동안에 그는 그가 **근시였다는** 것을 알았다. | 대부분의 상어 종에서 알은 암컷의 안에서 **부화하고** 새끼는 살아서 태어난다. | 영국은 추가 병력과 대규모 **해군** 부대를 미국으로 보냈다. | 컨트리음악은 **주류**의 대중음악에 의해 강한 영향을 받았다. | 교수로서 그는 매우 **정신 나간** 사람이었다. | 일부 단체는 사회적 복지와 **자선** 행위를 통해 그들의 신념을 표현한다. | 원유의 한 **배럴** 당 가격이 1973년의 약 2.75달러에서 2012년 최대 110달러로 뛰었다.

1733 specimen
[spésəmən]

n 견본, 표본　　　4

sample, example
Some **specimens** had huge molars and pointed jaw.

▶ molar 어금니

1734 spectacle
[spéktəkl]

n 광경, 볼만한 것; 안경　　　7

scene, sight; glasses
spectacular **a** 구경거리의, 장관의
Music can also add excitement to scenes portraying **spectacle**.

1735 slit
[slit]

n 기다랗게 베인 상처, 구멍　**v** 가느다랗게 쪼개다　　　8

cut, sever / split
slitty **a** 〈경멸〉 (눈이) 가느다란
Sharks have from five to seven **slits** for gill cover in the skin on each side of the head.

1736 nationwide
[néiʃənwàid]

a 전국적인　　　8

countrywide, widespread
worldwide **a** 전 세계적인
Newspapers **nationwide** reprinted his speeches.

1737 antislavery
[æntisléivəri]

n 노예제도 반대　**a** 노예제도 반대의　　　8

against slavery
Uncle Tom's Cabin is a famous **antislavery** novel by the American author Harriet Beecher Stowe.

1738 expressive
[iksprésiv]

a 표현적인, 나타내는　　　7

meaningful, vivid ↔ expressionless
Performers need a flexible, disciplined, and **expressive** body.

1739 extend
[iksténd]

v 뻗다, 연장하다, 넓히다　　　6

broaden, expand, enlarge, stretch ↔ contract, shrink
extendable **a** 뻗을 수 있는　extensive **a** 넓은, 광대한　extension **n** 신장, 확장
Economic importance of the auto industry **extends** far beyond making motor vehicles.

Translation

어떤 **표본**들은 커다란 어금니와 뾰족한 턱을 가졌다. | 음악은 또한 **장관**을 묘사하는 장면에 즐거움을 더한다. | 상어는 머리의 양쪽 면 피부에 있는 아가미 딱지를 위해서 5개에서 7개의 (**가느다랗게 쪼개진**) 틈을 가지고 있다. | 신문은 그의 연설을 **전국적으로** 재발행하였다. | 「톰 아저씨의 오두막」은 미국의 작가 헤리엇 비쳐 스토의 유명한 **노예제도**를 반대하는 소설이다. | 공연가들은 유연하고, 잘 훈련되고, **표현적인** 신체를 필요로 한다. | 자동차 산업의 경제적 중요성을 자동차를 만드는 것을 훨씬 넘어서 **확장된다**.

1740 ragged
[rǽgid]

ⓐ 남루한, 초라한, 누더기 옷을 입은, 몹시 지친 — 7

worn, torn, tatty
rag ⓝ 넝마, 누더기 ⓥ 꾸짖다, 놀리다
The **ragged** travellers found clothing harder to obtain than food.

1741 deficiency
[difíʃənsi]

ⓝ 결핍, 부족 — 5

lack, absence, shortage, failing, fault
Vitamin D **deficiency** causes an abnormal development of the bones.

1742 witty
[wíti]

ⓐ 재치 있는, 익살맞은 — 7

clever, humorous
The play is a **witty** comedy of love and friendship.

1743 allocate
[ǽləkèit]

ⓥ 할당하다, 배분하다 — 5

assign, apportion, distribute ↔ hold, withhold
allocation ⓝ 배당, 배급
That space has been **allocated** for a new hospital.

1744 allow
[əláu]

ⓥ 허락하다, 인정하다 — 4

permit, approve, enable
Many governments **allow** a company to register a trademark before using it.

1745 conversion
[kənvə́:rʃən]

ⓝ 전환, 변환 — 7

transition, changeover
The **conversion** of rental apartments to condominiums reduces the number of available rental units.

1746 removal
[rimú:vəl]

ⓝ 제거, 배제, (의학) 배출 — 6

elimination
remove ⓥ (제거하다) → 옮기다 → 이동하다 removable ⓐ 제거할 수 있는, 이동할 수 있는
Kennedy demanded the missiles' **removal** and announced a naval blockade of Cuba.

Translation

지칠대로 지친 여행자들은 음식보다 옷을 얻기 어렵다는 것을 알게 되었다. | 비타민 D 결핍은 뼈의 **비정상적인** 발달의 원인이 된다. | 그 연극은 사랑과 우정에 대한 **재치 있는** 코미디이다. | 그 공간은 새로운 병원을 위하여 **할당되어졌다**. | 많은 국가에서 한 회사가 상표를 사용하기 전에 등록하는 것을 **인정한다**. | 임대 아파트에서 콘도로의 **변환**은 임대 가능한 단위 수를 줄인다. | 케네디는 미사일의 **제거**를 요구했고 쿠바의 해상 봉쇄를 발표했다.

| 1747 | **acknowledge** [æknɔ́lidʒ] | ⓥ 인정하다, 알리다, 표하다 | 7 |

admit, allow, accept, concede, recognise, grant ↔ deny, negate, ignore
acknowledgement ⓝ 승인, 인정, 감사
All Muslims **acknowledge** as saints such heroes as Muhammad and Ali.

| 1748 | **yarn** [jɑ:rn] | ⓝ 직물 짜는 실, 방적사, 모험담 | 6 |

thread, fibre, story, tale
Pioneer women wove the **yarn** into cloth, which they used in making shirts, trousers, dresses, and shawls.

| 1749 | **abundant** [əbʌ́ndənt] | ⓐ 풍부한, 풍족한 | 8 |

plentiful, ample, exuberant, affluent, rich ↔ few, destitute, lacking
abundance ⓝ 풍부, 부유
After harvest, the farmers had an **abundant** amount of apples.

| 1750 | **inaccessible** [ìnæksésəbl] | ⓐ 가까이 가기 어려운, 접근하기 어려운 → 이해할 수 없는 | 7 |

unreachable, not available
This formerly **inaccessible** place can now be easily reached by road and rail.

| 1751 | **ambulance** [ǽmbjuləns] | ⓝ 구급차, 야전병원 | 6 |

rescue, transport
ambulate ⓥ 이동하다, 걷다 ambulant ⓐ 순회하는
An **ambulance** should be called immediately for any victim of an electrical/fire burn.

| 1752 | **uphold** [ʌphóuld] | ⓥ 지지하다, 받치다 | 6 |

support, sustain ↔ subvert, undermine
upholder ⓝ 지지하다, 받치다
Many Asian Americans, particularly the most recent immigrants, **uphold** a Xiao family.
▶ Xiao 샤오(인명): 중국 안후이성 쑤저우에 있는 현

| 1753 | **vigorous** [vígərəs] | ⓐ 정력적인, 원기 왕성한 ⓝ 정력, 활력, 힘 | 7 |

active, energetic, robust / vigour
The more **vigorous** the activity, the more calories it uses.

Translation

모든 이슬람교도들은 무하마드 알리와 같은 영웅을 성자로 **인정한다**. | 개척지 여성들은 **방적사**를 옷감으로 짰고 그것들을 셔츠, 바지, 드레스와 숄을 만드는 데 이용했다. | 수확 후에 농부들은 **풍부한** 양의 사과를 얻었다. | 이 이전에 **접근하기 어려웠던** 장소가 지금은 도로와 철도로 쉽게 접근할 수 있다. | 전기/화재 화상의 희생자들을 위해 즉시 **구급차**를 불러야 한다. | 특히 가장 최근에 이민 간 많은 아시아계 미국인들은 샤오 가족을 **지지한다**. | 활동을 **활발하게** 하면 할수록 더 많은 칼로리를 소모한다.

1754 violate [váiəlèit]
Ⓥ 위배 [위반]하다, 모독하다 6

break, offend ↔ abide, conform, obey
violation Ⓝ 위반, 침입
Most automobile accidents involve drivers who **violate** traffic laws, lack good driving skills.

1755 wallpaper [wɔ́:lpéipər]
Ⓝ 벽지, (컴퓨터) 바탕화면 Ⓥ 벽지를 바르다 9

plaster
A few wealthy people shipped in furniture, tableware, and **wallpaper** at great expense.

1756 walnut [wɔ́:lnʌt]
Ⓝ 호두나무 8

a kind of nut
chestnut Ⓝ 밤나무
Grapes ranked first in value, followed by almonds, strawberries, oranges, and **walnuts**.
▶ followed by 뒤이어, 잇달아

1757 barren [bǽrən]
Ⓐ 불모의, 메마른, 불임의 7

desolate, sterile, infertile ↔ rich, fertile
Barren deserts stretch across the southeast.

1758 ultimate [ʌ́ltəmət]
Ⓐ 최후의, 근본적인 7

last, final, terminal ↔ proximate
ultimately Ⓐⓓ 궁극적으로, 결국
A key to the **ultimate** success of U.S. space programmes was centralised planning.

1759 cling [kliŋ]
Ⓥ 달라붙다, 매달리다 6

adhere, hold, stick ↔ separate
cling together 서로 들러붙다, 단결하다
Water molecules **cling** together so tightly that water can support objects heavier than itself.

1760 dismiss [dismís]
Ⓥ 해산시키다; 해고하다 6

disband; discharge, expel ↔ employ
In April 1951, Truman **dismissed** MacArthur, creating a nationwide furor.

▶ furor 분노, 공분, 열광

Translation
대부분의 자동차 사고는 교통법규를 **위반하고** 좋은 운전 실력이 부족한 운전자들과 관련 있다. | 몇몇의 부자들은 가구, 식기류와 **벽지**를 비싼 비용으로 선적했다. | 포도는 가치가 첫 번째에 위치하며 아몬드, 딸기, 오렌지와 **호두**가 뒤따른다. | **불모**의 사막이 남동쪽으로 쭉 뻗어 있다. | 미국 우주 프로그램의 **궁극적** 성공의 열쇠는 중앙 집권화된 계획이었다. | 물 분자끼리 단단하게 **서로 달라붙어** 물 자체보다 무거운 물체를 (물 위에) 띄울 수 있다. | 1951년 4월, 트루먼은 전 국민의 공분을 산 맥아더를 **해임했다**.

D·A·Y 45 Intermediate Vocabulary ⑤

KEY WORDS
- superpower
- obligation
- joyous
- embrace
- underway
- lethal
- disabled
- almanacs
- technical
- strength
- spectacular
- senior
- section
- satellite dish
- purpose

1761 chase [tʃeis]

ⓥ 뒤쫓다, 추구하다 — 4

pursue, track
Two dogs **chased** a live rabbit over an open field.

1762 embrace [imbréis]

ⓥ 포옹하다, 받아들이다, 아우르다 — 9

hug, include, hold, accept, adopt ↔ disintegrate
Francis left a well-to-do merchant family to **embrace** a life of poverty.

▶ well to do 부유한, 잘사는

1763 echolocation [èkouloukéiʃən]

ⓝ 반향 위치 측정(박쥐나 돌고래 등) — 4

sound detection of an object
echo ⓝ 메아리 ⓥ 반향하다
Dolphins and whales use **echolocation**, to navigate, find food, and avoid objects underwater.

1764 lethal [líːθəl]

ⓐ 치명적인, 죽음에 이르는, 치사의 — 7

deadly, fatal, destructive, mortal ↔ harmless
Certain viruses cause **lethal** diseases in insects, plants and animals.

1765 feasible [fíːzəbl]

ⓐ 실현 가능한, 알맞은 — 6

practicable, workable, reasonable ↔ infeasible
feasibility ⓝ 실행할 수 있음, 가능성
This seemed the most **feasible** way of improving the productivity.

Translation

두 마리 개가 넓은 평야에서 살아있는 토끼를 **쫓았다**. | 프란시스는 가난한 삶을 **받아들이기 위해** 부유한 상인 가족을 떠났다. | 돌고래와 고래는 항해하고 먹이를 찾고 물 속의 물체를 피하기 위해 **반향 위치 측정**을 사용한다. | 특정 바이러스는 곤충과 식물, 동물에게서 **치명적인** 병을 일으킨다. | 이것이 생산성을 높이는 가장 **실현 가능한** 방법으로 보인다.

| 1766 | **joyous** [dʒɔ́iəs] | ⓐ 기쁜, 반가운 | 9 |

festive, happy, joyful ↔ sad
The feast is a **joyous** occasion in which families gather for a rich meal.

| 1767 | **superpower** [sjúːpərpàuər] | ⓝ 초강대국 | 9 |

major power
At times, Cold War tensions threatened to erupt into war between the two **superpowers**.

▸ erupt into ~로 폭발하다

| 1768 | **overthrow** [óuvərθrou] | ⓥ 뒤엎다, 끌어내리다, 정복하다 | 4 |

defeat, overcome, conquer
Gradually, like-minded people banded together and worked in secret to **overthrow** the invaders.

| 1769 | **underway** [ʌ̀ndərwéi] | ⓐ 여행 중인, 진행 중인, 움직이고 있는 | 8 |

afoot
By 1849, a large-scale gold rush was **underway**.
Research into these matters is **underway** both on the earth and in space.

| 1770 | **sufficient** [səfíʃənt] | ⓐ 충분한 | 5 |

adequate, enough, ample, satisfactory
Most countries do not have a **sufficient** supply of oil to meet their energy needs.

| 1771 | **daring** [dɛ́əriŋ] | ⓐ 대담한, 무모한, 혁신적인 | 5 |

brave, venturesome ↔ timid, shy
A number of American pilots made **daring** long-distance flights during the 1920's and early 1930's.

| 1772 | **senior** [síːnjər] | ⓐ 손위의, 선임의 | 6 |

elder, older ↔ junior
seniority ⓝ 손위임, 연상, 고참
Figure skaters compete at various levels, depending on their skill and the highest is the **senior** level.

Translation

축제는 가족이 풍요로운 음식을 먹기 위해 모이는 **즐거운** 행사이다. | 때때로 냉전의 긴장감은 두 **강대국** 간의 전쟁으로 폭발할 것 같은 위협을 주었다. | 점차적으로 같은 생각을 가진 사람들이 서로 단결하고 침략자를 **타도하기** 위해 비밀리에 일했다. | 1849년에 대규모 골드러시가 **진행되었다**. 이러한 문제에 대한 연구는 지구와 우주에서 모두 **진행 중이다**. | 대부분의 국가들은 그들의 에너지 요구에 맞게 **충분한** 오일을 공급하지 못하고 있다. | 다수의 미국 조종사들은 1920년대와 1930년대 초에 **무모한** 장거리 비행을 하였다. | 피겨스케이터는 그들의 기술에 따라 다양한 수준에서 경쟁하는데, 최고는 고급 수준이다.

| 1773 | **frequency** [fríːkwənsi] | ⓝ 자주 일어남, 빈번, 주파수 | 6 |

sound wave, radio wave
Use of the same intermediate **frequency** to process many radio frequencies simplifies the radio's design.

| 1774 | **almanacs** [ɔ́ːlmənæk] | ⓝ 연감, 책력 | 7 |

annual, calendar, chronicle
A library keeps copies of past stories and pictures plus such resources as **almanacs** and encyclopedias.

▶ encyclopedias 백과사전

| 1775 | **popular** [pápjulər] | ⓐ 인기 있는, 대중적인 | 5 |

common, prevalent ↔ unpopular
popularity ⓝ 인기, 유행 popularise ⓥ 대중화하다
The time-shift story is a **popular** type of science fiction.

| 1776 | **optimistic** [ɔ̀ptəmístik] | ⓐ 낙천적인, 낙천주의의 | 5 |

hopeful, positive, confident, encouraged ↔ dispairing, pessimistic
Charlie maintained an **optimistic** attitude that was reflected in his books.

| 1777 | **faint** [feint] | ⓐ 희미한, 어렴풋한 | 6 |

vague, weak, dim ↔ strong
Neptune has three conspicuous rings and one **faint** ring.

▶ conspicuous 뚜렷한

| 1778 | **foreign** [fɔ́ːrən] | ⓐ 외국의, 이질적인 | 5 |

alien, external ↔ domestic, home
foreigner ⓝ 외국인, 이방인
Newspapers printed in **foreign** languages serve foreign-born residents in big cities.

| 1779 | **unfortunately** [ʌnfɔ́ːrtʃənətli] | ⓐⓓ 불행하게도, 운수 나쁘게 | 5 |

adversely, unfavourably, desperately
Unfortunately, only few passengers survived the catastrophe.

Translation

많은 라디오 주파수를 처리하는 데 동일한 중간 **주파수**의 사용은 라디오의 설계를 단순화한다. | 도서관에는 **연감**과 백과사전과 같은 자원을 더한 과거 이야기와 사진들의 복사본을 가지고 있다. | 시간 이동 이야기는 **인기 있는** 과학소설이다. | 찰리는 그의 책에 반영되었던 **낙관적인** 사고방식을 유지했다. | 해왕성은 세 개의 뚜렷한 링과 하나의 **희미한** 링이 있다. | 외국어로 인쇄한 신문은 대도시에서 **외국인** 거주 지역으로 배달된다. | **불행하게도** 그 대참사에서 살아남은 승객들이 거의 없다.

| 1780 | **plough** [plau] | ⓥ 경작하다, 고생하며 나아가다, 부딪히다 | 6 |

furrow, plow
Farmers **ploughed** the grass and raised grain, mainly wheat.
Glaciers **plough** valleys and cut down mountains.

| 1781 | **refinery** [rifáinəri] | ⓝ 정제소, 제련소 | 5 |

an industrial plant for purifying a crude substance
Refineries separate the oil into various hydrocarbon groups, or fractions.

▶ separate into ~로 분리하다　hydrocarbon 탄화수소

| 1782 | **autonomy** [ɔːtɔ́nəmi] | ⓝ 자치, 자치권 | 6 |

self-direction, independence
Local **autonomy** in Korea is now challenging for rural development.

| 1783 | **disappoint** [dìsəpɔ́int] | ⓥ 실망시키다, 좌절시키다 | 6 |

displease, dissatisfy, dismay ↔ encourage
disappointment ⓝ 실망, 실망거리
Some people have problems with their marriage and may become **disappointed**.

| 1784 | **purpose** [pə́ːrpəs] | ⓝ 목적, 취지, 결심 | 6 |

aim, goal, resolution
purposeful ⓐ 목적이 있는, 의미 있는
The chief **purpose** of most fiction is to entertain.

| 1785 | **peak** [piːk] | ⓝ 뾰족한 끝, 산꼭대기, 절정 | 5 |

tip, top, summit, point, apex, pinnacle ↔ foot, abyss
United States Army strength in Vietnam reached a **peak** of about 363,000 in April 1969.

| 1786 | **strength** [streŋkθ] | ⓝ 힘, 세기, 강점 | 6 |

force, might, power ↔ weakness
strengthen ⓥ 강하게 하다, 강화하다
Heracles symbolise **strength** and physical endurance.

Translation

농부들은 목초지를 **경작했고**, 곡물은 주로 밀을 키웠다. 빙하는 계곡에 **부딪히고**, 산을 깎는다. | **정유소**는 오일을 다양한 탄화수소 그룹이나 훨씬 작은 부분으로 분리한다. | 한국에서 지방 **자치**는 지금 농촌 개발을 위해 도전 중이다. | 어떤 사람들은 그들의 결혼에 문제가 있으며 **실망하게 될** 것이다. | 대부분의 소설의 주요 **목적**은 즐기기 위한 것이다. | 베트남에서의 미국 병력은 1969년 4월에 약 363,000명으로 **최고조**에 도달했다. | 헤라클레스는 **힘**과 육체적 지구력을 상징한다.

1787 technical
[téknikəl]

a 기술의, 전문적인, 공업의

scientific, technological, skilled
Students who finish high school or **technical** school may go to college immediately.

1788 enhance
[inháːns]

v 높이다, 강화하다, 증진시키다

better, improve, uplift ↔ diminish, decrease
enhancement **n** 상승, 향상
Improvements in computer technology have greatly **enhanced** all of our life.

1789 locomotive
[lòukəmóutiv]

n 기관차, 객차

locomotion, train
The force of the steam runs the **locomotive**.

1790 satellite dish
[sǽtəlàit diʃ]

n 위성 안테나

saucer, bowl-shaped broadcast transmitter
Receiving television signal equipment includes antennas and **satellite dishes**.

1791 backpack
[bǽkpæ̀k]

n 등에 지는 짐, 백팩

a bag with straps that go over one's shoulders
Scuba divers' equipment in a **backpack** provides oxygen and removes carbon dioxide and moisture.

1792 densely-populated
[dénsli pǽpjulèitid]

a 인구가 밀집된, 인구가 조밀한

heavily populated, highly populated
The most **densely populated** regions of the world are in Europe and in southern and eastern Asia.

1793 generosity
[dʒènərɔ́səti]

n 너그러움

liberality, charity, beneficence
The old gentleman was renowned far and wide for his philanthropic **generosity**.

Translation

고등학교나 **기술**학교를 마치는 학생들은 즉시 대학에 갈 수도 있다. | 컴퓨터 기술의 개선이 우리 모두의 삶을 크게 **증진시켰다**. | 증기의 힘으로 **기관차**가 움직인다. | 텔레비전 신호 수신 장비는 안테나와 **위성 접시**를 포함한다. | **등짐 진** 스쿠버 다이버의 장비는 산소를 공급하고 이산화탄소와 수분을 제거한다. | 세계에서 가장 **인구밀도가 높은** 지역은 유럽과 아시아의 남동부에 있다. | 그 나이든 신사는 그의 인류애적인 너그러움으로 널리 알려져서 유명하다.

1794 obligation
[ɔ̀bləgéiʃən]

ⓝ 의무, 책임 — 9

commitment, responsibility, duty
oblige ⓥ 강요하다, 은혜를 베풀다
Journalists have an **obligation** to be accurate and to tell all sides of a story.

1795 spectacular
[spektǽkjulər]

ⓐ 구경거리의, 장관의, 극적인 — 6

dramatic, prominent, impressive, striking
Some of the most **spectacular** caves are popular tourist attractions.

1796 Mediterranean
[mèdətəréiniən]

ⓐ 지중해의, 지중해 연안의 — 4

of or pertaining to the Mediterranean Sea and the region around it
British troops in Greece withdrew to the island of Crete in the **Mediterranean** Sea.

1797 craft
[krɑːft]

ⓝ 기능, 기술, 숙련 직업, 비행선 — 5

handicraft
craftsman ⓝ 장인, 숙련공 craftsmanship ⓝ 솜씨
Parents taught reading, writing, and **craft** skills to their children.

1798 disabled
[diséibld]

ⓐ 불구가 된, 무능력해진 — 7

disenabled, crippled ↔ enabled
disable ⓥ 무능하게 하다 disability ⓝ 무능, 무자격
With the aid of physical therapy, a **disabled** person may lead a constructive and creative life.

1799 ethnic
[éθnik]

ⓐ 인종의, 민족의 — 5

national, racial
Many people in Southeast Asia are mixtures of several nationalities and **ethnic** groups.

1800 section
[sékʃən]

ⓝ 부분, 구역, 절 — 6

department, sector
Telephone directories carry ads in a **section** called the yellow pages.

Translation

저널리스트들은 정확해야 하고 이야기의 모든 측면을 전달해야 할 **의무**가 있다. | 가장 **구경거리인** 동굴 중 일부는 인기 있는 관광 명소이다. | 그리스에서 영국 군대는 **지중해**에 있는 크레타섬으로 철수했다. | 부모는 그들의 아이들에게 읽기, 쓰기와 **공예** 기술을 가르쳤다. | 물리치료의 도움으로 **장애**인도 건설적이고 창의적인 삶을 살 수 있다. | 동남아시아의 많은 사람들은 여러 국적과 **민족** 그룹이 혼합되어 있다. | 전화번호부는 옐로우 페이지라는 **구역**에 광고를 싣는다.

DAY 46 Intermediate Vocabulary ⑥

KEY WORDS

- stride
- refine
- belonging
- agricultural
- solemn
- injustice
- fume
- engagement
- conception
- chunk
- uprising
- underestimate
- innocent
- humanitarian
- glitter

1801 belonging
[bilɔ́ːŋiŋ]

ⓝ 소유물, 재산, 가족

property, possessions

People traveled on foot and carried their infants and **belongings** strapped to their backs or heads.

9

1802 alchemist
[ǽlkəmist]

ⓝ 연금술사

a person trying to making a gold
alchemy ⓝ 연금술

Despite centuries of experimentation, **alchemists** failed to produce gold from other materials.

6

1803 stimulate
[stímjulèit]

ⓥ 자극하다, 격려하다, 흥분시키다

encourage, inspire, provoke

Wine **stimulates** all our senses; sound, sight, taste, smell and touch.

5

1804 obvious
[ɔ́bviəs]

ⓐ 명백한, 분명한

clear, plain, apparent, distinct
obviously ⓐⓓ 명백하게

Wine must be produced from healthy, good quality grapes and not have any **obvious** faults.

5

1805 chunk
[tʃʌŋk]

ⓝ 큰 덩어리, 상당한 양

bulk, mass

Icebergs form when a **chunk** of ice breaks off the lower end of a coastal glacier and flows into the water.

8

▶ glacier 빙산

Translation

사람들은 도보로 여행을 했고 그들의 등이나 머리에 줄을 묶어 유아들과 **소지품**들을 운반했다. | 수세기의 실험에도 불구하고 **연금술사**들은 다른 물질로부터 금을 생산하는 데 실패했다. | 와인은 우리의 모든 감각- 소리, 시력, 맛, 냄새 및 촉각을 **자극한다**. | 와인은 견실하고, 좋은 품질의 포도로 생산해야 하고 어떤 **명백한** 결함이 있는 것은 안 된다. | 빙산은 얼음**덩어리**가 해안 빙하의 낮은 끝 쪽을 깨고 바다로 흘러갈 때 형성된다.

| 1806 | **alcoholism** [ǽlkəhɔ̀lìzm] | ⓝ 알코올 중독 | 4 |

addiction to alcohol
alcoholist ⓝ 알코올 중독자
Many people suffer from **alcoholism**.

| 1807 | **bet** [bet] | ⓥ 돈을 걸다, 내기를 걸다 ⓝ 내기, 내기 돈 | 4 |

gamble, wager
Many races are held at major race tracks, where people can **bet** on the horses.

| 1808 | **bid** [bid] | ⓥ 명령하다, 입찰에 응하다 ⓝ 가격 제시, 응찰 | 4 |

ask, offer
bidding ⓝ 입찰, 명령
Internal and outside suppliers **bid** for the work.

| 1809 | **biased** [báiəst] | ⓐ 치우친, 편견을 지닌 | 6 |

influenced, coloured, prejudiced, distorted
bias ⓝ 편견
Experts also worry that much of the news reported is inaccurate or **biased**.

| 1810 | **geography** [dʒiɔ́grəfi] | ⓝ 지리학 | 6 |

the study relating to the land, seas and climates
geographic ⓐ 지리상의 geographer ⓝ 지리학자
He studied reading, writing, grammar, and **geography**.

| 1811 | **stout** [staut] | ⓐ 통통한, 용감한, 튼튼한 | 5 |

fat, stalwart, strong, sturdy ↔ thin, weak, feeble
stout-hearted ⓐ 용감한, 대담한 get stout 살 찌다
In appearance, Adams was short and **stout**, with a ruddy complexion.

| 1812 | **underestimate** [ʌ̀ndəréstəmèit] | ⓥ 낮게 어림하다, 과소평가하다, 경시하다 | 7 |

undervalue, understate, diminish ↔ overestimate
This is crucial, because it shows that the leaders again **underestimate** the intelligence of the people.

Translation

많은 사람들이 **알코올중독**으로 고통을 겪고 있다. | 많은 경주가 사람들이 말에 **내기를 걸** 수 있는 주 경기 트랙에서 개최된다. | 내부와 외부 공급 업체가 공사에 **입찰한다**. | 전문가 또한 보도된 뉴스의 대부분이 부정확하거나 **편견이라서** 걱정한다. | 그는 읽기, 쓰기, 문법과 **지리학을** 공부했다. | 외견상 아담은 키가 짧고, **뚱뚱하고** 혈색 좋은 얼굴빛이다. | 지도자들이 국민의 이해력을 다시 **저평가한다는** 것을 보여주기 때문에 이것이 중요하다.

1813 fume
[fju:m]

n 연기, 증기, 연무 **v** 연기 나다, 몹시 화내다 — 8

smoke, gas, exhaust, pollution / be angry, rage, seethe
fumigation **n** 훈증
Cars give off harmful **fumes** that pollute the air.

▶ give off 배출하다, 발산하다

1814 bleak
[bli:k]

a 황량한, 처량한 — 6

cold, chilly, dim, dismal ↔ warm, bustling, animated
Naturalists use coarse language, and their view of life is often **bleak** and without hope.

1815 stride
[straid]

v 큰 걸음으로 걷다 **n** 진보 — 9

walk, pace, step / progress, advance, improvement
Science continued to make great **strides** in all fields during the mid-1900s.

1816 wax
[wæks]

n 왁스, 밀랍 **v** 커지다, 달이 차다 — 5

solid substance to make polish / grow, increase, rise ↔ wane
Reliefs can also be modeled in clay or **wax** and cast in bronze.

1817 relieve
[rilí:v]

v 경감하다, 구제하다 — 6

alleviate, ease, help
relief **n** 제거, 경감, 구제, 《미》 부조 relievable **a** 누그러뜨릴 수 있는
Increased use of coal, especially for producing electricity, could **relieve** a shortage of gas and oil.

1818 hide
[haid]

n 짐승의 가죽, 피부 **v** 감추다, 숨기다 — 5

skin, leather / conceal, cover up, cloak
hide up 잠복하다 hide out 숨다
Shark **hide** makes especially luxurious leather after the scales have been removed.

1819 refine
[rifáin]

v 정제하다 → 세련되게 하다 — 9

polish, purify, cultivate
Heat is used to separate metals from their ores and to **refine** crude oil.

▶ ores 광석 cf. Ore=Oregon

Translation

자동차는 공기를 오염시키는 유해한 **연기**를 배출한다. | 자연주의자들은 거친 언어를 사용하고 그들의 삶의 관점은 종종 **황량하고** 희망이 없다. | 과학은 1900년대 중반 동안에 모든 분야에서 큰 **진보**를 계속해 왔다. | 부조는 또한 점토나 왁스로 모양을 만들거나 청동으로 주조할 수 있다. | 특히 전기 생산을 위한 증가된 석탄의 사용은 가스나 석유의 부족을 **완화시킬** 수 있다. | 상어 **가죽**은 비늘을 제거한 후에는 특별히 가죽으로 만들 수 있다. | 열은 광석으로부터 금속을 분리하거나 원유를 **정제하는** 데 사용된다.

1820 solemn
[sɑ́ləm]

a 엄숙한, 중대한, 종교상의 — 8

grave, somber, serious ↔ frivolous
solemnity (n) 장엄, 신성함
Some of the music resembles simple folk songs, though several of the arias are dramatic and **solemn**.

1821 revive
[riváiv]

v 되살리다, 재개하다 — 6

refresh, regenerate
revival (n) 재생, 부활
The American humorist James Thurber **revived** the fable as a form of social criticism.

1822 warfare
[wɔ́ːrfɛ̀ər]

n 전쟁, 교전, 전투 — 6

war ↔ peace
war (n) 전쟁 wartime (n) 전시
Success in **warfare** earned fame for a warrior.

1823 engagement
[ingéidʒmənt]

n 약혼, 업무, 교전, 고용 — 8

agreement, betrothal ↔ disengagement
engage (v) 사로잡다, 고용하다
Today, some couples announce their **engagement** at social network such as facebook and youtube.

1824 wreck
[rek]

v 난파하다, 파멸하다 **n** 난파, 파멸, 충돌 — 6

crash, destroy / a current of warm air
wreckage (n) 난파 잔해물, 난파
The fighting **wrecked** factories, bridges, and railroad tracks.

1825 balmy
[bɑ́ːmi]

a 온화한, 진정시키는, 방향이 있는 — 6

mild, gentle, benign, genial, fragrant
The weather seems almost **balmy**.

1826 uprising
[ʌ́pràiziŋ]

n 반란, 폭동 — 7

rebellion, riot
Late in 1934, socialists and Catalan nationalists led an **uprising** against the government.

Translation
비록 몇몇 아리아가 극적이고 **엄숙할지라도** 그 음악의 일부는 단순한 민요와 유사하다. | 미국의 익살꾼 제임스 써버는 사회적 비판의 형태로써 우화를 **부활시켰다**. | **전쟁**에서의 성공은 전사에게 명성을 얻게 했다. | 오늘날, 어떤 커플들은 페이스북과 유튜브와 같은 소셜 네트워크에 그들의 **결혼약속**을 알린다. | 전투는 공장, 다리와 철도를 **잔해로 만들었다**. | 날씨는 **온화한** 듯하다. | 1934년 말에 사회당 및 카탈로니아 민족주의자들은 정부를 상대로 **반란**을 이끌었다.

| 1827 | **agricultural** [ægrikʌ́ltʃərəl] | ⓐ 농업의 | 9 |

agrarian, farming
agriculture ⓝ 농업
US government increased the support for **agricultural** education.

| 1828 | **aesthetic** [i:sθétik] | ⓐ 미의, 미학의 | 7 |

relating to the beauty
aesthetics ⓝ 미학
Around the 1960s, new voices in the American theater began expressing various ethnic, sexual, political, and **aesthetic** concerns.

| 1829 | **injustice** [indʒʌ́stis] | ⓝ 불법, 부정 | 8 |

inequity ↔ justice
Mexican liberal writers wrote novels that opposed political **injustice**.

| 1830 | **innocent** [ínəsənt] | ⓐ 순진한, 때 묻지 않은, 결백한 | 7 |

blameless, guiltless ↔ guilty
innocence ⓝ 순결, 무해
Forensic scientists showed a conclusive evident that he was **innocent**.

| 1831 | **overtake** [òuvərtéik] | ⓥ 따라잡다, 앞지르다, 추월하다 | 5 |

outdo, top, exceed, pass
The fast plane could easily **overtake** the propeller-driven fighters of the Allies.

| 1832 | **aloft** [əlɔ́ft] | ⓐⓓ 위에, 높이, 공중에 | 5 |

high up, on top of
A national flag should always be held **aloft** and free, never flat or horizontal.

| 1833 | **disobey** [dìsəbéi] | ⓥ (분부, 명령 등을) 따르지 않다, 불복종하다 | 5 |

ignore, rebel, disregard
Soldiers who **disobeyed** were punished.

Translation

미국 정부는 **농업** 교육을 위한 지원을 증가시켰다. | 1960년경에 미국 극장에서 새로운 목소리가 다양한 인종과 성별과 정치적이고 **미학적인** 우려를 표현하기 시작했다. | 멕시코의 자유주의 작가들은 정치적 **불의**에 대항하는 소설들을 썼다. | 법의학자들은 그가 **결백했다는** 결정적인 증거를 보여 주었다. | 그 빠른 비행기는 연합군의 프로펠러 구동 전투기를 쉽게 **추월할 수 있었다**. | 국기는 항상 **공중에** 자유롭게 게양해야 하지만, 결코 평면이나 수평으로 게양하지 않는다. | 명령에 **불복종한** 군인들은 처벌 받았다.

| 1834 | **glitter** [glítər] | v 반짝반짝 빛나다, 번들거리다 n 광휘, 화려함 | 7 |

blink, flicker, glimmer / brightness, glamour, splendour
The sand in the beach is **glittered** in the rising sun.

| 1835 | **humanitarian** [hju:mænitéəriən] | a 인도주의의, 인간애의 n 인도주의자, 박애가 | 7 |

compassionate, charitable, humane / philanthropist, benefactor
Each society conducts **humanitarian** services according to its country's needs.

| 1836 | **geometry** [dʒiómətri] | n 기하학 | 6 |

the branch of mathematics
geometric a 기하학의 geometrician n 기하학자
Analytic **geometry** makes it possible to write equations that exactly describe many curves.

| 1837 | **public opinion** [pʌ́blik əpínjən] | n 여론, 여론조사 | 5 |

an opinion survey
The media may try to influence **public opinion** through commentaries.

| 1838 | **terrestrial** [təréstriəl] | a 지구상의, 육지의, 흙의 | 5 |

earthly, worldly, global
The wax layer is very important to **terrestrial** insects to reduce the loss of water.

| 1839 | **conceal** [kənsí:l] | v 감추다, 숨기다 | 5 |

hide, cover, disguise, mask, camouflage
He is a fool that cannot **conceal** his wisdom.

| 1840 | **conception** [kənsépʃən] | n 개념, 생각, 고안 | 8 |

concept, idea
The sculptor may have a **conception** of ideal lighting conditions for a particular work.

Translation

해변의 모래가 떠오르는 햇살에 **빛난다**. | 각 사회는 국가의 필요에 따라 **인도적인** 서비스를 실시한다. | 분석 **기하학**은 많은 곡선을 정확하게 설명할 수 있는 방정식을 쓸 수 있게 했다. | 그 미디어는 논평을 통해 **여론**에 영향을 주려고 할지도 모른다. | 왁스층은 수분의 손실을 줄여 주기 때문에 **육지** 곤충에게는 매우 중요하다. | 자신의 지혜를 **감출 수** 없는 사람은 바보이다. | 그 조각가는 특정 작업에 대한 이상적인 조명 조건의 **개념**을 가지고 있을 수도 있다.

DAY 47 Intermediate Vocabulary

KEY WORDS

- unsuccessful
- thrift
- mound
- chant
- brood
- sandy
- overwhelming
- brotherhood
- tremendous
- standpoint
- prone
- peculiar
- motto
- mortal
- interdisciplinary

1841 tremendous [triméndəs]　**a** 거대한, 대단한, 엄청난, 무서운　7

huge, enormous, immense, colossal
The reproductive powers of insects are often **tremendous**.

1842 peculiar [pikjú:ljər]　**a** 기묘한, 특이한, 고유의　7

odd, strange, special
Insect sense organs seem **peculiar** compared with those of man and other vertebrates.

▶ vertebrates 척추동물

1843 brood [bru:d]　**v** 골똘히 생각하다; 알을 품다　**n** 한 배의 병아리, 품종　9

litter, ponder; incubate
Hamlet **broods** about whether he should believe the ghost.

1844 brotherhood [brʌ́ðərhùd]　**n** 형제간, 형제애　8

fraternity, fellowship
Beethoven's ninth symphony expresses the ideal of **brotherhood**.

1845 realm [relm]　**n** 영역, 범위, 왕국　5

kingdom, domain
Albany was appointed governor of the **realm**.

Translation

곤충의 번식력은 종종 **엄청나다**. | 곤충의 감각기관은 사람과 다른 척추동물의 그것과 비교하여 **독특해** 보인다. | 햄릿은 그가 귀신을 믿어야 될지 말아야 할지 **골똘히 생각한다**. | 베토벤의 9번째 교향곡은 **인류애**의 이상을 표현하고 있다. | 알바니는 그 **영토**의 총독으로 임명되었다.

| 1846 | **vocational** [voukéiʃənl] | ⓐ 직업상의, 업무상의, 직업교육의 | 6 |

relating to work
Some attend schools that stress a more general, technical, or **vocational** education.

| 1847 | **ailment** [éilmənt] | ⓝ 병, 불쾌, 불안 | 6 |

illness, disease
Lack of vitamin may cause **ailments** of the skin and of the digestive and nervous systems.

| 1848 | **rebel** [rébəl] | ⓥ 반역하다, 반발하다 | 5 |

revolt, rise
rebellion ⓝ 반란, 폭동 rebellious ⓐ 반역하는 → (병) 낫기 힘든, 다루기 힘든
A group of discontented colonists **rebelled** against the government in 1676.

| 1849 | **recipe** [résəpi] | ⓝ 조리법, 요리법, 처방전 | 5 |

prescription
Many cookbooks with a wide variety of **recipes** are available.

| 1850 | **revenue** [révənjù:] | ⓝ 세입, 수익(수입/세입) | 6 |

gain, income, taxation ↔ expenditure
Many governments used **revenue** tariffs in the past.

▶ revenue tariffs 수입 관세

| 1851 | **animated** [ǽnəmèitid] | ⓐ 생기가 있는, 살아 있는 | 5 |

vivify / lively, vigorous ↔ bleak
Earlier filmmakers had found that animals were easier to **animate** than people.

| 1852 | **chant** [tʃa:nt] | ⓝ 노래, 구호 ⓥ 노래를 부르다, 구호를 외치다 | 9 |

ballad, carol, song
chant a song 노래를 부르다 chant a charm 주문을 외다
Hawaiians perform other traditional dances accompanied by **chants** and drums.

Translation

어떤 사람들은 좀 더 일반적이고 기술적이고 **직업적인** 교육을 강조하는 학교에 다닌다. | 비타민의 부족은 피부와 소화계와 신경계에 **질병**을 일으킬 수 있다. | 한 무리의 불만을 품은 식민지인들이 1676년도에 정부를 상대로 **반발했다**. | 다양한 **조리법**이 있는 많은 요리책들이 이용가능하다. | 많은 정부들이 과거에는 **수입** 관세를 사용하였다. | 초기의 영화 제작자들은 사람보다 동물들을 더 **생기 있게** 만들기 쉽다는 것을 발견하였다. | 하와이 사람들은 **노래**와 드럼을 동반한 다른 전통 무용을 공연한다.

1853 subjective [səbdʒéktiv]

a 주관의, 주관적인, 개인의, 본질적인 6

personal, biased ↔ objective
subject **n** 주제, 실체
Some scholars argue that Levi-Strauss's theories are too **subjective**.

1854 censorship [sénsərʃip]

n 검열 6

the act or policy of censoring books and press, etc
press censorship 신문 검열 pass censorship 검열을 통과하다
abolish censorship 검열을 폐지하다
Many countries have **censorship** boards that check all publications.

1855 ventilation [vèntəléiʃən]

n 통풍, 환기, 환기장치 5

air, aerophore, extractor
ventilate **v** 통기시키다
Proper **ventilation** removes much of the coal dust from the air in a mine.

1856 revolt [rivóult]

v 반란을 일으키다, 매우 싫어하다 **n** 반란, 봉기, 저항 5

disgust, repel, mutiny / upspring, revolution, rebellion, insurrection
The Spaniards treated the Indians harshly, and the Pueblo **revolted**.

▶ harshly 매몰차게, 엄하게

1857 trim [trim]

v 다듬다, 정돈하다, 잘라내다 **a** 정돈된, 산뜻한, 균형 잡힌 5

neat, tidy, clip, cut / cut, decorate, array
Pioneers used axes to cut away the brush, chop down trees, and **trim** logs.

1858 weave [wi:v]

v 짜다, 뜨다 6

intertwine, interweave
weaver **n** 짜는 사람 weaving **n** 실을 짜는
Most of the people wore clothes of cotton cloth, which they **wove** on looms.

▶ looms 베틀, 직기

1859 overwhelming [òuvərhwélmiŋ]

a 압도적인, 저항할 수 없는, 굉장한 8

predominating, overpowering, strong, powerful
Against **overwhelming** odds, the English won a great victory.

Translation
일부 학자들은 레비 스트라우스의 이론은 너무 **주관적이라고** 주장한다. | 많은 국가들은 모든 출판물을 **검열**하는 검열위원회가 있다. | 적정한 **환기장치**는 광산에서 공기로부터 석탄먼지의 대부분을 제거한다. | 스페인 사람들은 인디언들을 가혹하게 다루었고 푸에블로인들은 **반란을 일으켰다**. | 개척자들은 관목을 베고, 나무들을 토막내고, 목재를 **다듬는 데** 도끼를 사용하였다. | 대부분의 사람들은 면 옷감의 옷을 입었고, 그들은 베틀에서 **짰다**. | **압도적인** 차이로 영국은 위대한 승리를 얻었다.

| 1860 | **unsuccessful** [ʌnsəksésfəl] | ⓐ 성공하지 못한, 불운한 | 9 |

failing ↔ successful
Although the plane was **unsuccessful**, it influenced the design of later airplanes.

| 1861 | **standpoint** [stǽndpɔ̀int] | ⓝ 견지, 관점 | 7 |

perspective, view
From a legal **standpoint**, the crime is a violation of criminal law.

| 1862 | **prone** [proun] | ⓐ ~하기 쉬운, ~하는 경향이 있는 | 7 |

inclined, liable
be prone to ~하기 쉽다 prone to ~을 잘하는 -prone ~하기 쉬운
A slow cooker for meat and other foods may be **prone** to bacterial growth at warm temperatures.

| 1863 | **motto** [mɔ́tou] | ⓝ 좌우명, 모토 | 7 |

saying, adage
Under the rings is the Olympic **motto**, the Latin words Citius, Altius, Fortius.

| 1864 | **mound** [maund] | ⓝ 흙무더기, 방죽 | 9 |

pile, hillock, container, model, form shape
The pitcher of the team in the field stands on the pitcher's **mound**.

| 1865 | **mortal** [mɔ́:rtl] | ⓐ 죽어야 할 운명의, 치명적인, 인간의 | 7 |

earthly, fatal ↔ immortal
mortality ⓝ 사망률
All human beings are **mortal**, some days we are disappeared.

| 1866 | **swiftly** [swíftli] | ⓐⓓ 신속히, 빨리, 즉시 | 5 |

fast, rapidly, quickly, promptly, speedy ↔ slowly
swift ⓐ 빠른, 신속한, 짧은
Flying bird in the sky **swiftly** catches the fish in the ocean.

Translation

비록 그 비행기가 **성공적이지 못했지만** 추후 비행기의 디자인에 영향을 주었다. | 법적 **관점**에서 그 범죄는 형사법 위반이다. | 고기와 다른 음식을 요리하는 전기 찜솥은 따뜻한 온도에서 세균 생장을 **하는 경향이 있을 수도** 있다. | 링 아래에는 올림픽 **모토**인, 라틴어의 '더 빠르게, 더 높게, 더 강하게(faster, higher, stronger)'가 있다. | 필드에서 팀의 투수는 투수 **마운드**에 선다. | 모든 인간은 **죽어야 할 운명**으로 언젠가는 사라진다. | 하늘에서 날고 있는 새가 바다에서 물고기를 **재빠르게** 잡는다.

1867 launch
[lɔːntʃ]

v 진수시키다, 내보내다

begin, open, initiate, introduce
The space age opened in 1957 after Russia **launched** its first artificial satellite to encircle the earth.

1868 sandy
[sǽndi]

a 모래의, 모래땅의

gritty, shifting
sandy beach 백사장 sandy desert 사막
Waves erode rocky shorelines and create **sandy** beaches.

1869 boiling point
[bɔ́iliŋ pɔ̀int]

n 끓는점, 비등점

the temperature at which a liquid boils at a given pressure
A liquid can also become a gas at a temperature below its **boiling point** through evaporation.

1870 interdisciplinary
[ìntərdísəplənèri]

a 학제간의(여러 학문이 관련된)

involving two or more academic subject
Interdisciplinary fields have been established among many subjects overlaps each other.

1871 description
[diskrípʃən]

n 기술, 묘사, 해설

account, report, explanation
This article provides a broad **description** of Congress.

1872 disrupt
[disrʌ́pt]

v 방해하다, 지장을 주다

interrupt, break, disturb
disruption **n** 붕괴, 분열
The immune system is subject to a number of disorders that **disrupt** its operation.

1873 outskirt
[áutskə̀ːrt]

n 변두리, 교외, 빠듯함

suburb
on(at, in) the outskirts of ~의 변두리에
Soviet troops had reached the **outskirts** of Warsaw.
They attacked one of the forts on the **outskirts** of the city.

Translation

우주 시대는 러시아가 지구를 도는 첫 번째 인공위성을 **발사했던** 1957년에 개막되었다. | 파도는 바위성 해안가를 침식시키고 **모래성** 해변을 만든다. | 액체는 증발을 통해 **비등점**의 아래 온도에서 기체가 될 수 있다. | **학제간** 분야는 많은 주제가 서로 겹치는 많은 학과 간에 설립되어 왔다. | 이 기사는 의회에 대한 광범위한 **설명**을 제공한다. | 면역 체계는 원활하게 움직이는 것을 **방해하는** 다수의 장애의 지배를 받는다. | 소련 군대가 바르샤바의 **외곽**에 도달했다. 그들은 도시의 **외곽**에 있는 요새 중 하나를 공격했다.

| 1874 | **immediate** [imí:diət] | ⓐ 즉시의, 직접의 | 5 |

instant, prompt, direct ↔ later
Garrison demanded **immediate** freedom for slaves.

▸ garrison 수비대

| 1875 | **pickpocket** [píkpɔ̀kit] | ⓝ 소매치기 | 6 |

cutpurse, prat digger, whiz-boy, knucker
The **pickpocket** was done widespread at Paris.

| 1876 | **rear** [riər] | ⓥ 기르다, 교육하다 ⓝ 뒤, 배후, 후미 | 5 |

raise, breed, cultivate / back, posterior, tail ↔ front
The little fruit flies are easily **reared** in mass and have been used extensively in genetic studies.

| 1877 | **thrift** [θrift] | ⓝ 절약, 검약, 번성 | 9 |

economy, frugality, saving, austerity ↔ waste
thrifty ⓝ 검약하는, 아끼는
Many people withdrew **thrift** accounts and deposited them in more attractive money market funds.

| 1878 | **uncomfortable** [ʌnkʌ́mfərtəbl] | ⓐ 기분이 언짢은, 불편한, 곤란한 | 5 |

uneasy, troubled, disturbed
On a hot day, it may make us feel **uncomfortable**.

| 1879 | **human nature** [hjú:mən néitʃər] | ⓝ 인간성, 인간 본성 | 5 |

personality
The philosophers believed that the scientific method could be applied to the study of **human nature**.

| 1880 | **precious** [préʃəs] | ⓐ 귀중한, 값비싼 | 6 |

valuable, treasured
Salt has been a **precious** commodity since ancient times.

▸ commodity 필수품

Translation

수비대는 노예들에 대한 **즉각적인** 자유를 요구했다. | **소매치기**가 파리에 만연했다. | 작은 과실파리는 대량으로 쉽게 **사육되며** 유전적 연구에 광범위하게 사용되어 왔다. | 많은 사람들이 **검약한** 계정을 철회하고 더 매력적인 머니 마켓 펀드에 입금한다. | 무더운 날은 우리를 **불쾌하게** 할 수도 있다. | 철학자들은 과학적인 방법이 **인성**의 연구에도 적용이 될 수 있다고 믿었다. | 소금은 고대 이래로 **귀중한** 필수품이 되어 왔다.

DAY 48 Intermediate Vocabulary ⑧

KEY WORDS

☐ imprisonment ☐ erosion   ☐ dwarf   ☐ displace   ☐ corporation
☐ consent   ☐ compromise ☐ specify   ☐ disposal   ☐ cluster
☐ warehouse   ☐ script   ☐ be subject to ☐ shelter   ☐ revolve

---

1881 erosion [iróuʒən]   ⓝ 부식, 침식   9

corrosion
soil erosion 토양 침식 wind erosion 풍식
Erosion by wind involves the movement of dust and particles of sand.

1882 secrete [sikríːt]   ⓥ 분비하다, 감추다   5

exude, sap
secretion ⓝ 분비물 sector ⓝ 분비선
Fish and amphibians have glands that **secrete** a slimy substance on their skin.
▶ glands 선, 샘

1883 compromise [kάmprəmàiz]   ⓝ 타협, 절충안 ⓥ 타협하다, 굽히다   9

yield, concede / meet halfway, make concession
Most Korean hoped that **compromise** could save the Union and prevent war.

1884 rub [rʌb]   ⓝ 문지름, 마찰 ⓥ 문지르다, 비비다   5

scrub, friction / scrape, wipe, scour
Some insects cause irritation, and have sores often result from the **rubbing** or scratching brought on by their bites.

1885 rational [rǽʃənl]   ⓐ 이성이 있는, 합리적인   6

logical, reasonable, sensible ↔ irrational, absurd
rationality ⓝ 합리성, 도리 rationalistic ⓐ 순리적인, 합리주의자인
Virtue does not depend upon believing some **rational** notion of the good life.

Translation

바람에 의한 **침식**은 먼지와 모래 입자의 운동과 관련되어 있다. | 물고기와 양서류는 그들의 피부에 끈적끈적한 물질을 **분비하는** 샘을 가지고 있다. | 대부분의 한국인들은 **타협**이 노조를 구하고 싸움을 막기를 희망했다. | 어떤 곤충들은 염증을 유발하고, 종종 물어서 생기는 **마찰**이나 긁은 결과로 통증을 불러온다. | 미덕은 좋은 삶의 어떤 **합리적인** 개념을 믿는 것에 의존하지 않는다.

| 1886 | **raw** [rɔː] | **a** 날것의, 가공하지 않은 | 5 |

crude, immature ↔ refined, cooked
Fats from a wide variety of plants and animals supply many of the **raw** materials used in manufacturing.

| 1887 | **revolve** [rivɔ́lv] | **v** 회전하다, 돌다 | 6 |

circle, orbit, turn ↔ fix
revolver (n) 회전 장치, 연발 권총
Asteroid is any of numerous small planetary bodies that **revolve** around the sun.

| 1888 | **be subject to** [bi sʌ́bdʒikt tu] | ~의 지배를 받는, ~을 필요로 하는 | 7 |

susceptible to
Every species of animals **is subject to** attack by various enemies.

| 1889 | **buzz** [bʌz] | **v** 윙윙거리다, 분주하게 돌아다니다 **n** 윙윙거리는 소리 | 5 |

whisper, whiz
Everyone is bothered by insects that **buzz** around or crawl over one's body.

| 1890 | **melancholy** [mélənkàli] | **n** 우울, 깊은 생각 **a** 우울한, 감성적인 | 5 |

depression, forethought / sad, gloomy, blue ↔ pleasant, cheerful, delightful
various (a) 가지각색의, 다양한 variant (n) 다른, 상이한 variation (n) 변화, 변동
An excess of bile supposedly make a person **melancholy**.
▶ bile 담즙 supposedly 추측하건데, 아마

| 1891 | **displace** [displéis] | **v** 바꾸어 놓다, 대신 들어서다 | 9 |

supersede, supplant, replace, transfer ↔ place
displacement (n) 치환, 해임 displaced (a) 난민의
By the war's end, more than 12 million **displaced** persons remained in Europe.

| 1892 | **racecourse** [réiskɔ̀ːrs] | **n** 경마장, 경주로 | 4 |

racetrack, raceway
In every Saturday, flea market is held at a **racecourse** at Riccarton.

> **Translation**
>
> 다양한 식물과 동물성 지방은 제조 공업에 사용되는 많은 **원료**를 제공한다. | 소행성은 태양을 중심으로 **돌고 있는** 수많은 작은 행성체이다. | 모든 종류의 동물들은 다양한 적들로부터 **공격당한다**. | 모든 사람이 윙윙거리며 몸의 주변을 돌아다니거나 **기어오르는** 곤충에 의해 귀찮게 된다. | 과도한 담즙은 추측하건데 사람을 **우울하게** 만든다. | 전쟁 끝나갈 무렵에 12만 명 이상의 **난민**이 유럽에 남아 있었다. | 매주 토요일, 벼룩시장이 리카톤의 **경마장**에서 열린다.

| 1893 | **consent** [kənsént] | ⓥ 동의하다, 찬성하다 ⓝ 동의, 합의, 인가 | 9 |

accept, agree, assent, approve ↔ disagree, dissent, refuse / agreement, approval
According to law, both the man and woman must freely **consent** to marry.

| 1894 | **enlarge** [inláːrdʒ] | ⓥ 크게 하다, 확대하다 | 5 |

broaden, expand, magnify ↔ diminish, reduce, shrink
Italy **enlarged** its boundaries in Libya and in 1935 attacked Ethiopia.

| 1895 | **diminish** [dimíniʃ] | ⓥ 적게 하다, 줄이다, 감소하다 | 5 |

reduce, decrease, lessen
No one can avoid stress, but a person can do certain things to help **diminish** the dangers of becoming ill from it.

| 1896 | **shrink** [ʃriŋk] | ⓥ 오그라들다, 줄다 → 움츠러들다 | 5 |

contract ↔ expand, stretch
shrinkable ⓐ 줄어들기 쉬운, 수축되는 shrinkage ⓝ 수축, 축소, 감소
As the mud becomes thicker, the lake gradually **shrinks**.

| 1897 | **specify** [spésəfài] | ⓥ 일일이 열거하다, 명기하다 | 8 |

define, designate ↔ generalise
specific ⓐ 분명히 나타난, 특유한 specification ⓝ 상술, 열거, 명세서
Astronomers **specify** locations in terms of the celestial coordinate system.

| 1898 | **specialise** [spéʃəlàiz] | ⓥ 특수화하다, 전문화하다, 전공하다 | 4 |

diversify, generalise
specialisation ⓝ 특수화, 전문 과목, 분화
The great majority of farmers **specialise** in raising one kind of crop or one kind of livestock.

| 1899 | **violence** [váiələns] | ⓝ 격렬함, 폭력, 왜곡 | 5 |

force, brutality
violation ⓝ 위반, 침해, 침범
Throughout history, people have felt threatened by crime and **violence**.

Translation

법에 따라 남자와 여자 모두 자유롭게 결혼에 **동의해야** 한다. | 이탈리아는 리비아에서 국경선을 **확대했으며**, 1935년에 이디오피아를 침공했다. | 사람은 누구나 스트레스를 피할 수는 없지만 그것으로부터 병이 될 위험을 **줄이도록** 도울 수 있는 어떤 것을 할 수 있다. | 진흙이 점점 두꺼워지면서 호수는 점점 **줄어든다**. | 천문학자는 천체의 좌표 시스템에 의하여 위치를 **상술한다**. | 대다수의 농민은 한 종류의 작물이나 한 종류의 가축을 키우는 데 **전문화되어** 있다. | 역사적으로, 사람들은 범죄와 **폭력**에 의해 위협을 느껴왔다.

| 1900 | **subtropical** [sʌbtrɑ́pikəl] | ⓐ 아열대의, 아열대성의 | 4 |

semitropical, subtorrid
subtropics ⓝ 아열대 지방
Almost all primates except human beings live chiefly in tropical or **subtropical** climates.
▸ primates 영장류

| 1901 | **suburb** [sʌ́bəːrb] | ⓝ 교외, 시외 ⓐ 교외의, 시외에 사는 | 5 |

outskirt / suburban
Commuter trains carry passengers between large cities and the surrounding **suburbs**.

| 1902 | **ultraviolet radiation** [ʌ̀ltrəváiəlit rèidiéiʃən] | ⓝ 자외선 | 5 |

a cosmic ray over the violet wave
Ultraviolet radiation attacks germs and promotes healing of certain skin disorders.
▸ germs 세균, 미생물

| 1903 | **shelter** [ʃéltər] | ⓝ 피난처, 대피호 ⓥ 보호하다 | 6 |

refuge, haven, sanctuary / protect, preserve
sheltery ⓐ 피난처를 제공하는, 피난처가 되는
People build many different kinds of **shelter** throughout the world.

| 1904 | **corporation** [kɔ̀ːrpəréiʃən] | ⓝ 법인, 지방자치단체, 유한회사 | 9 |

business, company, enterprise, firm, corp.
corporate ⓐ 법인 조직의, 단체의
The two leading U.S. producers of motor vehicles are General Motors **Corporation** and Ford Motor Company.

| 1905 | **equivalent** [ikwívələnt] | ⓐ 동등한, 상당하는 ⓝ 동등물, 동의어, 당량 | 5 |

equal, same / substitute, match
equivalence ⓝ 동의성, 등가
The relationship between mechanical energy and heat energy is called the mechanical **equivalent** of heat.

| 1906 | **long-standing** [lɔ́ːŋstǽndiŋ] | ⓐ 오래된, 다년간에 걸친 | 6 |

established, fixed, long-lasting, enduring
Melvin Calvin, an American chemist, solved many **long-standing** mysteries of photosynthesis, the chemical process by which plants make food.

Translation

인간을 제외한 거의 모든 영장류는 주로 열대와 **아열대** 기후에서 살고 있다. | 통근 열차는 대도시와 주변 **교외 지역** 간에 승객들을 수송한다. | **자외선**은 병원균을 공격하고 특정 피부 질환의 치유를 촉진한다. | 사람들은 전 세계에 수많은 **대피소**를 짓는다. | 자동차 회사의 두 주요 미국제조사는 GM**사**와 Ford**사**이다. | 기계 에너지와 열에너지 사이의 관계는 열의 일 **당량**이라 부른다. | 미국의 화학자인 Melvin Calvin은 식물이 음식을 만드는 화학 과정인 광합성의 **오래된** 많은 미스터리를 해결했다.

1907 script
[skript]

n 대본, 스크립트

text, words, handwriting
An announcer may use a **script** or simply adlib (speak without a script).

1908 compass
[kʌ́mpəs]

n 나침반, 한계, 범위

direction finder, range
In the air, the pilot watches the **compass** to keep the plane headed in the right direction.

1909 dwelling
[dwélɪŋ]

n 주거(지), 주택

home, domicile, residence
Most Inuit families had both a summer and a winter **dwelling**.

1910 improvement
[imprúːvmənt]

n 개량; 향상

enhancement, advancement; advance, development
improve v 개선되다, 나아지다
The local industry suffered many setbacks despite quality **improvements** and a newly found market.

1911 commemorate
[kəmémərèit]

v 기념하다, 축하하다

celebrate, memorialise, remember
commemoration n 기념(식)
Holidays **commemorate** major events in the history of the people.

1912 dwarf
[dwɔːrf]

v 작게 하다, 위축시키다 n 난쟁이 a 자그마한, 소형의, 위축된

shorten, diminish / pigmy, midget / miniature, small, tiny, undersized
After the sun shrinks to about the size of the earth, it will become a white **dwarf**.

1913 chronological order
[krànəládʒikəl ɔ́ːrdər]

n 연대순

order by day
In certain areas, the annual layers accumulated undisturbed, one atop the other in **chronological order** like calendar pages.

Translation

아나운서는 **대본**을 사용하거나 (대본없이 말하는) 애드리브를 간단히 할 수도 있다. | 공중에서 조종사는 비행기를 올바른 방향으로 가도록 하기 위해서 **나침반**을 본다. | 대부분의 이누이트 가족들은 여름과 겨울의 **주거지**가 있었다. | 품질 **개선**과 새로운 시장에도 불구하고 지역 산업은 많은 실패를 겪었다. | 휴일은 민족의 역사에 있는 주요 사건을 **기념한다**. | 태양이 지구만한 사이즈로 줄어든 다음에는 태양은 백색 **왜성**이 될 것이다. | 특정 지역에서 연대층이 섞이지 않고 하나 위에 하나씩 달력 페이지처럼 **연대순**으로 쌓였다.

1914 customary
[kʌ́stəməri]

ⓐ 습관적인, 통례의

usual, accustomed ↔ uncustomary

A professional performer may occasionally appear in a production, but it is **customary** to have an all-student cast.

1915 incredible
[inkrédəbl]

ⓐ 믿어지지 않는, 놀라운, 훌륭한

absurd, doubtful, unbelievable ↔ credible
incredulous ⓐ 의심 많은, 회의적인
The automobile has given many people **incredible** freedom of movement.

1916 restrain
[ristréin]

ⓥ 제한하다, 국한하다

bridle, confine, restrict ↔ impel
restraint ⓝ 억제, 금지 restrained ⓐ 삼가는, 절도 있는, 자제된
He could not **restrain** his temper.

1917 warehouse
[wéərhàus]

ⓝ 창고, 큰 상점

depot, storehouse
Shipyards closed, and goods piled up in **warehouses**.

▶ piled up 쌓이다

1918 cluster
[klʌ́stər]

ⓥ 송이를 이루다, 군생하다, 밀집하다 ⓝ 송이, 성단, 집단

assemble, gather / bunch, bundle
The students **clustered** around the bulletin board.

1919 disposal
[dispóuzəl]

ⓝ 처리, 처분

arrangement, settlement
waste disposal 폐물처리 refuse disposal 쓰레기 처리
The **disposal** of sewage and other wastes into lakes and streams makes the water unhealthy for wildlife and human beings.

1920 imprisonment
[impríznmənt]

ⓝ 투옥, 구금, 감금

bondage, constraint
An infamous crime is punishable by death or **imprisonment**.

▶ infamous crime 파렴치 죄

Translation

전문 연기자는 때때로 작품에서 나타날 수도 있지만 모든 학생들을 캐스팅하는 것이 **관례**이다. | 자동차는 많은 사람들에게 **놀라운** 이동의 자유를 부여하고 있다. | 그는 그의 성질을 **억제할 수** 없었다. | 조선소는 폐쇄되었고 물품은 **창고**에 쌓였다. | 학생들이 게시판 주변으로 **모였다**. | 호수와 하천에 오수와 다른 쓰레기를 **폐기**하는 것은 야생 생물과 인간의 건강에 안 좋은 물을 만든다. | 파렴치 죄는 사형 또는 **징역**으로 처벌 받을 수 있다.

DAY 49 Intermediate Vocabulary ⑨

KEY WORDS

- ☐ verge
- ☐ uncomfortable
- ☐ sturdy
- ☐ rip (off)
- ☐ fascist
- ☐ exclusion
- ☐ ally
- ☐ viewpoint
- ☐ inefficient
- ☐ fitness
- ☐ villa
- ☐ toxin
- ☐ swamp
- ☐ skirt
- ☐ segment

1921 beloved [bilʌ́vd]

ⓐ 가장 사랑하는, 소중한 — 7

favorite, dear ↔ repulsive
Great King Sejong is one of the most **beloved** figures in Korean history.

▶ figures 인물

1922 hierarchy [háiərà:rki]

ⓝ (고위 성직자가 지배하는) 계층제, 계급제 — 5

grading, ranking, stratum
hierarchical ⓐ 계층제의
The organisation of the clergy by rank is the church's **hierarchy**.

1923 porpoise [pɔ́:rpəs]

ⓝ 돌고래 (무리) — 5

dolphin
Porpoises have a rounded snout and flat or spade-shaped teeth.

▶ snout 코

1924 rip (off) [rip]

ⓥ 째다, 찢다 — 9

tear, cut, split
rip off ~을 벗기다, ~을 빼앗다, ~을 속이다
Elephants use their tusks to **rip** the bark **off** trees.

▶ tusks 엄니, 상아

1925 ripen [ráipən]

ⓥ (과일) 익다, 원숙해지다 — 5

to become ripe
ripe ⓐ 익은, 원숙한, 한창인
Long hours of sunlight are **ripening** grapes fully.

Translation

세종대왕은 한국 역사상 가장 **사랑 받는** 인물 중 한 사람이다. | 계급에 의한 성직자의 조직은 교회의 **계층구조**이다. | **돌고래**는 둥근 주둥이와 편평하거나 스페이드 모양의 이빨을 갖고 있다. | 코끼리는 그들의 엄니를 이용하여 나무에서 껍질을 **벗겨 낸다**. | 장시간의 햇빛은 포도를 완전히 **성숙시킨다**.

| 1926 | **segment** [ségmənt] | n 구획, 단편, 체절 | 7 |

section, part, division
segmental a 부분의, 갈라진, 환절의 segmentation n 분할, 분열, 체절
The body of insect is divided into a series of **segments**.

| 1927 | **inconvenient** [inkənvíːnjənt] | a 불편한, 폐가 되는, 맞지 않는 | 9 |

uneasy, troubled ↔ comfortable
Children might feel **inconvenient** in a playroom furnished with adult-sized tables and chairs.

| 1928 | **verge** [vəːrdʒ] | n 가장자리, 변두리 | 9 |

brink, point, edge, border
on the verge of 막 ~하려는, ~의 직전에
Because of overhunting, several species of whales are on the **verge** of extinction.

| 1929 | **fitness** [fítnis] | n 건강함, 체력, 적성 | 8 |

health, appropriateness, strength
Physical **fitness** benefits both physical and mental health and helps the body withstand stress.

| 1930 | **behave** [bihéiv] | v 행동하다, 처신하다 | 5 |

act, do, conduct
behaviour n 행동, 품행, 습성 behavioural a 행동에 관한
Folk tales are animal stories that try to teach people how to **behave**.

| 1931 | **sturdy** [stə́ːrdi] | a 억센, 튼튼한, 힘센 | 9 |

hardy, stalwart ↔ frail, weaky
sturdiness n 억셈 sturdily ad 억세게
The ship is a larger vessel **sturdy** enough for ocean travel.

| 1932 | **illiteracy** [ilítərəsi] | n 문맹, 무식, 무교양 | 6 |

cannot read or write
National Literacy Trust devoted to promoting **literacy**, and reduced the **illiteracy** rate.

Translation

곤충의 몸은 일련의 **체절**로 나누어진다. | 어린이들은 성인 크기의 테이블과 의자가 구비된 놀이방에서 **불편하게** 느낄 것이다. | 과도한 사냥으로 여러 고래 종들이 멸종 **직전에** 있다. | **체력**은 신체적 정신적 건강 모두에 유익하고 몸이 스트레스를 견딜 수 있도록 돕는다. | 민간 설화는 사람들이 어떻게 **행동해야 하는지** 가르침을 주려고 하는 동물 이야기이다. | 이 배는 대양을 여행하는 데 충분히 **튼튼한** 커다란 선박이다. | 영국국립독서재단은 읽고 쓰기를 장려하는 데 헌신하였고 **문맹률**을 줄였다.

| 1933 | **fascist** [fǽʃist] | n 파시스트, 독재자 | 9 |

a supporter of the Italian Fascist movement
They were supported by Spain's **fascist** political party.

| 1934 | **convention** [kənvénʃən] | n 집회, 총회, 관습 | 5 |

assembly, meeting, congress, conference
The most widespread social **convention** was the use of poetic dialogue.

| 1935 | **inspire** [inspáiər] | v 고무하다, 영감을 주다 | 5 |

motivate, stimulate, influence
inspiration n 영감 inspirable a 영감을 받을 수 있는 inspiring a ~하도록 고무하는
Various colors and shapes of the insects have **inspired** artists.

| 1936 | **rehearse** [rihə́:rs] | v 연습하다, 숙달시키다 | 7 |

exercise, practice
rehearsal n 리허설, 낭송
Prima donna of *Black swan* **rehearsed** for perfect performance.

| 1937 | **viewpoint** [vjú:pɔ̀int] | n 견해, 관점 | 8 |

perspective, opinion
During the Middle Ages, scholars studied behavior chiefly from a religious **viewpoint** rather than a scientific.

| 1938 | **concentrated** [kɑ́nsəntrèitid] | a 집중된, 응집된, 농축된 | 6 |

compressed, condensed
In normal osmosis, a less concentrated liquid flows through a membrane into more **concentrated** liquid.

▶ osmosis 삼투압

| 1939 | **energy reserve** [énərdʒi rizə́:rv] | n 에너지 보존 | 6 |

conservation of energy
The fat deposits provide **energy reserves** and act as insulation against heat loss.

Translation

그들은 스페인의 **파시스트** 정당의 지원을 받았다. | 가장 널리 퍼진 사회적 **관습**은 낭만적인 대화의 사용이었다. | 그 곤충들의 색깔과 모양들은 예술가들에게 **영감**을 주었다. | 블랙스완의 프리마돈나는 그녀의 완벽한 연기를 위해 **연습했다**. | 중세 시대 동안 학자들은 과학적인 **관점**보다는 오히려 종교적인 **관점**에서 주로 행동을 연구했다. | 정상적인 삼투압에서 농도가 낮은 액체는 농도가 더 높은(**농축된**) 액체쪽으로 막을 통해 유동한다. | 지방 축적은 **에너지 보존**을 준비하고 열 손실에 대한 단열제처럼 작용한다.

| 1940 | **keen** [ki:n] | **a** 날카로운, 예민한; 열심인 | 6 |

sharp, incisive ↔ blunt, dull; eager, enthusiastic
It sometimes takes a **keen** eye to detect walking sticks, when they remain motionless.

| 1941 | **run-down** [rʌ́ndaun] | 건강이 약해지다, 흘러 내려가다 | 7 |

make a worse
Some insects produce a **run-down** condition in cattle and reduce milk production.

| 1942 | **reform** [rifɔ́:rm] | **v** 개혁하다, 교정하다, 제거하다 **n** 개선 | 6 |

change, improve / improvement, betterment
reformer **n** 개혁가
The Assembly **reformed** the court system by requiring the election of judges.

| 1943 | **villa** [vílə] | **n** 별장, 휴가용 주택, 저택 | 7 |

manor, mention
During the winter, some people moves to the south **villa** in the small town of Jeju city in Jeju island.

| 1944 | **beneficiary** [bènəfíʃəri] | **n** 수혜자, 수혜인 | 5 |

recipient, receiver, heir, inheritor
beneficiary heir 적법 상속인
If one person were dead, **beneficiaries** in the law would be transferred.

| 1945 | **aerodrome** [ɛ́əroudroum] | **n** 비행장, 공항 | 3 |

airdrome, airport
Langley built a full-sized **aerodrome** powered by a gasoline engine.

| 1946 | **appliance** [əpláiəns] | **n** 기구, 가전제품 | 7 |

device, machine, tool, instrument
Slow cookers are electric **appliances** that simmer foods at low temperatures for 4 to 12 hours.

Translation

대벌레가 움직이지 않고 가만히 있을 때를 발견하기 위해서는 **예리한** 눈을 가져야 한다. | 어떤 곤충들은 가축의 **건강을 해롭게 만들고** 우유 생산을 줄인다. | 의회는 재판관의 선출을 요구하여 법원 시스템을 **개혁하였다**. | 겨울 동안, 어떤 사람들은 제주도의 제주 시내에 작은 마을에 있는 남쪽 **빌라로** 이동을 한다. | 만약 한 사람이 죽으면 법에 지정된 **수혜자들은** 바뀔 것이다. | 랭글리는 가솔린 엔진으로 구동되는 대형 **비행장을** 건설하였다. | 전기찜솥은 4~12시간 동안 저온에서 음식을 끓이는 **가전제품**이다.

1947 vivid
[vívid]

a 생생한, 선명한, 활발한 — 6

bright, lively ↔ dull

In *The Merchant of Venice*, Shakespeare combined comic story with a **vivid** portrait of hatred and greed.

1948 inefficient
[ìnifíʃənt]

a 무능한, 낭비가 많은 — 8

incapable, inept ↔ efficient

Increased mechanisation and the closing of **inefficient** mines has reduced the total number of jobs.

1949 swamp
[swɔmp]

v 침수시키다 **n** 늪, 습지 — 7

flood, engulf, submerge, inundate / bog, marsh

Undersea earthquakes may cause huge tsunamis that **swamp** coastal areas.

1950 toxin
[tɔ́ksin]

n 독소 — 7

poison

Many arthropods inject into humans and animals **toxins** that cause irritation, swelling, pain, and sometimes paralysis.

▸ arthropods 절족동물 paralysis 마비

1951 inflammatory
[inflǽmətəri]

a 선동적인, 염증을 일으키는 — 7

provocative, incendiary, explosive, insurgent

Ultrasound is used to treat **inflammatory** conditions of joint, muscles and nerves.

▸ conditions 질환, 병, 건강상태

1952 swallow
[swɔ́lou]

v (꿀꺽) 삼키다, 들이켜다 **n** 제비 — 6

eat, consume, devour, gulp / a black and white bird that comes to northern countries in the summer

Dolphins **swallow** their food whole and usually eat the prey headfirst.

1953 harsh
[haːrʃ]

a 거친, 가혹한, 귀에 거슬리는, 황량한 — 7

severe, hard, tough

The vine leaves not only ripen the grapes but also act as protection against **harsh** sunlight.

Translation

「베니스의 상인」에서 셰익스피어는 희극적 줄거리를 증오와 탐욕의 **생생한** 묘사와 결합시켰다. | 기계화의 증가와 **비효율적인** 광산의 폐광은 전체 일자리를 감소시켰다. | 해저지진은 해안 지역을 **침수시킬** 거대한 해일(쓰나미)을 일으킬 수도 있다. | 많은 절족동물이 사람과 동물에게 **독소**를 주입하여 염증, 부풀어 오름, 고통과 가끔씩 마비도 일으킨다. | 초음파는 관절, 근육 및 신경의 **염증성** 질환을 치료하는 데 사용한다. | 돌고래는 먹이를 통째로 **삼키며** 대개 서둘러서 먹는다. | 포도 나뭇잎은 포도를 성숙시킬 뿐만 아니라 **가혹한** 햇빛에 대항하여 보호 작용을 한다.

1954 ally [əlái]

v 결합시키다 **n** 동맹국, 연합국

combine, conjoin ↔ rival / allied powers, confederate
Hitler and Stalin shocked the world by becoming **allies**.
The **allies** quickly defeated the Iraqi forces there, suffering few casualties.

1955 rouse [rauz]

v 깨우다, 자극하다, 격발하다

awaken, wake, arouse
rousing ⓐ 각성시키는, 흥분시키는, 타오르는
Churchill tried to **rouse** his nation and the world to the danger of Nazi Germany.

1956 dismissal [dismísəl]

n 해고, 기각, 묵살

release, expulsion
dismiss ⓥ 묵살하다, 해고하다
The congressmen refused the **dismissal** of private school law

1957 skirt [skə:rt]

n 교외, 변두리; 스커트 **v** 접경하다, 이웃하다

border, edge, flank / to go around the outside edge of a place or area
This region **skirts** the extreme western edge of Busan.

1958 exclusion [εksklú:ʒən]

n 제외, 차단, 정학 처분

ejection, expulsion ↔ inclusion
exclude ⓥ 제외하다, 배제하다 exclusive ⓐ 독점적인, 배타적인
Naturalists concentrate on the physical world to the **exclusion** of the supernatural.

1959 clumsy [klʌ́mzi]

ⓐ 꼴사나운, 어색한, 서투른

awkward, unskillful, ungraceful ↔ skilful
Early cell phones were heavy and **clumsy**.

1960 primitive [prímətiv]

ⓐ 원시의, 미개의, 초기의

early, primary, primordial, crude ↔ modern
In **primitive** societies, a man should get a reward for his labor was not recognised.

Translation

히틀러와 스탈린은 **동맹군**이 됨으로써 세계를 충격에 빠트렸다. | **연합군**이 몇몇의 사상자로 고통 받는 그곳에서 신속하게 이라크군을 패배시켰다. | 처칠은 그의 국가와 나치 독일의 위험에 처한 세계를 **각성시키려** 노력했다. | 국회의원들은 사학법 **기각**을 거절했다. | 이 지역은 부산의 서부 끝 쪽의 **변두리**와 접해 있다. | 자연주의자들은 초자연을 **배제하고** 물리적 세계에 집중한다. | 초기의 휴대전화는 무겁고 **쓰기 불편**했다. | 원시사회에서 남자가 그의 노동에 대해 **보상**을 받아야 한다는 것은 인정되지 않았다.

DAY 50 Intermediate Vocabulary ⑩

KEY WORDS

- woodland
- eruption
- smash
- simplicity
- resist
- heavyweight
- gradual
- disclosure
- deterioration
- corpse
- coral
- component
- celebrity
- robust
- pillar

1961 robust [roubʌ́st]   7

ⓐ 강건한, 원기 왕성한

healthy, powerful ↔ delicate

Pleasurable, relaxing activities help the body to shed tension and remain **robust**.

▶ shed 흘리다, 내뿜게 하다 / 헛간

1962 simplicity [simplísəti]   8

ⓝ 단순, 순진, 검소

plainness ↔ complexity, difficulty
simple ⓐ 단순한 simplistic ⓐ 극단적으로 단순화한

Most classical music composed in the late 1700s stresses **simplicity** and elegance.

1963 pillar [pílər]   7

ⓝ 기둥, 지주, 중요한 역할

column, supporter

The auto industry became a **pillar** of the U.S. economy in the 1920s.

1964 stall [stɔ:l]   6

ⓝ 마구간, 가판대, 무대 1등석 ⓥ 피하다, 지연시키다

stand, booth, stable / delay
stallman ⓝ 노점상

A bell rings and all the **stall** doors open at the same instant.

1965 disclosure [disklóuʒər]   8

ⓝ 폭로, 발표, 발각

revelation, divulgence, announcement, detection
disclose ⓥ 드러내다, 폭로하다

He did the **disclosure** that he had received psychiatric treatment.

▶ psychiatric treatment 정신병 치료

Translation

즐겁고 편안한 활동은 몸이 긴장을 발산하고 **원기 왕성하게** 유지시키는 데 도움을 준다. | 1700년대 후반에 작곡된 대부분 클래식 음악은 **단순함**과 우아함을 강조한다. | 자동차 산업은 1920년대에 미국 경제의 **기둥**이 되었다. | 벨이 울리자 모든 **가판대** 문이 즉시에 열린다. | 그는 그가 정신병 치료를 받았었다는 것을 **폭로**했다.

| 1966 | **woodland** [wúdlænd] | ⓝ 삼림 지대 | 9 |

forest
woodlander ⓝ 삼림지 주인 woodland walks 삼림욕
Large areas of abandoned farmland have once again become **woodland**.

| 1967 | **resist** [rizíst] | ⓥ 저항하다, 버티다, 견디어 내다 | 8 |

suffer, bear, endure, withstand
resistance ⓝ 저항 resistibilty ⓝ 저항할 수 있음 resistant ⓐ 저항력 있는
Many insects can **resist** short periods of freezing temperatures.

| 1968 | **pile** [pail] | ⓝ (쌓아 올린)더미, 무더기, 큰 건축물 ⓥ 쌓아 올리다, 쌓다 | 5 |

batch, heap / stack, lay
As you add each layer of the blocks, the height of the **pile** becomes larger.

| 1969 | **ritual** [rítʃuəl] | ⓝ 종교적인 의식, 풍습 | 6 |

ceremony, rite
Chinese music played an important role in **ritual** dances and songs at least 3,000 years ago.

| 1970 | **wisdom** [wízdəm] | ⓝ 현명, 지혜, 박식 | 6 |

intelligence, wit ↔ folly, stupidity
wise ⓐ 슬기로운, 현명한
Characters appeared in fables symbolise human traits, such as carelessness or **wisdom**.

| 1971 | **gradual** [grǽdʒuəl] | ⓐ 점차적인, 점진적인, 단계적인 | 8 |

steady, slow, regular, progressive
The transition from reptiles to mammals is so **gradual** that it is impossible to fix a point when reptiles became mammals.

| 1972 | **correspondence** [kɔ̀rəspándəns] | ⓝ 일치, 조화, 통신 | 6 |

agreement, accordance, communication
Colleges and universities provide **correspondence** courses for nearly 400,000 people.

Translation

버려진 농지의 많은 면적이 다시 한 번 **숲**이 되고 있다. | 많은 곤충들이 짧은 기간의 동결 온도를 **견디 낼** 수 있다. | 각 블록층을 쌓을 때마다 **건축물**의 높이는 더욱 커져 간다. | 중국 음악은 적어도 3000년 전에 **종교의식**의 춤과 노래에 중요한 역할을 했다. | 우화에 등장하는 등장인물은 부주의 또는 **지혜** 등의 인간의 특성을 상징한다. | 파충류에서 포유류로의 변천은 아주 **점진적**이어서 파충류가 포유류로 될 때의 지점을 정하기 불가능하다. | 대학과 대학교는 거의 40만 명에게 **통신** 교육과정을 제공한다.

| 1973 | **malnourished** [mælnʌ́riʃt] | ⓐ 영양 부족(실조)의 | 7 |

lack of nutrition
A person whose diet seriously lacks any nutrient is said to be **malnourished**.

| 1974 | **wharf** [wɔːf] | ⓝ 부두, 선창 | 5 |

pier, dock
All crews waited for the captain with an assessment result on the **wharf**.

| 1975 | **intensify** [inténsəfài] | ⓥ 세게 하다, 강화하다 | 6 |

escalate, deepen ↔ weaken
intensity ⓝ 강렬, 세기
In areas with soft, wet soils, a process called liquefaction may **intensify** earthquake damage.
▶ liquefaction 액화, 용해

| 1976 | **seclude** [siklúːd] | ⓥ ~에서 떼어 놓다, 차단하다, 은둔하다 | 5 |

separate, isolate
After he won a lottery, Simpson **secluded** for a while.

| 1977 | **password** [pǽːswə̀ːrd] | ⓝ 암호 | 5 |

countersign, watchword
Security devices such as smart card may need another code or **password** to use an online banking.

| 1978 | **disgrace** [disgréis] | ⓝ 불명예, 치욕, 수치 ⓥ 먹칠하다, 실각하다 | 7 |

dishonor, discredit ↔ grace
disgrace oneself ~에 의해 망신을 당하다
Grant's presidency was clouded by **disgrace** and dishonesty.
▶ was clouded by 우울해지다, 흐려지다

| 1979 | **amass** [əmǽs] | ⓥ 쌓다, 모으다, 축적하다 | 5 |

gather, collect, accumulate
The sovereign could **amass** riches by looting lands of valuable resources.
▶ by looting lands 정복한 땅을 약탈함으로써

Translation

어떠한 영양소가 심각하게 부족한 음식을 먹는 사람을 **영양실조**라고 말한다. | 모든 선원들은 **선창**에서 평가 결과를 가진 선장을 기다렸다. | 부드럽고 젖은 토양 지역에서는 액화 현상이라고 부르는 과정이 지진의 피해를 **강화시킬** 수도 있다. | 심슨은 복권에 당첨된 후에 당분간 **은둔했다**. | 스마트카드와 같은 보안장치는 온라인 금융거래를 할 때 다른 코드나 **암호**를 필요로 할 수도 있다. | 그랜트의 대통령직은 **불명예**와 부정으로 흐려지게 되었다. | 군주는 값비싼 자원이 있는 땅을 약탈하여 부를 **축적할 수** 있었다.

1980 boost [buːst]

v 밀어 올리다, 후원하다 5

increase, promote, advance ↔ hinder, inhibit
booster **n** 후원자, 촉진제
Vaccines and serums **boost** the body's ability to defend itself against particular types of viruses or bacteria. ▸ serums 혈청

1981 flaw [flɔː]

n 흠, 결함 5

defect, crack, weakness, spot, fault
flawless **a** 흠 하나 없는
Investigators discovered serious **flaws** in the plane's structure.

1982 battlefield [bǽtlfiːld]

n 싸움터, 전장 5

battleground, front, field
Rockets provide fire support for troops on the **battlefield**.

1983 component [kəmpóunənt]

n 성분, 구성요소 **a** 구성하는 성분의 8

constituent, element, part / constitutive
Tesla coil has become a vital **component** of radio transmitters.

1984 compile [kəmpáil]

v 편집하다, 수집하다 7

put together, collect, gather, make up, amass
compilation **n** 모음집, 편집
An expert **compiles** an annotated bibliography with sensitivity and authority.

1985 jewelry [dʒúːəlri]

n 보석류, 장신구 6

jewels, gems
Insects are used in **jewelry** by using them as designs.

1986 narrate [nəréit]

v 이야기하다, 전하다 6

tell, relate
They also may **narrate** their stories from different points of view.

Translation

백신과 혈청은 특정 형태의 바이러스나 세균에 스스로 방어하도록 신체의 능력을 **강화한다**. | 수사관들은 비행기의 구조에 심각한 **결함**을 발견했다. | 로켓은 **전장**에서 군대를 화력 지원을 제공한다. | 테슬라 코일은 무선 송신기의 중요한 **구성요소**가 되고 있다. | 한 전문가가 세심하고 권위가 있는 주석이 달린 서지 목록을 **수집한다**. | 곤충은 디자인으로서 그것들을 사용하여 **장신구**에 많이 이용된다. | 그들은 또한 다른 관점에서 그들의 이야기를 **들려줄** 수도 있다.

| 1987 | **radiate** [réidièit] | ⓥ 발하다, 방출하다 | 6 |

glitter, gleam, give off
The sun **radiates** energy into space mostly in the form of light and heat.

| 1988 | **canopy** [kǽnəpi] | ⓝ 덮개, 차양 | 6 |

awning, covering, shade, sunshade
A typical tomb was covered by a richly decorated **canopy** or set into a splendidly framed wall niche.

| 1989 | **celebrity** [səlébrəti] | ⓝ 명사, 유명인 | 8 |

notable, fame
Celebrities are not exactly the best role models.

| 1990 | **collapse** [kəlǽps] | ⓥ 무너지다, 쓰러지다, 좌절되다 ⓝ 실패, 붕괴 | 5 |

fall down, fail, crumple / failure, breakdown, ruin, give way
Timbers attacked by termites eventually **collapse**.

| 1991 | **deterioration** [ditìəriəréiʃən] | ⓝ 악화, 하락, 타락 | 8 |

declension ↔ amelioration
Korean protestant bitterly attacks the **deterioration** of culture, especially by disbelief and bad education.

| 1992 | **coral** [kɔ́rəl] | ⓝ 산호 | 8 |

a hard substance formed from the bones of very small sea animals
Many **coral** beaches of the tropics consist of pieces of green seaweeds filled with lime.

▶ lime 석회

| 1993 | **corpse** [kɔːrps] | ⓝ 시체, 송장 | 8 |

cadaver, remains
Galen dissected animal **corpses** for study and greatly advanced the knowledge of anatomy.

▶ anatomy 해부학

Translation

태양은 대부분 빛과 열의 형태로 에너지를 공간에 **방출한다**. | 일반적인 무덤은 화려하게 장식된 **덮개로** 덮여 있거나 멋지게 짜인 벽감 안에 고정되어 있었다. | **유명인**들도 완벽하게 좋은 롤모델은 아니다. | 흰개미의 공격을 받은 숲은 결국 **무너진다**. | 한국 개신교도들은 특히 불신과 나쁜 교육에 의한 문화의 **타락**을 심하게 공격한다. | 열대 지역의 많은 **산호** 해변은 석회로 채워진 녹색 해초의 조각으로 구성된다. | 갤런은 연구를 위해 동물 **사체**를 해부하였고 해부학 지식이 대단히 진전되었다.

| 1994 | **corrode** [kəróud] | **v** 부식하다, 침식하다 | 7 |

deteriorate, rust, erode
corrosion **n** 부식
Iron and steel **corrode** easily when exposed to the atmosphere.

| 1995 | **deceit** [disíːt] | **n** 사기, 책략, 허위 | 5 |

fraud, tactic
Through intrigue and **deceit**, Rigoletto's beloved daughter was murdered.

▶ intrigue 음모, 모의

| 1996 | **eruption** [irʌ́pʃən] | **n** 폭발, 분화 | 9 |

outbreak, blast, explosion
erupt **v** 분출하다, 폭발하다
Geologists analyse how such forces as earthquakes, volcanic **eruptions**, and wind or water erosion change the earth's surface.

| 1997 | **heavyweight** [héviweit] | **n** 평균 체중 이상의 사람, 영향력 있는 인물, 헤비급(79.5kg이상) | 8 |

someone that has a lot of influence
Muhammad Ali won the **heavyweight** gold medal in the 1960 Roma Olympic Games.

| 1998 | **mystical** [místikəl] | **a** 신비적인, 신비적 경험에 의한 | 6 |

mysterious
mysticism **n** 신비주의
Traditionally, philosophy in India has been chiefly **mystical** rather than political.

| 1999 | **smash** [smæʃ] | **v** 때려 부수다, 부서지다, 돌파하다 | 8 |

destroy, shatter, crash
German tanks **smashed** through Soviet battle lines.

| 2000 | **matchless** [mǽtʃlis] | **a** 무적의, 비길 데 없는, 탁월한 | 6 |

unconquerable, unrivaled, unequaled, invulnerable, invincible
Churchill had a **matchless** command of the English language.

Translation

철과 강철은 대기 중에 노출되면 쉽게 **부식된다**. | 음모와 **책략**을 통해 리골레토의 사랑하는 딸이 살해되었다. | 지질학자들은 어떻게 지진, 화산 **분출**과 바람과 물 침식과 같은 힘이 지구의 표면을 침식시키는지 분석한다. | 무하마드 알리는 1960년 로마 올림픽에서 라이트 **헤비급** 금메달을 수상했다. | 전통적으로 인도에서 철학은 정치적이라기보다는 주로 **신비로움**이 되었다. | 독일 탱크가 소련의 전투 라인을 **돌파했다**. | 처칠은 **탁월한** 영어 구사 능력을 가졌다.

IELTS VOCA

Chapter 06 Advanced Vocabulary

Day 51 Advanced ①_ unpopular, engaged, emerge, airlift, unusual *etc.*

Day 52 Advanced ②_ complexion, manifest, captivity, transcript, succinct *etc.*

Day 53 Advanced ③_ ratify, irrelevant, celebrated, bosom, arboretum *etc.*

Day 54 Advanced ④_ turnover, morality, dedicated, brand-new, ratio *etc.*

Day 55 Advanced ⑤_ side-effect, piety, civic, carefree, esteem *etc.*

Day 56 Advanced ⑥_ subsequent, query, confined, stew, separately *etc.*

Day 57 Advanced ⑦_ rebellion, ransom, eligible, distract, correspondent *etc.*

Day 58 Advanced ⑧_ rugged, mutton, brink, unequalled, tyranny *etc.*

Day 59 Advanced ⑨_ vulnerable, serene, stalk, snare, slippery *etc.*

Day 60 Advanced ⑩_ incontrovertible, gorgeous, contempt, console, superb *etc.*

DAY 51 Advanced Vocabulary ①

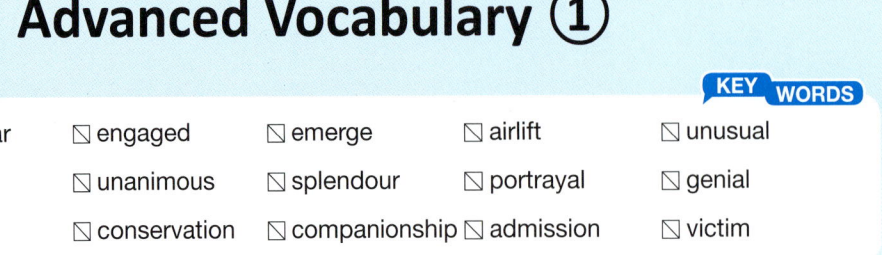

- unpopular
- engaged
- emerge
- airlift
- unusual
- unclear
- unanimous
- splendour
- portrayal
- genial
- cozy
- conservation
- companionship
- admission
- victim

2001 portrayal [pɔːrtréiəl]

n 그리기, 묘사, 연기   7

depiction, picture, representation, performance
portray v 그리다, 묘사하다 portrait n 초상화, 인물사진
The plays of Shakespeare's first period generally emphasise events more than the **portrayal** of character.

2002 anthropology [ænθrəpɔ́lədʒi]

n 인류학   6

the scientific study of people, society and culture
anthropological a 인류학의 anthropologist n 인류학자
One important feature of **anthropology** is its emphasis on an insider's view of a society.

2003 silt [silt]

n 미사, 가는 모래 v (개흙으로) 막다, (개흙처럼) 흐르다   4

sand / to clog or fill with silt
Small lakes can be filled in by deposits of mud, sand, and **silt**.

▶ deposits 침전물, 착수금

2004 victim [víktim]

n 피해자, 희생자, 제물   6

prey, sufferer ↔ beneficiary
victimise v 희생시키다, 속이다 victims of crime 범죄 피해자 muder victims 살인 피해자
A robber may kill the **victim** to avoid detection.

2005 airlift [ɛ́ərlìft]

v 공수 물자 [인원]   8

air transport
A tactical **airlift** provides air support to battlefield operations.

Translation

셰익스피어의 초창기 연극은 일반적으로 캐릭터의 **연기**보다는 사건을 강조한다. | **인류학**의 중요한 특징 중 하나는 한 사회의 내부적 관점을 강조하는 것이다. | 작은 호수는 진흙, 모래, **가는 모래**의 침전물로 채워질 수 있다. | 강도는 발각을 피하기 위하여 **피해자**를 죽일 수도 있다. | 전술적 **공수 물자**는 전장의 군사 행동을 위해 공중 지원을 제공한다.

2006 unpopular
[ʌnpɑ́pjulər]

ⓐ 인기 없는, 유행하지 않는 — 9

unwelcome ↔ popular
The draft worked poorly and was extremely **unpopular** in many areas.

2007 chancellor
[tʃǽnsələr]

ⓝ 장관, 대법관, (독일) 수상 — 5

the chief secretary of a king or noble
In 1933, Adolf Hitler, the leader of the Nazis, was appointed **chancellor** of Germany.

2008 lifesaver
[láifsèivər]

ⓝ 수영장 감시원, 인명구조원 — 5

lifeguard
Only a trained **lifesaver** should attempt a swimming rescue.

2009 batch
[bætʃ]

ⓝ 한 솥, 한 회분, 일괄 묶음 — 5

heap, stack
Large chunks are crushed and then sorted into the three main **batches** according to size.

2010 surge
[sə́ːrdʒ]

ⓝ 치밀어 오름, 급증 ⓥ 파도처럼 밀려오다, 쇄도하다 — 6

rush, flood, wave, tide, swell / rush, pour, rise, gush
The **surge** of eager homesteaders across the Great Plains left only the Indian Territory untouched.

2011 splendour
[spléndər]

ⓝ 훌륭함, 빛남 — 7

brightness, brilliance, glory
splendid ⓐ 화려한, 멋진, 근사한
Color helps determine the beauty, value, and **splendour** of gems.

2012 tyrant
[táiərənt]

ⓝ 폭군, 전제 — 6

autocrat, despot
One famous kind is known by its scientific name, *Tyrannosaurus rex*, which means king of the **tyrant** lizards.

Translation

그 초안은 형편없이 작업되었고 많은 분야에서 매우 **인기가 없었다**. | 1933년에 나치 지도자 아돌프 히틀러는 독일의 **수상**으로 임명되었다. | 오직 훈련된 **인명 구조원**만이 수영 구조를 시도해야 한다. | 큰 덩어리는 분쇄하고 크기에 따라 세 가지 주요 **묶음**으로 분류된다. | 대평원에 걸쳐서 열정적인 농장주의 **급상승**은 손길이 닿지 않은 인디언들의 영토만 남겨 두었다. | 색상은 보석의 아름다움, 가치와 **훌륭함**을 결정하는 데 도움을 준다. | 한 유명한 종류는 **폭군 같은** 도마뱀의 왕을 의미하는, 티라노사우루스 렉스라는 학명으로 알려져 있다.

2013 benign
[bináin]

a 온화한, 정다운, 친절한 — 7

mild, temperate, kind, good, genial
South Africa's **benign** climate seldom fails to ripen grape fully.

2014 cottage
[kɔ́tidʒ]

n 시골집, 작은 집 — 6

cabin, lodge, bungalow
Worried about Snow White they ran as quickly as they could down the mountain to the **cottage**.

2015 profound
[prəfáund]

a 깊은, 심오한, 난해한 — 5

significant, representative, deep, intense ↔ swallow, superficial
The sculptures are complex combinations of images of human beings, animals, and dazzling patterns that have **profound** meanings.

2016 suffocate
[sʌ́fəkèit]

v 숨을 막다, 질식사하다 — 6

smother, choke, stifle, asphyxiate
The Environment Agency said the fish **suffocated** due to a lack of oxygen.

2017 scientific
[sàiəntífik]

a 과학의, 과학적인 — 6

systematic, accurate, precise
Animals have two types of names, **scientific** and common.

2018 engaged
[ingéidʒd]

a 약속된, 약혼한, ~에 종사하는 — 9

occupied, engrossed ↔ disengaged
Socrates left no writings, though he was constantly **engaged** in philosophic discussion.
They fell in love and soon became **engaged**.

2019 unusual
[ʌnjúːʒuəl]

a 보통이 아닌, 비범한 — 7

rare, odd, strange, extraordinary
Many insects have **unusual** features of structure, physiology, or life cycle.

Translation

남아프리카공화국의 **온화한** 기후는 포도를 완전히 성숙시키는 데 거의 실패하지 않는다. | 백설공주에 대한 걱정으로 그들은 가능한 빨리 산에서 **오두막**으로 내려올 수 있었다. | 조각은 **깊은** 의미를 가지고 있는 인간과 동물과 눈부신 패턴 이미지의 복잡한 조합이다. | 환경기관에서는 물고기가 산소 부족으로 인해 **질식사했다고** 말했다. | 동물은 **학명**과 일반명이라는 두 가지 종류의 이름을 갖는다. | 비록 소크라테스가 철학적 토론에는 끊임없이 **참여했지만** 어떠한 글도 남기지 않았다. 그들은 사랑에 빠졌고 곧 **약혼하였다**. | 많은 곤충들은 구조, 생리와 생활사의 **독특한** 특징을 가지고 있다.

| 2020 | **clamp** [klæmp] | ⓥ 죄다, 고정시키다 ⓝ 걸쇠, 꺾쇠, 집게 | 5 |

secure, brace, fasten, fix / vice, press, grip, fastener
In this process, workers **clamp** a plastic sheet over a mould.

| 2021 | **topography** [təpɔ́grəfi] | ⓝ 지형학, 지형도 | 6 |

map-making skill
Topography describes the land surface features, its physical shape and has a strong interaction with soil and climate.

| 2022 | **altruism** [ǽltru:izəm] | ⓝ 이타주의, 이타적 행위 | 6 |

unselfish concern for the welfare of others
Altruism is the notion that one should value the welfare of others more highly than one's own self-interest.

| 2023 | **inconspicuous** [inkənspíkjuəs] | ⓐ 눈에 띄지 않는, 뚜렷하지 않은 | 6 |

invisible, unseen, imperceptible
Some insects are masters of the art of camouflage, being so colored that they blend with the background and are very **inconspicuous**.

▶ camouflage 위장, 속임수

| 2024 | **epic** [épik] | ⓝ 서사시; 서사시적 작품 | 5 |

poem, verse; heroic, splendid ↔ lyric
The most popular forms of fiction in ancient times include the **epic** and the fable.

| 2025 | **coverage** [kʌ́vəridʒ] | ⓝ 적용 범위, 보상 범위 | 4 |

reportage
cover ⓥ 덮다, 바르다, 감싸 주다
Coverage of special events did much to widen TV's appeal.

| 2026 | **cozy** [kóuzi] | ⓐ 기분 좋은, 편안한, 아늑한 | 7 |

comfortable, snug
Both carpets and rugs help create a warm, **cozy** mood.

Translation

이 과정에서 작업자는 주형에 플라스틱 시트를 **고정시킨다**. | **지형학**은 지표면의 특징과 그것의 물리적 모양을 설명하고 토양과 기후와 강력한 상호작용이 있다. | **이타주의**는 한 사람이 자신의 사리사욕보다는 다른 사람의 복지를 더 중시해야 하는 개념이다. | 일부 곤충들은 위장술의 대가들이고, 색깔을 배경색과 섞어서 매우 **구별이 가지 않는다**. | 고대에 가장 인기 있는 형태의 소설은 **서사시**와 우화를 포함한다. | 특별 행사의 **적용 범위**는 TV의 호소력을 많이 넓히도록 했다. | 카펫과 러그 모두 따뜻하고 **아늑한** 분위기를 만들어준다.

2027 decent
[díːsənt]

(a) 괜찮은, 제대로 된, 품위 있는

proper, right ↔ rude, indecent
decency (n) 체면
Washington asked whites to help blacks gain an education and make a **decent** living.

2028 flattery
[flǽtəri]

(n) 아첨, 감언

adulation, sycophancy, toadeatings
Earlier versions of the fable poked fun at the crow for being fooled by the fox's **flattery**.

2029 companionship
[kəmpǽnjənʃip]

(n) 교우, 교제

friendship, fellowship
Gorillas are shy, friendly animals that seem to need **companionship** and attention.

2030 conservation
[kɑnsərvéiʃən]

(n) 보존, 보호

preservation ↔ breakage, dissipation
conserve (v) 보존하다, 절약하다 conservative (a) 보수적인, 수수한
Northern Europeans have practiced wildlife **conservation** for many years.

2031 creature
[kríːtʃər]

(n) 창조물, 생물

animal
The most common animal of the ocean is krill, a small, shrimplike **creature** that feeds on tiny floating organisms.

2032 burial
[bériəl]

(n) 매장, 토장

funeral, entombment
Burial takes place as soon as possible, in most cases within a day after a death.

2033 sentiment
[séntəmənt]

(n) 감정, 감상

affection, emotion
sentimental (a) 감상적인, 정에 약한
In *Twelfth Night*, Shakespeare created a perfect blend of **sentiment** and humor.

Translation

워싱턴은 백인들에게 흑인들이 교육을 받고 **제대로 된** 생활을 할 수 있게 도와주라고 요청했다. | 그 우화의 초기 버전은 여우의 **아첨**에 속아 바보가 된 까마귀가 재미를 돋운다. | 고릴라는 수줍어하고 친절한 동물로 **교우 관계**와 관심을 필요로 하는 것 같다. | 북부 유럽인들은 몇 년 동안 야생 생물 **보호**를 실천해 왔다. | 바다에서 가장 흔한 동물은 크릴로 작은 부유 유기체를 먹는 새우 같은 **생물**이다. | **매장**은 가능한 빨리 대부분의 경우 사후 하루만에 치러진다. | 「십이야」에서 셰익스피어는 **감정**과 유머의 완벽한 조화를 만들었다.

| 2034 | **endosymbiosis** | ⓝ 내부 공생 | 4 |

[èndousìmbaióusis]

one symbiont lives within the body of the other
Endosymbiosis is the process of certain unicellular organisms engulfs other cells to make organelles.

▶ unicellular 단세포의 engulfs 완전히 에워싸다

| 2035 | **stump** | ⓝ 그루터기 | 7 |

[stʌmp]

tailend, end, remnant, remainder
Neighbours lent a hand removing rocks and **stumps**.

| 2036 | **suck** | ⓥ 빨다, 빨아 먹다 [마시다] | 6 |

[sʌk]

absorb, draw
sucking ⓐ 빨아들이는, 미숙한
Newborn infants can **suck** and swallow, move their arms and legs, and cry to make their needs known.

| 2037 | **unclear** | ⓐ 명확하지 않은, 불확실한 | 7 |

[ʌnklíər]

vague, foggy
It was **unclear** who would attend.

| 2038 | **unanimous** | ⓐ 합의의, 만장일치의 | 7 |

[ju:nánəməs]

agreed, concurrent
unanimity ⓝ 만장일치
The council makes many of its most important decisions by **unanimous** agreement.

| 2039 | **confuse** | ⓥ 혼동하다, 어리둥절하게 하다 | 6 |

[kənfjú:z]

bewilder, puzzle, baffle
Some people who have a visual abnormality **confuse** certain colors with others.

▶ abnormality 이상, 기형

| 2040 | **emergence** | ⓥ 출현, 발생, 개화 | 8 |

[imə́:rdʒəns]

coming, arising, appearance, disclosure
emergent ⓐ 신생의 emerging ⓐ 최근에 생겨난
Cold weather has delayed the **emergence** of apple tree flowers

Translation

내부 공생은 특정한 단일 유기체가 다른 세포를 감싸서 소기관을 만드는 과정이다. | 이웃이 바위와 **그루터기**를 제기하는 데 일손을 도와주었다. | 신생 유아는 **빨고** 삼킬 수 있고 팔과 다리로 움직이고 그들의 요구를 알리도록 운다. | 누가 참석할지 **불확실**했다. | 위원회는 가장 중요한 많은 결정을 **만장일치**로 한다. | 시각적 비정상인 사람들은 특정 색과 다른 색들을 **혼동한다**. | 추운 날씨는 사과나무 꽃들의 **개화**를 늦추었다.

DAY 52 Advanced Vocabulary ②

KEY WORDS

- complexion
- manifest
- captivity
- transcript
- succinct
- perspective
- meditation
- emancipate
- distress
- confidential
- charter
- auxiliary
- vice
- unpleasant
- underneath

2041 manifest [mǽnəfèst]

ⓐ 명백한, 분명히 나타난   8

obvious, apparent, evident, demonstrate, show ↔ obscure, hide
manifestation ⓝ 표명, 명시   manifester ⓝ 명백하게 하는 사람 [것]
The belief in the nation's inevitable expansion became known as the doctrine of **manifest** destiny.

2042 meditation [mèdətéiʃən]

ⓝ 명상, 심사숙고   7

thinking, deliberation, study
Meditation, a spiritual exercise much like prayer, is important in Asian religions.

2043 auditory [ɔ́ːditəri]

ⓐ 귀의, 청각의   5

related to hearing
Some moths have **auditory** organs capable of detecting the ultrasonic sounds emitted by bats.

▶ moths 나방

2044 charcoal [tʃɑ́ːrkòul]

ⓝ 숯, 목탄   6

wood coal
Charcoal filters help control odors.

2045 charter [tʃɑ́ːrtər]

ⓝ 헌장, 선언문, 인가서   7

treaty, alliance, rent, lease
chartered ⓐ 특허를 받은, 공인된
Albany received a **charter** that incorporated it as a city.

Translation

국가의 불가피한 확장에 대한 믿음은 **명백한** 운명이란 교리로 알려졌다. | 기도와 같은 정신적 운동인 **명상**은 아시아의 종교에서는 중요하다. | 어떤 나방들은 박쥐가 발산하는 초음파 소리를 감지할 수 있는 **청각**기관을 가지고 있다. | **숯** 필터는 냄새를 제어하는 데 도움이 된다. | 알바니는 도시로서 통합됐다는 **인가서**를 받았다.

2046 mischievous
[místʃəvəs]

ⓐ 짓궂은, 장난이 심한, 개구쟁이의   3

troublesome, irritating
mischief ⓝ 장난, 해악, 손해
Two **mischievous** boys lived near the Mississippi River and enjoyed adventures.

2047 death toll
[deθ toul]

ⓝ (사고, 전쟁 등의) 사망자 수   4

fatalities, the number of death
The heavy **death toll** led the soldiers to devise the first dog tags for identification in case they were killed.

2048 emancipate
[imænsəpèit]

ⓥ 해방시키다, 석방하다   7

set free
emancipator ⓝ 해방자 emancipated ⓐ 해방된, 전통에 얽매이지 않는
Lincoln issued a preliminary order to **emancipate** the slaves.

2049 underneath
[ʌ̀ndərníːθ]

ⓐⓓ ~의 아래에, 밑면에   6

below, under
A third-degree burn penetrates all of the layers of the skin and affects the tissues **underneath**.

2050 confidential
[kɔ̀nfədénʃəl]

ⓐ 기밀의, 비밀의   7

classified, secret ↔ open
Reporters use **confidential** sources in investigating organisations outside the government.

2051 thesis
[θíːsis]

ⓝ 논문, 작문   6

dissertation, paper; argument, essay
Many institutions require a **thesis**, a written report of a special investigation in the student's major field.

2052 obstruction
[əbstrʌ́kʃən]

ⓝ 방해물, 장애물   5

obstacle
Clinton was impeached for perjury and **obstruction** of justice.

▶ impeached 탄핵하다, 의문을 제기하다

Translation
개구쟁이 두 소년은 미시시피강 근처에 살면서 모험을 즐겼다. | 많은 **사망자 수**가 병사들이 죽었을 때 구별하기 위한 첫 인식표의 고안을 이끌어냈다. | 링컨은 노예들을 **해방하도록** 예비 명령을 내렸다. | 3도 화상은 모든 피부 층을 침투하고 그 조직 **아래에** 영향을 준다. | 기자들은 정부 외부의 조사 단체에서 **기밀** 출처를 사용한다. | 많은 기관들은 학생의 전공 분야에서 특별한 연구의 서면 보고서인 **논문**을 요구한다. | 클린턴은 위증과 사법 **방해**로 탄핵 받았다.

| 2053 | **lay egg** [lei eg] | v 알을 낳다 | 5 |

make an egg
The screwworm fly **lay** its **eggs** in wounds and other exposed tissues of the host.

| 2054 | **ardent** [á:rdnt] | a 불타는 듯한, 열렬한 | 5 |

burning, fervent, fiery ↔ cool
ardour n 열정, 열중 an ardent patriot 열렬한 애국자 ardent love 열렬한 사랑
Henry was an **ardent** crusader, and he spent most of his reign away from England.
▶ crusader 십자군, 운동가

| 2055 | **maritime** [mǽrətàim] | a 바다의, 해양의, 해안의 | 5 |

nautical, marine, naval, coastal
A **maritime** climate is subject to higher annual rainfall.

| 2056 | **tactics** [tǽktiks] | n 전략, 작전 (행동) | 6 |

strategy, maneuver
Washington's successful **tactics** at Trenton and Princeton embarrassed Howe.

| 2057 | **captivity** [kæptívəti] | n 감금, 억류 | 8 |

imprisonment, bondage ↔ freedom
In **captivity**, an elephant learns to perform a variety of tasks and tricks.

| 2058 | **depot** [dépou] | n 창고, 보급소 | 5 |

arsenal, warehouse, repository
During the American Civil War (1861-1865), Atlanta served as a Confederate supply **depot**.

| 2059 | **rehabilitate** [rì:həbílətèit] | v 원상으로 복구하다, 부흥하다 | 6 |

restore, recover
rehabilitation n 사회 복귀, 부흥
One of the best ways to reduce crime would be to reform or **rehabilitate** habitual criminals.

Translation

아메리카파리는 숙주의 상처나 다른 노출된 조직에 **알을 낳는다**. | 헨리는 **열렬한** 십자군으로 그의 통치의 대부분은 영국에서 떨어져서 보냈다. | **해양성** 기후는 연간 강수량이 높다. | 트렌턴과 프린스턴에서의 워싱턴의 성공적인 **작전**은 Howe를 당황시켰다. | **감금**된 상태에서 코끼리는 다양한 임무와 묘기를 수행하도록 배운다. | 미국의 남북전쟁(1861-1865) 중 애틀랜타는 동맹군 보급 **창고**로써 역할을 했다. | 범죄를 줄이기 위해 가장 좋은 방법 중 하나는 개혁을 하거나 상습 범죄를 **갱생시키는** 것이다.

2060 upturn
[ʌ́ptəːrn]

v 위로 향하게 하다, 파헤치다 **n** 전복, 상승, 혼란

upward turn / upswing
It takes too much time to repair the ruin of that **upturn**.

2061 transcript
[trǽnskript]

n 사본, 복사, 녹취록

copy, manuscript, duplicate
Nixon released 1,254 pages of edited **transcripts** of White House conversations.

2062 complexion
[kəmplékʃən]

n 안색, 외관

look, appearance
A decreased amount of collagen suffuses a grayish tinge to the **complexion**.

2063 booth
[buːð]

n 노점, 매점, 칸막이 좌석

kiosk, stall
Voters indicate their choices privately in an enclosed polling **booth**.

2064 allegiance
[əlíːdʒəns]

n 충성, 충절, 충직

loyalty, devotion, fidelity, obedience
pledge allegiance to the flag 국기에 대해 충성을 맹세하다
The nobility had to swear an oath of **allegiance** to the king.

2065 perspective
[pərspéktiv]

n 원근법, 전망, 견해, 관점

position, view
Settings in the English theater closely resembled those used in Italy, with scenes painted in **perspective**.

2066 pledge
[pledʒ]

n 맹세, 약속, 담보, 보증 **v** 맹세하다, 저당을 잡다

vow, promise, guarantee, pawn / swear, vow, mortgage
He decided to keep this **pledge**.

Translation
그 **혼란**으로 파멸된 것을 복구하는 데에 너무 많은 시간이 걸린다. | 닉슨은 1254페이지의 백악관 대화의 편집된 **녹취록**을 공개했다. | 콜라겐이 감소하게 되면 **안색**이 희끄무레하게 된다. | 유권자는 둘러싸인 투표용지 **기입소** 내에서 개인적으로 선택을 표시한다. | 귀족들은 왕에게 **충성**을 맹세해야 했다. | 영국 극장의 무대 배경은 **원근법**으로 그려진 무대가 있는 이탈리아에서 사용하는 것과 매우 흡사했다. | 그는 이 **맹세**를 지키기로 결심했다.

2067 elongate
[iːlɔ́ŋgèit]

v 연장하다, 늘이다

extend, lengthen
The sand dune was **elongated** with large steep slopes.

▶ sand dune 모래언덕

2068 era
[íərə]

n 연대, 시기, 기원

age, epoch, period
Fossil plants of the Mesozoic **Era** represent two distinct groups, gymnosperms and angiosperms.

2069 distress
[distrés]

v 괴롭히다, 슬프게 하다 n 곤란, 괴로움, 빈곤

afflict, agonise ↔ soothe / trouble, sufferings
In Greece, economic **distress** led to strikes and riots.

2070 chamber
[tʃéimbər]

n 방, 회의실, (의회) –원

room, compartment
A typical legislative **chamber** has about 15 such committees.

2071 disapprove
[dìsəprúːv]

v 안 된다고 하다, 찬성하지 않다, 비난하다

disagree, object, oppose ↔ approve, agree
disapproval n 불승인, 불만, 비난
Some teachers **disapproved** his rash conduct.

2072 succinct
[səksíŋkt]

a 간결한, 간단 명료한

compact, concise, brief
Abstract in a paper provide a **succinct** description of the research.

2073 lifelong education
[laiflɔŋ èdʒukéiʃən]

n 평생교육

long-lasting education
Lifelong Education students should complete the online Lifelong Education Application.

Translation
모래언덕은 커다랗고 가파른 경사면과 함께 **뻗어 있다.** | 중생대 **시대**의 화석식물은 두 개의 구별되는 그룹인 gymnosperms(겉씨식물)와 angiosperms(속씨식물)로 나타낸다. | 그리스에서 경제적 **빈곤**이 파업과 폭동을 이끌었다. | 일반적인 입법 **위원회**는 약 15명의 위원이 있다. | 몇몇 교사들은 그의 경솔한 행동을 **비난했다.** | 논문의 초록은 연구에 대한 **간결한** 설명을 제공한다. | **평생교육**을 받을 학생은 온라인 평생교육 신청서를 작성해야 한다.

2074 behalf
[bihǽf]

n 이익, 원조, 지지 — 5

benefit, good
on behalf of ~을 대신하여
The escaped slaves were forbidden a jury trial and the right to give evidence in their own **behalf**.

2075 vice
[vais]

n 악덕, 부도덕, 결함 — 6

sin, crime ↔ virtue
Streets in rundown buildings of slum are the scene of much **vice** and crime such as gambling, prostitution, and acts of violence.

2076 dispose
[dispóuz]

v 배치하다, 처리하다 — 5

arrange, collocate, settle, treat
disposable **a** 마음대로 쓸 수 있는, 사용 후 버릴 수 있는
Many cities and towns tried to recycling the **dispose** of consumer's plastics waste.

2077 unpleasant
[ʌnplézənt]

a 불쾌한, 재미없는 — 6

abhorrent, awful
Sweat has what many people consider an **unpleasant** odor.

▶ odor 냄새

2078 auxiliary
[ɔːgzíljəri]

a 보조의, 대용의 — 7

subsidiary, supplementary ↔ chief, main
The Sunday School, the largest **auxiliary** organisation, provides religious education for adults and children.

2079 loom
[luːm]

v 어렴풋이 나타나다, (위험) 불안하게 다가오다 **n** 베틀, 직기 — 6

appear, emerge, threaten
Another government spending crisis is **looming** in the United States.

2080 blur
[bləːr]

v 흐리게 하다, 무감각하게 하다 **n** 흐릿한 형체 — 5

obscure, indistinct / obscurity, indistinctness
Light waves become distorted, so the telescope **blur** the image.

Translation

도망쳤던 노예들은 배심원 재판과 그들 스스로를 **대신해서** 증거를 제출할 권리가 금지되었다. | 빈민가의 낡아 빠진 건물이 있는 거리에는 도박, 매춘과 폭력 행위와 같은 많은 **부도덕**과 범죄의 장면이 연출된다. | 많은 도시와 마을은 소비자들의 플라스틱 폐기물의 **처리를** 재활용하려고 노력했다. | 땀은 많은 사람들이 **불쾌한** 냄새라 생각하는 무언가가 있다. | 가장 큰 **보조**기관인 주일학교는 성인과 어린이를 위한 종교 교육을 제공한다. | 또 다른 정부의 소비 위기가 미국에 불안하게 **다가오고 있다**. | 빛의 파장은 왜곡되어서 망원경은 이미지가 **흐릿해진다**.

D·A·Y 53 Advanced Vocabulary ③

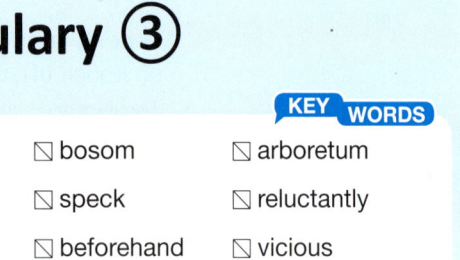

KEY WORDS

- ratify
- irrelevant
- celebrated
- bosom
- arboretum
- latent
- beating
- banish
- speck
- reluctantly
- milestone
- garment
- eternal
- beforehand
- vicious

2081 scholastic [skəlǽstik]

n 학생, 학자 a 학교의, 학자의   6

school

Senior **Scholastic** publishes articles on current events for senior high school students.

2082 agile [ǽdʒail]

a (동작이) 민첩한, 재빠른   6

swift, rapid

agility n 민첩, 명민함

Some **agile** predators hunt prey by chasing after it on their hind legs or sometimes on all four legs.

2083 milestone [máilstòun]

n 이정표, 획기적인 사건   7

milepost, marker, hallmark, monument

The 1960s opened with a **milestone** of television broadcasting.

2084 apprentice [əpréntis]

n 도제, 초심자, 수습생   5

beginner, novice ↔ old-hand, veteran

apprenticeship n 도제 살이, 도제의 신분

For centuries, sculptors trained as **apprentices** in workshops.

2085 arboretum [à:rbərí:təm]

n 수목원, 식물원   9

a tree garden, a botanic garden

The **arboretum** contains trees and shrubs from many parts of the world.

Translation

상임 **학생**이 상급 고등학생들에 대한 현행 문제에 대한 기사를 게시했다. | 일부 **민첩한** 포식 동물은 그들의 뒤 두 다리 또는 모든 4개의 다리로 추격하여 먹이 사냥을 한다. | 1960년대는 텔레비전 방송이라는 **획기적인 사건**과 함께 시작되었다. | 수세기 동안, 조각가들은 작업장에서 **제자**로서 훈련받았다. | 그 **수목원**에는 전 세계의 많은 곳으로부터 온 나무와 관목을 갖고 있다.

2086 conceptual
[kənséptʃuəl]

ⓐ 개념의, 구상의, 미술의 — 4

general, notional, abstract
Our practical apprehension of things is far greater than our merely reflective or **conceptual** analysis of reality.

2087 anti-abortion
[æntiəbɔ́ːrʃən]

ⓐ 임신중절에 반대하는 — 4

oppose to abortion
Ana reflect the changing attitudes toward **anti-abortion** influenced by her Roman Catholic faith.

2088 magnetic field
[mæɡnétik fiːld]

ⓝ 자장, 자계 — 4

a region of space near a magnet or electric current
Scientists do not fully understand how planets produce **magnetic fields**.

2089 eternal
[itə́ːrnəl]

ⓐ 영원한, 끝없는 — 7

everlasting, perpetual, endless, permanent ↔ momentary, temporary, transient
eternity ⓝ 영원, 불멸
Plato stated that the best life is one of contemplation of **eternal** truths.

2090 ethical
[éθikəl]

ⓐ 도덕상의, 윤리적인 — 6

moral, virtuous ↔ unethical
ethic ⓝ 윤리, 도덕, 가치 체계
Oriental philosophies are basically religious and **ethical** in origin and character.
A folk tale may tell the reader about the **ethical** and moral values of the people.

2091 predacious
[pridéiʃəs]

ⓐ 육식하는 — 5

carnivorous, predaceous, predatory
A great many insects are **predacious** on other insects.

2092 distortion
[distɔ́ːrʃən]

ⓝ 찌그러짐, 왜곡 — 5

deformity, bend, twist
Digital signals produce better sound quality with less background noise and **distortion** than analog signals.

Translation

우리의 사물에 대한 실용적인 이해는 단지 실체의 반사적이나 **개념적** 분석보다 훨씬 더 크다. | 애나는 그녀의 로마 가톨릭 신앙에 의해 영향을 받은 **낙태 반대**를 향한 태도 변화를 반영한다. | 과학자들은 어떻게 행성이 **자기장**을 생성하는지 완전히 이해하지 못한다. | 플라톤은 올바른 생활이란 **영원한** 진리의 묵상 중의 하나라고 언급했다. | 동양철학은 기원과 특징에 있어서 기본적으로 종교적이고 **윤리적**이다. 민속 이야기는 독자들에게 사람들의 **윤리적**이고 도덕적인 가치에 대해 이야기할 수도 있다. | 무척 많은 곤충들이 다른 곤충들을 **잡아먹는다**. | 디지털 신호는 아날로그 신호보다 배경 잡음과 **왜곡**이 적은 더 나은 소리의 품질을 만들어 낸다.

2093 reluctant
[rilʌ́ktəntli]

ⓐ 마음 내키지 않는, 달갑지 않은 7

hesitant, unwilling ↔ willing
reluctance ⓝ 싫음, 꺼림, 마음 내키지 않음
The United Kingdom was **reluctant** to join European union.

2094 groom
[gru:m]

ⓝ 신랑 5

stableman, bridegroom ↔ bride
In certain cultures, marriage involves a gift from the **groom** or bride's family to the other family.

2095 banish
[bǽniʃ]

ⓥ 추방하다, 내쫓다 8

exclude, expel, ban, dismiss, eject, evict
banishment ⓝ 추방
If an individual's conduct threatens the safety or harmony of a group, that person shall **banish**.

2096 drawback
[drɔ́:bæ̀k]

ⓝ 약점, 결점, 장애 5

disadvantage, flaw
A major **drawback** of radio is that listeners often hear so many commercials.

2097 latent
[léitnt]

ⓐ 숨어 있는, 보이지 않는, 잠재적인 8

dormant
latency ⓝ 숨어 있음, 잠재 latent ability 잠재력
Water vapor in the air holds a tremendous amount of **latent** heat energy.

2098 irrelevant
[irélǝvǝnt]

ⓐ 엉뚱한, 부적절한, 관련이 없는 9

unconnected, unrelated
irrelevance ⓝ 무관함 irrelevant to ~와 관계없는, 무관한
Interpretations of economic and social life are often based on ideas which are **irrelevant** to the actual facts.

2099 destined
[déstind]

ⓐ 예정된, 운명 지어진, ~할 운명인(~for) 6

doomed, fated, intended, meant
China is **destined** to be the world's largest economy in the future.

Translation

영국은 유럽연합에 가입하기를 **꺼렸다**. | 특정 문화에서 결혼은 **신랑** 또는 신부의 가족이 다른 가족에게 주는 선물을 포함하고 있다. | 한 개인의 행동이 한 그룹의 안전이나 조화를 위협한다면 그 사람은 **추방될 것이다**. | 라디오의 주요 **단점**은 청취자가 종종 너무 많은 상업방송을 들어야 하는 것이다. | 공기 중의 수증기는 엄청난 양의 **잠재** 열에너지를 갖고 있다. | 경제 및 사회생활의 해석은 종종 실제 사실에 **관련이 없는** 아이디어를 기반으로 한다. | 중국은 미래에 세계에서 가장 큰 경제국가가 될 **운명이다**.

2100 speck
[spek]

n 작은 얼룩, 작은 반점, 흠, 멍   7

stain, spot, blot

The smallest **speck** that can be seen under an ordinary microscope contains more than one billion atoms.

▸ billion 10억(=bn)

2101 beforehand
[bifɔ́:rhænd]

ad 미리, 벌써   7

ahead, in advance ↔ afterward

To enjoy an opera fully, an operagoer should read the libretto or a summary of the action **beforehand**.

▸ libretto 오페라 대본

2102 celebrated
[séləbrèitid]

a 유명한, 저명한   9

eminent, famous ↔ infamous
celebrity **n** 명사, 유명인

Since his death, Presley has become an even more **celebrated** figure.

2103 secretion
[sikrí:ʃən]

n 분비(물)   5

excretion
cf. secretion 숨김, 은닉

Many insects annoy by their odors or **secretions**.

2104 sheen
[ʃi:n]

n 광택, 광휘, 현란한 의상   5

shine, gleam, gloss, polish, lustre

Platinum is a pure white metal that has a brilliant **sheen**.

2105 evasive
[ivéisiv]

a 회피적인, 파악하기 어려운, 애매한   6

elusive, escaped
evasiveness **n** 회피적임, 애매함

Many insects respond to sound by flight or **evasive** behavior.

2106 inaccurate
[inǽkjərit]

a 부정확한, 정밀하지 않은   6

incorrect, inexact, wrong, mistaken

Computers are incredibly fast, accurate, and stupid. Human beings are incredibly slow, **inaccurate**, and brilliant. Together they are powerful beyond imagination. (Albert Einstein)

Translation

일반 현미경으로 볼 수 있는 가장 작은 **반점**은 약 10억 개 이상의 원자를 포함하고 있다. | 오페라를 완벽하게 즐기기 위하여 오페라에 가는 사람은 가사 또는 그 연기의 요약집을 **미리** 읽어야 한다. | 프레슬리는 죽음 이후 더욱 **유명한** 인물이 되었다. | 많은 곤충들이 그들의 냄새나 **분비물**에 의해 성가시게 군다. | 백금은 화려한 **광택**을 가진 순수한 백색 금속이다. | 많은 곤충들이 소리에 비행이나 **도피** 행동으로 반응한다. | 컴퓨터는 믿을 수 없이 빠르고, 정확하며, 멍청하다. 사람은 매우 느리고, **부정확하며**, 뛰어나다. 둘이 힘을 합치면 상상할 수 없는 힘을 가질 수 있다. (알베르트 아인슈타인)

2107 garment
[gá:rmənt]

n 의복, 옷

clothes, clothing, apparel, outfit, dress
The tribes living in the Amazon wear modern clothing instead of animal skin **garments**.

2108 glossary
[glɔ́səri]

n 소사전, 용어집, 어휘사전

terms, jargon
All terms used are defined in the **glossary** at the back of this book.

2109 intermittent
[ìntərmítnt]

a 때때로 중단되는, 간헐적인

sporadic, periodic, occasional ↔ steady, continuous
In 1402, an **intermittent** war raged between Scotland and England.

2110 degenerate
[didʒénərèit]

v 퇴보하다, 타락하다

deteriorate, worsen ↔ ameliorate, improve, restore
The older, central areas of cities often **degenerate** and become slums.

2111 intricate
[íntrikət]

a 얽힌, 복잡한

complicated, involved, complex, elaborate
intricacy **n** 복잡한 내용, 복잡함
The teacher left **intricate** clues for the location of the treasures.

2112 municipal
[mju:nísəpəl]

a 도시의, 좁은 범위 내에

civic, metropolitan, urban
municipality **n** 지방자치제
Some communities do not separate the plastics but instead burn the mixed **municipal** waste.

2113 inaugurate
[inɔ́:gjurèit]

v 취임시키다, 개시하다

initiate, introduce, launch
inauguration **n** 취임식, 개막식
In 1789, George Washington was **inaugurated** as the nation's first president.

Translation

아마존에 살고 있는 부족은 동물 가죽 **옷** 대신에 현대적인 옷을 입고 있다. | 사용된 모든 용어는 이 책의 뒷부분에 **용어집**으로 정의되어 있다. | 1402년에, **중단되었던** 전쟁이 스코틀랜드와 영국 간에 거세졌다. | 도시의 오래된 중심부는 종종 **퇴폐해지고** 빈민가가 된다. | 선생님은 보물의 위치에 대한 **복잡한** 단서를 남겼다. | 일부 지역사회에서는 플라스틱을 분리하지 않고 대신에 혼합된 **도시** 쓰레기를 태운다. | 1789년에 조지 워싱턴은 첫 번째 대통령으로 **취임했다**.

2114 superstitious
[sjù:pərstíʃəs]

ⓐ 미신의, 미신적인 — 5

prone to superstition, naive, gullible
superstition ⓝ 미신
Sometimes dances that originally had religious or **superstitious** purposes came to be danced chiefly for recreation.

2115 beating
[bí:tiŋ]

ⓝ 때림, 채찍질 — 8

punishment, whipping, lashing
Some training is brutal, with trainers **beating** the elephant with sharp instruments.

▸ sharp instruments 날카로운 도구[연장]

2116 ratify
[rǽtəfài]

ⓥ 비준하다, 재가하다 — 9

confirm, approve
The local governments finally had **ratified** the articles.

2117 ration
[rǽʃən]

ⓥ 배급량, 할당량 ⓝ 배급하다 — 5

quata, allotmant, provision / distribute, supply
Each family received a book of **ration** coupons to use for purchases of such items as sugar, meat, butter, and gasoline.

2118 vicious
[víʃəs]

ⓐ 나쁜, 악덕의, 악의 있는 — 6

sinful, wicked ↔ virtuous
vice ⓝ 악덕, 결함
A soccer spectator have vowed to continue the fight against hooligans' **vicious** attack on unsuspecting soccer fans.

2119 puberty
[pjú:bərti]

ⓝ 사춘기 — 6

pubescence, adolescence
Breast development is a normal part of **puberty** for girls and also, to a much lesser degree, for boys.

2120 bosom
[búzəm]

ⓝ 가슴(속), 내심, 내부 ⓐ 절친한, 사랑하는 — 9

breast, heart
Julie's **bosom** swathed in leopard-print and her head piled high with platinum curls.

▸ swathed 감쌌다, 뒤덮다

Translation
원래 종교적이거나 **미신적인** 목적이었던 어떤 춤들은 주로 오락을 위해 추어졌다. | 일부 훈련은 트레이너가 날카로운 도구로 코끼리를 **구타하는** 잔인한 것이다. | 지방자치단체는 마침내 그 조항을 **비준했다**. | 각 가정은 설탕, 고기, 버터와 휘발유 등의 물품을 구매 시 사용할 **배급** 쿠폰 책을 받았다. | 한 축구 관객이 순진한 축구팬에 대한 망나니들의 **악의적인** 공격에 대항하여 지속적으로 싸우기를 맹세했다. | 가슴의 발달은 소녀에 있어서 **사춘기의** 정상적인 일부분으로 소년에게도 훨씬 덜한 정도로 일어난다. | 줄리의 **흉부**는 호피 무늬로 감쌌고 그녀의 머리는 백금색 곱슬머리로 높이 쌓아 올렸다.

D·A·Y 54 Advanced Vocabulary ④

KEY WORDS

- ☐ turnover
- ☐ morality
- ☐ dedicated
- ☐ brand-new
- ☐ ratio
- ☐ phase
- ☐ consequence
- ☐ alternative
- ☐ vibrate
- ☐ paranormal
- ☐ lease
- ☐ inexpensive
- ☐ hesitate
- ☐ endorse
- ☐ considerable

2121 hesitate [hézətèit]

ⓥ 주저하다, 꺼리다   7

waver, delay
hesitation ⓝ 주저, 망설임
Do not **hesitate** to ask your teacher or school counselor for help with a study problem.

2122 brand-new [brǽndnjuː]

ⓐ 신상품의, 아주 새로운   9

entirely new, spick-and-span ↔ old
Many people obviously prefer a **brand-new** car to a used one.

2123 defective [diféktiv]

ⓐ 결점이 있는, 불안전한   6

flaw, incomplete
defect ⓝ 결함 defection ⓝ 탈당, 변절
In most miscarriages involving **defective** chromosomes, the embryo cannot develop normally.

2124 turnover [tə́ːrnóuvər]

ⓝ 전복, 전도   9

upset, overturn, volume
The press tries to force the offensive team into a **turnover** (losing possession of the ball).

2125 complication [kɔ̀mpləkéiʃən]

ⓝ 복잡, 귀찮은 문제, 합병증   5

complexity, intricacy ↔ simplification
Medical care was aimed at preventing **complications** and reducing the risk of a second stroke.

Translation

선생님이나 학교 상담교사에게 학업 문제에 도움을 받기 위해 물어보는 것을 **주저하지** 마라. | 많은 사람들은 당연히 중고차보다 **새로운** 차를 선호한다. | **결함이 있는** 염색체와 관련된 대부분의 유산에서 태아는 정상적으로 발달할 수 없다. | 언론은 공격 팀을 강제로 **뒤집으려고** 시도하였다. | 건강관리는 **합병증**을 예방하고 이차적인 뇌졸중의 위험을 줄이는 것을 목표로 했다.

| 2126 | **petition** [pitíʃən] | n 탄원, 청원, 변명, 호소 / 탄원 [청원]하다, 신청하다 | 6 |

appeal, plea / solicit, entreat
a petition of appeal 공소장
The author wrote the book partly as a **petition** for decent treatment of animals.
▶ decent 적절한, 품위 있는

| 2127 | **tentative** [téntətiv] | a 시험적인, 임시의, 모호한 | 6 |

experimental, temporary ↔ final
tentation n 시험 조정
Their first **tentative** investigations of the New World began in the early 1500s.

| 2128 | **preliminary** [prilímənèri] | a 예비적인, 서문의, 시초의 n 사전준비, 서문, 예비시험 | 5 |

prior, first, initial, qualifying / overture, preface, preamble
Doctors can make a **preliminary** diagnosis of certain disorders.
British and American commissioners signed a **preliminary** peace treaty.

| 2129 | **uncompromising** [ʌnkɔ́mprəmàiziŋ] | a 타협하지 않는, 완고한 | 6 |

inflexible, unbending ↔ yielding
Naturalists have been the most **uncompromising** realists.

| 2130 | **considerable** [kənsídərəbl] | a 상당한, 적지 않은, 중요한 | 7 |

large, great, substantial, noticeable
Considerable damage may be done by the feeding or tunneling of the insects.

| 2131 | **inexpensive** [inikspénsiv] | a 비용이 들지 않는, 비싸지 않은 | 7 |

cheap, reasonable, budget
Effective chemicals to insect control are readily available and were relatively **inexpensive**.

| 2132 | **bribe** [braib] | v 매수하다, 뇌물을 주다 n 뇌물 | 6 |

buy off, corrupt, lure / palm oil, boodle
bribery n 뇌물수수
Estate companies **bribed** province legislators to sell them scheduled land for new town.
▶ legislators 국회의원, 입법자

Translation

저자는 동물에게 적절한 치료를 위한 **탄원**서로써 부분적으로 책을 썼다. | 신세계(아메리카)의 첫 번째 **임시** 조사는 1500년대 초에 시작되었다. | 의사들은 특정 질병에 대한 **예비적인** 진단을 할 수 있다. 영국과 미국의 위원들은 **예비적인** 평화조약을 체결하였다. | 자연주의자들은 가장 **타협하지 않는** 현실주의자들이 되어 왔다. | **상당한** 피해가 곤충의 섭식이나 터널을 내는 것에 의해서 생길 수 있다. | 곤충 방제에 효과 있는 화학물질은 쉽게 이용이 가능하고 상대적으로 **저렴하다**. | 부동산 회사가 신도시 예정 토지를 그들에게 팔기 위하여 지방의원에게 **뇌물을 주었다**.

2133 consecutive
[kənsékjətiv]

a 연속하는, 계속적인

sequent, successive ↔ discontiguous, inconsecutive
consecution (n) 연속, 일관성 consecutively (ad) 연속하여
The long life of the needles enables the tree to survive many **consecutive** years of drought or extreme cold.

2134 coma
[kóumə]

n 혼수상태, 코마

unconsciousness, trance, stupor
fall [lapse, go] into a coma 혼수상태에 빠지다
An untreated diabetic **coma** can be fatal.

2135 estimation
[èstəméiʃən]

n 판단, 평가, 평가치

an approximate calculation of a quantity or value
estimate (n) 추정, 견적서 (v) 추산하다
By any **estimation**, this is meager.

2136 vibrate
[váibreit]

v 진동하다, 흔들리다

shiver, quiver, tremor
vibrant (a) 진동하는, 활발한
As the temperature of a solid is raised, the molecules **vibrate** more strongly.

2137 paranormal
[pà:rənɔ́:rməl]

a 과학적으로 설명할 수 없는

mysterious, supernatural, uncanny ↔ natural
The ghosts represent **paranormal** beings.

2138 baffle
[bǽfl]

v 당황하게 하다, 좌절시키다

puzzle, confuse, stump, bewilder, perplex
The nature of truth has **baffled** people since ancient times, because people so often disagree about which ideas are true.

2139 allied
[əláid]

a 연합한, 유사한

confederate, joined, combined
allied nations 동맹국 allied with ~와 동맹하여
At first, the **allied** forces bombed military targets in Iraq and Kuwait.

Translation

바늘잎의 긴 수명이 많은 **연속적인** 다년간의 가뭄 또는 극도의 추위에서 나무를 생존하게 한다. | 치료를 받지 않은 당뇨병 **혼수상태**는 죽음을 초래할 수 있다. | 어떤 **기준**으로 보더라도 이것은 형편없다. | 고체의 온도가 증가함에 따라 분자들이 더 강하게 **진동한다**. | 유령은 **과학적으로 설명할 수 없는** 존재를 말한다. | 진실의 본성은 사람들이 종종 아이디어가 사실일지라도 동의하지 않았기 때문에 고대 이래로 사람들을 **좌절시켰다**. | 처음에 **연합군**은 이라크와 쿠웨이트에 있는 군사 목표를 폭격했다.

| 2140 | **alternative** [ɔːltə́ːrnətiv] | n 양자택일, 대안 a 대신의, 양자택일의 | 8 |

substitute, choice, option / different, other, substitute
Scientists and engineers are working on **alternatives** to fuel-burning rockets.

| 2141 | **reckless** [réklis] | a 앞뒤를 가리지 않는, 무모한 ad 무모하게 | 6 |

heady, rash ↔ attentive / carelessly, wildly, rashly
Many provinces spent **recklessly** on huge public construction programmes.

| 2142 | **stimulating** [stímjulèitiŋ] | a 자극하는, 격려하는 | 6 |

exciting, inspiring, stirring
stimulate v 자극하다, 관심을 불러 일으키다
For many people insect study provides a **stimulating** hobby.

| 2143 | **bee venom** [biː vénəm] | n 봉독, 벌침 독 | 5 |

stinging poison of a bee
bee venom therapy 봉독요법
Bee venom has been used in the treatment of arthritis.

| 2144 | **morality** [mərǽləti] | n 도덕, 덕행, 교훈 | 9 |

virtue, morals, ethics
The question of **morality** has caused many conflicts between church and state.

| 2145 | **ratio** [réiʃiòu] | n 비율, 비 | 8 |

proportion, rate, percentage
by a ratio of ~의 비율로
Nations with a rapidly growing population have a high elderly dependency **ratio**.

| 2146 | **unacceptable** [ʌnəkséptəbl] | a 용인할 수 없는 | 5 |

undesirable
Most fuels made from coal contain **unacceptable** amounts of sulfur and ash.

▶ sulfur 황

Translation

과학자들과 공학자들이 연료-연소 로켓에 대한 **대안**을 연구 중에 있다. | 많은 도에서 거대한 공공 건설 프로그램을 **무모하게** 사용했다. | 많은 사람들에게 곤충 연구는 **활기를 띠게 하는** 취미를 제공한다. | **봉독**은 관절염 치료에 사용되어 왔다. | **도덕성**의 문제는 교회와 국가 간에 많은 갈등을 야기시켜 왔다. | 빠르게 성장하는 인구를 가진 국가에서는 높은 노령자 부양**률**을 갖는다. | 석탄으로 만든 대부분의 연료는 **용인할 수 없는** 양의 황과 재를 포함하고 있다.

2147 consequence
[kɔ́nsikwəns]

n 결과, 귀결, 중대함

conclusion, importance
consequently **ad** 그 결과로서, 따라서 consequent **a** ~의 결과로 일어나는
As a **consequence**, many advertisers have broadened the variety of roles in ads.

2148 endorse
[indɔ́ːrs]

v 배서하다, 보증하다

confirm, approve
endorsement **n** 배서, 보증
Advertisers pay movie and TV stars, popular athletes, and other celebrities to **endorse** products.

2149 weary
[wíəri]

a 피곤한, 싫증이 난, 따분한

tired, exhausted ↔ vigorous, energetic
weariness **n** 피곤함 wearisome **a** 피곤하게 하는, 지루한
By 1485, the English had become **weary** of civil conflict and of frequent changes of rule.

2150 lease
[liːs]

v 임대 [임차]하다 **n** 임대차(계약), 임차권

rent, hire, let, loan
After obtaining a mineral **lease**, an oil company must get drilling permissions from the governments.

2151 phase
[feiz]

n 상, 면, 단계, 측면

aspect, stage, period
phase in/out 단계적으로 도입하다/폐지하다
All types of solar activity become most intense during the maximum **phase** of a sunspot cycle.
▶ sunspot cycle 흑점주기

2152 gallant
[gǽlənt]

a 용감한, 씩씩한, 친절한

valiant, brave, courageous, vigorous
The officer was **gallant** in his behavior toward the woman.

2153 soaked
[soukt]

a 흠뻑 젖은, 흠뻑 배인

moist, damp, drenched, dripping, saturated
Water **soaked** through the sponge.

Translation

그 **결과** 많은 광고업자들은 광고에서 다양한 역할을 확대했다. | 광고주는 제품을 **보증하기** 위해서 영화와 TV 스타, 인기 운동선수나 다른 유명인에게 돈을 지불한다. | 1485년에 영국 사람들은 시민 충돌과 잦은 규칙의 변화로 **지쳐 버렸다**. | 미네랄 **임대권**을 얻은 후에 석유 회사는 정부로부터 채굴권을 얻어야 한다. | 모든 종류의 태양의 활동은 흑점주기의 최대 **단계** 동안에 가장 강렬하게 된다. | 그 경찰관은 그 여자에게 **친절하게** 행동했다. | 물에 스펀지에 **스며들었다**.

| 2154 | **fascinating** [fǽsənèitiŋ] | ⓐ 매혹적인, 반하게 만드는 | 5 |

captivating, engaging, interesting ↔ boring
Insects become **fascinating** animals when one begins to study them carefully.

| 2155 | **bunch** [bʌntʃ] | ⓝ 송이, 묶음, 떼 | 5 |

cluster
Professor ran the students ragged with **bunch** of reports.

▶ bunch of 다량의

| 2156 | **innocuous** [inákju:əs] | ⓐ 악의 없는, 무해한, 순진한 | 6 |

innocuous, benign, nontoxic
The doctor clarified that his diagnosis method is **innocuous**.

| 2157 | **gigantic** [dʒaigǽntik] | ⓐ 거대한 | 5 |

huge, enormous, tremendous, colossal, mammoth
giant ⓝ 거인, 거대조직 gigantically ⓐⓓ 거인 같이
Great technological skills are required to construct a **gigantic** building in such a short period of time.

| 2158 | **proliferate** [prəlifərèit] | ⓥ 급증하다, 번식하다, (핵) 확산되다 | 6 |

multiply
proliferous ⓐ 증식하는 *NPT (the nuclear Non-Proliferation Treaty) 핵확산금지조약
Most countries of the world hope that nuclear weapon will no longer **proliferate** around the globe.

| 2159 | **blaze** [bleiz] | ⓝ 화염, 불꽃, 격발 ⓥ 타오르다, 타오르게 하다 | 5 |

fire, flame, glare ↔ darken, dim / burn, burst
Firemen struggled to put out the **blaze**.

▶ put out 불을 끄다, 해고하다

| 2160 | **dedicated** [dédikèitid] | ⓐ 일생을 바친, 헌신적인 | 9 |

devoted
Carmen is a beautiful Gypsy **dedicated** to a life of unrestrained freedom.

▶ unrestrained 구속되지 않은

Translation

곤충은 그것을 정성 들여 연구하기 시작할 때 **매력적인** 곤충이 된다. | 교수님이 엄청난 **양**의 레포트를 내줌으로써 학생들을 지치게 했다. | 그 의사는 그의 진단 방법이 **무해하다고** 명확히 했다. | 훌륭한 기술 능력은 그와 같이 짧은 시간 안에 **거대한** 건물을 건설하는 데 필요하다. | 세계의 대부분의 국가들은 핵무기가 더 이상 전 세계로 **확산되지** 않기를 바란다. | 소방관이 **화염**을 끄기 위해 고군분투했다. | 카르멘은 구속되지 않은 자유의 삶에 **일생을 바친** 아름다운 집시이다.

DAY 55 Advanced Vocabulary ⑤

KEY WORDS

- ☐ side-effect
- ☐ piety
- ☐ civic
- ☐ carefree
- ☐ esteem
- ☐ quota
- ☐ pierce
- ☐ emission
- ☐ core
- ☐ broadcasting
- ☐ vanish
- ☐ tenant
- ☐ sweep
- ☐ reward
- ☐ planet

2161 discount [dískaunt]

ⓝ 할인 ⓥ 할인하다 6

reduction, decrease ↔ premium / cut off, reduce
Retail businesses include automobile dealerships, **discount** stores, grocery stores, and restaurants.

2162 inferior [infíəriər]

ⓐ 하위의, 열등한 6

lower, secondary, subordinate ↔ superior
inferiority ⓝ 하위, 열등, 열세
Many nationalists view foreigners and members of minority groups as **inferior**.

2163 cruise [kru:z]

ⓝ 순항 ⓥ 순항하다 5

sail
cruiser ⓝ 순양함 on a cruise 유람선을 타고 여행중인 a cruise ship 유람선
This **cruise** ship can carry 3,100 passengers more than any other ship.

2164 nucleus [nú:kliəs]

ⓝ 핵심, 세포 핵, 응결 핵 7

center, core, kernel ↔ edge, fringe
nuclear ⓐ 원자력의, 핵무기의 atomic nucleus 원자핵 the nucleus of a cell 세포 핵
Mitochondria and the **nucleus** do not contain any glycolipids.

2165 planetary [plǽnəteri]

ⓐ 행성의 6

relating to or belonging to planets
planet ⓝ 행성 the planetary system 태양계 planetary scientist 행성학자
Kepler created three laws of **planetary** motion known as Kepler's Laws.

Translation

소매기업은 자동차 대리점, **할인**점, 식료품 가게와 레스토랑을 포함한다. | 많은 민족주의자들은 외국인과 소수 인종의 구성원을 **열등하게** 바라본다. | 이 **유람선**은 다른 어떠한 선박보다 많은 3100명의 승객을 나를 수 있다. | 미토콘드리아와 **핵**에는 당지질이 없다. | 케플러는 케플러의 법칙으로 알려진 세 가지 **행성** 운동의 법칙을 만들었다.

2166 chewing
[tʃu:iŋ]

ⓐ 씹는, 깨무는 ⓝ 저작

biting, grinding
chewing gum 껌 chewing stick 이쑤시개
The **chewing** lice are external parasites of birds and mammals.

2167 sanitary
[sǽnətèri]

ⓐ 위생의, 위생적인, 청결한

hygienic, healthful, clean
sanitation ⓝ 공중(보건)위생
New **sanitary** methods are used to prepare the food and to keep it refrigerated until just before cooking.

2168 solidarity
[sɔ̀lədǽrəti]

ⓝ 결속, 단결, 연대, (폴란드의) 자유노조

unity, unification, binding, team spirit
feel solidarity 연대감을 느끼다 show solidarity 결속을 보이다 human solidarity 인류의 공동일치 solidarity strike 연대 파업
At a time of crisis, The labor union members must show complete **solidarity**.

2169 current affairs
[kʌ́rənt əfɛ́əz]

ⓝ 시사

the events of the day, current issue [questions]
News and **current affairs** programmes make up an important portion of programming for most public television stations.

2170 annihilate
[ənáiəlèit]

ⓥ 전멸시키다, 무력하게 하다

eliminate, eradicate, abolish
annihilation ⓝ 전멸, 소멸
If a particle and its antiparticle collide, they **annihilate** each other, releasing gamma rays and other energy.

2171 pictorial
[piktɔ́:riəl]

ⓐ 그림의, 그림으로 나타낸, 그림 같은

graphic
The cartoon should express an idea clearly, show good drawing and striking **pictorial** effect, and be intended to help some worthy cause of public importance.

2172 tenant
[ténənt]

ⓝ 세든 사람, 임차인

resident, renter ↔ landlord
tenancy ⓝ 차용, 임차
Tenant rented the house from the owner for a short-term period.

Translation

깨무는 이는 새나 포유동물의 외부 기생체이다. | 새로운 **위생** 방법은 음식을 준비하고 바로 요리하기 전까지 냉동 보관하는 데 사용한다. | 현재의 위기 상황에서 우리 노조원들은 견고한 **연대**를 보여줘야 합니다. | 뉴스와 **시사** 프로그램은 대부분 공영 TV 방송국의 프로그램화에 중요한 부분을 차지한다. | 한 입자가 반대입자와 충돌한다면 그들은 서로를 **무력하게 하고** 감마선과 다른 입자를 방출한다. | 만화는 생각을 명확하게 표현해야 하고 좋은 그림을 보여 주어야 하며 인상적인 **그림 같은** 효과와 공공의 중요성의 가치 있는 이유를 돕도록 의도해야 한다. | **임차인**은 집을 단기로 집주인에게서 임대했다.

| 2173 | **wavy** [wéivi] | ⓐ 요동하는, 물결 모양의, 파도치는 | 5 |

rippled, wavelike
wave ⓝ 파도, 물결 ⓥ 파도치다, 흔들다
A seismograph produces **wavy** lines that reflect the size of seismic waves passing beneath it.
▶ seismograph 지진계

| 2174 | **flight attendant** [flait əténdənt] | ⓝ 객실 승무원 | 4 |

cabin attendant
Airlines prefer to hire **flight attendants** who have some college, business, or nursing training.

| 2175 | **efficiency** [ifíʃənsi] | ⓝ 능력, 능률, 효율 | 5 |

effectiveness, power, economy
efficient ⓐ 효율적인
Producing a daily newspaper requires great speed and **efficiency**.

| 2176 | **piety** [páiəti] | ⓝ 경건, 신앙심 | 9 |

devoutness, faithfulness ↔ impiety
Some holy images stimulate the faith and **piety** of the worshipers.

| 2177 | **uproarious** [ʌpróːriəs] | ⓐ 떠드는, 법석 떠는, 시끄러운 | 4 |

hilarious, screaming, riotous
The students were said to be **uproarious** over the news.

| 2178 | **carefree** [kɛ́ərfriː] | ⓐ 근심 걱정이 없는, 무책임한 | 9 |

unworried ↔ worried, anxious
The British lived a **carefree** life in Philadelphia.

| 2179 | **hand down** [hænd daun] | ~을 전하다, (후세에) 남기다 | 6 |

pass on
Many of the farms have been **handed down** through generations.

Translation

지진계는 그 아래로 지나가는 지진파의 크기를 반영하는 **물결 모양의** 선을 만든다. | 항공사는 대학, 비즈니스나 간호 훈련을 한 **승무원**을 고용하는 것을 선호한다. | 일간신문을 만드는 것은 대단한 속도와 **효율**을 필요로 한다. | 어떤 성스러운 이미지는 예배자의 믿음과 **경건함**을 자극한다. | 그 학생들이 그 소식에 **떠들썩했다고** 했다. | 그 영국인은 필라델피아에서 **평온한** 삶을 살았다. | 많은 농장들은 세대를 통해 **계승되어** 왔다.

| 2180 | **broadcasting** [brɔ́:dkɑ̀:stiŋ] | n 방송, 방영 | 7 |

broadcast medium, air, transmit
Most democratic countries allow wide freedom in **broadcasting**.

| 2181 | **side-effect** [saidifékt] | n 부작용 | 9 |

adverse effect
That industrial technology has produced many negative **side effects**.

| 2182 | **lurk** [lə:rk] | v 숨다, 잠복하다, 살금살금 걷다 n 잠복, 계략 | 6 |

hide, sneak, slink, skulk unobserved / trick, plot, scheme, stratagem
lucker (n) 아무짝에도 쓸모없는 사람 lurk in the mountains 산악 지대에 잠복하다 on the lurk 살살 냄새를 맡고 다니며, 염탐질하며
A alligator was **lurking** just below the surface.

| 2183 | **extensively** [iksténsivli] | ad 널리, 광범위하게 | 6 |

broadly, widely
Honey is used **extensively** as a food and in the manufacture of many products.

| 2184 | **curve** [kə:rv] | n 곡선, 곡면, 굴곡 | 5 |

bend, curl
When a car moves along a **curve** and the speedometer does not change, the car is said to be moving at a constant speed.

| 2185 | **moth** [mɔθ] | n (유충) 나방 | 4 |

butterfly, lepidoptera, caterpillar
A **moth** is an insect closely related to the butterfly.

| 2186 | **reward** [rewɑ́rd] | n 보수, 사례금, 보상 v 보답하다 | 6 |

award, compensate ↔ punish, penalty / repay, return, recompense
rewarding (v) 보답하는, ~할 보람이 있는
In this unequal contest, the owners held all the power of **reward** and punishment.

Translation

대부분의 민주국가에서는 폭넓은 **방송**의 자유를 허락한다. | 그 산업 기술은 많은 부정적인 **부작용**을 만들었다. | 악어 한 마리가 수면 바로 아래에 **숨어 있었다**. | 꿀은 많은 산물의 제조 공정과 음식으로 **광범위하게** 사용된다. | 자동차가 **곡면**을 따라 움직이고 속도계는 변하지 않을 때 차는 일정한 속도로 움직인다고 말한다. | **나방**은 나비와 상당히 밀접한 곤충이다. | 이 불평등한 대회에서 주최자는 **보상**과 처벌의 모든 힘을 가지고 있었다.

2187 vanish [vǽniʃ]

v (텅 비게 되다) → 갑자기 사라지다, 없어지다

disappear, fade die out, be gone ↔ appear
vanishment **n** 소멸
The far western frontier appeared about 1850, and **vanished** about 1890.

2188 declaration [dèkləréiʃən]

n 선언, 포고, 신고

announcement, proclamation, decree
declare **v** 선언[공표]하다 declarative **a** 서술문[평서문]의 declaratory **a** 선언의, 진술적인
The South regarded the move as a **declaration** of war.

2189 termite [tə́:rmait]

n 흰개미

a kind of insect to eat the wood
termite colony 흰개미 군락
Young chimpanzees catch termites by peeling a twig and inserting it into a **termite** mound.
▶ mound 흙더미, 집

2190 perennial [pəréniəl]

a 사철을 통한, 영구적인 《식》 다년생의

continual, persisting ↔ annual
perennate **v** 다년 생육하다 perennity **n** 영속성, 불멸
Based on the length of their life cycle, flowering plants can be categorised as annuals, biennials, or **perennials**.
▶ flowering plants 현화식물, 꽃식물

2191 quota [kwóutə]

n 몫, 분담액

part, proportion, share
For many years, the IWC established unrealistically high **quotas** (limits) on the number of whales that could be killed.
▶ IWC=International Whaling Commission 국제포경위원회

2192 esteem [istí:m]

n 존중, 존경 **v** 존중 [존경]하다, 생각하다

esteem, deference / respect, think, evaluate, appreciate, treasure, value ↔ despise
The teacher has won the love and **esteem** of his(or her) students.

2193 mutate [mjú:teit]

v 변화하다, 《생》 돌연변이하다

change
mutant **a** 변화한, 돌연변이의 mutation **n** 돌연변이 vs. variation (품종의) 변이, 변화
Because each of their mutants was **mutated** in a single gene, each **mutated** gene must normally dictate the production of one enzyme.

Translation

먼 서부 개척지는 1850년경에 나타났다가 1890년경에 **사라졌다**. | 남부군은 그 움직임을 전쟁의 **선포**로 간주했다. | 어린 침팬지는 나뭇가지 껍질을 벗기고 **흰개미** 군락 안으로 넣어서 **흰개미**를 잡는다. | 그들의 수명 주기의 길이에 따라 현화식물은 일년생, 이년생이나 **다년생**으로 분류될 수 있다. | 몇 년 동안 IWC는 죽임을 당하는 고래의 수에 비현실적으로 높은 **할당량**(한계)을 설정하였다. | 그 교사는 그의 학생들의 사랑과 **존중**을 얻었다. | 각각의 그들의 돌연변이가 단일 유전자에서 변화하였기 때문에 각각의 돌연 변이된 유전자는 정상적으로 한 효소의 생산을 지시한다.

| 2194 | **penetrate** [pénətrèit] | ⓥ 꿰뚫다, 관통하다, 침입 [침투]하다 | 7 |

pierce, stab, prick
penetration 침투, 관통 penetrability 관통성 penetrator 침투하는 사람 [것] penetrative 관통하는 penetrable 관통할 수 있는 penetrate a person's mind 마음을 꿰뚫어 보다
The bullet can't **penetrate** bulletproof jacket.

| 2195 | **symbolic** [simbɔ́lik] | ⓐ 상징적인, 기호의 | 5 |

emblematic, symbolical
symbol ⓝ 상징[물] symbolise ⓥ 상징하다
Painters try to express emotional or **symbolic** meanings to their work.

| 2196 | **barefoot** [bɛ̀ərfút] | ⓐ 맨발의 ⓐⓓ 맨발로 | 6 |

shoeless ↔ shod
walk barefoot 맨발로 걷다 go barefoot 맨발로 다니다
Some people went **barefoot** whenever possible to walk.

| 2197 | **improper** [imprɔ́pər] | ⓐ 부적당한, 부도덕한, 불규칙적인 | 6 |

unfit, inappropriate ↔ proper
Although they tried very hard, they failed on the verge of success because of **improper** approach.

| 2198 | **epoch** [í:pɔk] | ⓝ 신기원, 신세대, 중요한 사건, 《지질》 세(世) | 6 |

period of history, era
make an epoch 신기원을 이루다 glacial epoch 빙하기
The first earth satellite marked a new **epoch** in the study of the universe.

| 2199 | **erroneous** [iróuniəs] | ⓐ 잘못된, 틀린, 정도를 벗어난 | 4 |

incorrect, mistaken, false
The **erroneous** resolution of the emperor led to a disaster.

| 2200 | **emission** [imíʃən] | ⓝ 방사, 발산, 방출, 배출물 | 7 |

release, emanation, discharge
emit ⓥ 방출하다 emissive ⓐ 방출하는
Congress passed new rules limits on the **emission** of pollutants.

Translation

총알은 방탄복을 **관통**하지 못한다. | 화가들은 그들의 작품에 감정 또는 **상징적** 의미를 표현하려고 시도한다. | 어떤 사람들은 걸을 수만 있다면 **맨발로** 다녔다. | 비록 그들은 아주 열심히 시도했지만 그들은 **부적절한** 접근으로 성공 직전에 실패했다. | 첫 번째 지구위성은 우주의 연구에 **신기원**을 이루었다. | 황제의 **잘못된** 결단은 재앙으로 이끌었다. | 의회는 오염 물질의 **방출**을 제한하는 새로운 규제를 통과시켰다.

D·A·Y 56 Advanced Vocabulary ⑥

KEY WORDS

- ☐ subsequent
- ☐ query
- ☐ confined
- ☐ stew
- ☐ separately
- ☐ valuable
- ☐ unrest
- ☐ unpredictable
- ☐ safeguard
- ☐ retreat
- ☐ disperse
- ☐ virus
- ☐ surveillance
- ☐ sacrifice
- ☐ repress

2201 intimate [íntəmət]

ⓐ 친밀한, 친숙한, 상세한 5

familiar, friendly, close
intimacy ⓝ 친밀함
Children's librarians tell stories and they read aloud, often in **intimate**, informal groups.

2202 sickle [síkl]

ⓝ 낫, 낫 모양의 별무리 ⓐ 낫 모양의 ⓥ ~을 낫으로 베다 4

scythe
Using a **sickle** provided by Gaea, Cronus attacked Uranus and made him impotent.

▶ impotent 무력한

2203 surveillance [səːvéiləns]

ⓝ 감시, 감독 6

watch, supervision
surveillant ⓝ 감시자 ⓐ 감시하는
Airplanes are used for **surveillance**, observation, and command transport.

2204 viscous [vískəs]

ⓐ 찐득찐득한, 점성의 5

sticky, adhesive, glutinous, gelatinous
viscous liquid 점성액
At a high temperature, sulfur becomes **viscous**.

2205 counselor [káunsələr]

ⓝ 상담역, 고문 5

adviser, instructor
Couples with marriage problems should seek help from a trained marriage **counselor**.

Translation

어린이를 위한 사서는 이야기를 읽어주며 종종 **친밀한** 비공식그룹들에게는 큰소리로 읽어준다. | 가이아가 제공한 **낫**을 사용하여 크로노스는 우라노스를 공격했고 그를 무력하게 만들었다. | 비행기는 **감시**와 관찰과 명령 전송을 위해 사용된다. | 고온에서 황은 **점성이** 된다. | 결혼에 문제 있는 커플은 훈련된 결혼 **상담사**의 도움을 구해야 한다.

2206 ample [ǽmpl]

ⓐ 충분한, 풍부한, 넓은 — 5

abundant, sufficient ↔ scanty
amplify ⓥ 확대하다, 상세히 설명하다 amplification ⓝ 확대, 확장 amplifier ⓝ 확대하는
That new buildings provide reasonable room sizes and receive **ample** light and air.

2207 slaughter [slɔ́:tər]

ⓝ 도살, 살육 **ⓥ** 도살하다 — 5

butchery / butcher, massacre, kill
slaughterhouse ⓝ 도살장 slaughterous ⓐ 살육을 좋아하는 파괴적인
Meat packers **slaughter** cattle, hogs, and sheep.

2208 virus [váiərəs]

ⓝ 바이러스, 병독, 병원체 — 6

poison, toxin
Virus may cause the diseases in animals and plants, but they are not caused in both.

2209 drown [draun]

ⓥ 익사시키다, 침수시키다 — 5

drench, flood, soak, swamp
Excess water will cause plants to **drown**, whereas too little water (in sandy soils) will cause the plants to die of thirst.

2210 unpredictable [ʌnpridíktəbl]

ⓐ 예언 [예측]할 수 없는 — 7

uncertain, irregular, extraordinary ↔ predictable
This music supposedly caused wild, **unpredictable** behavior.

2211 chief executive [tʃi:f igzékjutiv]

ⓝ 〈미〉 대통령, 주지사, 최고 지도자 — 6

president of the US, chief of state
As **chief executive**, the president makes sure that federal laws are enforced.
The **chief executive** may refuse to recognise a newly formed foreign government.

▶ federal laws 연방법

2212 separately [sépərətli]

ⓐⓓ 따로따로, 개별적으로, 단독으로 — 8

apart, alone, severally, individually ↔ together
Adult males and females of elephant families live **separately** most of the time.

Translation

그 새로운 건물은 합리적인 방 크기를 제공하고 **충분한** 빛과 공기를 받을 수 있다. | 고기 포장 출하업자는 소, 사육 돼지와 양을 **도축한다**. | 바이러스들은 동물과 식물에서 질병을 일으킬 수도 있지만 양쪽에서 야기되지는 않는다. | 과도한 물은 식물을 **침수시키고** 반면에 너무 적은 물은 식물을 갈증으로 죽게 한다. | 이 음악은 생각하건데 거칠고 **예측할 수 없는** 동작을 야기했다. | **최고 지도자**로서 대통령은 연방법이 강화되어야 한다고 확신한다. **대통령**은 새롭게 형성된 외국 정부를 인정하기를 거부할 수도 있다. | 코끼리 가족의 성인 수컷과 암컷은 대부분의 시간을 **떨어져서** 산다.

2213 valuable [væljuəbl]

ⓐ 금전적 가치가 있는, 값비싼, 귀중한　7

useful, important, precious, expensive
Carelessness can start a forest fire that could destroy lives and **valuable** resources.

2214 rift [rift]

ⓝ 금, 균열 → 불화　ⓥ 갈라지다, 찢다　5

breach, split
A deep, long crack in the earth's surface known as a **rift** valley cuts into the coastline.

2215 veil [veil]

ⓥ 베일 [면사포]로 가리다　5

cover, hide, mask ↔ unveil
She wears a white dress and **veil** and carries a bouquet.

2216 disperse [dispə́:rs]

ⓥ 흩뜨리다, 해산시키다　7

scatter, spread out ↔ collect
Unlike thermosets, most thermoplastics can be **dispersed** in liquids to produce durable, high-gloss paints and lacquers.

2217 capital punishment [kǽpətl pʌ́niʃmənt]

ⓝ 사형　5

death penalty, execution
People disagree about whether **capital punishment** is moral or is effective in discouraging crime.

2218 frustrate [frʌ́strèit]

ⓥ 실망시키다, 좌절시키다, 방해하다　6

defeat, depress ↔ encourage
frustrating ⓝ frustration ⓐ 좌절, 실패, 장애물
Soviet efforts to reach the moon were **frustrated** by the continued failure of the booster.

2219 subsequent [sʌ́bsikwənt]

ⓐ 다음의, 수반하는　9

after, consequent, following, next ↔ previous
subsequence ⓝ 다음, 결과
Henry's divorce and **subsequent** marriages led to a break with the Roman Catholic Church. *break with ~와 관계를 끊다, 절교하다

Translation

부주의가 생명과 귀중한 자원을 파괴할 수 있는 산불화재를 낼 수 있다. | **리프트** 벨리(열곡)라 알려진 지구 표면에 깊고 긴 균열이 해안선을 잘라냈다. | 그녀는 흰색 드레스를 입고 **면사포로 가리고** 꽃다발을 전달했다. | 열경화성 수지(플라스틱)와 달리 대부분의 열가소성수지는 견고하고 높은 광택 페인트와 로커를 생산하는 액체 속에서 **분산**될 수 있다. | 사람들은 **사형**이 도덕적이거나 범죄를 줄이는 데 효과적이거나 간에 동의하지 않는다. | 달에 가려는 소련의 노력은 계속되는 보조 추진 로켓의 실패로 **좌절됐다**. | 헨리의 이혼과 그 **다음의** 결혼은 로마 가톨릭교회와 관계를 끊도록 만들었다.

2220 retreat
[ritríːt]

n 퇴각, 후퇴, 은퇴 v 후퇴 [철수]하다, 물러가다 — 7

recede, withdrawal / back off, draw back, recede
The **retreat** of the government's funds reduced the powers of the national bank.

2221 ranch
[ræntʃ]

n 대목장, 농장 — 5

farm, plantation
ranch hand 목동 dude ranch 관광용 목장
Country life on the frontier usually meant living on a **ranch** or a farm.

2222 skim
[skim]

v 스쳐 가다, 대충 읽다 — 5

brush, scan, glance, run one's eye over
Snowmobiles **skim** across ice or snow.

2223 safeguard
[séifgaːrd]

n 보호 (수단), 호위병, 안전장치 v 보호하다, 호송하다 — 7

defend, protect ↔ attack, endanger
safe ⓐ 안전한 safety ⓝ 안전
Many news organisations feel responsibility to **safeguard** the rights of citizens.

2224 summit
[sʌ́mit]

n 정상, 최고점, 정상회담 — 5

peak, climax ↔ bottom
summit conference 정상회담 gain the summit 정상에 오르다
He climbed to the **summit** from the south.

2225 alleviate
[əlíːvièit]

v 덜다, 완화하다 — 6

lessen, reduce, relieve ↔ aggravate
alleviation ⓝ 경감, 완화 alleviative ⓐ 완화하는
Not even the strongest pain reliever will **alleviate** her migraine headaches.

▶ migraine headaches 편두통

2226 absurd
[əbsə́ːd]

ⓐ 불합리한, 어리석은, 터무니없는 ⓝ 불합리, 부조리 — 5

ridiculous ↔ reasonable / irrationality, irregularity
European heroic dramas of medieval times may seem **absurd** today, but they were popular in their time.

Translation

정부 기금의 **철회**는 국립 은행의 힘을 감소시켰다. | 신개척지에서의 시골의 삶은 보통 **목장**이나 농장에서 살고 있다는 것을 의미한다. | 스노모빌은 얼음과 눈 위를 **스쳐 지나간다**. | 많은 뉴스 조직들은 시민의 권리를 **보호해야** 할 책임을 느낀다. | 그는 남쪽에서 **정상**으로 올랐다. | 가장 강한 진통제조차 그녀의 편두통을 **완화시키지** 못할 것이다. | 중세 시대 유럽의 영웅적 드라마는 오늘날 보기에는 **터무니없어** 보일 수도 있지만 그 당시에는 인기가 있었다.

| 2227 | **ambassador** [æmbǽsədər] | ⓝ 대사, 특사 | 5 |

representative, diplomat, minister
ambassadorial ⓝ 대사의, 사절의 ambassadress ⓝ 여자 대사
Presidential appointments of **ambassadors** are subjected to approval by the Congress.
▶ are subjected to ~을 받다[당하다]

| 2228 | **unrest** [ʌnrést] | ⓝ 불안, 근심 | 7 |

agitation, chaos ↔ rest
political unrest 정치불안 labor unrest 노동불안 social unrest 사회불안
The marines were sent to foreign countries to protect U.S. interests during times of political **unrest**.

| 2229 | **city council** [síti káunsəl] | ⓝ 시 의회 | 5 |

council, the governing body of a city
The people elect a mayor and a **city council** to make laws and carry out government functions.

| 2230 | **toast** [toust] | ⓥ 굽다, 불을 쬐다, 건배하다, 축배하다 | 5 |

grill, roast, heat, cheers
Mandela **toasted** his 1993 Nobel Peace Prize with wine.

| 2231 | **repress** [riprés] | ⓥ 억제하다, 진압하다 | 6 |

quash, check, suppress, subdue, quell, put down
According to Freud and other psychoanalysts, people **repress** any desires or needs that are unacceptable to themselves or to society.

| 2232 | **brittle** [brítl] | ⓐ 부서지기 쉬운, 상처 입기 쉬운, 냉담한 | 4 |

crisp, fragile, frail ↔ strong, durable
Airplane windows made of acrylic plastics are lighter and less **brittle** than glass.
▶ acrylic plastics 아크릴 플라스틱

| 2233 | **emphasis** [émfəsis] | ⓝ 중요성, 주안점, 강조 | 6 |

importance, attention, significance
emphasise ⓥ 강조하다, 역설하다
The **emphasis** in insect control was focused on chemicals.

Translation

대사의 대통령 지명은 의회의 승인을 받는다. | 해병대는 정치적 **불안**의 시대에 미국의 이익을 보호하기 위해 외국으로 보내졌다. | 사람들은 법을 만들고 정부의 기능을 수행할 시장과 **시의회**를 선출한다. | 만델라는 와인과 함께 그의 1993년 노벨평화상을 **축배했다**. | 프로이드와 다른 심리분석가에 따르면 사람들은 그들이나 사회에서 받아들일 수 없는 어떠한 욕망이나 요구를 **억누른다고** 한다. | 아크릴 플라스틱으로 만든 비행기의 창은 가볍고 유리보다 덜 **부서진다**. | 곤충방제의 **주안점**은 화학물질에 초점을 맞추었다.

2234 unsuitable
[ʌnsjúːtəbl]

ⓐ 부적당한, 어울리지 않는 — 5

inappropriate, unapproachable
With wings, insects can leave a habitat when it becomes **unsuitable**.

2235 confined
[kənfáind]

ⓐ 갇힌, 외출이 금지된 — 9

captive, jailed ↔ liberated
be confined to ~에 갇혀 있다
Most large wild mammals are now few in number and **confined** to parks, some of which provide little protection or insufficient living space.

2236 stew
[stjúː]

ⓥ (약한 불로) 끓이다, 애타게 하다 ⓝ 스튜(요리) — 8

cook, seethe
in a stew 엉망진창이 되어
After human beings learned how to make pots, they could boil and **stew** food.

2237 dye
[dai]

ⓝ 염료, 물감 ⓥ 물들이다, 염색하다 — 4

colouring, pigment / colour, stain, tint
Several insects have been used in the manufacture of **dyes**.

2238 query
[kwíəri]

ⓝ 질문, 의혹 ⓥ 묻다, 질문하다 — 9

enquiry, suspicion, question / ask, inquire, enquire
A surveying company surveyed a **query** letter how better the survey forms is.

2239 sacrifice
[sǽkrəfàis]

ⓥ 제물을 바치다, 희생하다 ⓝ 산 제물로 바침, 희생 — 6

give, offer / oblation, offering, victim, scapegoat
sacrificial ⓐ 희생의, 산 제물의
Many pilgrims **sacrifice** an animal, usually a sheep or goat.

2240 landfill
[lǽndfil]

ⓝ 매립식 쓰레기 처리, 매립지 — 5

enclose, envelop ↔ unwrap, loosen
Plastics contribute significantly to environmental pollution by occupying **landfill** space.

Translation

날개 있는 곤충은 서식지가 **부적합하면** 떠날 수 있다. | 대부분의 큰 야생동물들이 지금은 그 수가 적고 공원에 **갇혀 있으며** 일부는 거의 보호받지 못하고 생활공간이 부족하다. | 인류가 냄비를 만드는 방법을 배우고 난 후 그들은 음식을 삶고 **끓일 수 있게** 되었다. | 여러 곤충들이 **염료**의 제조에 사용되어 왔다. | 한 조사 회사가 어떤 설문지 양식이 더 좋은지 **설문지**를 조사했다. | 많은 순례자들은 보통 양이나 염소 같은 동물을 **산 제물로 바친다**. | 플라스틱은 **매립지**를 점유함으로써 환경오염에 상당히 영향을 미친다.

D·A·Y 57 Advanced Vocabulary ⑦

KEY WORDS

- rebellion
- ransom
- eligible
- distract
- correspondent
- coral reef
- spine
- reverent
- outstrip
- mediocre
- lucrative
- vernacular
- terrain
- stiff
- sniff

2241 impeach [impíːtʃ]

ⓥ 탄핵하다, 비난하다 6

accuse, blame, reprobate
impeachment ⓝ 탄핵, 고소
An immoral minister resigned, but the House of commons **impeached** him anyway.
▶ the House of commons 하원의회

2242 terrain [təréin]

ⓝ 지역, 지대, 범위 6

ground, country, land
Flat **terrain** often experiences difficult drainage and ridges are made on shallow soils to increase soil volume.

2243 noxious [nɔ́kʃəs]

ⓐ 유해한, 불건전한 6

harmful, poisonous
noxious fumes[gases] 유독가스
Some insects are beneficial because they destroy **noxious** weeds, cacti, or certain undesirable deciduous plants.
▶ deciduous plants 낙엽식물

2244 alluvial [əlúːviəl]

ⓐ 충적 [토]의 ⓝ 충적토 5

of or relating to alluvium / alluvium, geest
The Atlantic Coastal Plain has fertile sandy and **alluvial** (water-deposited) soils.

2245 anathema [ənǽθəmə]

ⓝ 저주, 파문 4

spell, curse
In 1965, the two religious leaders lifted the mutual **anathemas** of 1054.

Translation

부도덕한 장관이 사임했지만 하원에서는 어쨌거나 그를 **탄핵했다**. | 평평한 **지형**은 종종 배수에 어려움을 겪고, 능선이 토양의 볼륨을 높이기 위해 얕은 토양 위에 만들어 진다. | 어떤 곤충들은 **유해한** 잡초, 선인장이나 특정 해로운 낙엽성 식물을 파괴하기 때문에 유익하다. | 대서양 해안 평야는 비옥한 모래와 **충적** 토양이 있다. | 1965년에 두 종교의 지도자들이 1054년의 상호 **저주**를 해제했다.

| 2246 | **mediocre**
[mì:dióukər] | ⓐ 보통의, 평범한, 이류의 | 7 |

average, ordinary, commonplace
The organic and mineral content of soil feeds the vine; however, rich soils can cause excessive growth and **mediocre** fruit.

| 2247 | **devout**
[diváut] | ⓐ 믿음이 깊은, 독실한 | 6 |

religious, pious, orthodox
devoutness ⓝ 독실, 경건 devote ⓥ 쏟다, 봉헌하다
All **devout** Muslims hope to make a pilgrimage to Mecca, the birthplace of Muhammad.
▶ pilgrimage 성지순례

| 2248 | **reprimand**
[réprəmæ̀:nd] | ⓥ 꾸짖다, 질책하다 ⓝ 징계, 비난 | 5 |

scold, chide, rebuke / reproof
reprimand for ~때문에 질책하다
Congress **reprimanded** several men involved in the scandal.

| 2249 | **circadian rhythm**
[sə:rkǽdiən ríðm] | ⓝ 24시간 주기 리듬 | 6 |

day and night rhythm
The activities of many plants and animals are timed to the cycle of day and night. These natural rhythms are called **circadian rhythms**.

| 2250 | **embezzlement**
[imbézlmənt] | ⓝ 도용, 횡령, 착복 | 6 |

defalcation, peculation
embezzle ⓥ 횡령하다
Computer reckless access by bank employees creates additional opportunities for **embezzlement**.

| 2251 | **eclipse**
[iklíps] | ⓝ 일식, 월식 | 5 |

overcast, shadow
During a lunar **eclipse**, the moon is a dark reddish color.

| 2252 | **eligible**
[élidʒəbl] | ⓐ 적격의, 적임의, 바람직한 ⓝ 적임자, 유자격자 | 8 |

entitled, qualified, available / well-qualified person, the right man
NBA players became **eligible** to play in the Olympic Games in 1992.

Translation

토양의 유기물과 미네랄 함량은 포도나무가 먹지만 풍부한 토양은 과도한 성장과 **이류의** 과일을 만들 수도 있다. | 모든 **독실한** 무슬림들은 무하마드의 발상지인 메카로의 순례를 희망한다. | 의회는 그 스캔들에 연관된 여러 사람들을 **질책했다**. | 많은 동물과 식물의 활동은 밤과 낮의 순환에 맞추어져 있다. 이러한 자연의 리듬을 circadian rhythm(**24시간 주기 리듬**)이라 한다. | 은행 직원에 의한 방만한 컴퓨터 접근은 횡령을 위한 추가적 기회를 만든다. | **월식**이 일어나는 동안 달은 어두운 붉은 색이다. | NBA 선수들이 1992년 올림픽 게임에서 경기에 참가할 자격이 있게 되었다.

2253 spine [spain]
n 등뼈, 바늘, 가시 모양 돌기

7

backbone, barb, spur, needle
A few species of caterpillars have stinging hairs or **spines** that may cause severe skin irritation.

▶ skin irritation 피부자극성

2254 residue [rézədjùː]
n 잔여, 잔류물, 잔여유산

6

remainder, rest, extra, inheritance, legacy
residuary a 남은, 잔여유산의
The matter of harmful **residues** on foods were in many cases not given much attention.

2255 lucrative [lúːkrətiv]
a 유리한, 돈이 벌리는

7

profitable, rewarding, productive, well paid
Africa had been an earlier source of slaves for the **lucrative** slave trade in the America.

2256 siege [siːdʒ]
n 포위 공격, 공성 v 포위하다

5

attack by surrounding, blockade / besiege
regular siege 정공법
After the direct attacks failed, he began a **siege** on the city.

2257 reservoir [rézərvwàːr]
n 저수지; 급수소

5

lake, pond, basin; store
Reservoirs in the Catskills supply New York City with water.

▶ supply A with B A에게 B를 공급하다

2258 stiff [stif]
a 뻣뻣한, 경직된, 강한, 팽팽한

6

inflexible, rigid, unyielding
stiffness n 단단함, 뻣뻣함
The moon's outer crust seems **stiff** and strong.

2259 rebellion [ribéljən]
n 모란, 폭동

8

revolt, uprising ↔ support
The leaders of the **rebellion** fled Boston to avoid arrest.

Translation

소수 나비종의 유충은 피부에 심한 자극을 일으킬 수도 있는 극모나 **가시털**을 가지고 있다. | 식품에 유해한 **잔류물**에 관한 문제는 많은 경우에 있어서 관심을 얻지 못했다. | 아프리카는 미국에서 **돈이 벌리는** 노예무역을 위해 초기의 노예의 원천이 되었다. | 직접 공격이 실패한 후 그는 도시를 **포위 공격**을 시작했다. | 캣스킬 내에 있는 **저수지**는 뉴욕시의 물 공급해 준다. | 달의 외부 표면은 **팽팽하고** 강해 보인다. | **폭동**의 지도자들은 체포를 피하기 위하여 보스턴으로 달아났다.

2260 outstrip
[áutstrip]

v 앞서다, 뛰어나다, 초과하다   7

surpass
Inflation may be caused by wage increases that **outstrip** productivity.

2261 paradox
[pǽrədɔks]

n 역설, 패러독스   5

contradiction, puzzle
Life was finally inscrutable, and its joy was to be found in studying its **paradoxes**.

▶ inscrutable 불가해한

2262 plagiarise
[pléidʒəràiz]

v 표절하다   5

copy unlawfully, steal, pirate, infringe
plagiarism **n** 표절
Some wonderful phrases clearly suggest a tendency to **plagiarise** ideas.

2263 reverent
[révərənt]

a 숭상하는, 경건한   7

devout, pious
The gentleman was someone who was truly **reverent** in worship and sincere in respecting his father and his ruler.

2264 sniff
[snif]

v 코를 킁킁거리다, 냄새를 맡다   6

breathe in, inhale, smell
sniffy **n** 콧방귀 뀌는, 거만한
The animal **sniffs** the air and the ground almost constantly with its trunk.

2265 inheritance
[inhérətəns]

n 상속재산, 유산   6

legacy, heritage
Andrew wasted the **inheritance** gambling on horse races and cockfights.

2266 colossal
[kəlɔ́səl]

a 거대한, 엄청난, 놀랄 만한   5

enormous, gigantic, huge, immense ↔ tiny
colossus **n** 대단히 중요한 사람 [것], 거상
Colossal sculptures in ancient time were one example in the statue of Zeus in Olympia, Greece.

Translation
인플레이션은 생산성을 **능가하는** 임금의 상승에 의해 발생할 수도 있다. | 인생을 마침내 헤아릴 수 있었고 인생의 즐거움은 그 **모순**을 공부하면서 발견하게 됐다. | 몇 가지 멋진 문구가 아이디어를 **표절하는** 경향을 명확하게 시사한다. | 그 신사는 예배에 진정으로 **경건하게** 하고 그의 아버지와 그의 통치자 진심으로 존중하는 사람이었다. | 동물은 거의 코로 항상 공기와 땅의 **냄새를 맡는다**. | 앤드류는 경마와 닭싸움의 도박에 **상속재산**을 낭비했다. | 고대의 **거대한** 조각상의 한 예가 그리스 올림피아에 있는 제우스 상이다.

2267 corridor
[kɔ́ridɔː]

n 복도, 회랑

aisle, alley, passageway
The brain has **corridors** surpassing material place.

2268 glittering
[glítəriŋ]

a 반짝이는, 빛나는, 화려한

glaring, flickering, glowing
Some insects are **glittering** and iridescent, like living jewels.

▸ iridescent 무지갯빛의

2269 detrimental
[dètrəméntl]

a 해로운, 불리한

harmful, noxious
Excessive drinking has **detrimental** effects, ruining the health, dulling the senses and corroding the social structure.

2270 coral reef
[kɔ́ːrəl riːf]

n 산호초

atoll, barrier reef
Continental drift theory helps explain the presence of **coral reef** fossils in Wisconsin.

2271 correspondent
[kɔrəspɔ́ndənt]

a 대응하는, 일치하는 n 통신인, 특파원, 일치하는 것

concordant, consistent / reporter, contributor, letter writer
correspondence n 일치, 상응, 통신
Many of the world's major newspapers, magazines, and television networks have permanent **correspondents** in the city.
▸ permanent 상설의, 영속하는

2272 convection
[kənvékʃən]

n 전달, 운반

transmission
Earth scientists once thought that **convection** currents caused continental drift.

2273 render
[réndər]

v ~을 하게 하다, 주다, 표현하다

provide, give, represent, portray
Some insects are **rendered** inconspicuous by covering themselves with debris or excrement.

▸ inconspicuous 눈에 띄지 않는 debris 잔해, 쓰레기 excrement 배설물

Translation
인간의 뇌에는 물질적 공간을 초월하는 **통로**가 많다. | 어떤 곤충은 마치 살아 있는 보석처럼 **반짝이고** 무지개 빛깔이다. | 과도한 음주는 **해로운** 효과와 건강을 망치고 감각을 무디게 하고 사회구조를 좀먹는다. | 대륙 이동설은 위스콘신에 있는 **산호초** 화석의 존재를 설명하는 것을 돕는다. | 세계의 많은 주요 신문, 잡지와 TV 네트워크는 도시에 상설 **특파원**이 있다. | 지구 과학자들은 **대류**가 대륙이동을 야기했다고 생각했다. | 어떤 곤충들은 부스러기와 배설물들로 둘러싸여 눈에 띄지 않**도록 한다**.

| 2274 | **indict** [indáit] | **v** 기소하다, 고발하다 | 5 |

charge, accuse, prosecute
All four officers were **indicted** under federal laws for violating civil rights.

▸ federal laws 연방법

| 2275 | **distract** [distrǽkt] | **v** 흐트러뜨리다, 전환시키다 | 8 |

divert, disturb ↔ attract
distraction **n** 정신이 흐트러짐, 산만
Drivers who become **distracted** by cellular phone use or by other activities cause many accidents.

| 2276 | **levy** [lévi] | **v** 징수하다, 부과하다, 압류하다 **n** 부과, 징세, 소집 | 5 |

impose, charge, seize / tax, fee
Protective tariffs are **levied** to restrict imported goods.

| 2277 | **setback** [sétbæk] | **n** 좌절, 역류, 실패 | 5 |

frustration, reversal ↔ advancement, progressing
All resistance movements suffered many **setbacks**.

| 2278 | **vernacular** [vərnǽkjulər] | **n** 제 나라말, 자국어 **a** 자국의, 토착의 | 6 |

jargon, dialect / native, original
Another trend in education is the use of a variation of English known as black English or African American **vernacular** English.

| 2279 | **foregone conclusion** [fɔːrgɔ́ːn kənklúːʒən] | **n** 처음부터 알고 있는 결론, 뻔한 결과 → 필연적인 결론 | 5 |

matter of course, sure thing, certainty
Shakespeare originated such familiar phrases as fair play, a **foregone conclusion**, and disgraceful conduct.

| 2280 | **ransom** [rǽnsəm] | **n** 몸값, 배상금 **v** 몸값을 지불하다 | 8 |

redemption
ransom money 몸값
England had to raise a huge sum of money to pay his **ransom**.

Translation

모두 4명의 공무원은 시민권의 침해에 대한 연방법에 따라 **기소되었다**. | 휴대전화 사용이나 다른 활동에 **흐트러진** 운전자는 많은 사고를 일으킨다. | 보호관세는 수입 상품을 제한하고자 **부과된다**. | 모든 저항 운동은 많은 **실패로** 고통 받았다. | 교육에서 또 다른 추세는 흑인 영어, 아프리카계 미국인의 **특유의** 영어로 알려진 다양한 영어의 사용이다. | 셰익스피어는 페어플레이, **필연적인 결론**과 수치스러운 행위 등과 같은 익숙한 문구들을 창작해 냈다. | 영국은 그의 **몸값**을 지불하기 위하여 엄청난 금액을 모아야 했다.

DAY 58 Advanced Vocabulary ⑧

KEY WORDS

- ☐ rugged
- ☐ mutton
- ☐ brink
- ☐ unequalled
- ☐ tyranny
- ☐ treason
- ☐ perch
- ☐ mare
- ☐ majestic
- ☐ disloyal
- ☐ brisk
- ☐ boredom
- ☐ wade
- ☐ varnish
- ☐ turmoil

2281 sluggish [slʌ́giʃ]   7

ⓐ 불경기의, 느린, 게으름 피우는

dull, slow ↔ fast, quick
sluggish market 불황
Lizards become active when they are warm, but they are **sluggish** when cool.

2282 tyranny [tírəni]   8

ⓝ 전제정치, 학정, 횡포

despotism, oppression, cruelty ↔ autocracy
Some politicians tended to support democracy and argued for a citizen's right to oppose **tyranny** by monarchs.

2283 appal [əpɔ́:l]   6

ⓥ 오싹하게 하다, 질리게 하다

shock, scandalise, horrify, terrify ↔ hearten, inspire
appalling ⓐ 소름 끼치는, 무시무시한
The obsession of much Jacobean tragedy with violence, dishonesty, and horror has **appalled** many critics. ▶ obsession 비극 Jacobean tragedy 영국 제임스 1세 시대의 비극

2284 mutton [mʌ́tn]   9

ⓝ 양고기

sheep, mouton
muttony ⓐ 양고기 같은
Ranchers could always eat beef, and sheep raisers have **mutton**.

2285 wean [wi:n]   6

ⓥ 젖을 떼다, 이유시키다 ⓝ 유아, 어린애

alienate, deprive / infant, child
wean a child 아이에게 젖을 떼다
A mother should **wean** her child over a period of several weeks or months.

Translation

도마뱀들은 그들이 따뜻한 곳에서는 활동적이지만 차가울 때는 **움직임이 느려진다**. | 일부 정치인들은 민주주의를 지원하는 경향이었고 독재정치의 **폭정**에 반대하는 시민권을 위해 논쟁했다. | 폭력, 부정직과 공포로 비극이 된 많은 영국 제임스 1세 시대의 강박관념은 많은 비평가들을 **경악하게 했다**. | 목장주는 항상 쇠고기를 먹고 목양자는 **양고기**를 먹는다. | 어머니는 몇 주 또는 몇 달 동안의 기간이 걸려 그녀의 아이를 **이유시켜야** 한다.

2286 topsoil
[tɔ́psɔ̀il]

n 표토, 겉흙

surface soil ↔ subsoil, undersoil
It takes many years to renew a water supply, grow a forest, or replace a layer of **topsoil**.

2287 wicked
[wíkid]

a 사악한, 심술궂은, 불쾌한

bad, evil ↔ upright, virtuous
the wicked 사악한 자들
The Devil tempts people to be **wicked**.

2288 international trade
[ìntərnǽʃənəl treid]

n 국제무역

worldwide transaction
Restrictions on **international trade** during the late 1900s forced producers to turn to the local market.

2289 majestic
[mədʒéstik]

a 위엄 있는, 장중한

royal ↔ vulgar
majesty **n** 장엄함, 폐하 majestically **ad** 당당하게
Lincoln Memorial is a **majestic** marble statue of Lincoln seated in a chair.

2290 varnish
[vɑ́:rniʃ]

n 바니시, 광택제, 윤 **v** 니스를 칠하다, 광택을 내다

lacquer, paint, gloss / polish, gloss
The wood may receive an application of wax, shellac, **varnish**, or plastic, or it may be covered with a carpet.

▶ shellac 셸락(니스를 만드는 천연수지)

2291 rehabilitation
[rì:həbìlətéiʃən]

n 사회 복귀, 부흥, 재건

reconstruction, revival, restoration
Rehabilitation helps many victims who are able to cooperate with therapists regain lost function.

2292 brink
[briŋk]

n 가장자리, 물가, 직전

edge, rim
on the brink (죽음, 파멸 등)의 직전에
Overhunting has brought numerous species to the **brink** of extinction.

Translation

물 공급을 새롭게 하고 산림을 키우고 **표토** 층을 바꾸는 데 수년이 걸린다. | 악마는 사람들을 **사악해지도록** 유혹한다. | 1900년대 말에 **국제무역**에 대한 제한은 생산자를 현지 시장으로 돌리도록 강요했다. | 링컨 메모리얼은 의자에 앉아 있는 링컨의 **장엄한** 대리석 조각상이다. | 목재는 왁스, 셸락, **광택**이나 플라스틱의 도포를 받거나 또는 카펫으로 덮을 수도 있다. | **재활**은 재활 치료사와 협력할 수 있는 많은 환자들이 그들의 잃어버린 기능을 찾도록 도움을 준다. | 과도한 사냥은 수많은 종을 멸종의 **직전**에 처하게 했다.

2293 perch [pə:rtʃ]

v 앉다, 자리 잡다 **n** 횃대

rest, place / roost
The Kaufmann house was dramatically **perched** over a waterfall.

2294 tortoiseshell [tɔ́:rtəʃəl]

n 귀갑, 거북이 등껍질 **a** 별갑제의

horn, the shell of some turtles
tortoise (n) 남생이, 거북
Artists of the Pacific Islands have produced sculpture in **tortoiseshell**.

2295 breeze [bri:z]

n 산들바람, 미풍, 쉬운 일 **v** 산들바람이 불다

wind ↔ gale
light breeze 남실바람 gentle breeze 부드러운 산들바람 moderate breeze 건들바람
fresh breeze 흔들바람 strong breeze 된바람
The palm leaves rustled in the light tropical **breeze**.

2296 odometer [oudɔ́mətər]

n 주행기록계

a recording device travelling distance
A speedometer measures a car's speed, and an **odometer** records the total distance a car has been driven.

2297 ravage [rǽvidʒ]

v 유린하다, 파괴하다, 약탈하다 / **n** 파괴, 황폐

destroy, devastate, spoil, demolish / devastation, havoc, spoliation
He has plundered our seas, **ravaged** our coasts and destroyed the lives of the people.

2298 token [tóukən]

n 표, 증거, 기념품 **a** 표시가 되는

sign, mark, symbol / symbolic
In many cases, the man gives the woman an engagement ring as a **token** of their agreement to marry.

2299 shabby [ʃǽbi]

a 초라한, 낡아 빠진

worn ↔ decent
shabby-genteel (a) 영락하지만 체면을 차리는, 허세 부리는
Others moved to a **shabby** section of town and built shacks from flattened tin cans and old crates.

Translation

카우프만의 집은 인상적으로 폭포 위에 **자리를 잡았다**. | 태평양 군도의 예술가들은 **거북이 등껍질**에 조각을 해 왔다. | 야자수 잎들이 가벼운 열대 **미풍**에 바스락거렸다. | 속도계는 차의 속도를 측정하고 **주행계**는 차가 운전했던 총 거리를 기록한다. | 그는 우리 바다를 약탈하고 있고 우리의 연안을 **황폐화시켰으며** 사람들의 삶을 파괴했다. | 많은 경우에 남자는 여성에게 결혼을 위한 계약의 **증표**로서 약혼반지를 준다. | 사람들은 마을의 **초라한** 구역으로 이동을 하였고 편평하게 편 깡통과 오래된 나무 상자로 오두막집을 지었다.

2300 annotated [ǽnoutèitid]
ⓐ 주석이 달린 — 5

comment, append notes
annotate ⓥ 주석을 달다 annotator ⓝ 주석자 annotative ⓐ 주해의
An extensive **annotated** bibliography accompanies a text.

2301 toil [tɔil]
ⓥ 수고하다, 고생하다 ⓝ 노고, 수고 — 5

labour, struggle, strive / labour, work
toiler ⓝ 고생하는 사람 toilful ⓐ 힘이 드는, 고생스러운, 근면한
Most slaves generally suffered less hardship than the slaves who **toiled** on European sugar plantations.
▶ sugar plantations 사탕수수 농장

2302 mare [mɛər]
ⓝ 암말, 암당나귀 — 8

female horse, jenny
A female is a filly from the age of 2 until the age of 5, when it becomes a **mare**.
▶ filly 암망아지

2303 boredom [bɔ́:rdəm]
ⓝ 지루함, 권태, 지루한 일 — 8

ennui, tedium, monotony
For many young people, the excitement of the streets provides the principal escape from **boredom** and seemingly unsolvable problems.
▶ seemingly 외견상

2304 litter [lítər]
ⓝ 어질러진 물건, 난잡, 쓰레기 ⓥ 어질러 놓다, 흩뜨리다 — 5

clutter, scrap / rubbish, refuse, waste
Every year, people throw millions of tons of **litter** into the oceans from ships.

2305 wade [weid]
ⓥ 걸어서 건너다, 힘들여 나아가다 — 7

cross, paddle, walk through
The man had to hack their way through tangled, slimy vegetation and **wade** through knee-deep mud.
▶ slimy 끈적끈적한

2306 dazzling [dǽzliŋ]
ⓐ 눈부신, 현혹적인 — 6

glaring, shining
dazzle ⓥ 눈부시게 하다
The **dazzling** poetry of Antony and Cleopatra is one of the tragedy's most notable features.

Translation

광범위한 **주석이 달린** 서지 목록은 원문을 동반한다. | 대부분의 노예는 일반적으로 유럽 사탕수수 농장에서 **고생했던** 노예들보다 덜 고난을 겪었다. | 암컷이 2세로부터 5세가 될 때까지는 암망아지라 하고, **암말**이 된다. | 많은 젊은이들에게 거리의 흥분이 **권태**와 외견상 해결할 수 없는 것처럼 보이는 문제에서 주요 탈출을 제공한다. | 매년 사람들은 선박에서 바다로 수백만 톤의 **쓰레기**를 던져 버린다. | 그 남자는 꼬이고 끈적끈적한 식물들을 통해 쳐내야만 했고 무릎 깊이의 진흙을 **걸어서 건너가야** 했다. | 안토니와 클레오파트라의 **눈부신** 시는 비극의 가장 주목할 만한 이야기 중 하나이다.

2307 brisk [brisk]

a 활발한, 번창하는 — 8

active, jolly ↔ dull, inactive

After the War of 1812, westward migration was resumed at a **brisk** pace.

2308 treason [tríːzn]

n 반역죄, 배신 — 8

treachery, betrayal

Their opponents accused the Federalists of plotting **treason**.

▶ Federalists 연방중앙집권자들: 미국의 연방헌법(1787년 제정)의 비준을 위해 노력한 사람들로, 해밀턴, 매디슨 등이 중심인물이었다. plotting 계도, 음모

2309 rugged [rʌ́gid]

a 울퉁불퉁한, 고된, 험악한 — 9

rough ↔ smooth

Baekdudaegan is famous for its **rugged** mountains and deep, picturesque scenes.

2310 reign [rein]

n 치세, 왕대, 통치 v 군림하다, 지배하다 — 5

rule, power, control, monarchy / rule, govern, dominate

English comedy enjoyed a period of complete freedom during the **reign** of Charles II.

2311 escort [éskɔːrt]

n 호송, 호위 v 호위하다 — 5

convoy, guard, guide

The criminal ran away during **escort**, because the men in charge of escorting breached their duty.

2312 disloyal [dislɔ́iəl]

a 불충한, 불성실한, 신의 없는 — 8

unpatriotic, unfaithful, perfidious
disloyalty n 불충, 불성실

Henry was extravagant, greedy, and **disloyal** to those who served him.

▶ extravagant 낭비벽이 있는

2313 unequalled [ʌníːkwəld]

a 타의 추종을 불허하는, 같지 않은, 고르지 못한 — 8

unreachable, uneven, variable

The mountains and hills surrounding the town offer **unequalled** opportunities for hiking, cycling, mountaineering and other adventure activities.

Translation

1812년의 전쟁 후 서쪽으로의 이동이 **활발한** 속도로 재개되었다. | 그들의 적은 연방주의자들을 **반역**을 음모한 죄로 고소하였다. | 백두대간은 **울퉁불퉁한** 산맥과 깊고 좋은 경치로 유명하다. | 영국의 희극은 찰스 2세의 **통치 기간** 동안 완전한 자유의 기간을 즐겼다. | 그 범죄자는 호송을 담당하는 자들이 그들의 임무를 위반해서 **호송하는** 동안에 도망갔다. | 헨리는 그에게 시중드는 사람들에게 낭비가 심했고, 욕심이 많았으며 **신의가 없었다**. | 마을을 둘러싼 산과 언덕이 하이킹, 사이클링, 등산과 다른 모험 활동에 **필적할 수 없는** 기회를 제공한다.

2314 turmoil
[tə́:rmɔil]

n 소란, 소동, 혼란

upheaval, tumult, disorder, chaos, confusion
Many refugees from countries torn by war and political **turmoil** have settled in Washington and its suburbs.

2315 indiscriminate
[ìndiskrímənət]

a 무차별의, 난잡한

haphazard
indiscrimination n 무차별, 무분별
Indiscriminate felling of trees will destroy the ecological balance of nature.

2316 vanity
[vǽnəti]

n 허영심, 허무함

conceit, pride, futility ↔ reality
vain a 헛된, 허영심이 강한
Comic scenes mock the **vanity** of the royal court.

2317 coffin
[kɔ́(:)fin]

n 관, 널, 판

casket
Relief decoration on **coffins** was more Greek than Roman in style and subject matter.

2318 falter
[fɔ́:ltər]

v 비틀거리다, 말을 더듬다, 주춤하다, 약해지다

stumble, totter, hesitate, waver
The Korea's economy began **falter** to late in 1997.

2319 suffrage
[sʌ́frid]

n 투표, 선거권

ballot, vote
suffragette n 여성 참정권론자 suffragist n 참정권 확장론자
Since the 1800's, democratic nations have extended **suffrage** (the right to vote) to many people.

2320 skirmish
[skə́:rmiʃ]

n 작은 접전, 사소한 충돌

small combat, conflict
Virginia militiamen drove out Lord Dunmore from the colony after several **skirmishes**.

Translation

전쟁과 정치적 **소용돌이**로 찢겨 나간 나라로부터 많은 피난민들이 워싱턴과 그 교외에 정착했다. | 나무를 **무차별적으로** 벌목하는 것은 자연의 생태 균형을 파괴하게 될 것이다. | 희극적인 장면은 왕실의 **허영**을 조롱한다. | 관의 부조 장식은 스타일과 주제에 있어서 로마보다는 그리스에 더 많다. | 한국의 경제는 1997년 후반에 **무너지기** 시작했다. | 1800년대 이래로 민주주의 국가는 많은 사람들에게 **참정권**을 확대했다. | 버지니아 민병대는 여러 차례 **접전을** 치룬 후에 식민지로부터 던 모어 영주를 밖으로 몰아냈다.

DAY 59 Advanced Vocabulary ⑨

KEY WORDS

- ☐ vulnerable
- ☐ serene
- ☐ stalk
- ☐ snare
- ☐ slippery
- ☐ habitual
- ☐ venomous
- ☐ torrential
- ☐ strenuous
- ☐ lash
- ☐ inevitable
- ☐ indifference
- ☐ impoverished
- ☐ impair
- ☐ explicit

2321 ambush [ǽmbuʃ] — ⓥ 매복하다, 매복 습격하다 ⓝ 매복, 잠복　5

waylay, bushwhack / stakeout, hidding, waylaying
An advance British force of 800 men again was **ambushed** by the French and Indians.

2322 flunk [flʌŋk] — ⓥ 실패하다, 단념하다, 낙제하다　4

fail, give up
flunker ⓝ 낙제생, 퇴학생　flunk a test 시험에 떨어지다
He worked hard to take a calculus examination that he had **flunked** two years ago.

2323 barrage [bǽraːʒ] — ⓝ 연발 사격, 집중포화, 댐　4

bombardment, volley, embankment, dyke, levee
The Navy developed new types of mines and laid a mine **barrage** (field) in the North Sea.

2324 salvage [sǽlvidʒ] — ⓝ 해난 구조, 구출　6

save, rescue, retrieve
Oceangoing tugs take part in rescue and **salvage** work.

▶ tugs 예인선

2325 torrential [tɔːrénʃəl] — ⓐ 맹렬한, 격한, 급류의　7

wild, violent
Some of thunderstorms could become severe produce hail, **torrential** rains, or strong winds.

Translation

전진한 800명의 영국군이 다시 프랑스와 인디언들에 의해 **매복 습격당했다**. | 그는 2년 전에 **낙제했던** 미적분 시험을 치르기 위해 열심히 공부했다. | 해군은 새로운 형태의 지뢰를 개발했고 북해에 지뢰 **탄막**을 설치했다. | 바다로 가는 예인선은 인명 구조와 **해난구조** 작업에 참여한다. | 어떤 뇌우는 심한 우박, **호우**와 강한 바람을 일으킬 수 있다.

2326	**salute** [səlúːt]	ⓥ 경례하다, 인사하다 ⓝ 거수 경례, 인사	6
		honour, welcome salutation ⓝ 인사 Civilians **salute** by placing their right hand over the heart.	

2327	**snare** [snɛər]	ⓝ 덫, 올가미, 함정 ⓥ 덫으로 잡다, 함정에 빠뜨리다	8
		trap, net, wire, catch / entrap The Inuit set **snares** to catch birds and hares.	

2328	**strenuous** [strénjuəs]	ⓐ 분투적인, 격렬한, 활발한	7
		struggle, energetic strenous exertion 분투 The art of carving is a **strenuous** and time-consuming process.	

2329	**lash** [læʃ]	ⓥ 후려치다, 몰아치다, 흔들다 ⓝ 채찍질, 가죽 끈	7
		lather, whip, slash / whipping, lashing, thong, leash Hurricanes occasionally **lash** at the New Jersey coastlines.	

2330	**venomous** [vénəməs]	ⓐ 독이 있는, 해로운, 악의에 찬, 원한을 품은	7
		poisonous, noxious, harmful, injurious venom ⓝ 독, 앙심 The bites and stings of **venomous** insects may be severe.	

2331	**wretched** [rétʃid]	ⓐ 비참한, 불행한, 서툰, 야비한	6
		miserable, pitiful, awful Many social critics studied life in the slums and reported on the **wretched** living conditions there.	

2332	**detain** [ditéin]	ⓥ 못 가게 붙들다, 기다리게 하다, 유치 [구류]하다	5
		delay, stay, hinder, impede ↔ liberate Everyone has the right not to be arbitrarily **detained** or imprisoned.	

▶ arbitrarily 독단적으로

Translation

민간인들은 그들의 오른손을 가슴에 배치하여 **경례하지** 않는다. | 이누잇 부족은 조류와 토끼를 잡으려고 **덫**을 설치했다. | 조각예술은 **힘이 많이 들고** 시간이 걸리는 과정이다. | 때때로 허리케인이 뉴저지의 해안선에 **몰아친다**. | **독이 있는** 곤충의 깨물림이나 침은 심각할 수도 있다. | 많은 사회 비평가들은 빈민가에서의 생활을 연구했고 그곳에서의 **비참한** 생활 상태를 보고했다. | 누구나 임의로 체포하거나 **투옥되지** 않을 권리가 있다.

| 2333 | **stalk** [stɔ:k] | **v** 몰래 접근하다, 가만히 뒤를 밟다 | 8 |

follow, pursue, track
Solitary predators generally **stalk** their prey by slinking and hiding.

▶ predators 포식동물들

| 2334 | **anthem** [ǽnθəm] | **n** 노래, 성가, 찬송가 | 4 |

song of praise, carol, chant
national anthem 국가 the Royal Anthem = the British national anthem 영국 국가
The Parliament of England officially approved the song as the Royal **Anthem** in 1931.

| 2335 | **exclusive** [iksklú:siv] | **a** 배타적인, 독점적인, 제외하고 | 5 |

discriminating, sole, antialien, monopolistic
exclusion **n** 제외, 추방, 배타
Patent and Trademark Office authorised **exclusive** use of the title.

| 2336 | **implement** [ímpləmənt] | **v** 권한을 주다, 실행하다, 충족시키다 **n** 도구, 용기, 수단 | 5 |

carry out, effect, complete, apply / instrument
Many countries have **implemented** literacy programmes that rely on volunteer teachers.

| 2337 | **hectic** [héktik] | **a** 소모성의, 열광적인, 몹시 바쁜 | 6 |

frantic, chaotic, turbulent, feverish
As Election Day approaches, the pace of the campaign becomes **hectic**.

| 2338 | **imbibe** [imbáib] | **v** (양분, 수분) 흡수하다, 섭취하다, (술) 마시다 | 5 |

intake, sip, drink
In France and Italy consumers **imbibe** approximately 50 litres of wines per capita per annum.

| 2339 | **inevitable** [inévətəbl] | **a** 피할 수 없는, 부득이한 | 7 |

unavoidable, inescapable, inexorable
Faced with mounting debts, the decision to call it a day was **inevitable**.

Translation

혼자 사냥하는 포식자는 일반적으로 살금살금 움직이거나 숨어서 그들의 먹이에 **접근한다**. | 미 의회는 공식적으로 1931년에 **애국가**로 그 노래를 승인했다. | 특허청은 제목의 **독점적** 사용을 승인했다. | 많은 국가들은 자원 봉사하는 교사들에 의존하여 문맹퇴치 프로그램을 **실행**해 왔다. | 선거일이 다가오면서 선거운동의 행보는 점점 **바빠진다**. | 프랑스와 이탈리아의 소비자들은 연간 일인당 50리터의 와인을 **마신다**. | 증가하는 채무에 직면하여 일을 그만두는 결정은 **필수 불가결했다**.

2340 infamous
[ínfəməs]

ⓐ 수치스러운, 악명 높은 — 6

notorious, disreputable, ill-famed ↔ esteemed
An **infamous** deed of Olsen aroused criticism.

2341 pavement
[péivmənt]

ⓝ 포장도로, 포장 — 5

sidewalk, roadway
pave ⓥ 포장하다, 덮다
The urban landscape consists largely of **pavement** and buildings.

2342 siesta
[siéstə]

ⓝ (스페인, 남미 등) 낮잠 — 4

catnap, sleep
Some Spaniards take a **siesta** after lunch, though most people no longer follow this old custom.

2343 impoverished
[impávəriʃt]

ⓐ 가난하게 된, 허약해진, 불모의 — 7

needy, poor, poverty-stricken ↔ enriched
impoverish ⓥ 가난하게 하다, 불모로 만들다
In the 1990s, about 30 percent of Hispanic families lived in poverty, while about 11 percent of non-Hispanic white families were **impoverished**.

2344 serene
[sərí:n]

ⓐ 고요한, 평화스러운, 화창한 — 9

peaceful, calm ↔ furious
serenity ⓝ 고요함, 평온
An American sculptor, Daniel Chester French, made many **serene** and idealistic compositions.
▸ compositions 작품

2345 rapport
[ræpɔ́:r]

ⓝ 관계, 접촉 — 4

harmonious or sympathetic relation
cloak, cape ⓝ 싸개, 덮개, 외투
Clearly they had develope **rapport** that came through in the music.

2346 vulnerable
[vʌ́lnərəbl]

ⓐ 상처 입기 쉬운, 넘어가기 쉬운 — 9

susceptible, exposed ↔ defensive
vulnerability ⓝ 취약성, 상처 받기 쉬움 vulnerably ⓐⓓ 취약하게
Chemotherapy may dramatically decrease the number of white blood cells, leaving the patient **vulnerable** to infection.

Translation

Olsen의 **파렴치한** 행위는 비난을 불러 일으켰다. | 도시의 조경은 대부분 **포장도로**와 건물로 구성된다. | 일부 스페인 사람들은 점심 식사 후 **낮잠**을 즐기지만 그럼에도 대부분의 사람들은 더 이상 이 오래된 관습을 따르지 않는다. | 1990년대에 히스패닉계 가족의 30%가 빈곤하게 살았고 반면에 11%의 비히스패닉계 백인 가족만이 **가난했다**. | 미국의 조각가인 다니엘 체스터 프렌치는 많은 **평화롭고** 이상적인 작품을 만들었다. | 명확하게 그들은 음악을 통한 **교감**을 발달시켰다. | 화학요법은 백혈구 세포의 수를 급격하게 감소시킬 수도 있고 환자를 감염에 **취약하게** 만들 수 있다.

2347 breeder
[bríːdər]

ⓝ 번식하는 동식물, 양육자, 고속 증식로 — 5

raised animal, raiser
Breeders commonly breed only the individuals in a species that show desired characteristics.

2348 slippery
[slípəri]

ⓐ 미끄러운, 잘 빠져나가는 — 8

smooth, greasy, tricky
Dolphins have good vision, and the entire surface of their bodies is **slippery**, water flows easily around it.

2349 repellent
[ripélənt]

ⓐ 불쾌한, 혐오감을 주는, 기피하는 ⓝ 기피제 — 6

repulsive / apocrustic
Deet is one of the most widely used active ingredients in insect **repellents**.

2350 Mesolithic
[mèsəlíθik]

ⓐ 중석기 시대의 — 5

prehistoric periods to hunting and gathering
cf. Neolithic ⓐ 신석기 시대의
Mesolithic people in Stone Age lived to huntings and gatherings after 8000 B.C.

2351 abate
[əbéit]

ⓥ 감소시키다, 누그러뜨리다 — 6

decrease, subside, moderate ↔ add, raise
abatement ⓝ 감소, 완화
The increase temperature is sure to **abate** with the oncoming rain in the next few days.

2352 affluent
[ǽfluənt]

ⓐ 풍부한, 부유한 — 5

rich, wealthy, abundant ↔ poor, impoverished, insufficient
affluence ⓝ 풍족, 부유, 유입 afflux ⓝ 유입, 쇄도
While the **affluent** families head for their mountain getaway on sultry summer weekends, the less well-heeled seek respite in the river that flows through town.

2353 indifference
[indífərəns]

ⓝ 무관심, 냉담, 중요치 않음 — 7

unconcern, apathy, inattention
The masses' opinions must not be treated with **indifference**.

Translation

양육자는 일반적으로 원하는 특성을 보여 주는 한 종의 개체만을 번식시킨다. | 돌고래는 좋은 시야를 가지고 있고 그들 몸의 전체 표면은 **미끄러워서** 쉽게 물을 가를 수 있다. | 디트는 곤충의 **기피제**로 가장 활발하게 사용하는 성분 중 하나이다. | 석기시대의 **중석기** 사람들은 BC 8000년 이후에 사냥하고 채집을 하며 살았었다. | 증가된 온도는 앞으로 며칠 후에 다가오는 비로 **누그러뜨려** 질 것으로 확신한다. | **부유한** 가족이 무더운 여름 주말에 그들 산으로 갈 때 덜 부유한 사람들은 도시를 흐르는 강에서 일시적인 휴식을 취한다. | 대중의 의견은 **무관심**하게 취급되어서는 안 된다.

| 2354 | **entail** [intéil] | ⓥ 남기다, 수반하다, 부과하다 | 6 |

involve, impose
A leakage of secrets likely to **entail** grave consequences.

| 2355 | **entangle** [intǽŋgl] | ⓥ 뒤얽히게 하다, 혼란시키다, 빠뜨리다 | 6 |

complicate, involve, confuse, entrap
entanglement ⓝ 복잡한 관계
The staff became **entangled** in conflicts with the management.

| 2356 | **imminent** [ímənənt] | ⓐ 임박한, 절박한 | 5 |

impending, about to take place
imminence ⓝ 절박, 위급
The country was in **imminent** danger, and large numbers of patriotic young people left for the front to fight the money.

| 2357 | **impair** [impέər] | ⓥ 감하다, 손상시키다, 해치다 | 7 |

injure, worsen, damage
Alcohol will **impair** your judgement if you drink too much.

| 2358 | **habitual** [həbítjuəl] | ⓐ 습관적인, 규칙적인 ⓝ 상습법, 알코올 중독자 | 8 |

usual, regular, customary, accustomed
Appropriate use of **habitual** saying can increase an article's readability.

| 2359 | **unleash** [ʌnlíːʃ] | ⓥ ~의 가죽 끈을 풀다, 해방하다, 자유롭게 하다 | 5 |

loose ↔ leash
During the Battle for Leyte Gulf, the Japanese **unleashed** a terrifying new weapon—the kamikaze (suicide pilot).

| 2360 | **explicit** [iksplísit] | ⓐ 분명한, 명백한, 숨김없는 | 7 |

clear, unambiguous, definite ↔ ambiguous
explicitness ⓝ 명백함, 솔직함
His words and behaviors were **explicit** and deliberate.

Translation

비밀 누설이 중대한 결과를 **수반할** 것 같다. | 직원들은 경영진과 갈등에 얽히게 되었다. | 국가가 **절박한** 위험에 처하자 다수의 애국청년들이 싸움에 앞서 돈을 맡겼다. | 술은 너무 많이 마신다면 당신의 판단력을 **약하게 할 것이다**. | **습관적인** 말의 적절한 사용은 기사의 가독성을 증가시킬 수 있다. | 레이테만의 전투 중에 일본군은 가미가제(자살 공격)라는 끔찍한 새로운 무기를 **풀어냈다**. | 그의 말과 행동은 **분명하고** 신중했다.

DAY 60 Advanced Vocabulary ⑩

- ☐ incontrovertible ☐ gorgeous ☐ contempt ☐ console ☐ superb
- ☐ snarl ☐ impregnable ☐ forestall ☐ exorbitant ☐ enthusiastically
- ☐ vagrant ☐ incompatible ☐ improvise ☐ hearten ☐ grave

2361 imperative [impérətiv] ⓐ 명령적인, 단호한, 피할 수 없는, 긴급한, 긴요한 5

necessary, urgent, crucial ↔ unnecessary
imperatival ⓐ 명령법의
Vaccinations are **imperative** to the health of your baby.
▶ vaccinations 예방접종

2362 enthusiastically [inθjù:ziǽstikəli] ⓐⓓ 열광적으로, 열중하여 7

eagerly, ardently
After her great performance, the entire audience clapped **enthusiastically** for ten minutes.

2363 evade [ivéid] ⓥ 피하다, 회피하다 6

escape, elude, shun
That local governor **evades** serious issues and dwells on the trivial.

2364 exalt [igzɔ́:lt] ⓥ 높이다, 승진시키다, 찬양하다 6

glorify, superior, promote, extol
exaltation ⓝ 승격, 격상
Let us now **exalt** the heroes for their courage and character in the face of all this adversity.
▶ adversity 역경

2365 imperceptible [ìmpərséptəbl] ⓐ 눈에 보이지 않는, 지각할 수 없는, 미세한 5

unnoticeable, very slight
imperceptibility ⓝ 감지할 수 없음, 미세
Literature and art exert an **imperceptible** influence on people's thinking.

Translation

예방접종은 당신 아이의 건강에 **필수적**이다. | 그녀의 뛰어난 공연 후에 전체 관객은 10분간 **열정적으로** 손뼉을 쳤다. | 그 지방 관리는 심각한 문제를 **회피하고** 소소한 것에 연연한다. | 우리는 지금 이 모든 역경에 직면한 영웅들의 용기와 인격에 대해 **찬양하자**. | 문학과 예술은 사람들의 생각에 **눈에 보이지 않는** 영향력을 발휘한다.

2366	**ferocious** [fəróuʃəs]	ⓐ 사나운, 맹렬한, 잔인한	5

fierce, violent, savage ↔ gentle
Ferocious tornado attacked the city not long ago, and caused serious damage.

2367	**superb** [supə́:rb]	ⓐ 최고의, 뛰어난, 화려한	7

splendid, brilliant, magnificent
The Inca were **superb** architects and farmers.

2368	**ethereal** [iθíəriəl]	ⓐ 미묘한, 공기 같은, 가벼운, 하늘의	5

delicate, airy, heavenly
She is beautiful woman of **ethereal** color and celestial fragrance.

▸ celestial fragrance 천상의 향기

2369	**evacuate** [ivǽkjuèit]	ⓥ 비우다, 철수시키다, 피난하다	6

shelter, remove, withdraw
evacuation ⓝ 비우기, 피난, 배설
A bomb scare necessitated people to **evacuate** the building.

▸ necessitated ~을 필요하게 만들다

2370	**impregnable** [imprégnəbl]	ⓐ 난공불락의, (신념이) 흔들리지 않는	7

unassailable, invincible
impregnability ⓝ 난공불락, 견고함
The army abandoned the siege, declaring the enemy's fortress was **impregnable**.

2371	**snarl** [sna:rl]	ⓥ 얽히다, 혼란스럽게 되다, 으르렁거리다, 호통 치다 ⓝ 으르렁 거림	7

mingle, mix, grow, grumble
snarl-up ⓝ 혼잡, 혼란 → 교통마비
At the security entrance into the Park, there is quick access for parents so the queue doesn't **snarl** up.

2372	**incompatible** [ìnkəmpǽtəbl]	ⓐ ~와 맞지 않는, 양립할 수 없는	6

inconsistent, contradictory, unable
His plan is **incompatible** with my intentions.

Translation

맹렬한 토네이도가 얼마 전에 도시를 공격했고 심각한 피해를 입혔다. | 잉카인들은 **최고의** 건축가이자 농민들이었다. | 그녀는 **영묘한** 색상과 천상의 향기를 가진 아름다운 여성이다. | 폭탄의 공포가 사람들에게 그 건물을 **비우도록** 만들었다. | 군대는 적의 요새가 **난공불락**이라고 선언하면서 포위 공격을 포기했다. | 공원의 보안 입구에는 부모를 위한 빠른 출입이 가능해서 줄이 **혼란스럽지 않다**. | 그의 계획은 내 의도와 **맞지 않는다**.

2373 excavate
[ékskəvèit]

v (굴을 파다) → 파다, 발굴하다   5

dig out, hollow out
excavation (n) 발굴
The teams of archaeologists seem to be busy **excavating** something which looks like the remains of an ancient civilisation.

2374 exclamation
[èkskləméiʃən]

(n) 외침, 절규, 감탄, 감탄사   5

outcry, shout, yell, howl, ejaculation
She added a big **exclamation** mark at the end of this letter.

2375 exorbitant
[igzɔ́:rbətənt]

(a) 과도한, 사치하는   7

excessive, undue, extravagant, immoderate
Before liberation there were **exorbitant** taxes and levies of every sort under the sun.

2376 expertise
[èkspərtí:z]

(n) 전문 기술 [지식], 전문가의 감정서   4

skill, mastery, proficiency, a written expert opinion
He always feels inferior for his lack of **expertise**.

2377 sprawl
[sprɔːl]

v 팔다리를 펴다, 꿈틀거리다 (n) 큰대자로 뻗음, 불규칙하게 넓어짐   4

expand, stretch
Much prime farmland has been lost to urban **sprawl**, and wildlife habitat has been damaged.

2378 exterminate
[ikstə́:rmənèit]

v 파괴하다, 전멸시키다, 근절하다   5

annihilate, destroy, eradicate, eliminate
The cockroaches that inhabit many city apartments and homes are parasites that are almost impossible to **exterminate** completely.

▶ cockroaches 바퀴벌레

2379 fierce
[fiərs]

(a) 사나운, 잔인한, 격렬한, 지독한   5

ferocious, wild, savage, cruel, brutal
The collection of illegal fees on the part of the feudal government led to **fierce** objections from the public.

▶ feudal 봉건의, 봉건제도의

Translation
고고학자 팀들은 고대 문명의 유물로 보이는 **뭔가를 발굴하느라** 분주해 보인다. | 그녀는 이 편지의 끝에 큰 **감탄사**를 추가했다. | 해방 전에는 태양 아래 모든 종류에 **터무니없는** 세금과 징수가 있었다. | 그는 그의 항상 **전문성** 부족으로 열등감을 느낀다. | 많은 주요 농지가 도시의 **확대**로 손실되어 왔고 야생 생물 서식처도 피해 받아 왔다. | 많은 도시 아파트와 주택에 서식하는 바퀴는 완전히 **근절시키기가** 거의 불가능한 기생충이다. | 봉건 정부의 편에서 불법 수수료의 징수는 국민으로부터 **맹렬한** 반대를 일으켰다.

2380 contempt
[kəntémpt]

n 경멸, 모욕, 모멸   8

disdain, disrespect ↔ honour, respect
self-contempt 자기비하
Because of the racial prejudice, the native's **contempt** rose too high for words.

2381 feeble
[fíːbl]

a 연약한, 희미한, 나약한   6

infirm, weak, delicate, fragile, frail ↔ powerful, strong
You are too **feeble** and should have more nourishment for your body.

▶ nourishment 음식물, 자양분

2382 console
[kənsóul]

v 위로하다, 달래다   8

comfort, solace ↔ afflict, torment
consolation (n) 위안, 위로
Many people came to **console** the wailful widow.

2383 fertile
[fə́ːrtail]

a 기름진, 비옥한, 번식능력이 있는, 다산인, 풍부한   6

productive, fecund, fruitful ↔ sterile
Irrigating the land with good water is a way to make the land **fertile**.

▶ irrigating 물을 대줌

2384 fictitious
[fiktíʃəs]

a 가공의, 가상의, 거짓의, 허위의   6

mythical, imaginary, false, sham
fiction (n) 소설
The characters in this story are all **fictitious**.

2385 vagrant
[véigrənt]

n 방랑자 **a** 방랑하는, 무성한   6

drifter, wanderer / roving, wandering, lush, luxuriant
vagrancy (n) 방랑, 부랑
Cold, impersonal public buildings such as abandoned buildings, empty offices are the last refuge of a hopeless **vagrant**.

2386 flamboyant
[flæmbɔ́iənt]

a 눈부신, 화려한, 현란한   5

showy, elaborate, extravagant
The drag queen was very **flamboyant**.

▶ drag 여장 남자

Translation

인종차별 때문에 원주민의 **경멸감**이 말도 못하게 높아졌다. | 당신은 너무 **연약해서** 당신의 몸을 위해 더 많은 영양분을 먹어야 한다. | 많은 사람들이 비탄하는 과부를 **위로하기** 위해 왔다. | 좋은 물을 대어 주는 것은 땅을 **기름지게** 만들 수 있는 한 방법이다. | 이 이야기의 등장인물은 모두 **허구이다**. | 버려진 건물, 빈 사무실과 같은 차갑고 비인간적인 공공건물이 희망을 잃은 **방랑자**의 마지막 피난처이다. | 그 여장 남자는 매우 **화려했다**.

2387 flourish
[flə́riʃ]

v 무성하게 자라다, 번창하다

thrive, prosper, succeed
decline and flourish n 흥망성쇠 (rise and fall; ups and downs; vicissitudes)
The decline and **flourish** of an enterprise are directly connected with its leadership.

2388 forestall
[fɔːrstɔ́ːl]

v 앞서다, 앞지르다, 매점하다, 방해하다

prevent, crush in the egg, pre-empt, nip in the bud
We must act now to **forestall** disaster.

2389 impolite
[ìmpəláit]

a 버릇없는, 무례한, 실례되는

uncivil, rude, discourteous
impoliteness n 무례함 버릇없음
His **impolite** behavior at the banquet reinforced his friends' repulsion on him.

▶ repulsion 역겨움

2390 fragrant
[fréigrənt]

a 향기로운, 방향성의, 즐거운, 임신한

perfumed, aromatic, balmy, odorous
In August, the garden is filled with the sweet and **fragrant** flavor of the sweet-scented flowers.

2391 fraud
[frɔːd]

n 사기, 기만

deceit, deception
Embedding microchips in passports and driver's license can effectively reduce identity **fraud**.

2392 futile
[fjúːtail]

a 노력이 헛된

useless, ineffective, useless, vain
Your efforts turned out **futile** due to incorrect methods.

2393 improvise
[ímprəvàiz]

v 즉석에서 하다, 임시 대용으로 하다 a 즉흥의

impromptu, extempore / extemporary, unscripted
This poem was **improvised** on the spur of the moment.
He **improvised** this poem to express his feelings.

Translation

한 기업의 **흥망**은 지도력과 직접적으로 관련이 있다. | 우리는 재해를 **막기** 위하여 지금 행동해야 한다. | 연회에서 그의 **무례한** 행동은 그의 친구들의 반감을 강화시켰다. | 8월에 정원은 달콤한 향기가 나는 꽃들의 감미롭고 **향기로운** 냄새로 가득 차게 된다. | 여권과 운전면허에 마이크로 칩의 삽입은 신원 **사기**를 효과적으로 줄일 수 있다. | 당신의 노력은 잘못된 방법으로 인해 **헛된 것으로** 밝혀졌다. | 이 시는 순간의 자극에 **즉흥적으로** 만들어졌다. 그는 자신의 감정을 표현하는 이 시를 **즉흥적으로** 썼다.

| 2394 | **gorgeous** [gɔ́:rdʒəs] | ⓐ 호화스러운, 화려한, 훌륭한 | 8 |

beautiful, magnificent
This **gorgeous** sturdy clear glass vase belongs to my grandmother.

| 2395 | **grave** [greiv] | ⓐ 중요한, 심각한 ⓝ 무덤, 묘, 죽음 | 6 |

momentous, important, serious, consequential / tomb, burying place
The dictator was on his way to **grave** for his constant violence against people.

| 2396 | **grueling** [grú:əliŋ] | ⓐ 녹초로 만드는, 엄한 | 5 |

exhausting, tormenting
After many months of **grueling** work and painful injuries appeared the symptom to her shoulder and back.

| 2397 | **incontrovertible** [inkɔntrəvə́:rtəbl] | ⓐ 논쟁의 여지가 없는, 부정할 수 없는, 명백한 | 8 |

indisputable
The manager presented the clerk's time card as **incontrovertible** evidence that the employee had been late for work all five days the previous week.

| 2398 | **ulcer** [ʌ́lsər] | ⓝ 궤양, 병폐, 부패 | 6 |

sore, abscess, gumboil
a gastic ulcer 위궤양
The blood loss may occur rapidly, as from a wound, or slowly, as from a bleeding **ulcer** in the stomach.

| 2399 | **hoist** [hɔist] | ⓥ 들어 올리다 | 5 |

raise, elevate, lift
The workers decided to **hoist** the machine with a movable pulley.

▶ movable pulley 이동식 도드레

| 2400 | **superlative** [sju:pə́:lətiv] | ⓐ 최고의, 최상급의 | 5 |

best, excellent
superlative degree 최상급 superlative performance 최상의 공연
Bernini was a **superlative** craftsman and also an outstanding architect.

Translation

이 **화려하고** 튼튼하며 투명한 유리 꽃병은 할머니 것이다. | 그 독재자는 사람들에게 끊임 없는 폭력을 행사해서 **죽음**의 길로 가고 있었다. | **녹초로 만드는** 작업과 고통스런 상처의 몇 개월 후에 그녀의 어깨와 등에 그 증상이 나타났다. | 관리자는 그 직원이 지난주 5일 모두 회사에 늦었다는 **명백한** 증거인 직원의 시간 카드를 제시했다. | 실혈(출혈)이 빠르게는 상처로부터, 느리게는 위장에서 출혈성 **궤양**까지 발생할 것이다. | 노동자들은 이동식 도르래로 그 기계를 **들어 올리기로** 결정했다. | 베르니니는 **최고의** 장인이자 뛰어난 건축가였다.

IELTS
VOCA

A

- a bachelor's degree 학사 학위 ... 177
- abandon 그만두다, 버리다, 포기하다 ... 186
- abandoned 버려진, 유기된 ... 209
- abate 감소시키다, 누그러뜨리다 ... 400
- abbreviate 줄여 쓰다, 단축하다 ... 239
- abbreviation 생략, 축약, 약어 ... 267
- abdicate 버리다, 포기하다, 퇴위하다 ... 52
- abduct 유괴하다, 납치하다 ... 122
- abhor 몹시 싫어하다, 혐오하다, 증오하다 ... 122
- abnormal 이상한, 변칙의 ... 122
- aboard 배로, 승선하여 ... 239
- abolish 폐지하다 ... 52
- abolition 폐지, 노예제도 폐지 ... 70
- abortion 낙태, 실패 ... 216
- abridge 요약하다, 줄이다, 약화시키다 ... 171
- abroad 국외로, 널리 ... 239
- abruptly 갑자기, 뜻밖에 ... 76
- absence 결핍, 부재 ... 241
- absent-minded 방심 상태의, 얼빠져 있는 ... 305
- absolutely 절대적으로, 완전히, 전혀 ... 76
- absorb 흡수하다, 열중시키다 ... 238
- abstain 삼가다, 절제하다 ... 122
- abstract 추상적인, 요약, 추출하다, 빼내다 ... 263
- absurd 불합리한, 어리석은, 터무니없는 불합리, 부조리 ... 381
- abundance 풍부, 유복 ... 164
- abundant 풍부한, 풍족한 ... 308
- abuse 남용, 학대, 욕설, 남용하다, 학대하다, 욕하다 ... 148
- academic 대학의, 일반교양의, 학술적인 ... 64
- accelerate 가속하다, 촉진하다 ... 238
- access 이용하다, 접근하다, 접근, 출입 ... 212
- accident 사고, 재해 ... 242
- acclaim 갈채, 환호 갈채하다, 환호하다 ... 26
- accommodation 숙박 시설, 편의 ... 176
- accompany 동반하다, 수반하다 ... 257
- accomplish 이루다, 끝내다 ... 265
- accordance 일치, 조화 ... 260
- according to ~에 따라, 나름대로 ... 257
- accordingly 따라서, 그러므로, 적절히 ... 238
- account 계좌, 장부, 설명, 평가, 보고, 간주하다, 설명하다, ~의 이유가 되다(for) ... 148
- account for ~을 설명하다, 차지하다 ... 154
- accredit ~으로 돌리다, 믿다, 인가하다 ... 29
- accumulate 모으다, 축척하다 ... 257
- accumulation 축적, 누적 ... 241
- accuracy 정확성, 정밀성 ... 259
- accurate 정확한, 정밀한 ... 298
- accuse (해명을 요구하다) → 고발 [고소]하다, 비난하다 ... 22
- accustom 익숙하게 하다, 익히다 ... 130
- achieve 이루다, 달성하다, 획득하다 ... 58
- achievement 달성, 성취 ... 259
- acidic 산의, 신맛이 나는, 신랄한 ... 181
- acknowledge 인정하다, 알리다, 표하다 ... 308
- acquaint 익히다, 숙지하다 ... 258
- acquire 취득하다, 몸에 익다 ... 258
- acrobatic 곡예의 ... 258
- acting 직무 대행의, 연출용의, 작용하는 ... 181
- activate 활성화하다 ... 52
- active 활동적인, 활기찬 ... 268
- activity 활동, 활약 ... 269
- actually 실제로, 현재 ... 76
- acute 예리한, 끝이 뾰족한, 심각한, 급성의 ... 216
- adapt 적응시키다, 익숙해지다, 개조하다, 각색하다 ... 253
- adapt to ~에 적응하다 ... 154
- adaptation 적응, 적합, 각색 ... 271
- addiction 탐닉, (마약) 중독, 열중 ... 272
- additional 부가적인, 추가의 ... 298
- additive 첨가물, 첨가제 ... 70
- address 말을 걸다, 연설하다, 주소를 쓰다, 주소, 위치, 연설, 강연 ... 186
- adequate 충분한, 알맞은 ... 64
- adhere 들러붙다, 고수하다 ... 185
- adhesive 접착제, 점착성이 있는 것, 점착성의, 끈끈한 ... 181
- adjacent 이웃의, 직전의 ... 38
- adjust 조절하다, 조정하다, 바로잡다 ... 226
- adjust to ~에 적응하다, 조절하다 ... 154
- administer 관리하다, 다스리다 ... 207
- administrative 관리의, 행정상의 ... 264
- administrator 관리자, 행정가 ... 265
- admire 감탄하다, 경애하다, 칭찬하다 ... 186
- admission 입장, 승인 ... 70
- admit 수용하다, 받아들이다 ... 45
- adolescence 사춘기, 청춘 ... 288
- adolescent 미숙한, 청소년의, 청소년 ... 249

410

□□ **adopt** 채택하다, 양자로 삼다	207
□□ **adore** 숭배하다, 받들다	288
□□ **adornment** 꾸미기, 장식	70
□□ **adulthood** 성인, 성년	288
□□ **advance** 전진, 발전, 나아가다, 제출하다, 승진시키다	103
□□ **advancement** 전진, 승진, 출세	249
□□ **advantage** 유리, 유리한 점, 강점	70
□□ **adventure** 모험, 희한한 사건	275
□□ **adverse** (~으로 향한) 반대의, 적의의 → 불리한	51
□□ **advertiser** 광고주	241
□□ **advertising** 광고	203
□□ **advise** 충고하다, 권하다	52
□□ **advisory** 조언하는, 권고하는, 자문의	247
□□ **advocate** 옹호하다, 지지하다, 변호사	206
□□ **aeration** 공기에 쐼, 환풍, 순환	12
□□ **aerial** 공중의, 공기 같은, 항공의, 꿈의	12
□□ **aerobic** 호기성의	12
□□ **aerodrome** 비행장, 공항	337
□□ **aerodynamic** 공기역학의	12
□□ **aerospace** 우주과학, 우주산업	12
□□ **aesthetic** 미의, 미학의	320
□□ **affair** 사건, 일거리	287
□□ **affect** ~에 영향을 미치다, 침범하다, 감염을 주다, ~인 체하다, 가장하다	224
□□ **affiliate** 친분을 맺다, 제휴하다	297
□□ **affirm** 단언하다, 주장하다	130
□□ **affluent** 풍부한, 부유한	400
□□ **afford** ~할 여유 [형편]가 되다, 제공하다	277
□□ **afterlife** 내세, 사후의 삶	107
□□ **afternoon** 오후, 후반, 후기, 오후의	107
□□ **after-school** 방과 후의	107
□□ **afterward** 후에, 나중에, 그 후에	107
□□ **afterword** 맺는말, 발문, 후기	107
□□ **agenda** 의사일정, 의제	298
□□ **aggravate** 악화시키다, 짜증나게 하다	216
□□ **aggression** 침범	255
□□ **aggressive** 침략적인, 적극적인	279
□□ **agile** (동작이) 민첩한, 재빠른	360
□□ **aging** 노화	304
□□ **agricultural** 농업의	320
□□ **agriculture** 농업, 농사, 농학	71
□□ **aid** 도움, 원조, 돕다	256

□□ **ailment** 병, 불쾌, 불안	323
□□ **air-conditioning** 공기 순환장치	219
□□ **airlift** 공수 물자 [인원]	348
□□ **alarmingly** 놀랄 만큼	264
□□ **alchemist** 연금술사	316
□□ **alchemy** 연금술	182
□□ **alcohol** 술, 알코올, 주정	234
□□ **alcoholism** 알코올 중독	317
□□ **alias** 별명, 가명	13
□□ **alibi** (다른 곳에) → 현장 부재 증명, 알리바이 → 변명, 구실	13
□□ **alien** 외국의, 이질적인 소원, 소외감	13
□□ **allegiance** 충성, 충절, 충직	357
□□ **allegorical** 우화의, 우화적인, 우의적인	64
□□ **allergy** 알레르기, 과민증, 혐오	300
□□ **alleviate** 덜다, 완화하다	381
□□ **alliance** 동맹, 결연	292
□□ **allied** 연합한, 유사한	368
□□ **allocate** 할당하다, 배분하다	307
□□ **allow** 허락하다, 인정하다	307
□□ **alluvial** 충적 [토]의 충적토	384
□□ **ally** 결합시키다, 동맹국, 연합국	339
□□ **almanacs** 연감, 책력	312
□□ **aloft** 위에, 높이, 공중에	320
□□ **alphabetical** 알파벳순의, ABC순의 → 가나다순	274
□□ **already** 이미, 벌써	274
□□ **alter** 바꾸다, 변경하다	13
□□ **alteration** 변경, 개조, 변화	211
□□ **alternate** 번갈아 일어나다, 교체하다, 번갈아 하는, 교대의	13
□□ **alternative** 양자택일, 대안 양자택일의, 대신의	369
□□ **altitude** 고도, 고지	295
□□ **altogether** 전적으로, 다 합하여, 전체적으로	76
□□ **altruism** 이타주의, 이타적 행위	351
□□ **amass** 쌓다, 모으다, 축적하다	342
□□ **amateur** 아마추어, 애호가	198
□□ **amaze** 깜짝 놀라게 하다	131
□□ **amazing** 놀랄만한, 굉장한	64
□□ **ambassador** 대사, 특사	382
□□ **ambidextrous** 양손잡이의, 솜씨가 비범한	14
□□ **ambiguous** 모호한, 분명하지 않은	14
□□ **ambition** 큰 뜻, 야심, 열망	71
□□ **ambulance** 구급차, 야전병원	308
□□ **ambush** 매복하다, 매복 습격하다, 매복, 잠복	396

☐☐ amend 고치다, 개정 [수정]하다	208
☐☐ amendment 개정, 수정(안)	243
☐☐ amoral 도덕적이지 않은	89
☐☐ amorphous 무정형의, 조직이 없는	89
☐☐ amount 총액, 총계, 양, 총계가 ~에 이르다, 결과적으로 ~이 되다	260
☐☐ amphibian 양서류의, 수륙양용의	14
☐☐ amphibious 양서류의, 수륙양용의	14
☐☐ ample 충분한, 풍부한, 넓은	379
☐☐ amplify 확대하다, 확장하다, 과장하다	58
☐☐ amuse 재미있게 하다, 놀다	288
☐☐ analyse 분석하다, 분해하다	52
☐☐ analysis 분석, 분해	182
☐☐ anarchist 무정부주의자, 테러리스트	290
☐☐ anathema 저주, 파문	384
☐☐ anatomy 해부학, 구조, 몸	216
☐☐ ancestor (앞서 가는 사람) → 조상, 선구자	103
☐☐ ancient 고대의, 먼 옛날의	103
☐☐ anecdote 일화, 기담, 비화	31
☐☐ animate 생기(활기)있게 하다	53
☐☐ animated 생기가 있는, 살아 있는	323
☐☐ annihilate 전멸시키다, 무력하게 하다	373
☐☐ anniversary 기념일	288
☐☐ annotated 주석이 달린	393
☐☐ announce 알리다, 공고하다, 전하다	189
☐☐ annual 일 년의, 해마다의, 일 년생 식물	300
☐☐ annual consumption 연간 소비량	197
☐☐ anonymous 익명의, 작자 불명의	89
☐☐ antacid 산을 중화하는, 제산제	94
☐☐ antagonistic 적대적인, 상반되는, 대립하는, 사이가 나쁜	94
☐☐ Antarctic 남극(지방)의	94
☐☐ antecedent 앞서는, 선행의 조상, 선조, 시조	23
☐☐ anthelmintic 구충제, 회충약, 구충의	94
☐☐ anthem 노래, 성가, 찬송가	398
☐☐ anthropoid 유인원, 사람을 닮은, 유인원 무리의	247
☐☐ anthropology 인류학	348
☐☐ anti-abortion 임신중절에 반대하는	361
☐☐ antibody 항체	92
☐☐ anticipate 예상하다, 기대하다, 미리 걱정하다	103
☐☐ antidote 해독제	31
☐☐ antifreeze 부동액	92
☐☐ antinuclear 핵무기 [핵에너지] 사용에 반대하는	92
☐☐ antipathy 반감, 혐오	93
☐☐ antipollution 공해 방지, 공해 방지의	92
☐☐ antique 골동품, 미술품, 고미술의, 골동의	103
☐☐ antiseptic 방부제, 방부제의	93
☐☐ antislavery 노예제도 반대, 노예제도 반대의	306
☐☐ antisocial 비사교적인, 반사회적인	93
☐☐ antithesis 대조, 정반대	93
☐☐ antivenom 해독제	93
☐☐ antiwar 반전의	92
☐☐ antonym 반의어	94
☐☐ anxiety 걱정, 근심거리, 불안, 염원	254
☐☐ anxious 걱정하는, 열망하여	289
☐☐ apathy 냉담, 무관심	89
☐☐ appal 오싹하게 하다, 질리게 하다	390
☐☐ apparent 또렷이 보이는 → 겉모양의, 명백한	261
☐☐ apparently 보기에, 외관상으로는, 분명히, 명백히	255
☐☐ appear 나타나다, ~인 것 같다, 보이게 되다	242
☐☐ appearance 출현, 외관	71
☐☐ appease 달래다, 진정시키다, 충족시키다	130
☐☐ appetising 식욕을 돋우는, 맛있어 보이는	266
☐☐ appetite 식욕, 욕망	287
☐☐ appliance 기구, 가전제품	337
☐☐ application 신청(서), 지원, 원서, 적용	176
☐☐ appointment 지정, 임명, 약속	71
☐☐ appreciate 진가를 인정하다, 감상하다, 인식하다, 고맙게 생각하다	148
☐☐ apprentice 도제, 초심자, 수습생	360
☐☐ appropriate 적절한, 적당한, 어울리는, 고유한	64
☐☐ approximately 대략, 대체로, 거의	76
☐☐ aquatic 물의, 물속에 사는, 수생의	302
☐☐ arbitrarily 임의로, 독단적으로, 제멋대로, 마음대로	77
☐☐ arbitrate 중재하다, 조정하다	206
☐☐ arboretum 수목원, 식물원	360
☐☐ arc 호, 원호	212
☐☐ archaeology 유적, 유물 → 고고학	15
☐☐ archaeopteryx 시조새	15
☐☐ archetype 원형, 전형	15
☐☐ architect 건축가, 설계자	15
☐☐ architecture 건축, 건축학	200
☐☐ archives 고기록, 공문서	15
☐☐ Arctic 북극의, 북극	248
☐☐ ardent 불타는 듯한, 열렬한	356
☐☐ arena 경기장, 공연장, 무대	273

☐☐ argue 논하다, 주장하다, 설득하다	273
☐☐ arise 일어나다, 생기다	268
☐☐ arithmetic 산수, 연산	212
☐☐ arouse 깨우다, 자극하다	268
☐☐ arrange 배열하다, 조정하다	268
☐☐ array 정렬, 정렬시키다	268
☐☐ art 예술, 기술	198
☐☐ article 기사, 물품, 조항	268
☐☐ artificial 인조의, 인위적인	212
☐☐ as a rule 통상, 대체로	154
☐☐ ascend 오르다, 상승, 오름 → 승진	48
☐☐ ascertain 확인하다, 규명하다	25
☐☐ ascribe (~에 적어 두다) ~에 돌리다, ~의 탓으로 돌리다	50
☐☐ ashamed 부끄러운, 창피한, 수치스러운	275
☐☐ ashore 물가에, 해변에	130
☐☐ aspect 관점, 국면, 용모	278
☐☐ assemble 모으다, 조립하다, 조립, 집회, 의회	47
☐☐ asset 자산, 재산, 장점	258
☐☐ assign 할당하다, 임명하다	290
☐☐ assimilate 동화하다, 동화	47
☐☐ assist 거들다, 원조하다	267
☐☐ assure 보증하다, 확실하게 하다	282
☐☐ astonishing 놀라운, 눈부신	267
☐☐ astrology 점성학, 점성술	16
☐☐ astronaut 우주 비행사	16
☐☐ astronomy (별의 법칙) → 천문학	16
☐☐ at one's disposal ~의 마음대로 쓸 수 있는	154
☐☐ at the mercy of ~에 좌우되어	155
☐☐ atlas 지도책, 도해서	267
☐☐ atmosphere 대기, 공기, 기압, 분위기	185
☐☐ attach 붙이다, 접착하다, 소속시키다	213
☐☐ attain 달성하다, 이루다, 도달하다	272
☐☐ attempt 시도, 공격, 시도하다	272
☐☐ attend 출석하다, 보살피다	248
☐☐ attendance 출석, 참석	257
☐☐ attention 주의, 배려	277
☐☐ attitude 태도, 사고방식, 자세	71
☐☐ attorney 대리인, 변호사, 검찰총장	206
☐☐ attractive 사람의 마음을 끄는, 매력적인, 즐거운	65
☐☐ attribute ~의 결과로 [덕분으로]보다, 속성, 특성	148
☐☐ attribute A to B A를 B의 탓으로 돌리다	155
☐☐ atypical 부정형의, 전형적이 아닌	89

☐☐ audible 들리는, 들을 수 있는	17
☐☐ audience 청중, 관중, 청취자	17
☐☐ audio 음성의, 오디오의	17
☐☐ audiovisual 시청각의	178
☐☐ audit (듣기) → 회계감사를 하다, 심사하다, 청강하다, 회계감사	197
☐☐ audition 청력, 청각, 오디션, 오디션을 받다	17
☐☐ auditorium 청중석, 강당	17
☐☐ auditory 귀의, 청각의	354
☐☐ authorise 권한을 부여하다, 재가 [인가]하다	295
☐☐ authoritarian 권위주의의, 독재주의적인	295
☐☐ autobiography 자서전, 자전	18
☐☐ autocrat 독재 군주, 독재자	18
☐☐ autograph 서명, 자필 사인을 하다	18
☐☐ automate 자동화하다, 자동으로 제조하다	215
☐☐ automatic 자동의, 기계적인	18
☐☐ automobile 자동차	18
☐☐ autonomy 자치, 자치권	313
☐☐ auxiliary 보조의, 대용의	359
☐☐ available 이용할 수 있는, 유효한	65
☐☐ avert 돌리다, 외면하다, 피하다	122
☐☐ aviation 비행, 항공술	299
☐☐ awe 경외, 외경심, 경외하다	187
☐☐ awesome 굉장한, 아주 멋진, 무시무시한	65

B

☐☐ backbone 등뼈, 척추, 근간, 기개	301
☐☐ background 배경, 바탕, 원인	178
☐☐ backpack 등에 지는 짐, 백팩	314
☐☐ baffle 당황하게 하다, 좌절시키다	368
☐☐ balanced 균형 잡힌, 안정된	217
☐☐ balmy 온화한, 진정시키는, 방향이 있는	319
☐☐ banish 추방하다, 내쫓다	362
☐☐ banking 은행업, 은행 업무	197
☐☐ bankruptcy 파산, 실패	195
☐☐ bar 막대기, 빗장, 술집, 바, 법정 빗장을 지르다, 방해하다, 금하다	19
☐☐ barefoot 맨발의, 맨발로	377
☐☐ bark 나무껍질, 수피, 짖다, 고함치다	267
☐☐ barometer 기압계	19
☐☐ barrage 연발 사격, 집중포화, 댐	396
☐☐ barrel 배럴, 통, 몸통, 총신	305

☐☐ barren 불모의, 메마른, 불임의	309
☐☐ barrier 방벽, 장애	19
☐☐ basis 기초, 근거지, 원칙	72
☐☐ batch 한 솥, 한 회분, 일괄 묶음	349
☐☐ battery 배터리, 건전지	240
☐☐ battlefield 싸움터, 전장	343
☐☐ be prone to ~하기 쉽다	155
☐☐ be subject to 지배를 받는, ~을 필요로 하는	329
☐☐ beach 바닷가, 해변, 해수욕장	233
☐☐ beam 광선, 빛줄기, 평균대, 활짝 웃다, 비추다	212
☐☐ bear in mind ~을 명심하다, 유념하다	155
☐☐ beating 때림, 채찍질	365
☐☐ bee venom 봉독, 벌침 독	369
☐☐ beforehand 미리, 벌써	363
☐☐ behalf 이익, 원조, 지지	359
☐☐ behave 행동하다, 처신하다	335
☐☐ behind the times 시대에 뒤떨어진	155
☐☐ belonging 소유물, 재산, 가족	316
☐☐ beloved 가장 사랑하는, 소중한	334
☐☐ beneath 밑에, 하위에, ~의 밑에, 낮은, 가치가 없는	77
☐☐ benediction 축복, 감사기도	20
☐☐ benefactor 은혜를 베푸는 사람, 기부자, 후원자	20
☐☐ beneficent 자선심이 많은, 선행을 하는	20
☐☐ beneficial 유익한, 이로운	20
☐☐ beneficiary 수혜자, 수혜인	337
☐☐ benefit 이익, 좋은 일	20
☐☐ benign 온화한, 정다운, 친절한	350
☐☐ bent 구부러진, 정직하지 못한, 소질, 취향	244
☐☐ bet 돈을 걸다, 내기를 걸다, 내기, 내기 돈	317
☐☐ betray 무심코 나타내다, 배반하다, 누설하다	232
☐☐ beverage 마실 것, 음료	256
☐☐ beyond 저편에, 이상으로, 그 밖에, ~을 넘어서, 지나서	77
☐☐ biannual 일 년에 두 번씩	135
☐☐ biased 치우친, 편견을 지닌	317
☐☐ bibliography 서지학, 출판 목록, 참고 문헌	21
☐☐ bid 명령하다, 입찰에 응하다, 가격 제시, 응찰	317
☐☐ bilingual 2개 국어를 하는, 이중언어의	135
☐☐ bill 계산서, 지폐, 법안, 청구서를 보내다, 알리다	204
☐☐ billion 10억, 막대한 수, 10억의	138
☐☐ binary 둘의, 2진법의, 2진수의	212
☐☐ biochemistry 생화학	21
☐☐ biography 전기, 일대기	21
☐☐ biological 생물체의, 생물학의	21
☐☐ biology 생물학	21
☐☐ biosafety 생물 안전	221
☐☐ blacksmith 대장장이, 대장간	263
☐☐ blaze 화염, 불꽃, 격발 타오르다, 타오르게 하다	371
☐☐ bleak 황량한, 처량한	318
☐☐ blossom 꽃, 꽃 피다, 개화하다	166
☐☐ blur 흐리게 하다, 무감각하게 하다, 흐릿한 형체	359
☐☐ boiling point 끓는점, 비등점	326
☐☐ boom 활기를 띄우다, 폭등하다	187
☐☐ boost 밀어 올리다, 후원하다	343
☐☐ booth 노점, 매점, 칸막이 좌석	357
☐☐ border 가장자리, 경계, 국경	72
☐☐ boredom 지루함, 권태, 지루한 일	393
☐☐ borrowing 대출, 빌린 것	250
☐☐ bosom 가슴(속), 내심, 내부 절친한, 사랑하는	365
☐☐ bother 괴롭히다, 걱정하다	186
☐☐ boundary 경계선, 국경	230
☐☐ brand 상표, 품질	229
☐☐ brand-new 신상품의, 아주 새로운	366
☐☐ breakthrough 돌파구, 큰 발전	211
☐☐ breeder 번식하는 동물가, 양육자, 고속 증식로	400
☐☐ breeze 산들바람, 미풍, 쉬운 일, 산들바람이 불다	392
☐☐ bribe 매수하다, 뇌물을 주다, 뇌물	367
☐☐ briefly 간단히, 잠시 동안	77
☐☐ brilliant 빛나는, 훌륭한	298
☐☐ bring about ~을 유발하다, 초래하다	155
☐☐ bring home to ~에게 절실히 느끼게 하다	155
☐☐ brink 가장자리, 물가, 직전	391
☐☐ brisk 활발한, 번창하는	394
☐☐ brittle 부서지기 쉬운, 상처 입기 쉬운, 냉담한	382
☐☐ broadcast 방송하다, 방영하다, 방송, 방영	238
☐☐ broadcasting 방송, 방영	375
☐☐ bronze 청동, 브론즈, 청동제의, 청동색의	200
☐☐ brood 골똘히 생각하다, 알을 품다, 한 배의 병아리, 품종	322
☐☐ brotherhood 형제간, 형제애	322
☐☐ bud 눈, 미숙한 것, 싹트다, 자라기 시작하다	165
☐☐ budget 예산, 비용, 예산을 세우다	195
☐☐ bunch 송이, 묶음, 떼	371
☐☐ burial 매장, 토장	352
☐☐ burning 연소, 태우는 것, 불타는, 뜨거운	279
☐☐ burrow 굴을 파다, 잠복하다, 굴	300

□□ burst 파열하다, 터뜨리다, 파열, 한차례 사격 300
□□ business 장사, 사무, 직업, 직무 72
□□ buzz 윙윙거리다, 분주하게 돌아다니다, 윙윙거리는 소리 329

C

□□ cafeteria 카페테리아 177
□□ calculate 계산하다, 추정하다 53
□□ calculated 계산된, 예측된 277
□□ calendar 달력, 책력, 연중행사표 231
□□ camouflage 위장, 눈가림 위장하다 164
□□ cancel 취소하다, 중지하다 190
□□ candidate 후보자, 지원자 192
□□ canopy 덮개, 차양 344
□□ capable 유능한, ~할 능력이 있는 65
□□ capital 수도, 자본, 대문자, 자본의, 가장 중요한, 대문자의 148
□□ capital punishment 사형 380
□□ captivity 감금, 억류 356
□□ carbon and oxygen 탄소(C)와 산소(O) 180
□□ career 직업, 생애, 이력, 성공 231
□□ carefree 근심 걱정이 없는, 무책임한 374
□□ carnivorous 육식성의 163
□□ carry out ~을 수행하다, 완수하다 156
□□ cartoon 만화 263
□□ cash 현금, 현금으로 바꾸다, 환금해 주다, 현금의, 현금결제의 149
□□ cast 던지다, 주조하다, 배정하다, 주형, 배역, 벗겨진, 성형된 149
□□ catabolism 이화작용, 분해 대사 127
□□ cataclysm 대재앙, 대변동(홍수·전쟁 등의) 127
□□ catalogue 목록, 도서 목록, 목록을 만들다 127
□□ catapult 투석기, 장난감 새총 127
□□ cataract 큰 폭포, 홍수, (안과) 백내장 127
□□ catastrophe (별이 부서지는 현상) → 대참사, 대재앙 16
□□ category 범주, 부분 263
□□ cause 원인, 근거, 야기하다, 원인이 되다 22
□□ caustic 통렬한, 신랄한, 부식제 22
□□ cautious 조심성 있는, 주의하여 299
□□ celebrated 유명한, 저명한 363
□□ celebrity 명사, 유명인 344
□□ censorship 검열 324
□□ centigrade 백분도, 섭씨 온도, 백분도의, 섭씨의 138
□□ central 중심의, 중심적인, 주요한 24

□□ centre (원을 그리는 중심) → 중심, 중앙 24
□□ centrifuge (중심으로부터 분리하다) → 원심 분리하다 24
□□ century 세기, 백년 264
□□ certain 확실한, 일정한, 어떤, 어느 정도의 25
□□ certificate 증명서, 면허증 25
□□ certify 증명하다, 인증하다 25
□□ challenge 도전, 공격, 난제, 도전하다, 대답을 요구하다 231
□□ challenging 도전적인, 자극적인 → 어려운 261
□□ chamber 방, 회의실, (의회) –원 358
□□ chancellor 장관, 대법관, (독일) 수상 349
□□ channel 수로, 채널 258
□□ chant 노래, 구호, 노래를 부르다, 구호를 외치다 323
□□ chapter 장, 구획 270
□□ character 성격, 특성, 인성 270
□□ characterise 특징짓다, ~의 특징이 되다,
  ~의 특징을 묘사하다 272
□□ charcoal 숯, 목탄 354
□□ charge 청구하다, 고발하다, 돌격하다, 요금, 비난, 고발, 책임 149
□□ charity 자비, 동정심 305
□□ chart 도표, 해도, 기록하다, 표로 그리다 281
□□ charter 헌장, 선언문, 인가서 354
□□ chartered 특허를 받은, 공인된 286
□□ chase 뒤쫓다, 추구하다 310
□□ cheat 속이다, 사기 270
□□ check 점검, (급)정지, 조사하다, 점검하다,
  저지에 도움이 되는, 체크무늬의 149
□□ chewing 씹는, 깨무는 저작 373
□□ chief executive 〈미〉 대통령, 주지사, 최고 지도자 379
□□ chill 춥게 하다, 오싹하게 하다, 열의를 꺾다, 냉기, 한기,
  차가운, 쌀쌀한 183
□□ choose 고르다, 선출하다, 결정하다 186
□□ chronic 상습적인, 만성적인 217
□□ chronological order 연대순 332
□□ chunk 큰 덩어리, 상당한 양 316
□□ circadian rhythm 24시간 주기 리듬 385
□□ circle 선회하다, 돌다, 회전하다, 원, 원주 213
□□ circulatory system 순환계 219
□□ circumference 원주, 주변, 경계선 141
□□ circumscribe ~의 둘레에 선을 긋다, 제한하다, 억제하다 141
□□ circumspect 조심성 있는, 신중한 141
□□ circumstance 상황, 환경, 정황 141
□□ circumvent 일주하다, 우회하다, 피하다 141

415

☐☐ circus 서커스, 경기장	246
☐☐ city council 시 의회	382
☐☐ civic 시민의, 도시의	202
☐☐ civil right 시민권	191
☐☐ civilisation 문명, 국민	189
☐☐ claim 요구하다, 주장하다, 요구, 주장	26
☐☐ clamp 죄다, 고정시키다, 걸쇠, 꺽쇠, 집게	351
☐☐ clan 씨족, 일문	191
☐☐ clarify 명백하게 설명하다, 맑게 하다	27
☐☐ clarity 명쾌함, 투명함	290
☐☐ clash 땡땡 울리는 소리, 충돌, 땡땡 소리나다, 충돌하다	259
☐☐ classic 고전의, 일류의, 고전	203
☐☐ classified ads 안내광고	259
☐☐ clean 깨끗한, 오염되지 않은 → 청결한	27
☐☐ cleaning agent 청소 약품, 표백제	219
☐☐ clear 밝은, 맑은, 순수한	27
☐☐ clearance 허가, 정리, 승인, 틈, 청소	248
☐☐ clearing 청산, 청소, 장애물 제거	27
☐☐ client 의뢰인, 고객	196
☐☐ climate 기후	72
☐☐ climb 오르다	241
☐☐ cling 달라붙다, 매달리다	309
☐☐ clinic 진료소, 병원, 상담소	218
☐☐ clue 실마리, 단서, 열쇠	205
☐☐ clumsy 꼴사나운, 어색한, 서투른	339
☐☐ cluster 송이를 이루다, 군생하다, 밀집하다, 송이, 성단, 집단	333
☐☐ coastline 해안선	283
☐☐ code 신호, 암호, 법전	234
☐☐ coeducation 남녀공학	259
☐☐ coffin 관, 널, 판	395
☐☐ coin 만들다, 주조하다, 동전, 주화	149
☐☐ coinage 화폐제도, 신조어	170
☐☐ collaborate 공동으로 일하다, 협력하다	40
☐☐ collaboration 협동, 원조	128
☐☐ collapse 무너지다, 쓰러지다, 좌절되다, 실패, 붕괴	344
☐☐ collect 모으다, 수집하다, 모이다	128
☐☐ collection 수집, 소장품	199
☐☐ collision 충돌, 격돌	303
☐☐ colloquial 구어체의, 일상 회화의	173
☐☐ colonial 식민지의, 식민의	261
☐☐ colony 집단, 군체, 콜로니, 서식지, 이민	162
☐☐ colossal 거대한, 엄청난, 놀랄 만한	387
☐☐ column 기둥, 원주, 종렬	235
☐☐ coma 혼수상태, 코마	368
☐☐ combat 전투, 싸움, 싸우다	253
☐☐ combustion 연소, 격동	291
☐☐ come up with ~을 찾아내다, 생산하다, 제시하다	156
☐☐ comeback 컴백, 복귀, 재기	282
☐☐ comedy 희극	171
☐☐ comfort 위안, 위로, 위로 [위안]하다	234
☐☐ comic strip 연재 만화 (신문 등의)	253
☐☐ commemorate 기념하다, 축하하다	332
☐☐ commencement 개시, 최초, 학위 수여식	303
☐☐ commerce 상업, 교역	195
☐☐ commercial 상업상의, 영리적인	263
☐☐ commission 위원회, 임무, 수수료	196
☐☐ commit (끼워 맞추다, 맡기다) → 헌신하다, 위탁하다, 범하다, 약속하다	45
☐☐ community 공동사회, 군락	190
☐☐ commute 통근하다, 갈다, 교환하다, 통근	300
☐☐ compact 채우다, 압축하다, 정식 동의, 협정, (꽉 죄어진) → 조밀한, 간결한	128
☐☐ companion 동료, 반려, 친구	282
☐☐ companionship 교우, 교제	352
☐☐ company 동료, 일행, 교제, 회사, 사귀다, 따르다	149
☐☐ compare 비교하다, 견주다	225
☐☐ compass 나침반, 한계, 범위	332
☐☐ compassion 연민, 동정심	302
☐☐ compel 강요하다	253
☐☐ compensation 보수, 배상금	280
☐☐ compete 경쟁하다, 경합하다, 필적하다	203
☐☐ competent 유능한, 충분한	253
☐☐ competing 경쟁하는, 필적하는	265
☐☐ compile 편집하다, 수집하다	343
☐☐ complain 불평하다	247
☐☐ complement 보완물, 보완하다, 덧붙이다	281
☐☐ complete 전부의, 완전한, 완결한, 완료하다, 끝내다, 이행하다	65
☐☐ completely 완전히, 완벽하게, 철저히	77
☐☐ complexion 안색, 외관	357
☐☐ complication 복잡, 귀찮은 문제, 합병증	366
☐☐ component 성분, 구성요소, 구성하는 성분의	343
☐☐ compose 조립하다, 구성하다, 만들다, 작곡하다	128
☐☐ composer 작곡가 (클래식 음악)	201
☐☐ compound 화합물	180

단어	뜻	페이지
comprehensive	이해력이 있는, 포괄적인	294
compression	압축, 요약	293
compromise	타협, 절충안, 타협하다, 굽히다	328
compulsory	강제적인, 필수의	175
compute	계산하다, 평가하다, 추정하다	289
conceal	감추다, 숨기다	321
concentrate	(한 점에 모으다) → 집중하다, 전력을 기울이다	24
concentrated	집중된, 응집된, 농축된	336
conception	개념, 생각, 고안	321
conceptual	개념의, 구상의, 미술의	361
concern	관심, 관심사, 관계하다, 걱정시키다	240
conclude	끝내다, 결론짓다	28
condition	(건강)상태, 상황, 조건	72
condone	묵과하다, 용서하다, 속죄하다	31
conduct	행동하다, 지휘하다, 이끌어 내다 행위, 행실 지도, 안내	32
confer	협의하다, 수여하다	178
confidential	기밀의, 비밀의	355
confined	갇힌, 외출이 금지된	383
confuse	혼동하다, 어리둥절하게 하다	353
confusing	혼란시키는, 당황케 하는	261
congestion	밀집, 폭주, 혼잡	35
congratulate	축하하다	270
congressman	(미) 하원의원	283
conical	원뿔의	270
connect	연결하다, 접속하다	270
conquest	정복, 승리	270
conscious	의식하고 있는, 지각이 있는	298
consciousness	의식, 자각, 인식	293
consecutive	연속하는, 계속적인	368
consent	동의하다, 찬성하다, 동의, 합의, 인가	330
consequence	결과, 귀결, 중대함	370
conservation	보존, 보호	352
conserve	보존하다, 절약하다	273
consider	잘 생각하다, 고려하다	58
considerable	상당한, 적지 않은, 중요한	367
considering	~을 고려하면	286
consist of	~로 구성되다, 이루어지다	156
console	위로하다, 달래다	405
constant	불변의, 끊임없이 계속하는	65
constantly	끊임없이, 항상, 빈번히	77
constitute	구성하다, 설립하다	204
consume	소비하다	278
consumption	소비, 소모	194
contagious	전염성의	218
contamination	오염, 타락	218
contemporary	같은 시대의, 현대의, 동시에 발생한	173
contempt	경멸, 모욕, 모멸	405
content	만족감, 내용물, 목차, 취지, 만족시키다, 만족하여	149
contraceptive	피임용의	96
contradict	(반대하여 말하다) → 부인하다, 모순되다	30
contradiction	부정, 모순	96
contrary	정반대의, 적합하지 않은	96
contrast	(반대하여 서다) → 대조, 대비, 차이	96
contributor	기부 [고]자, 공헌자	271
control	지배하다, 통제하다	187
controller	감사관, 관리인	279
controversy	논쟁, 말다툼, 언쟁	96
convection	전달, 운반	388
convention	집회, 총회, 관습	336
conventional	전통적인, 관습적인	191
conversation	회화, 담화	72
converse	이야기하다	51
conversion	전환, 변환	307
convert	바꾸다	51
convex	볼록한	213
convinced	확신하는, 신념 있는	301
copyright	저작권, 판권	206
coral	산호	344
coral reef	산호초	388
corporation	법인, 지방자치단체, 유한회사	331
corpse	시체, 송장	344
correct	옳은, 정확한, 정정하다, 바로잡다	227
correlation	상호 관련, 상호작용	287
correspondence	일치, 조화, 통신	341
correspondent	대응하는, 일치하는 통신인, 특파원, 일치하는 것	388
corridor	복도, 회랑	388
corrode	부식하다, 침식하다	345
corrupt	부정한 → 타락한, 부패한, 타락시키다	128
cottage	시골집, 작은 집	350
council	회의, 평의회, 자문위원회	260
counseling	상담, 조언	265
counselor	상담역, 고문	378
counteract	거스르다, 방해하다 → 중화하다, 좌절시키다	95

417

- □□ counterattack 역습, 반격 95
- □□ counterbalance 평형추, 평형력 95
- □□ counterclockwise 시계 반대 방향의, 시계 반대 방향으로 95
- □□ counterpart 상대, 사본 95
- □□ countless 셀 수 없는, 무수한 299
- □□ courage 용기, 담력 238
- □□ course 과정, 진행, 강의, 강좌 240
- □□ court 법정, 구애하다, 사귀다 205
- □□ courtesy 예의 바름, 공손, 호의 266
- □□ coverage 적용 범위, 보상 범위 351
- □□ cozy 기분 좋은, 편안한, 아늑한 351
- □□ crack 갈라진 금, 흠, 금가게 하다, 지끈 깨다 262
- □□ craft 기능, 기술, 숙련 직업, 비행선 315
- □□ crash 충돌, 붕괴, 부수다, 떨어지다 259
- □□ crawl 기어가다, 포복하다, 포복 266
- □□ create 묶다, 둘러 감다, 야기하다, 일으키다 53
- □□ creativity 창조성, 독창력, 활기 265
- □□ creature 창조물, 생물 352
- □□ credible 신뢰할 수 있는, 확실한 29
- □□ credit 신뢰, 신용, 명예 29
- □□ creditor 채권자 29
- □□ creed 신념, 신조, 교의 29
- □□ crime 죄, 범죄 265
- □□ criminal 범죄자, 범죄의, 형사상의 208
- □□ criteria 표준, 기준, 척도 cf. criterion의 복수형 279
- □□ critic 비평가, 평론가 252
- □□ critical 비평의, 위기의, 결정적인, 중요한 65
- □□ criticism 비평, 비판 171
- □□ crop 농작물, 수확, 수확하다, 베어들이다, 따다 252
- □□ crossing 횡단, 교차(점), 《생》교배 263
- □□ crowd 군중, 다수, 붐비다, 군집하다 256
- □□ crucial 결정적인, 중대한 302
- □□ crude 대충의, 대충 만든, 원래 그대로의, 조잡한 235
- □□ cruise 순항, 순항하다 372
- □□ crush 눌러 부수다, 압착하다, 궤멸시키다 294
- □□ crust 빵 껍질, 딱딱한 표면 296
- □□ cube 정육면체, 입방체 214
- □□ cultivate 경작하다, 재배하다 → 양성하다 243
- □□ cure 치료하다, 고치다, 치료, 치유, 회복 219
- □□ curious 호기심이 강한, 캐기 좋아하는 233
- □□ currency 통화, 통용 192
- □□ current 지금의, 현행의, 통용하는, 흐름, 유동, 경향 150
- □□ current affairs 시사 373
- □□ curriculum 교과과정 175
- □□ curve 곡선, 곡면, 굴곡 375
- □□ customary 습관적인, 통례의 333
- □□ customer 고객, 단골 241
- □□ cut a fine figure 두각을 나타내다 156

D

- □□ daily 매일, 날마다, 매일의 252
- □□ dairy 버터, 치즈, 유제품 251
- □□ dam 댐, 막아 놓은 물 271
- □□ damage 손해, 피해, 손해를 입히다, 다치다 273
- □□ damp 축축한, 습기 찬 293
- □□ danger 위험 273
- □□ daring 대담한, 무모한, 혁신적인 311
- □□ data 데이터, 자료 229
- □□ dawn 새벽, 여명, 날이 새다, 나타나기 시작하다 273
- □□ day-to-day 나날의, 일상의 283
- □□ dazzling 눈부신, 현혹적인 393
- □□ deadline 마감 시간, 최종 기한 272
- □□ deadly 몹시, 치명적으로, 치명적인, 심한 77
- □□ deal 다루다, 처리하다, ~와 관련을 맺다, 거래하다 58
- □□ dealing 관계, 거래, 매매 280
- □□ dean 학장, 학생과장, 주임 사제 179
- □□ death toll (사고, 전쟁 등의) 사망자 수 355
- □□ debt 빚, 채무 239
- □□ decade 10년, 10년간 138
- □□ decaying 썩어 가는, 부패하는, 쇠퇴하는 218
- □□ deceit 사기, 책략, 허위 345
- □□ decent 괜찮은, 제대로 된, 품위 있는 352
- □□ decide 결심하다, 결정하다, 해결하다 189
- □□ decimal 십진법의, 소수의 138
- □□ decipher 해석하다, 판독하다 170
- □□ decision 결정, 결심, 결단력 72
- □□ declaration 선언, 포고, 신고 376
- □□ declare 선언하다, 선포하다 27
- □□ decompose 분해하다, 부패시키다, 분석하다 123
- □□ decorate 장식하다 53
- □□ decrease 줄다, 감소하다 123
- □□ decree 법령, 판결 205

☐☐ dedicated 일생을 바친, 헌신적인	371
☐☐ dedication 봉헌, 헌신	304
☐☐ deepen 깊게 하다, 심화시키다	58
☐☐ defeat 쳐부수다, 좌절시키다, 패배, 좌절	226
☐☐ defective 결점이 있는, 불안전한	366
☐☐ defense 방어, 변호	256
☐☐ deficiency 결핍, 부족	307
☐☐ definitive 최종적인, 확정적인, 명확한	293
☐☐ degenerate 퇴보하다, 타락하다	364
☐☐ degrade 퇴화시키다, 좌천시키다	123
☐☐ delay 늦추다, 지체시키다, 미루다, 자연, 유예	239
☐☐ delegate 대표, 사절, 대리인, 대표자로서 파견하다	71
☐☐ deliberately 신중히, 고의로	288
☐☐ delicate 섬세한, 고운, 우아한, 깨지기 쉬운, 정밀한, 예민한	66
☐☐ demand 요구, 청구, 수요, 요구하다, 필요로 하다	193
☐☐ demolish 헐다, 철거하다, 파괴하다, 폐지하다	53
☐☐ demonstrator 시위대, 논증자, 증명자	293
☐☐ dense 밀집한, 빽빽한	182
☐☐ densely-populated 인구가 밀집된, 인구가 조밀한	314
☐☐ depart 떠나다, 벗어나다, 출발하다	123
☐☐ depend (on) 의존하다, 의지하다, 믿다	187
☐☐ depict 그리다, 묘사하다	59
☐☐ depot 창고, 보급소	356
☐☐ depression 의기소침, 불경기, 우울증	196
☐☐ derivative 유도체, 파생어, 새롭지 않은	181
☐☐ descend 내려오다, 전해지다, 자손, 후예, 제자	48
☐☐ descendant 자손, 후예, 문하생, 하강성의, 파생된	48
☐☐ descent 강하, 몰락, 혈통	290
☐☐ describe (밑에 베끼다) → 묘사하다, 기술하다	50
☐☐ description 기술, 묘사, 해설	326
☐☐ desire 욕구, 요망, 바라다	237
☐☐ despotism 전제정치, 폭정	235
☐☐ destined 예정된, 운명 지어진, ~할 운명인(~for)	362
☐☐ destiny 운명, 숙명	255
☐☐ destruction 파괴, 파멸	250
☐☐ destructive 파괴적인, 해를 끼치는	123
☐☐ detain 못 가게 붙들다, 기다리게 하다, 유치 [구류]하다	397
☐☐ detect 발견하다, 간파하다	59
☐☐ deteriorate 나쁘게 하다, 악화시키다, 타락시키다	263
☐☐ deterioration 악화, 하락, 타락	344
☐☐ detrimental 해로운, 불리한	388
☐☐ develop 발달시키다, 개발하다	225
☐☐ developing 발전 도상의	253
☐☐ device 장치, 고안, 상표	212
☐☐ devise 고안하다, 발명하다	259
☐☐ devote oneself to ~에 몰두하다	156
☐☐ devout 믿음이 깊은, 독실한	385
☐☐ dew 이슬, 신선함, 상쾌함	281
☐☐ diagnosis 진단, 식별	124
☐☐ diagram 도형, 도식, 도해	124
☐☐ dialect 방언, 지방 사투리	124
☐☐ dialogue 대화, 토론	124
☐☐ diameter 지름, 직경	124
☐☐ dichotomy 이분법, 양분	135
☐☐ dictate (말하다) → 구술하다, 받아쓰게 하다	30
☐☐ dictator 독재자, 지배자	30
☐☐ dictionary (단어집) → 사전, 용어 사전	30
☐☐ diet 식사, 규정식, 다이어트를 하다	255
☐☐ digest (따로따로 나르다) → 소화하다, 요약하다	35
☐☐ digital 숫자로 된, 디지털 방식의	214
☐☐ diminish 적게 하다, 줄이다, 감소하다	330
☐☐ diploma 졸업장, (대학)과정	177
☐☐ direct 똑바른, 직접의, 솔직한, 지도하다, 돌리다, 가리키다	150
☐☐ directly 곧장, 직접적으로, 즉시로	78
☐☐ disability 무능, 장애	243
☐☐ disabled 불구가 된, 무능력해진	315
☐☐ disagree 일치하지 않다, 의견이 다르다	84
☐☐ disappear 사라지다, 소멸하다 사라짐, 소멸	84
☐☐ disappoint 실망시키다, 좌절시키다	313
☐☐ disapprove 안 된다고 하다, 찬성하지 않다, 비난하다	358
☐☐ disaster (별에서 잘못된 배치 / 떨어진) → 재해, 재난, 대참사	16
☐☐ disastrous 비참한, 대실패의	301
☐☐ discard 버리다, 처분하다, 버린 패	269
☐☐ discipline 학과, 훈련, 징계	175
☐☐ disclaim ~의 권리를 포기하다, 부인하다	26
☐☐ disclosure 폭로, 발표, 발각	340
☐☐ discount 할인, 할인하다	372
☐☐ discriminate 구별하다, 식별하다, 차별하다	290
☐☐ discrimination 구별, 식별, 차별	277
☐☐ disease 병, 질병	84
☐☐ disgrace 불명예, 치욕, 수치, 먹칠하다, 실각하다	342
☐☐ disinfect 살균 소독하다, 바이러스를 제거하다	216
☐☐ dislike 싫어하다, 좋아하지 않다	84
☐☐ disloyal 불충한, 불성실한, 신의 없는	394

☐☐ dismiss 해산시키다, 해고하다	309
☐☐ dismissal 해고, 기각, 묵살	339
☐☐ disobey 〈분부, 명령〉 따르지 않다, 불복종하다	320
☐☐ disorder 무질서, 혼란 → 병, 질환	84
☐☐ disperse 흩뜨리다, 해산시키다	380
☐☐ displace 바꾸어 놓다, 대신 들어서다	329
☐☐ disposal 처리, 처분	333
☐☐ dispose 배치하다, 처리하다	359
☐☐ dispute 논쟁, 분쟁, 논쟁하다, 다투다	276
☐☐ disrupt 방해하다, 지장을 주다	326
☐☐ dissertation 학위논문	177
☐☐ distance learning 통신교육, 방송교육, 원격교육	179
☐☐ distinctive 특유의, 독특한	287
☐☐ distinguish 구별하다, 분류하다	294
☐☐ distinguish oneself 이름을 내다, 공을 세우다	156
☐☐ distort 비틀다, 찌푸리다, 왜곡하다	299
☐☐ distortion 찌그러짐, 왜곡	361
☐☐ distract 흐트러뜨리다, 전환시키다	389
☐☐ distraction 산만, 방심	301
☐☐ distress 괴롭히다, 슬프게 하다 곤란, 괴로움, 빈곤	358
☐☐ distribute 분배하다, 배치하다	234
☐☐ distribution system 분배 체계, 유통기구	194
☐☐ divert 유용하다, 전환시키다	51
☐☐ divide into ~으로 나누다	156
☐☐ do away with 제거하다, 죽이다	157
☐☐ document 문서, 서류, 기록, 증명하다, 증거를 제공하다	73
☐☐ documentary 실록, 문서의, 서류의	238
☐☐ domestic 가정의, 국내의	66
☐☐ domesticate 길들이다, 교화하다	163
☐☐ dominant 지배적인, 두드러진	164
☐☐ dominate 지배하다, 조절하다	239
☐☐ donate 기부 [기증]하다, 제공하다	31
☐☐ donor 기증자, 증여자	31
☐☐ dormant 잠자는, 휴지상태에 있는, 잠재하는	66
☐☐ downfall (급격한) 낙하, 쏟아짐, 몰락	115
☐☐ downhill 내리막길, 몰락	115
☐☐ downstairs 아래에에, 아래층	115
☐☐ downstream 하류의, 강 아래로, 하류에, 강 아래로	115
☐☐ downwind 바람이 불어가는 쪽으로, 순풍에	115
☐☐ dozen 숫자 12, 1개짜리 한 묶음	214
☐☐ draft 밑그림을 그리다, 초안을 작성하다, 초안, 수표	204
☐☐ drain 배수하다, 유출시키다, 쇠진하다, 배수관, 배수구 뚜껑	278
☐☐ drainage 배수, 배수장치	301
☐☐ drama 희곡, 연극	172
☐☐ dramatic 극적인, 연극 같은	173
☐☐ draw 그리다, 당기다, 빨아당기다	59
☐☐ drawback 약점, 결점, 장애	362
☐☐ drive 몰다, 운전하다, 내몰다	225
☐☐ driveway 차도	235
☐☐ drown 익사시키다, 침수시키다	379
☐☐ due 지불 기일이 된, 정당한, 당연한 권리, 부과금, 정(正)방향으로	150
☐☐ duet 이중창, 이중주	202
☐☐ duplicate 사본, 복사(물), 중복의, 복제의, 똑같은, 동일한	135
☐☐ durable 영속성 있는, 튼튼한, 견고한	295
☐☐ duty 의무, 임무, 세금	231
☐☐ dwarf 작게 하다, 위축시키다, 난쟁이, 자그마한, 소형의, 위축된	332
☐☐ dwell 살다, 거주하다	165
☐☐ dwelling 주거(지), 주택	332
☐☐ dye 염료, 물감 물들이다, 염색하다	383
☐☐ dynamic 동적인, 활동적인	66

E

☐☐ earn 벌다, 획득하다	226
☐☐ ease 편함, 안정, 쉬움 편해지다, 수월하게 하다	224
☐☐ easel 이젤, 받침틀	200
☐☐ eccentric (중심에서 떨어진) → 별난, 괴벽스러운	24
☐☐ echolocation 반향 위치 측정(박쥐나 돌고래 등)	310
☐☐ eclectic 다방면에 걸친	202
☐☐ eclipse 일식, 월식	385
☐☐ economic value 경제적 가치	197
☐☐ economy 경제, 절약	192
☐☐ ecstasy 무아경, 황홀경, 정신 혼미	119
☐☐ edge 가장자리, 끝, 날	234
☐☐ edible 먹을 수 있는, 식용에 알맞은	66
☐☐ edit 편집하다, 교정하다	239
☐☐ educate (끌어내다) → 교육하다, 육성하다	32
☐☐ education 교육	174
☐☐ efficiency 능력, 능률, 효율	374
☐☐ effort 노력, 수고 → 업적, 성취	119
☐☐ eject 쫓아내다, 추방하다, 뿜어내다	119
☐☐ elaborate 공들인, 복잡한, 정교한, 상세히 말하다, 정교해지다	40
☐☐ elective 임의선택의, 선거에 의한	175

electronic 전자의, 전자공학의	210
element 원소, 요소	180
eligible 적격의, 적임의, 바람직한 적임자, 유자격자	385
elongate 연장하다, 늘이다	358
eloquent 웅변을 잘하는, 유창한	200
elucidate 설명하다, 해명하다, 밝히다	53
emancipate 해방시키다, 석방하다	355
embargo 출항 금지, 금지	19
embarrass (장벽을 두다) → 어리둥절하게 하다, 난처하게 하다	19
embezzlement 도용, 횡령, 착복	385
embrace 포옹하다, 받아들이다, 아우르다	310
emerge 나타나다, 드러나다	262
emergence 출현, 발생, 개화	353
emigrate (밖으로 이동하다) → 이주하다, 전출하다	44
emigration (타국으로) 이민, 이주	119
emission 방사, 발산, 방출, 배출물	377
emit (밖으로 보내다) → 방사하다, 내뿜다	45
emphasis 중요성, 주안점, 강조	382
emphasise 강조하다, 역설하다	53
emphatic 어조가 강한, 단호한, 강조하는	169
enact 제정하다, 규정하다	118
enclose 에워싸다, 동봉하다, 넣다	28
encourage 격려하다, 용기를 북돋우다	131
endanger 위태롭게 하다, 위험에 빠뜨리다	118
endemic 풍토병의, 지방 특산의	118
endless 끝이 없는, 무한의	264
endorse 배서하다, 보증하다	370
endosymbiosis 내부 공생	353
endotoxin 내독소	118
endure 참다, 견디다	226
energy reserve 에너지 보존	336
enforce 실시하다, 집행하다	205
engaged 약속된, 약혼한, ~에 종사하는	350
engagement 약혼, 업무, 교전, 고용	319
engineer 기사, 기술자	275
engineering 공학기술, 공학	210
enhance 높이다, 강화하다, 증진시키다	314
enlarge 크게 하다, 확대하다	330
enlightenment 계몽, 깨우침, 이해	299
enliven 생기를 주다, 활기 있게 만들다	131
enormous 거대한, 엄청난	262
enrich 풍성하게 하다, 부유하게 하다	131
enroll 입학시키다, 등록하다	176
enslave 노예로 만들다, 사로잡다	118
ensure 안전하게 하다, 보증하다, 확실하게 하다	291
entail 남기다, 수반하다, 부과하다	401
entangle 뒤얽히게 하다, 혼란시키다, 빠뜨리다	401
enthusiast 열성적인 사람, 애호가	281
enthusiastically 열광적으로, 열중하여	402
entirely 완전히, 아주, 전혀	78
entrance 들어감, 입구	247
environment 환경, 주위	164
environmentalist 환경보호론자	271
epic 서사시, 서사시적 작품	351
epidemic 유행병, 전염병, 유행성의, 전염성의	147
episode 삽화, 에피소드	202
epoch 신기원, 신세대, 중요한 사건, 《지질》세(世)	377
equation 방정식, 수식, 균등화	215
equilibrium 평형, 균형	183
equivalent 동등한, 상당하는, 동등물, 동의어, 당량	331
era 연대, 시기, 기원	358
erase 지우다, 삭제하다	248
erode 침식하다, 부식시키다	185
erosion 부식, 침식	328
erroneous 잘못된, 틀린, 정도를 벗어난	377
error 잘못, 실수	73
erupt 분출하다, 폭발하다	297
eruption 폭발, 분화	345
escalate 단계적으로 오르다, 확대되다, 단계적 확대, 에스컬레이션	48
escort 호송, 호위, 호위하다	394
essay 수필, 에세이	172
essential 필수적인, 가장 중요한, 필수적인 것, 요점	182
establish 설립하다, 확증하다	54
esteem 존중, 존경, 존중 [존경]하다, 생각하다	376
estimation 판단, 평가, 평가치	368
eternal 영원한, 끝없는	361
ethereal 미묘한, 공기 같은, 가벼운, 하늘의	403
ethical 도덕상의, 윤리적인	361
ethics 윤리학	188
ethnic 인종의, 민족의	315
eulogy 찬미, 찬송, 찬양	140
euphemism 완곡어법	140
evacuate 비우다, 철수시키다, 피난하다	403

☐☐ evade 피하다, 회피하다	402
☐☐ evaluate 평가하다, 어림하다	54
☐☐ evaluation 평가, 사정	287
☐☐ evaporate 증발하다	183
☐☐ evasive 회피적인, 파악하기 어려운, 애매한	363
☐☐ even 한층, 더욱, 오히려, 평탄한, 한결같은, 짝수의, 평평하게 되다	150
☐☐ eventually 결국, 마침내	302
☐☐ evergreen 늘 푸른, 상록의	66
☐☐ evidence 증거, 흔적	207
☐☐ evil 악, 사악, 나쁜, 불길한, 불쾌한	279
☐☐ evolution 발달, 진화	294
☐☐ evolutionary theory 진화론	167
☐☐ exaggerate (쌓아 올리다) → 과장하다, 과대시하다	35
☐☐ exaggeration 과장(된 표현)	266
☐☐ exalt 높이다, 승진시키다, 찬양하다	402
☐☐ examination 시험	177
☐☐ excavate (굴을 파다) → 파다, 발굴하다	404
☐☐ exceed 넘다, 초과하다	23
☐☐ except for ~이 없으면, ~을 제외하고는	262
☐☐ excess 여분의, 초과한, 초과, 지나침, 지나친 행위	220
☐☐ exchange 교환, 교역, 교환하다, 주고받다	254
☐☐ exclaim (바깥을 향해 소리치다) → 외치다, 감탄하다	26
☐☐ exclamation 외침, 절규, 감탄, 감탄사	404
☐☐ exclude (못 들어오게 하다) → 제외하다, 차단하다	28
☐☐ exclusion 제외, 차단, 정학 처분	339
☐☐ exclusive 배타적인, 독점적인, 제외하고	398
☐☐ excuse 변명, 사과, 구실, 핑계, 변명하다, 용서하다	22
☐☐ exhibition 전람, 전람회	199
☐☐ exile 추방하다, 유배에 처하다	189
☐☐ existing 현존하는, 현행의	254
☐☐ exorbitant 과도한, 사치하는	404
☐☐ expand 넓히다, 확장하다, 팽창하다	119
☐☐ expedition 탐험, 원정, 여행, 탐험대	278
☐☐ expenditure 지출, 경비, 소모	194
☐☐ expense 지출, 비용, 경비	196
☐☐ experience 경험, 체험	73
☐☐ expertise 전문 기술 [지식], 전문가의 감정서	404
☐☐ explicit 분명한, 명백한, 숨김없는	401
☐☐ expose 드러내다, 쐬다, 폭로하다	242
☐☐ express 표현하다, 나타내다, 명시된, 특수한, 급행의, 급행열차, 속달	150
☐☐ expressive 표현적인, 나타내는	306
☐☐ extend 뻗다, 연장하다, 넓히다	306
☐☐ extended family 대가족	191
☐☐ extensively 널리, 광범위하게	375
☐☐ exterior 외부, (밖의) → 외부의, 밖의, 대외적인	120
☐☐ exterminate 파괴하다, 전멸시키다, 근절하다	404
☐☐ external 외국의, 대외적인	120
☐☐ extinct 불이 꺼진, (화산이) 활동을 멈춘, 멸종하는, 사라진	243
☐☐ extracurricular 과외의, 정규과목 이외의	176
☐☐ extraordinary 비상한, 비범한 → 훌륭한, 특별한	120
☐☐ extravagant (도를 지나치다) → 낭비하는, 사치스러운, 기발한, 엄청난 → 지나친	120
☐☐ extreme 극도의, 과격한, 맨 끝의	120

F

☐☐ fable 우화, 꾸며낸 이야기	171
☐☐ face-to-face 직면하여, 정면으로 맞서서	191
☐☐ facilitate 쉽게 하다, 용이하게 하다, 촉진하다	241
☐☐ facility 설비, 시설, 편의, 재능	33
☐☐ facsimile 복사, 모사, 사진 전송	33
☐☐ factor 요인, 원인	33
☐☐ factual 사실의, 실제의	295
☐☐ faculty 능력, 재능, 기능, 학부	33
☐☐ fade 바래다, 사라지다, 시들다	296
☐☐ faint 희미한, 어렴풋한	312
☐☐ faith 신뢰, 신념, 확신	256
☐☐ faithfully 충실히, 정확하게	293
☐☐ falter 비틀거리다, 말을 더듬다, 주춤하다, 약해지다	395
☐☐ famous 유명한, 이름난, 훌륭한	66
☐☐ farming 농업, 농작, 경영, 사업	229
☐☐ fascinate 매혹하다, 반하게 하다	54
☐☐ fascinating 매혹적인, 반하게 만드는	371
☐☐ fascist 파시스트, 독재자	336
☐☐ fashion 방법, 방식, 유행	201
☐☐ fasten 묶다, 죄다, 닫히다	59
☐☐ fatal 운명의, 중대한, 치명적인	220
☐☐ fault 단층, 결점, 단점, 과실, 실수	232
☐☐ fauna and flora 동식물군, 동식물종	162
☐☐ favourable 호의적인, 유리한	67
☐☐ favourite 마음에 드는, 매우 좋아하는, 좋아하는 사람 [물건]	235
☐☐ feasible 실현 가능한, 알맞은	310

| □□ feature 특징, 얼굴, 용모, 특징을 그리다, ~와 닮다, 특집하다 282
| □□ feeble 연약한, 희미한, 나약한 405
| □□ fellowship 동료 의식, 친교 294
| □□ feminist 여권 주장자, 남녀 평등주의자 260
| □□ ferocious 사나운, 맹렬한, 잔인한 403
| □□ fertile 기름진, 비옥한, 번식능력이 있는, 다산의, 풍부한 405
| □□ fertilise 수정하다, 비옥하게 하다 165
| □□ fiancé 약혼자, 피앙세 261
| □□ fibre 섬유, 내구성 73
| □□ fiction 소설, 꾸민 이야기, 허구 73
| □□ fictitious 가공의, 가상의, 거짓의, 허위의 405
| □□ fierce 사나운, 잔인한, 격렬한, 지독한 404
| □□ figure 숫자, 계산, 모습, 인물, 계산하다, 생각하다 247
| □□ filter 거르다, 여과하다 185
| □□ financial 재정상의, 재무의 192
| □□ find fault with ~을 비난하다 157
| □□ firm 견고한, 확고한, 탄탄한, 회사 254
| □□ first-aid 응급치료의 220
| □□ fiscal 국고의, 재정상의, 회계의 194
| □□ fitness 건강함, 체력, 적성 335
| □□ flamboyant 눈부신, 화려한, 현란한 405
| □□ flattery 아첨, 감언 352
| □□ flavour 냄새, 풍미, 맛 275
| □□ flaw 흠, 결함 343
| □□ flight 날기, 비행 [편], 떼 240
| □□ flight attendant 객실 승무원 374
| □□ flourish 무성하게 자라다, 번창하다 406
| □□ fluctuate 변동하다, 오르내리다 194
| □□ flunk 실패하다, 단념하다, 낙제하다 396
| □□ focus (on) 집중하다, 초점을 맞추다, 초점, 집중, 중심 232
| □□ follow 따르다, 쫓다, 따라가다 227
| □□ foot-and-mouth disease 구제역
  (가축의 입과 발굽에 생기는 전염병) 220
| □□ for the sake of ~을 위하여 157
| □□ forbid 금하다, 허락하지 않다 178
| □□ forecast 예보하다, 예상하다, 예측, 예보, 예상 102
| □□ forefather 조상, 선조 102
| □□ foregone conclusion
  처음부터 알고 있는 결론, 뻔한 결과 → 필연적인 결론 389
| □□ foreign 외국의, 이질적인 312
| □□ foremost 일류의, 으뜸가는 102
| □□ foresee 예견하다, 예지하다 102

| □□ forestall 앞서다, 앞지르다, 매점하다, 방해하다 406
| □□ foretell 예고하다, 예언하다 102
| □□ forge 만들다, 위조하다, 대장간 203
| □□ format 판형, 체재, 형식 235
| □□ former 먼저의, 전자의 228
| □□ fortunate 운이 좋은, 행운의 260
| □□ fortune 행운, 부, 재산 229
| □□ forward 앞쪽의, 전진하는, 앞으로 247
| □□ foster 기르다, 육성하다, 마음에 품다 237
| □□ foul 더러운, 부정한, 충돌한, 더럽히다, 부패하다, 충돌하다, 반칙, 파울 150
| □□ foundation 창설, 초석, 기금 252
| □□ fragrant 향기로운, 방향성의, 즐거운, 임신한 406
| □□ frame 창틀, 뼈대, 구조 252
| □□ framework 틀, 구조, 뼈대, 구성 214
| □□ fraud 사기, 기만 406
| □□ freedom 자유, 면제, 특권 73
| □□ freedom of the press 출판의 자유 255
| □□ freeze 얼음이 얼다, 정지하다, 멈추다 183
| □□ frequency 자주 일어남, 빈번, 주파수 312
| □□ freshman 신입생, 1학년생 250
| □□ frustrate 실망시키다, 좌절시키다, 방해하다 380
| □□ fuel 연료, 연료를 공급하다, 부채질하다 236
| □□ fugitive 도망자, 탈주자, 망명자 73
| □□ fulfil 다하다, 이해하다 276
| □□ fume 연기, 증기, 연무, 연기 나다, 몹시 화내다 318
| □□ function 기능, 의식, 기능을 하다, 작용하다 74
| □□ fundamenta 기본적인, 중요한 67
| □□ funding 자금, 제공, 융자 197
| □□ furnace 난로, 화덕, 용광로, 초열지옥 300
| □□ furnish 공급하다, 제공하다, 갖추다 54
| □□ further 더 멀리, 더 나아가서, 게다가, 그 이상의, 뒤따른, 진행시키다, 조성하다 78
| □□ further education 성인교육 (중등학교 수료 후의 교육) 179
| □□ furthermore 더욱이, 게다가 78
| □□ futile 노력이 헛된 406
| □□ future 미래, 장래 269

G

| □□ gallant 용감한, 씩씩한, 친절한 370

423

☐☐ gallery 관객, 회랑	199	
☐☐ garment 의복, 옷	364	
☐☐ gathering 모임, 집회	300	
☐☐ gear 톱니바퀴, 장치, 조정하다, 설치하다	277	
☐☐ gene 유전자, 유전인자, 기원의, 발생적인, 유전학적인	34	
☐☐ generate 일으키다, 발생시키다, 낳다	34	
☐☐ generator 발전기, 발생기	294	
☐☐ generosity 너그러움	314	
☐☐ generous 아끼지 않는 → 관대한, 풍부한, 짙은	67	
☐☐ genial 정다운, 친절한, 온화한	34	
☐☐ genius 천재, 특수한 재능	34	
☐☐ genre 유형, 장르	203	
☐☐ genuine 진짜의, 타고난, 진실된	34	
☐☐ geography 지리학	317	
☐☐ geometry 기하학	321	
☐☐ germ 세균, 병원균, 새싹, 기원	219	
☐☐ gesture (거동하다) → 몸짓, 눈치, 행위, 표시	35	
☐☐ gigantic 거대한	371	
☐☐ glitter 반짝반짝 빛나다, 번들거리다, 광휘, 화려함	321	
☐☐ glittering 반짝이는, 빛나는, 화려한	388	
☐☐ global 세계적인, 전체적인	233	
☐☐ glorify 찬양하다, 영광스럽게 하다, 미화하다	59	
☐☐ glory 영광, 영화	257	
☐☐ glossary 소사전, 용어집, 어휘사전	364	
☐☐ goal 목표, 목적지, 결승선	228	
☐☐ gorgeous 호화스러운, 화려한, 훌륭한	407	
☐☐ gossip 잡담, 험담, 가십	258	
☐☐ GPA 평점, 평균, 성적, 평가	176	
☐☐ grace 우아, 세련됨 → 호의	288	
☐☐ gradual 점차적인, 점진적인, 단계적인	341	
☐☐ graduate 졸업(생), 대학원 학생, 졸업하다, 학위를 수여하다	177	
☐☐ grammar 문법, 문법책	171	
☐☐ grant 주다, 승인하다, 허가, 인가, 보조금	268	
☐☐ grasp 붙잡다, 움켜잡다, 움켜잡기, 이해	282	
☐☐ grave 중요한, 심각한, 무덤, 묘, 죽음	407	
☐☐ greedy 탐욕스러운, 몹시 ~하고 싶어 하는	292	
☐☐ groom 신랑	362	
☐☐ grueling 녹초로 만드는, 엄한	407	
☐☐ guard 지키다, 보호하다, 경계하다, 경비원, 보호자	287	
☐☐ gymnasium 체육관	267	

H

☐☐ habitat 서식지	164
☐☐ habitual 습관적인, 규칙적인 상습법, 알코올 중독자	401
☐☐ hand down ~을 전하다, (후세에) 남기다	374
☐☐ harden 굳게 하다, 경화시키다, 강하게 하다	59
☐☐ hardship 곤란, 고충	267
☐☐ harmonise 조화시키다, 일치시키다, 화합하다	54
☐☐ harness 이용하다, 동력화하다, 마구(馬具)	215
☐☐ harsh 거친, 가혹한, 귀에 거슬리는, 황량한	338
☐☐ hasten 재촉하다, 서두르다	283
☐☐ hatch 부화하다, 부화되다, 화물출입구, 출입문	305
☐☐ hazard 위험, 우연, 운	303
☐☐ headline 큰 표제, 주요 제목, 표제를 달다	251
☐☐ headquarters 본부, 사령부	251
☐☐ heal 고치다, 화해시키다	226
☐☐ hearing 청력, 듣기, 공청회	207
☐☐ heart 중심, 본심, 감정, 애정	228
☐☐ heart disease 심장병	220
☐☐ hearten 기운나게 하다, 격려하다	59
☐☐ hearty 따뜻한, 원기 왕성한, 영양이 풍부한	299
☐☐ heat 열, 더위, 온도, 뜨겁게 하다, 가열하다	228
☐☐ heavyweight 평균 체중 이상의 사람, 영향력 있는 인물, 헤비급 (79.5kg이상)	345
☐☐ hectare 헥타르 (1만 평방미터)	138
☐☐ hectic 소모성의, 열광적인, 몹시 바쁜	398
☐☐ heighten 높게 하다, 고상하게 하다	60
☐☐ heir 상속인, 후계자 [계승자]	36
☐☐ hemisphere 반구, 반구체, 범위, 영역	132
☐☐ heptathlon (육상) 7종 경기	137
☐☐ heredity 유전, 유전적 형질, 계승	36
☐☐ heritage 유산	36
☐☐ heroic 영웅의, 대담한	67
☐☐ hesitate 주저하다, 꺼리다	366
☐☐ heterozygous 이형접합체의, 이형의, 잡종성의	145
☐☐ hexapod 6각류, 곤충, 다리가 여섯 있는	137
☐☐ hibernation 동면	163
☐☐ hide 짐승의 가죽, 피부, 감추다, 숨기다	318
☐☐ hierarchy (고위 성직자가 지배하는) 계층제, 계급제	334
☐☐ hi-tech 첨단 기술	210
☐☐ hoist 들어 올리다	407
☐☐ holding 보유, 짐, 소유권, 들고 있는	197

□□ homogenise 균질이 되게 하다, 통일하다	167
□□ homogenous 역사적 상동(相同)의, 균질의	145
□□ homologous 상동의, 일치하는	145
□□ homology 상동 관계, 상동	145
□□ homosexual 동성애의, 동성의, 동성애자	145
□□ honour 존경하다, 명예를 주다, 명예, 영광	240
□□ host 사회를 맡다, 접대하다, 주인, 사회자	227
□□ hostage 인질, 담보물	74
□□ hostel 호스텔, 쉼터	276
□□ hovercraft 수륙양용의 탈 것	304
□□ hub 중심지, 중추	240
□□ hue 색조, 빛깔, 외관	299
□□ human nature 인간성, 인간 본성	327
□□ humanism 인도주의	168
□□ humanitarian 인도주의의, 인간애의, 인도주의자, 박애가	321
□□ humanity 인류, 인간성, 인간애	37
□□ humble 겸손한, 비천한, 비하하다, 꺾다	37
□□ humidity 습기, 축축한 기운	221
□□ humiliate 굴욕감을 느끼게 하다, 창피를 주다	37
□□ humility 겸손, 비하	37
□□ humus (흙) → 부식, 부식토	37
□□ hunt 사냥하다, 추적하다	224
□□ hyperactive 활동 과잉의, 매우 활동적인	142
□□ hyperbole 과장(법)	142
□□ hypertension 고혈압	142
□□ hypocrite 위선자	142
□□ hypothesis 가설, 가정	142

I

□□ iceberg 빙산	185
□□ identical 동일한, 꼭 같은	67
□□ identify 확인하다, 식별하다, 동일시하다	60
□□ idolise 우상화하다, 맹목적으로 숭배하다	241
□□ ignite 불을 붙이다, 발화시키다	184
□□ ignore 무시하다, 모르는 체하다	227
□□ illegal 불법의, 반칙의	86
□□ illiteracy 문맹, 무식, 무교양	335
□□ illuminate 조명하다, 계몽하다	251
□□ illustrate 설명하다, 예시하다	54
□□ imagine ~라고 생각하다, 상상하다	198

□□ imbibe (양분, 수분) 흡수하다, 섭취하다, (술) 마시다	398
□□ imitate 모방하다, 모사하다	54
□□ immediate 즉시의, 직접의	327
□□ immense 엄청난, 어마어마한, 거대한	286
□□ immigrate (안으로 이동하다) → 이주하다, 전입하다	44
□□ imminent 임박한, 절박한	401
□□ immobile 부동의, 움직일 수 없는	86
□□ impact 충격, 충돌, 영향, 영향을 주다, 충돌하다	236
□□ impair 감하다, 손상시키다, 해치다	401
□□ impartial (치우지지 않은) → 공평한, 편파적이 아닌	86
□□ impeach 탄핵하다, 비난하다	384
□□ imperative 명령적인, 단호한, 피할 수 없는, 긴급한, 긴요한	402
□□ imperceptible 눈에 보이지 않는, 지각할 수 없는, 미세한	402
□□ implement 권한을 주다, 실행하다, 충족시키다 도구, 용기, 수단	398
□□ implication 함축, 내포, 의미	247
□□ impolite 버릇없는, 무례한, 실례되는	406
□□ important 중요한, 영향력 있는	116
□□ imposing 훌륭한, 인상적인	245
□□ impossible 불가능한, 있을 수 없는	86
□□ impoverished 가난하게 된, 허약해진, 불모의	399
□□ impregnable 난공불락의, (신념이) 흔들리지 않는	403
□□ impressionism 인상파	199
□□ imprison 교도소에 넣다, 수감하다	116
□□ imprisonment 투옥, 구금, 감금	333
□□ improper 부적당한, 부도덕한, 불규칙적인	377
□□ improve 개선 [개량]하다, 이용하다, 나아지다	244
□□ improvement 개량, 향상	332
□□ improvise 즉석에서 하다, 임시 대용으로 하다 즉흥으로	406
□□ in addition to ~에 더하여, ~뿐 아니라, 이외에	157
□□ in behalf of ~을 위하여, ~을 도우려고	157
□□ in the presence of ~의 면전에서, ~의 앞에서	157
□□ in virtue of ~의 덕분 [때문]에, ~에 의하여	157
□□ inaccessible 가까이 가기 어려운, 접근하기 어려운 → 이해할 수 없는	308
□□ inaccurate 부정확한, 정밀하지 않은	363
□□ inactive 활동하지 않는, 나태한	85
□□ inadequate 불충분한, 부적당한	85
□□ inaugurate 취임시키다, 개시하다	364
□□ include (안에 가두다) → 포함하다, 넣다, 에워싸다	28
□□ incompatible ~와 맞지 않는, 양립할 수 없는	403
□□ inconspicuous 눈에 띄지 않는, 뚜렷하지 않은	351

□□ incontrovertible 논쟁의 여지가 없는, 부정할 수 없는, 명백한	407
□□ inconvenient 불편한, 폐가 되는, 맞지 않는	335
□□ incorporate 법인으로 만들다, 통합하다	303
□□ incredible 믿어지지 않는, 놀라운, 훌륭한	333
□□ independent 독립한, 자유의, 독자적인	85
□□ indicate 나타내다, 표시하다, 가리키다	55
□□ indicator 지시하는 사람 [사물], 표준	304
□□ indict 기소하다, 고발하다	389
□□ indifference 무관심, 냉담, 중요치 않음	400
□□ indifferent 무관심한, 중요치 않은	264
□□ indiscriminate 무차별의, 난잡한	395
□□ individual 개개의, 개인의, 독특한, 개인	67
□□ induce 야기하다, 권유하다	32
□□ industrialisation 산업화, 공업화	195
□□ industrialise 산업화하다	264
□□ inefficient 무능한, 낭비가 많은	338
□□ inevitable 피할 수 없는, 부득이한	398
□□ inexcusable 용서받을 수 없는	22
□□ inexpensive 비용이 들지 않는, 비싸지 않은	367
□□ infamous 수치스러운, 악명 높은	399
□□ inferior 하위의, 열등한	372
□□ inflammatory 선동적인, 염증을 일으키는	338
□□ inflation 인플레이션, 통화팽창	194
□□ influence 영향, 세력, 영향을 끼치다, 움직이다	74
□□ influenza 독감	217
□□ influx 유입, 밀어닥침	116
□□ inform 알리다, 통지하다	178
□□ informal 형식을 따지지 않는, 비공식의, 비공식, 약식	85
□□ infringement 위반, 침해 행위	209
□□ inhale 들이마시다, 흡입하다	116
□□ inherent 물려받은, 상속 받은, 내재된	36
□□ inherit 상속하다, 물려받다	36
□□ inheritance 상속재산, 유산	387
□□ initial 처음의, 시초의	287
□□ initiate 시작하다, 전하다	275
□□ inject (안으로 던지다) → 주사 [주입]하다, 삽입하다	38
□□ injure 상처를 입히다, 피해를 주다	220
□□ injury 상해, 손상	232
□□ injustice 불법, 부정	320
□□ innocent 순진한, 때 묻지 않은, 결백한	320
□□ innocuous 악의 없는, 무해한, 순진한	371

□□ insane 제정신이 아닌, 미친, 어리석은	85
□□ inscribe (안에 쓰다) → 새기다, 파다	50
□□ insight 통찰(력), 식견	116
□□ inspect (안을 보다) → 면밀하게 살피다, 점검하다	46
□□ inspiration 영감, 암시	199
□□ inspire 고무하다, 영감을 주다	336
□□ Instruct 가르치다, 지시하다	269
□□ instruction 교육, 교훈	174
□□ instrument 기계, 기구, 악기	201
□□ insufficient 불충분한, 부족한	269
□□ intellectual 지적인, 이지적인	67
□□ intelligence 지성, 정보	276
□□ intelligible 알기 쉬운, 지성적인, 이해할 수 있는	277
□□ intensify 세게 하다, 강화하다	342
□□ interdisciplinary 학제간의(여러 학문이 관련된)	326
□□ interest 관심, 흥미, 이익, 이득, 흥미를 일으키게 하다	195
□□ interfere 방해하다, 충돌하다, 간섭하다	117
□□ interior 내부, 인테리어, 안의, 내부의	117
□□ intermediate 중간의, 중간에 일어나는, 중급자	43
□□ intermittent 때때로 중단되는, 간헐적인	364
□□ international 국제적인	143
□□ international trade 국제무역	391
□□ internationalisation 국제화	197
□□ interpersonal 인간 사이에 존재하는, 대인 관계의	143
□□ interplanetary 행성 간의	143
□□ interpret 해석하다, 통역하다	117
□□ interrupt 가로막다, 중단하다	117
□□ intersect 가로지르다, 교차하다	215
□□ interval 간격, 틈, 차이, (음)음정	117
□□ intimate 친밀한, 친숙한, 상세한	378
□□ intonation 억양, 어조	169
□□ intramuscular 근육 내의	143
□□ intravenous 정맥 내의, 정맥주사의	143
□□ intricate 얽힌, 복잡한	364
□□ introduce 들여오다, 시작하다, 소개하다	32
□□ invert (역전하다) → 거꾸로 하다, 전도시키다	51
□□ invertebrate 무척추동물	163
□□ investigate 조사하다, 연구하다	55
□□ investment 투자	193
□□ invite 부탁하다, 초청하다	187
□□ involvement 관련, 개입, 말려들게 함, 곤란한 일	261
□□ ion 이온	180

☐☐ irony (모른 체하기) → 비꼼, 풍자, 반어 292
☐☐ irregular 불규칙한, 고르지 못한 86
☐☐ irregularly 불규칙하게 78
☐☐ irrelevant 엉뚱한, 부적절한, 관련이 없는 362
☐☐ irritate 짜증나게 하다, 화나게 하다 246
☐☐ isolate 고립시키다, 분리시키다 55
☐☐ isotope 동위원소 182
☐☐ issue 쟁점, 문제, 발행, 발표 [발행]하다, 발부하다, 유래하다 150
☐☐ ivory 상아, 상아색 246

J

☐☐ jeopardise 위태롭게 하다, 위험에 빠뜨리다 291
☐☐ jewelry 보석류, 장신구 343
☐☐ joyous 기쁜, 반가운 311
☐☐ judge 평가하다, 판단하다, 심판하다, 재판관, 전문가 39
☐☐ judgment 판단, 판단력, 재판 39
☐☐ judicial 사법의, 재판의 39
☐☐ juice 주스, 즙 246
☐☐ jurisprudence 법률학, 법리학 205
☐☐ just 이제 방금, 간신히, 바로, 오직, 꼭 올바른, 정당한, 진실의, 적절한 151
☐☐ justice 정의, 정당, 사법 39
☐☐ justify 옳다고 하다, 정당화하다 60

K

☐☐ keen 날카로운, 예민한, 열심인 337
☐☐ keep pace with ~과 보조를 맞추다 158
☐☐ keep track of ~을 기록하다, 추적하다 158
☐☐ kilogram 킬로그램(무게 단위) 251
☐☐ kilometre 킬로미터(거리 단위) 251
☐☐ kingdom 〈생물〉계, 영토, 왕국 167

L

☐☐ label 라벨, 꼬리표, 표지, 꼬리표를 붙이다 236
☐☐ laboratory 실험실, 연습실 40
☐☐ laborious 힘이 드는, 근면한 40

☐☐ labour 노동 [력], 근로 → 수고 40
☐☐ lack 부족, 결여, 결핍 232
☐☐ lag behind 뒤쳐지다, ~보다 뒤떨어지다 158
☐☐ landfill 매립식 쓰레기 처리, 매립지 383
☐☐ landscape 풍경, 경치, 풍경화 199
☐☐ language 국어, 언어, 어법 168
☐☐ laser 레이저 211
☐☐ lash 후려치다, 몰아치다, 흔들다, 채찍질, 가죽 끈 397
☐☐ lasting 지속적인, 오래 견디는 283
☐☐ latent 숨어 있는, 보이지 않는, 잠재적인 362
☐☐ launch 진수시키다, 내보내다 326
☐☐ lawsuit 소송, 고소 208
☐☐ lay egg 알을 낳다 356
☐☐ leader 지도자, 선도자 74
☐☐ league 연맹, 동맹 234
☐☐ leap 뛰어오르다, 도약하다, 도약, 급증 297
☐☐ lease 임대 [임차]하다, 임대차(계약), 임차권 370
☐☐ lecture 강의, 강의하다 174
☐☐ legal 합법의, 법의 205
☐☐ legislation 법률제정, 법안 205
☐☐ legitimate 합법적인, 합리적인 204
☐☐ lengthen 길게 하다, 연장하다, 늘어나다 60
☐☐ lessen 적게하다, 작게하다, 줄이다 60
☐☐ lethal 치명적인, 죽음에 이르는, 치사의 310
☐☐ level 정도, 수준, 수평의, 평평한 215
☐☐ levy 징수하다, 부과하다, 압류하다, 부과, 징세, 소집 389
☐☐ lexical 어휘의, 사전의 169
☐☐ liable 책임 있는, ~할 것 같은 209
☐☐ liberal arts 인문학 168
☐☐ license 허가, 인가서, 허가하다, 면허를 주다 249
☐☐ lifelong 일생의, 필생의 249
☐☐ lifelong education 평생교육 358
☐☐ lifesaver 수영장의 감시처, 인명구조원 349
☐☐ lifestyle 생활양식 280
☐☐ likely ~할 것 같은, 있음직한, 가능성 있는 246
☐☐ limb 다리, 팔, 날개, 돌출부 217
☐☐ limit 한정하다, 제한하다, 한계선, 제한 236
☐☐ linguistics 언어학 168
☐☐ literacy 읽고 쓸 줄 아는 능력 179
☐☐ literate 글을 읽고 쓸 줄 아는, 교육을 받은 286
☐☐ literature 문학, 저술, 문헌 171
☐☐ litter 어질러진 물건, 난잡, 쓰레기, 어질러 놓다, 흩뜨리다 393

427

☐☐ live 살아가다, 남아 있다, 라이브의, 살아 있는	238
☐☐ living things (살아 있는 것들) → 생명체	162
☐☐ load 적재 화물, 짐, 부담, 하중, 짐을 싣다, 부담을 지우다	232
☐☐ loaded 짐을 실은, 만원인	280
☐☐ local 공간의, 지방의	68
☐☐ locality 장소, 소재	41
☐☐ locate 정하다, 위치하다, 밝혀내다	41
☐☐ locomotion 운동, 이동, 교통기관	41
☐☐ locomotive 기차, 객차	314
☐☐ locus 장소, 위치, 현장, 유전자, 자리	41
☐☐ logic 논리	248
☐☐ long-standing 오래된, 다년간에 걸친	331
☐☐ loom 어렴풋이 나타나다, 불안하게 다가오다, 베틀, 직기	359
☐☐ lucrative 유리한, 돈이 벌리는	386
☐☐ lullaby 자장가	201
☐☐ lurk 숨다, 잠복하다, 살금살금 걷다, 남의 눈에 띄지 않다, 잠복, 계략	375

M

☐☐ macroeconomics 거시경제학	146
☐☐ macromolecular 거대 분자의	146
☐☐ magical 마술적인, 신비한, 매혹적인	68
☐☐ magnetic field 자장, 자계	361
☐☐ magnify 확대하다, 과장하다, 증대하다	60
☐☐ mainstream 주류, 주류의, 정통파의	305
☐☐ maintain 지속하다, 유지하다, 부양하다	165
☐☐ majestic 위엄 있는, 장중한	391
☐☐ major 큰 쪽의, 주요한, 전공, 전공하다	151
☐☐ majority 대부분, 대다수, 과반수	189
☐☐ make allowances for ~을 참작하다, 감안하다	158
☐☐ make good 성공하다, 보상하다, 수리하다	158
☐☐ malevolent 악의 있는, 남의 불행을 기뻐하는	90
☐☐ malfunction 기기 고장, 오작동	90
☐☐ malignant 악의적인, 해로운, 악성	90
☐☐ malnourished 영양 부족(실조)의	342
☐☐ malnutrition 영양부족, 영양실조	90
☐☐ maltreatment 학대, 혹사	90
☐☐ mammal 포유동물	162
☐☐ manage 경영하다, 운영하다, 잘 다루다	60
☐☐ management 경영, 관리	192

☐☐ maneuver (손으로 일하다) → 책략, 술책, 작전, 행동, 조정하다, 작전 행동을 하게 하다	42
☐☐ manifest 명백한, 분명히 나타난	354
☐☐ manipulate 교묘하게 다루다, 솜씨있게 처리하다	42
☐☐ manual 손의, 수동의, 육체 [노동]의	42
☐☐ manufacture (손으로 만들다) → 제조하다, 제조, 제품	42
☐☐ manuscript 원고, 손으로 쓴 것	42
☐☐ maple 단풍나무, (캐나다의) 대표 나무	261
☐☐ mare 암말, 암당나귀	393
☐☐ maritime 바다의, 해양의, 해안의	356
☐☐ mark 자국 [흠집]을 남기다, 눈에 뜨이게 하다, 기호 [표시], 점수, 표적	227
☐☐ marriage 결혼, 혼인	190
☐☐ massage 마사지, 안마치료	74
☐☐ masterpiece 걸작, 대표작	198
☐☐ match 필적하다, 경쟁시키다, 어울리는 것, 경기, 경쟁 상대	224
☐☐ matchless 무적의, 비길 데 없는, 탁월한	345
☐☐ mate 동료, 배우자, 결혼하다, 동료가 되다, 교미하다	229
☐☐ material 재료, 용구, 자료	203
☐☐ matter 물질, 문제, 사건	182
☐☐ mature 성숙시키다, 익히다, 완성하다, 잘 발육한, 익은, 심사숙고한	262
☐☐ meager 메마른, 빈약한, 풍부하지 못한	68
☐☐ mean 의미하다, 의도하다, 비열한, 인색한, 평균의, 중간의, 방법, 수단	151
☐☐ meaningful 뜻있는, 의미 있는, 중요한	68
☐☐ measure 재다, 측정하다, 평가하다, 기준, 대책, 평가	187
☐☐ media 중간, 수단, 방편, 매개물, 매체	203
☐☐ median 중앙의, 중간의	43
☐☐ mediate (한 가운데 두다) → 중간에서 조정하다, 화해시키다	55
☐☐ medicine 약, 의학, 내과	74
☐☐ medieval (중간 시대의) → 중세의, 고풍의	43
☐☐ mediocre 보통의, 평범한, 이류의	385
☐☐ meditate 꾀하다, 명상하다, 숙고하다	43
☐☐ meditation 명상, 심사숙고	354
☐☐ Mediterranean 지중해의, 지중해 연안의	315
☐☐ medium 매개물, 수단, 방편	43
☐☐ melancholy 우울, 깊은 생각, 우울한, 감성적인	329
☐☐ melody 멜로디, 선율	200
☐☐ melt 녹이다, 누그러지게 하다, 차차 없어지다	183
☐☐ memorise 기억하다, 암기하다	55
☐☐ mental 마음의, 정신의, 내적인	68

☐☐ merchandise 상품, 거래하다	195
☐ Mesolithic 중석기 시대의	400
☐☐ metabolism 물질대사, 신진대사	144
☐☐ metal 금속	181
☐☐ metamorphic 변화 [성]의, 변태의	144
☐ meteoroid 유성체, 운성체	297
☐ microbe 미생물, 세균, 병원균	167
☐ microbiology 미생물학	146
☐ microcosm 소우주	146
☐ microscope 현미경	146
☐ microwave 극초단파, 전자레인지	211
☐ migrate 이주하다	44
☐ milestone 이정표, 획기적인 사건	360
☐☐ minor 작은 편의, 중요치 않은	276
☐ minute 분, 순간, 미세한, 상세한	292
☐ mischievous 짓궂은, 장난이 심한, 개구쟁이의	355
☐ misdemeanor 경범죄, 못된 짓	209
☐ misfortune 불운, 불행, 역경	88
☐ mishap 사고, 재난, 불상사	88
☐ mistake 오해하다, 착각하다, 잘못, 착오, 실수	189
☐ mistaken 틀린, 오해한	88
☐☐ misunderstand 오해하다, 진가를 못 알아보다	88
☐☐ misuse 오용, 남용, 학대, 오용 [악용]하다, 학대하다	88
☐ mixed 다양한, 혼합된	242
☐ moderate 알맞은, 절도 있는	269
☐ modernise 현대화하다	55
☐ modify 변경하다, 수정하다	61
☐☐ monarchy 군주정치, 군주제	134
☐ monetary 화폐의, 재정상의	193
☐☐ monitor 모니터, 반장, 학급위원, 감시하다, 관찰하다, 조사하다	232
☐ monologue 독백, 혼자만의 이야기	134
☐☐ monomer 단량체(單量體), 모노머	134
☐ monopoly 독점, 전매	134
☐ monotonous 단조로운, 지루한	134
☐ monster 거대한 것 → 괴물	274
☐ mood 기분, 분위기	274
☐ morality 도덕, 덕행, 교훈	369
☐ mortal 죽어야 할 운명의, 치명적인, 인간의	325
☐ mortgage 저당, 저당권, 융자, 저당 잡히다	301
☐ moth (유충) 나방	375
☐ motion 운동, 동작	184
☐ motionless 움직이지 않는, 부동의, 정지한	68
☐☐ motto 좌우명, 모토	325
☐☐ mound 흙무더기, 방죽	325
☐☐ multicellular 다세포의	139
☐☐ multiply 증가시키다, 곱하다	139
☐☐ multipurpose 다목적의, 여러 목적에 쓰이는	139
☐☐ municipal 도시의, 좁은 범위 내에	364
☐☐ muscular 근육의, 힘찬	303
☐☐ mussel 홍합, 펄조개	282
☐☐ mutate 변화하다, 《생》 돌연변이하다	376
☐☐ mutton 양고기	390
☐☐ mysterious 신비한, 수수께끼 같은	254
☐☐ mystical 신비적인, 신비적 경험에 의한	345
☐☐ myth 신화, 가공의 인물	233
☐☐ mythology 신화, 근거 없는 믿음	292

N

☐☐ narrate 이야기하다, 전하다	343
☐☐ narrative 이야기, 이야기체의, 화술의	250
☐☐ nationwide 전국적인	306
☐☐ native 출생지의, 타고난, 그 지방 고유의, 원주민, 출신자	68
☐☐ naval 해군의, 해군에 의한	305
☐☐ navigate 항해하다	55
☐☐ nearsighted 근시안의, 근시의	305
☐☐ necessary 필요한, 피할 수 없는	69
☐☐ neighbour 이웃 사람, 동료	237
☐☐ neolithic 신석기시대의	147
☐☐ nest 보금자리, 둥지, 굴	164
☐☐ neutralise 중립화하다, 중화하다, 무효화하다	56
☐☐ nevertheless 그럼에도 불구하고	78
☐☐ newly 최근에, 새로이, 다시	78
☐☐ nominate 지명 [추천]하다	251
☐☐ nonaggression 불가침	91
☐☐ none 아무도 ~ 않다 [없다]	91
☐☐ nonprofit 비영리의	91
☐☐ nonsense 무의미한 말, 난센스, 어리석은	91
☐☐ nonviolent 평화적인, 비폭력의	91
☐☐ notably 현저하게, 특히	79
☐☐ notion 관념, 생각	271
☐☐ notorious 유명한, 악명 높은	293
☐☐ nourish 기르다, 자양분을 주다	56

429

☐☐ **noxious** 유해한, 불건전한 384
☐☐ **nucleus** 핵심, 세포 핵, 응결 핵 372
☐☐ **nullify** 무효로 하다, 파기하다 61
☐☐ **nuptial** 결혼식, 혼례, 결혼의, 혼인의 74

O

☐☐ **oath** 맹세, 선서 252
☐☐ **obese** 지나치게 살찐 221
☐☐ **object** (반대로 던지다) → 반대하다, 항의하다, 물건, 목적, 대상 38
☐☐ **objection** 반대, 이의 97
☐☐ **obligation** 의무, 책임 315
☐☐ **obligatory** 의무적인, 필수의 175
☐☐ **obliterate** 지우다, 없애다, 말소하다 97
☐☐ **obnoxious** 불쾌한, 싫은, 비위 상하는 97
☐☐ **obscene** 외설한, 음란한, 지겨운 97
☐☐ **observe** 알다, 관찰하다, 진술하다, 준수하다 231
☐☐ **obstruct** 막다, 차단하다 → 방해하다 97
☐☐ **obstruction** 방해물, 장애물 355
☐☐ **obvious** 명백한, 분명한 316
☐☐ **occasionally** 때때로, 이따금 79
☐☐ **occupation** 직업, 점령 179
☐☐ **occupy** 차지하다, 종사하다 98
☐☐ **occur** 일어나다, 생기다, 나타나다 230
☐☐ **octave** 〈음악〉 옥타브, 8도 음정 137
☐☐ **octopus** 문어, 낙지 (다리가 8개인 문어목 동물) 137
☐☐ **odd** 이상한, 홀수의 215
☐☐ **odometer** 주행기록계 392
☐☐ **offense** 위반, 반칙, 범죄 98
☐☐ **offer** 제공하다, 제출하다, 시도하다 61
☐☐ **offspring** 자식, 생겨난 것 163
☐☐ **oily** 지방질의, 기름기 있는 256
☐☐ **omit** (~으로 보내다, 버리다) → 생략하다, 빠뜨리다 45
☐☐ **openly** 공공연하게, 솔직히 79
☐☐ **opera** 오페라, 가극 201
☐☐ **operate** 움직이다, 작용하다, 수술을 하다 280
☐☐ **opportune** 적절한, 시기가 좋은, 알맞은 130
☐☐ **opportunity** 기회 250
☐☐ **oppose** (~의 반대쪽에 놓다) → 반대하다, 대항하다, 대치하다 98
☐☐ **oppress** (~에 밀어붙이다) → 압박하다, 억압하다, 박해하다 98
☐☐ **optical** 눈의, 빛의, 광학상의 211

☐☐ **optimistic** 낙천적인, 낙천주의의 312
☐☐ **orchestra** 오케스트라, 관현악단 201
☐☐ **order** 명령하다, 주문하다, 정돈하다, 순서, 차례, 질서, 명령 227
☐☐ **organise** 조직하다, 개최하다, 유기적 형태를 갖추다 56
☐☐ **oriental** 동양의, 동양인의 279
☐☐ **origin** 기원, 태생 275
☐☐ **original** 최초의, 독창적인 69
☐☐ **originally** 원래, 처음에는, 독창적으로 79
☐☐ **originate** 유래하다, 발명하다 246
☐☐ **ostentatious** 과시하는, 야한, 화려한 98
☐☐ **otherwise** 다른 방법으로, 다른 점에서 79
☐☐ **outbreak** 발발, 돌발, 급증, 폭동 121
☐☐ **outdo** ~보다 낫다, 능가하다, 이기다 121
☐☐ **outlaw** 추방하다, 불법화하다 → 금지하다, 무법자, 불량배, 반역자 → 추방자 121
☐☐ **outlook** 조망, 경치, 예측 281
☐☐ **outnumber** 수로 압도하다 294
☐☐ **output** 생산, 산출, 출력 121
☐☐ **outskirt** 변두리, 교외, 빠듯함 326
☐☐ **outstanding** 눈에 띄는, 현저한 121
☐☐ **outstrip** 앞서다, 뛰어나다, 초과하다 387
☐☐ **overcome** 이기다, 패배시키다, 압도하다, 압도하는, 패배시키는 110
☐☐ **overlook** 내려다보다, 대충 보다, 못 보고 지나치다 110
☐☐ **overpower** 이기다, 눌러 버리다, 제압하다 110
☐☐ **oversee** 감독하다, 두루 살피다, 망보다 110
☐☐ **overtake** 따라잡다, 앞지르다, 추월하다 320
☐☐ **overthrow** 뒤엎다, 끌어내리다, 정복하다 311
☐☐ **overturn** 전복시키다, 뒤집다, 넘어뜨리다 110
☐☐ **overwhelming** 압도적인, 저항할 수 없는, 굉장한 324
☐☐ **owe** 빚지고 있다, ~의 신세를 지다, 의무가 있다 172

P

☐☐ **paint** 페인트칠하다, 그리다, 그림물감, 페인트 198
☐☐ **panic** 갑작스런 공포, 공황, ~에 공포를 일으키다, 허둥대다 250
☐☐ **paradox** 역설, 패러독스 387
☐☐ **parallel** 평행의, 같은 방향의 144
☐☐ **paralysis** 마비, 무력, 무능 144
☐☐ **paranormal** 과학적으로 설명할 수 없는 368
☐☐ **paraphrase** 바꾸어 쓰기, 의역, 바꾸어 쓰다 [말하다] 169

☐☐ **parasites** 기생충(균) 144
☐☐ **participate** 참여하다, 관여하다 56
☐☐ **particular** 특별한, 개개의, 상세한 214
☐☐ **partly** 부분적으로, 어느 정도는 79
☐☐ **password** 암호 342
☐☐ **pattern** 무늬, 형, 양식, 모범, 견본 237
☐☐ **pavement** 포장도로, 포장 399
☐☐ **peaceful** 평화스러운, 온화한 249
☐☐ **peak** 뾰족한 끝, 산꼭대기, 절정 313
☐☐ **peculiar** 기묘한, 특이한, 고유의 322
☐☐ **penalty** 형벌, 벌금 207
☐☐ **penetrate** 꿰뚫다, 관통하다, 침입 [침투]하다 377
☐☐ **pension** 연금 71
☐☐ **pentagon** 5각형, 펜타곤 〈건물 모양이 오각형인 데에서 유래된 이름〉 137
☐☐ **perception** 지각, 직관 257
☐☐ **perch** 앉다, 자리 잡다, 횃대 392
☐☐ **perennial** 사철을 통한, 영구적인, 《식》다년생의 376
☐☐ **perfect** 완전한, 결점이 없는, 완성하다, 수행하다 231
☐☐ **performance** 실행, 성과, 성적, 공연 257
☐☐ **perfume** (주위에 냄새 나는) → 향수, 향기 131
☐☐ **perimeter** 주변, 경계선, 방어선 147
☐☐ **perjury** 위증죄 208
☐☐ **permit** 허락하다, 허가하다, 용납하다, 허가증 280
☐☐ **perpendicular** 직각을 이루는, 수직선 215
☐☐ **perspective** 원근법, 전망, 견해, 관점 357
☐☐ **persuade** 설득하다, 설득 [납득]시키다 281
☐☐ **petition** 탄원, 청원, 변명, 호소, 탄원 [청원]하다, 신청하다 367
☐☐ **phase** 상, 면, 단계, 측면 370
☐☐ **phenomenon** 현상, 사건 190
☐☐ **phonetic** 발음대로의, 음성의 170
☐☐ **phonics** 발음 중심의 언어학 지도법, 음향학 170
☐☐ **photosynthesis** 광합성 165
☐☐ **physical education** 체육 220
☐☐ **physics and chemistry** 물리와 화학 180
☐☐ **pick** 골라잡다, 따다, 채집하다, 선택, 수확량 225
☐☐ **pickpocket** 소매치기 327
☐☐ **pictorial** 그림의, 그림으로 나타낸, 그림 같은 373
☐☐ **piety** 경건, 신앙심 374
☐☐ **pigment** 안료, 색소 200
☐☐ **pile** (쌓아 올린) 더미, 무더기, 큰 건축물, 쌓아 올리다, 쌓다 341
☐☐ **pillar** 기둥, 지주, 중요한 역할 340

☐☐ **pitch** 음조, 투구, 경기장, 내던지다 202
☐☐ **plagiarise** 표절하다 387
☐☐ **plan** 계획, 모형, 도면 235
☐☐ **planetary** 행성의 372
☐☐ **pledge** 맹세, 약속, 담보, 보증, 맹세하다, 저당을 잡다 357
☐☐ **plenty** 많음, 풍부함 75
☐☐ **plough** 경작하다, 고생하며 나아가다, 부딪히다 313
☐☐ **politician** 정치가, 정치인 245
☐☐ **poll** 투표, 여론조사, 투표수, 득표하다, 여론 조사를 하다 245
☐☐ **pollen** 화분, 꽃가루 165
☐☐ **pollution** 오염, 더럽힘, 공해 218
☐☐ **polymer** 중합체, 고분자 139
☐☐ **polytheism** 다신론, 다신교 139
☐☐ **popular** 인기 있는, 대중적인 312
☐☐ **porpoise** 돌고래 (무리) 334
☐☐ **portable** (운반하다) → 들고 다닐 수 있는, 휴대용의 291
☐☐ **portrait** 초상화, 묘사 199
☐☐ **portrayal** 그리기, 묘사, 연기 348
☐☐ **postgraduate** 대학원생 106
☐☐ **postimpressionist** 후기인상파의 화가 106
☐☐ **postpone** 뒤로 미루다 → 연기하다 106
☐☐ **postscript** 후기, 추신, 해설 106
☐☐ **posture** 자세, 태도 269
☐☐ **post-war** 전쟁 후의, 전후의 106
☐☐ **poverty** 빈곤, 가난, 결핍, 빈약 189
☐☐ **practical** 실제의, 실용적인 250
☐☐ **precede** 앞서다, 먼저 일어나다 101
☐☐ **precious** 귀중한, 값비싼 327
☐☐ **precision** 정확, 정밀 210
☐☐ **predacious** 육식하는 361
☐☐ **predator** 포식자 163
☐☐ **predict** (미리 말하다) → 예언하다, 예보하다 30
☐☐ **predominant** 우세한, 유력한, 탁월한, 지배적인 101
☐☐ **prefer** 오히려 ~을 좋아하다 61
☐☐ **prefix** 접두사 169
☐☐ **prejudice** (미리 내린 판단) → 편견, 적대감, 침해 39
☐☐ **preliminary** 예비적인, 서문의, 시초의 사전준비, 서문, 예비시험 367
☐☐ **prescribe** (미리 쓰다) → 규정하다, 정하다, 처방하다 50
☐☐ **prescription** 처방, 규정, 법규 217
☐☐ **present** 출석한, 존재하는, 현재의 선물, 선사, 현재, 증정하다, 나타내다 151

☐☐ presentation 증정, 제출, 발표	245
☐☐ press 누름, 압박, 신문, 출판, 내리누르다, 강요하다	75
☐☐ prevail (이미 힘이 센) → 우세하다, 이기다, 보급되다	101
☐☐ preview 미리 보기, 시사회, 시사를 보다	101
☐☐ previous (앞에 가다) → 앞의, 이전의	101
☐☐ pride 자존심, 자만	271
☐☐ primary 첫째의, 초기의, 주요한	69
☐☐ primate 영장류	163
☐☐ primitive 원시의, 미개의, 초기의	339
☐☐ prior to ~에 앞서, 먼저	158
☐☐ privilege 특권, 특허	274
☐☐ prize 상, 포상	237
☐☐ procedure 순서, 절차, 경과	291
☐☐ proceed 나아가다, 속행하다	264
☐☐ process 과정, 진행, 가공하다, 처리하다	23
☐☐ proclaim 선언하다, 공포하다, 증명하다	26
☐☐ produce 생산하다, 만들다, 일으키다, 제시하다	32
☐☐ production 생산, 제품	193
☐☐ productive 생산적인, 다산의	100
☐☐ profit 이득, 이윤	193
☐☐ profound 깊은, 심오한, 난해한	350
☐☐ progress 전진, 진보, 전진하다, 진보하다	184
☐☐ prohibit 금하다, 방해하다	172
☐☐ project (앞에 던지다) → 계획하다, 발사하다	38
☐☐ proliferate 급증하다, 번식하다, (핵) 확산되다	371
☐☐ promise 약속하다, 계약하다, 기대하다, 약속, 가능성	253
☐☐ promote (앞으로 움직이다) → 증진하다, 승진시키다	44
☐☐ prone 하기 쉬운, ~하는 경향이 있는	325
☐☐ propel 추진하다, 나아가게 하다	100
☐☐ property 재산, 소유, 부동산, 특성, 속성	211
☐☐ prophet 예언자, 선지자	100
☐☐ propose 제안하다, 계획하다, 지명하다	100
☐☐ prosecute 기소하다, 수행하다	209
☐☐ prospect (앞을 보다) → 전망, 가망, 기대, 예상된, 기대되는	46
☐☐ prototype 원형, 견본, 원조	147
☐☐ provoke 불러일으키다, 야기하다, 화나게 하다	100
☐☐ puberty 사춘기	365
☐☐ public 공공의, 공공연한	69
☐☐ public opinion 여론, 여론조사	321
☐☐ publish 발표하다, 출판하다	56
☐☐ purchase 사다, 획득하다, 구입, 획득	196
☐☐ purify 깨끗이 하다, 정화하다	61
☐☐ purpose 목적, 취지, 결심	313
☐☐ purse 지갑, 재원, 자금, 주머니	258
☐☐ puzzle 수수께끼, 어려운 문제	233

Q

☐☐ qualification 자격 부여, 조건	245
☐☐ qualify 자격을 얻다, 권한을 주다, 제한하다	61
☐☐ quarantine 검역, 격리	217
☐☐ quarter 4분의 1, 사분기(3개월), 15분,	136
☐☐ query 질문, 의혹, 묻다, 질문하다	383
☐☐ questionnaire 설문지	255
☐☐ quit 그만두다, 떠나다	190
☐☐ quota 몫, 분담액	376

R

☐☐ racecourse 경마장, 경주로	329
☐☐ radiate 발하다, 방출하다	344
☐☐ radiation 방사, 복사	221
☐☐ radioactive 방사능이 있는, 방사성의	147
☐☐ ragged 남루한, 초라한, 누더기 옷을 입은	307
☐☐ raise 올리다, 향상시키다	249
☐☐ ranch 대목장, 농장	381
☐☐ range 범위, 넓이, 줄지음	280
☐☐ rank 위치시키다, 등급을 매기다, 나란히 세우다, 계급, 열, 줄	164
☐☐ ransom 몸값, 배상금, 몸값을 지불하다	389
☐☐ rapid 빠른, 신속한, 가파른	229
☐☐ rapport 관계, 접촉	399
☐☐ rare 드문, 진기한, 희박한	228
☐☐ ratification 비준, 추인	204
☐☐ ratify 비준하다, 재가하다	365
☐☐ ratio 비율, 비	369
☐☐ ration 배급량, 할당량 배급하다	365
☐☐ rational 이성이 있는, 합리적인	328
☐☐ ravage 유린하다, 파괴하다, 약탈하다, 파괴, 황폐	392
☐☐ raw 날것의, 가공하지 않은	329
☐☐ readership 독자층	245
☐☐ real estate 부동산, 부동산 중개업	286
☐☐ realise 실감하다, 이해하다, 실현하다	56

realistic 현실주의의, 사실적인	245
really 정말로, 실제로, 확실히	79
realm 영역, 범위, 왕국	322
rear 기르다, 교육하다, 뒤, 배후, 후미	327
rebel 반역하다, 반발하다	323
rebellion 모반, 폭동	386
recant 고치다, 취소하다, 부인하다	104
recede 물러가다, 감소하다 → 떨어지다	104
recipe 조리법, 요리법, 처방전	323
reckless 앞뒤를 가리지 않는, 무모한 무모하게	369
reckon 세다, 계산하다, 측정하다, ~라고 생각하다	213
reclusive 세상을 버린, 은둔한, 쓸쓸한	28
recognition 인식, 인지, 승인	255
refine 정제하다 → 세련되게 하다	318
refinery 정제소, 제련소	313
reform 개혁하다, 교정하다, 제거하다, 개선	337
refuge 피난, 도피처, 보호처	291
regard ~으로 여기다, 보다, 존경, 관계, 고려, 주시	172
regarding ~에 관해서는, ~의 점에서는	80
region 지방, 지역, 범위, 영역	75
register 등록하다, 가리키다	61
regret 슬퍼하다, 뉘우치다, 후회하다	187
rehabilitate 원상으로 복구하다, 부흥하다	356
rehabilitation 사회 복귀, 부흥, 재건	391
rehearse 연습하다, 숙달시키다	336
reign 치세, 왕대, 통치, 군림하다, 지배하다	394
reinforce 강화하다, 보강하다	289
reject (뒤로 던지다) → 거절하다, 거부하다	38
relaxed 느슨한, 긴장을 푼, 편안한	301
release 석방하다, 풀어놓다, 석방, 발사	151
reliable 믿을 수 있는, 믿을 만한	249
relieve 경감하다, 구제하다	318
religion 종교, 신조	188
relocate 다시 배치하다, 재배치하다, 이전(이동)시키다	41
reluctant 마음 내키지 않는, 달갑지 않은	362
rely (on) 의지하다, 신뢰하다	178
remain 머무르다, 살아남다, 여전히 ~이다	62
remote (이동된) → 먼, 멀리 떨어진	44
removal 제거, 배제, (의학) 배출	307
remove 제거하다, 옮기다, 이동하다	104
renaissance 문예부흥	172
render ~을 하게 하다, 주다, 표현하다	388
rent 지대, 집세, 임차료, 임대하다	196
repellent 불쾌한, 혐오감을 주는, 기피하는 기피제	400
replacement 교체, 대체, 후임자	279
represent 표현하다, 의미하다	230
repress 억제하다, 진압하다	382
reprimand 꾸짖다, 질책하다, 징계, 비난	385
reproduce 복제하다, 번식하다	166
reputation 평판, 명성	244
request 요청, 신청, 신청하다, 구하다	244
resemble ~을 닮다, 공통점이 있다	47
reservoir 저수지, 급수소	386
residue 잔여, 잔류물, 잔여유산	386
resign 사임하다, 사직하다, 포기하다	303
resist 저항하다, 버티다, 견디어 내다	341
respect 존경, 존중, 존경하다, 준수하다	46
response 응답, 대답	75
responsibility 책임, 의무, 부담	244
restrain 제한하다, 국한하다	333
resume 다시 시작하다, 재개하다	283
retreat 퇴각, 후퇴, 은퇴, 후퇴 [철수]하다, 물러가다	381
retroact 이전으로 소급하다, 거꾸로 작용하다	105
retroactive 〈법〉 소급하는, 반동하는	105
retrocede 반환하다, 되돌아가다, 물러가다, 후퇴하다	105
retrograde 후퇴하다, 〈천문〉 역행하는, 되돌아가는	105
retrospect 회상, 회고, 추억	105
return 되돌아가다, 돌려보내다	104
revenue 세입, 수익(수입/세입)	323
reverent 숭상하는, 경건한	387
reverse 거꾸로 하다, 바꿔 놓다	184
revise 교정하다, 변경하다	56
revive 되살리다, 재개하다	319
revoke 취소하다	104
revolt 반란을 일으키다, 매우 싫어하다, 반란, 봉기, 저항	324
revolve 회전하다, 돌다	329
reward 보수, 사례금, 보상 보답하다	375
rhythm 율동, 리듬, 규칙적인 반복	201
ridicule 비웃다, 조롱하다, 비웃음	278
rift 금, 균열 → 불화 갈라지다, 찢다	380
rip (off) 째다, 찢다	334
ripen (과일) 익다, 원숙해지다	334
ritual 종교적인 의식, 풍습	341
robust 강건한, 원기 왕성한	340

☐☐ root 어근		170
☐☐ roughly 거칠게, 대충		80
☐☐ rouse 깨우다, 자극하다, 격발하다		339
☐☐ royalty 왕위, 왕권		206
☐☐ rub 문지름, 마찰, 문지르다, 비비다		328
☐☐ rugged 울퉁불퉁한, 고된, 험악한		394
☐☐ ruin 파멸시키다, 황폐화시키다		62
☐☐ ruling 지배하는, 유력한, 결정, 판결		304
☐☐ run-down 건강이 약해지다, 흘러 내려가다		337
☐☐ ruthlessly 무자비하게, 가치 없이, 냉혹하게		80

S

☐☐ sacrifice 제물을 바치다, 희생하다, 산 제물로 바침, 희생		383
☐☐ saddle 안장을 얹다, 책임을 지우다, 안장		208
☐☐ safeguard 보호 (수단), 호위병, 안전장치 보호하다, 호송하다		381
☐☐ sail 출항하다, 조종하다, 돛, 범선		188
☐☐ saint 성인, 성자, 신앙가		230
☐☐ salute 경례하다, 인사하다, 거수 경례, 인사		397
☐☐ salvage 해난 구조, 구출		396
☐☐ sandy 모래의, 모래땅의		326
☐☐ sanitary 위생의, 위생적인, 청결한		373
☐☐ satellite dish 위성 안테나		314
☐☐ satiate 충분히 만족시키다, (배불러서) 싫증나게 하다		49
☐☐ satire 풍자, 비꼼		171
☐☐ satisfaction 만족, 만족을 주는 것		33
☐☐ satisfactory 만족스러운, 충분한		49
☐☐ satisfy 만족시키다, 채우다		49
☐☐ saturate (채우다) → 흠뻑 적시다 → 포화시키다		49
☐☐ save 구하다, 모으다, 절약하다		226
☐☐ saving 절약, 저금		193
☐☐ scale 저울접시, 저울, 비례, 비율, 규모, 등급, 기어오르다		151
☐☐ scandal 추문, 수치, 험담		256
☐☐ scarce 부족한, 적은 → 드문, 진귀한		282
☐☐ scatter 흩뿌리다, 뿌리다, 확산시키다		276
☐☐ scholarship 장학금, 학문		177
☐☐ scholastic 학생, 학자, 학교의, 학자의		360
☐☐ school system 학교 체계, 교육 시스템		175
☐☐ scientific 과학의, 과학적인		350
☐☐ script 대본, 스크립트		332
☐☐ sculpture 조각, 조각술		200

☐☐ search 찾다, 수색하다, 살피다, 수색, 조사		62
☐☐ season 철, 계절, 한창 때, 양념, 맛을 내다, 양념하다		167
☐☐ secede 탈퇴하다		23
☐☐ seclude ~에서 떼어 놓다, 차단하다, 은둔하다		342
☐☐ seclusion 격리, 은둔		126
☐☐ secrete 분비하다, 감추다		328
☐☐ secretion 분비(물)		363
☐☐ section 부분, 구역, 절		315
☐☐ sector 부문, 부채꼴		213
☐☐ secure (걱정 없는) → 안전한, 확고한		126
☐☐ seduce (옆길로 이끌다) → 부추기다 → 유혹하다		126
☐☐ seemingly 겉으로는, 표면상은, 어울리는		295
☐☐ segment 구획, 단편, 체절		335
☐☐ segregate (무리에서 떼어 놓다) → 분리하다, 격리하다		126
☐☐ seldom 드물게, 좀처럼		80
☐☐ select 파멸시키다, 황폐화시키다, 고른, 가려낸, 정선한, 극상의		62
☐☐ selection 선발, 선택		126
☐☐ semicircle 반원, 반원형		132
☐☐ semiconductor 반도체		132
☐☐ semifinal 준결승, 준결승의		132
☐☐ send 보내다, 부치다		226
☐☐ senior 손위의, 선임의		311
☐☐ sense 감각, 의식, 분별, 의미		173
☐☐ sensitive 민감한, 예민한		218
☐☐ sentence 문장, 판결, 선고, 선고하다		170
☐☐ sentiment 감정, 감상		352
☐☐ separate 가르다, 분리하다, 떼어 놓다		225
☐☐ separately 따로따로, 개별적으로, 단독으로		379
☐☐ serene 고요한, 평화스러운, 화창한		399
☐☐ serious 진지한, 중대한		244
☐☐ seriously 진지하게, 진정으로, 심하게		80
☐☐ session 회기, 기간		244
☐☐ set forth 설명하다, 출발하다		158
☐☐ setback 좌절, 역류, 실패		389
☐☐ setting 환경, 배경, 조절		281
☐☐ settle 정착하다, 해결하다, 결정하다		151
☐☐ shabby 초라한, 낡아 빠진		392
☐☐ shake 흔들다, 진동시키다		184
☐☐ shape 모양, 모습, 실현, 어떤 모양으로 만들다, 형성하다		265
☐☐ sheen 광휘, 광택, 현란한 의상		363
☐☐ shelter 피난처, 대피소, 보호하다		331
☐☐ shift 방향을 바꾸다, 물건을 이동시키다, 변화, 교체, 수단		184

☐☐ **shine** 광채가 나다, 빛나다, 반짝이다	273
☐☐ **shoot** 순, 싹, 촬영, 쏘다, 발사하다	166
☐☐ **shrink** 오그라들다, 줄다 → 움츠러들다	330
☐☐ **shrub** 관목	166
☐☐ **sickle** 낫, 낫 모양의 별무리, 낫 모양의, ~을 낫으로 베다	378
☐☐ **sickness** 병, 메스꺼움	221
☐☐ **side-effect** 부작용	375
☐☐ **siege** 포위 공격, 공성 포위하다	386
☐☐ **siesta** (스페인, 남미 등) 낮잠	399
☐☐ **sight** 시력, 시계, 조망	252
☐☐ **sign** 기호, 신호, 간판, 표지, 서명하다, 계약하다, 신호를 보내다	219
☐☐ **silt** 미사, 가는 모래 (개흙으로) 막다, (개흙처럼) 흐르다	348
☐☐ **similar** 비슷한, 같은 종류의	47
☐☐ **simplicity** 단순, 순진, 검소	340
☐☐ **simplify** 간단하게 하다, 단순화하다	62
☐☐ **simultaneous** 동시에 일어나는, 동시의, 동시, 동시성	47
☐☐ **single** 단 하나의, 혼자의, 단일, 독신자, 골라내다, 선발하다	152
☐☐ **sink** 가라앉다, 내려앉다, 쇠약해지다	184
☐☐ **site** 대지, 장소	246
☐☐ **skeleton** 골격, 뼈대, 줄기	221
☐☐ **skill** 솜씨, 수련 → 기술	179
☐☐ **skim** 스쳐 가다, 대충 읽다	381
☐☐ **skirmish** 작은 접전, 사소한 충돌	395
☐☐ **skirt** 교외, 변두리, 스커트, 접경하다, 이웃하다	339
☐☐ **slaughter** 도살, 살육, 도살하다	379
☐☐ **slippery** 미끄러운, 잘 빠져나가는	400
☐☐ **slit** 기다랗게 벤 상처, 구멍, 가느다랗게 쪼개다	306
☐☐ **sluggish** 불경기의, 느린, 게으름 피우는	390
☐☐ **slump** 쿵 떨어지다, 폭락하다	289
☐☐ **smash** 때려 부수다, 부서지다, 돌파하다	345
☐☐ **smooth** 매끄러운, 부드러운	276
☐☐ **smuggle** 밀수하다	209
☐☐ **snare** 덫, 올가미, 함정 덫으로 잡다, 함정에 빠뜨리다	397
☐☐ **snarl** 얽히다, 혼란스럽게 되다, 으르렁거리다, 호통 치다 으르렁거림	403
☐☐ **sniff** 코를 킁킁거리다, 냄새를 맡다	387
☐☐ **soak** 적시다, 빨아들이다	183
☐☐ **soaked** 흠뻑 젖은, 흠뻑 배인	370
☐☐ **socialism** 사회주의 (운동)	191
☐☐ **sociobiology** 사회생물학	191
☐☐ **sociology** 사회학	190
☐☐ **soften** 부드럽게 하다, 경감하다	62
☐☐ **solar** 태양의	211
☐☐ **solemn** 엄숙한, 중대한, 종교상의	319
☐☐ **solicitation** 간청, 권유, 교사죄	206
☐☐ **solidarity** 결속, 단결, 연대, (폴란드의) 자유노조	373
☐☐ **solidify** 응고시키다, 굳히다, 단결시키다	62
☐☐ **solitary** 혼자의, 외로운, 고독한, 유일한	69
☐☐ **solitude** 독거, 고독, 쓸쓸한 곳	75
☐☐ **solution** 용액, 녹임, 해결	181
☐☐ **solve** 풀다, 용해하다, 해결하다, (부채) 갚다	231
☐☐ **someday** 언젠가, 훗날, 머지않아	80
☐☐ **somewhat** 얼마간, 약간, 다소	80
☐☐ **sonata** 소나타, 주명곡	202
☐☐ **sophisticated** 복잡한, 세련된, 교양있는	210
☐☐ **soprano** 소프라노 (가수)	202
☐☐ **sound** 소리, 음, 음파, 소리가 나다, 조사하다, 견실한, 건강한, 완전한	152
☐☐ **soundproof** ~에 방음장치를 하다, 방음의, 방음장치가 된	274
☐☐ **source** 원천, 근원, 출처, 공급자	185
☐☐ **specialise** 특수화하다, 전문화하다, 전공하다	330
☐☐ **specialist** 전문가, 전문의	217
☐☐ **specially** 특별히, 각별히	81
☐☐ **species** 종, 종류	167
☐☐ **specify** 일일이 열거하다, 명기하다	330
☐☐ **specimen** 견본, 표본	306
☐☐ **speck** 작은 얼룩, 작은 반점, 흠, 먼	363
☐☐ **spectacle** 광경, 볼만한 것, 안경	306
☐☐ **spectacular** 구경거리의, 장관의, 극적인	315
☐☐ **spectrum** (눈에 보이는 것) → 분광, 범위	183
☐☐ **speculate** (보다) → 사색하다, 추측하다	46
☐☐ **speech** 말, 연설, 담화	173
☐☐ **speed** 질주하다, 속도를 내다, 속력, 속도	188
☐☐ **sphere** 구체, 천체, 하늘, 영역	185
☐☐ **spherical** 구형의, 둥근, 천체의	213
☐☐ **spine** 등뼈, 바늘, 가시 모양 돌기	386
☐☐ **splendour** 훌륭함, 빛남	349
☐☐ **spoil** 망치다, 썩히다	221
☐☐ **sprawl** 팔다리를 펴다, 꿈틀거리다, 큰 대자로 뻗음, 불규칙하게 넓어짐	404
☐☐ **square** 정사각형의, 제곱의, 공명정대한, 정직한	213
☐☐ **stabilise** 안정시키다, 고정시키다	57
☐☐ **stalk** 몰래 접근하다, 가만히 뒤를 밟다	398
☐☐ **stall** 마구간, 가판대, 무대 1등석, 피하다, 지연시키다	340

☐☐ **stand for** ~을 나타내다, 상징하다, 대표하다	159
☐☐ **standard** 표준의, 권위 있는, 표준, 규범	178
☐☐ **standpoint** 견지, 관점	325
☐☐ **starve** 굶주리다, 갈망하다	173
☐☐ **state** 상태, 사정, 정부, 진술하다, 국가의, 주립의	152
☐☐ **statistics** 통계학, 통계, 통계자료	214
☐☐ **steep** 가파른, 험준한, 터무니없는, 적시다, 열중하다, 가파름, 험준함	152
☐☐ **stew** (약한 불로) 끓이다, 애타게 하다, 스튜(요리)	383
☐☐ **stick** 달라붙다, 찌르다, 내밀다, 막대기, 지팡이	152
☐☐ **stiff** 뻣뻣한, 경직된, 강한, 팽팽한	386
☐☐ **stimulate** 자극하다, 격려하다, 흥분시키다	316
☐☐ **stimulating** 자극하는, 격려하는	369
☐☐ **stock** 재고품, 축적, 주식, 줄기, 채우다, (물건 등이) 있다	193
☐☐ **stout** 통통한, 용감한, 튼튼한	317
☐☐ **strain** 잡아당기다, 긴장시키다, 부담, 압박, 혈통, 계통	275
☐☐ **strategy** 전략, 전술	175
☐☐ **strength** 힘, 세기, 강점	313
☐☐ **strengthen** 강하게 하다, 튼튼하게 하다	63
☐☐ **strenuous** 분투적인, 격렬한, 활발한	397
☐☐ **stress** 강조, 압력, 강조하다, 압력을 가하다	152
☐☐ **stride** 큰 걸음으로 걷다, 진보	318
☐☐ **structural** 구조상의, 구조적인	295
☐☐ **stump** 그루터기	353
☐☐ **sturdy** 억센, 튼튼한, 힘센	335
☐☐ **subject** 주제, 학과, 국민, 백성, ~의 영향을 받기 쉬운, 복종시키다	152
☐☐ **subjective** 주관의, 주관적인, 개인의, 본질적인	324
☐☐ **submarine** 해저의, 바닷속의, 잠수함의, 잠수함	113
☐☐ **submerged** 수몰된, 액체 내에서, 물속에서 자라는, 감추어진	113
☐☐ **submit** 복종시키다, 제시 [제안]하다, 제출하다	113
☐☐ **subscribe** (아래에 쓰다) → ~할 것을 약속하다 → 서명하다, 정기 구독하다	50
☐☐ **subscription** 기부, 예약, 구독, 신청	113
☐☐ **subsequent** 다음의, 수반하는	380
☐☐ **subsidise** 보조금을 지급하다, 도움을 얻다	57
☐☐ **substantial** 상당한, 실질적인, 중요한	113
☐☐ **subtropical** 아열대의, 아열대성의	331
☐☐ **suburb** 교외, 시외, 교외의, 시외에 사는	331
☐☐ **succeed** 성공하다, 계속되다, 잘 되다	114
☐☐ **success** 성공, 출세	23
☐☐ **succinct** 간결한, 간단 명료한	358
☐☐ **suck** 빨다, 빨아 먹다 [마시다]	353
☐☐ **sue** 고소하다, 소송을 제기하다	208
☐☐ **suffer** 경험하다, 겪다, 입다	114
☐☐ **sufficient** 충분한	311
☐☐ **suffix** 접미사	169
☐☐ **suffocate** 숨을 막다, 질식사하다	350
☐☐ **suffrage** 투표, 선거권	395
☐☐ **suggest** 제의하다, 암시하다, 암시, 연상	35
☐☐ **suit** 적응시키다, 어울리다, 슈트, 한 벌, 소송	153
☐☐ **summarise** 요약하다, 개괄하다	57
☐☐ **summit** 정상, 최고점, 정상회담	381
☐☐ **summon** 소환하다, 소집하다	209
☐☐ **superb** 최고의, 뛰어난, 화려한	403
☐☐ **superintend** 감독하다, 지휘하다	296
☐☐ **superior** 뛰어난, 우수한, 상위의, 우월, 탁월	108
☐☐ **superlative** 최고의, 최상급의	407
☐☐ **supernatural** 초자연의, 신비적인, 불가사의한	108
☐☐ **superpower** 초강대국	311
☐☐ **superstition** 미신(적 습관), 우상, 공포	108
☐☐ **superstitious** 미신의, 미신적인	365
☐☐ **supervise** 감독하다, 관리하다, 지휘하다	108
☐☐ **supplement** 추가하다, 보충하다, 추가, 증보	296
☐☐ **supply** 공급하다, 보충하다, 공급, 비축물자	188
☐☐ **support** 받침, 후원, 도움, 부양하다, 유지하다	153
☐☐ **suppose** 생각하다, 추측하다, 가정하다	228
☐☐ **suppress** 억압하다, 가라앉히다	114
☐☐ **supreme** 최고의, 최상의, 최우수의	108
☐☐ **surface** 표면, 평면, → 외부, 겉보기, 외관, 떠오르다	109
☐☐ **surfing** 파도타기 (놀이)	302
☐☐ **surge** 치밀어 오름, 급증, 파도처럼 밀려오다, 쇄도하다	349
☐☐ **surpass** 능가하다, 초월하다, ~보다 낫다	109
☐☐ **surplus** 나머지, 잉여 [금]	109
☐☐ **surprise** 놀라게 하다, 놀람	266
☐☐ **surrender** 넘겨주다, 포기하다, 항복하다	109
☐☐ **surveillance** 감시, 감독	378
☐☐ **survive** 살아남다, 견디다	109
☐☐ **suspect** (아래로부터 보다) → 짐작하다, 의심을 두다	46
☐☐ **suspend** 매달다, 중지하다	114
☐☐ **sustain** 견디다, 유지하다	114
☐☐ **swallow** (꿀꺽) 삼키다, 들이켜다, 제비	338
☐☐ **swamp** 침수시키다, 늪, 습지	338

☐☐ swarm 무리를 이루다, 떼를 짓다, 무리, 떼	166
☐☐ sweep 청소하다, 쓸어내리다	57
☐☐ swiftly 신속히, 빨리, 즉시	325
☐☐ syllable 음절	170
☐☐ symbol 상징, 표상, 기호	173
☐☐ symbolic 상징적인, 기호의	377
☐☐ symbolise 상징하다, 부호로 나타내다	57
☐☐ symmetry 대칭, 균형, 조화	129
☐☐ sympathetic 동정심이 있는, 호소하는	290
☐☐ sympathise 동정하다, 동감하다, 동의하다	57
☐☐ sympathy 공감, 동정심, 연민	129
☐☐ symphony 교향곡, 심포니	129
☐☐ synchronise 동시에 일어나다, 시간을 맞추다	129
☐☐ syndrome 증후군	129
☐☐ syntax 구문론, 통사론	169
☐☐ synthetic 합성의	181
☐☐ systematically 체계적으로, 규칙적으로, 분류적으로	262

T

☐☐ taboo 금기의, 금제의	289
☐☐ tactics 전략, 작전 (행동)	356
☐☐ take into account ~을 고려하다, 참작하다	159
☐☐ take it for granted 당연한 일로 생각하다, 당연히 ~일 거라고 믿다	159
☐☐ take up 흡수하다	159
☐☐ talent 재능	227
☐☐ talk 말하다, 의논하다	188
☐☐ tap 가볍게 두드림, 똑똑 치는 소리, (수도 등의) 꼭지, 개발하다	153
☐☐ tape 납작한 끈, 테이프	234
☐☐ target 과녁, 표적, 목표, 목표로 삼다	237
☐☐ tariff 관세, 요금표	206
☐☐ taste 미각, 소량, 취미, 경험	230
☐☐ taxation 과세, 징세	195
☐☐ teach 가르치다	174
☐☐ technical 기술의, 전문적인, 공업의	314
☐☐ teller 이야기하는 사람, 출납계원	283
☐☐ tenant 세든 사람, 임차인	373
☐☐ tend ~하는 경향이 있다, ~으로 향하다, 돌보다, 간호하다	240
☐☐ tentative 시험적인, 임시의, 모호한	367
☐☐ term 학기, 기간, 전문어, 조건, 협약, 동의, 이름 짓다, 부르다	153

☐☐ termite 흰개미	376
☐☐ terrain 지역, 지대, 범위	384
☐☐ terrestrial 지구상의, 육지의, 흙의	321
☐☐ testify 증명하다, 증언하다	207
☐☐ texture 직물, 본질, 질감	289
☐☐ therapeutic agent 치료제	219
☐☐ thesis 논문, 작문	355
☐☐ thicken 두껍게 하다	63
☐☐ thrift 절약, 검약, 번성	327
☐☐ thrive 번창하다, 번성하다	243
☐☐ throughout 도처에, 처음부터 끝까지, ~의 구석구석까지	81
☐☐ tighten 죄다, 팽팽해지다	63
☐☐ timber 재목, 목재	166
☐☐ tip 끝, 첨단	229
☐☐ toast 굽다, 불을 쬐다, 건배하다, 축배하다	382
☐☐ toil 수고하다, 고생하다, 노고, 수고	393
☐☐ token 표, 증거, 기념품, 표시가 되는	392
☐☐ topography 지형학, 지형도	351
☐☐ topsoil 표토, 겉흙	391
☐☐ torrential 맹렬한, 격한, 급류의	396
☐☐ tortoiseshell 귀갑, 거북이 등껍질, 별갑제의	392
☐☐ torture 고문하다, 괴롭히다	296
☐☐ touch 감동시키다, 접촉하다, 만짐, 손을 댐, 촉감	237
☐☐ touching 접촉한, 감동시키는, 측은한	290
☐☐ toxin 독소	338
☐☐ trademark 상표	194
☐☐ tragedy 비극	172
☐☐ tragic 비극의, 비참한	291
☐☐ trail 끌다, 추적하다, 지나간 자국, 흔적	165
☐☐ training 훈련, 교육	174
☐☐ trait 특성, 형질	297
☐☐ transaction 처리, 거래, 매매	196
☐☐ transatlantic 대서양 건너편의, 대서양 횡단의, (영) 미국인	125
☐☐ transcend 초월하다, 능가하다, 선험적인, 막연한, 모호한	48
☐☐ transcript 사본, 복사, 녹취록	357
☐☐ transfer 옮기다, 이동하다, 이전, 전임, 옮김, 운반소	63
☐☐ transform (외형을 바꾸다) → 변형시키다, 전환하다	125
☐☐ transition (이행) → 변천, 이행, 변이	179
☐☐ translate 바꾸다, 번역하다	57
☐☐ transmission 전달, 전송, 전도	125
☐☐ transmit (넘어서 보내다) → 부치다, 전하다, 옮기다	45
☐☐ transparent 투명한, 명쾌한, 명료한	271

437

☐☐ **transplant** 이식, 이주, (식물을 옮겨 심다) 　　　　　　　　　　　
　　→ 이식하다, 이주시키다　　　　　　　　125
☐☐ **transportation** 수송, 운송　　　　　　125
☐☐ **trap** 덫, 올가미, 술책　　　　　　　　233
☐☐ **treason** 반역죄, 배신　　　　　　　　394
☐☐ **treat** 간주하다, 대우하다, 치료하다, 치료, 대접, 한턱　153
☐☐ **tremendous** 거대한, 대단한, 엄청난, 무서운　322
☐☐ **trial** 공판, 심리, 실험, 시도　　　　　　207
☐☐ **triangle** 삼각형, 트라이앵글　　　　　136
☐☐ **tribe** 부족　　　　　　　　　　　　　188
☐☐ **trigonometry** 삼각법, 삼각술　　　　　136
☐☐ **trim** 다듬다, 정돈하다, 잘라내다, 정돈된, 산뜻한, 균형 잡힌　324
☐☐ **triple** 3개로 이루어진, 3종의, 세 개 한 벌　136
☐☐ **tripod** 삼각대, 세 개의 다리　　　　　136
☐☐ **truly** 진실로, 충실히　　　　　　　　81
☐☐ **trunk** (나무) 줄기, 코끼리 코　　　　　166
☐☐ **tuition** 교수, 수업, 수업료　　　　　　176
☐☐ **turmoil** 소란, 소동, 혼란　　　　　　395
☐☐ **turn into** ~로 변하다, 바뀌다　　　　159
☐☐ **turnover** 전복, 전도　　　　　　　　366
☐☐ **twin** 쌍둥이　　　　　　　　　　　　135
☐☐ **typically** 전형적으로, 대체로　　　　81
☐☐ **tyranny** 전제정치, 학정, 횡포　　　　390
☐☐ **tyrant** 폭군, 전제　　　　　　　　　349

U

☐☐ **ubiquitous** 어디에나 있는, 편재하는　69
☐☐ **ulcer** 궤양, 병폐, 부패　　　　　　　407
☐☐ **ultimate** 최후의, 근본적인　　　　　309
☐☐ **ultimately** 최후로, 마침내, 결국　　　236
☐☐ **ultraviolet radiation** 자외선　　　　　331
☐☐ **unable** ~할 수 없는, 무능한　　　　　87
☐☐ **unacceptable** 용인할 수 없는　　　　369
☐☐ **unambiguous** 모호하지 않은, 명백한　14
☐☐ **unanimous** 합의의, 만장일치의　　　353
☐☐ **uncertain** 불확실한　　　　　　　　25
☐☐ **unclear** 명확하지 않은, 불확실한　　353
☐☐ **uncomfortable** 기분이 언짢은, 불편한, 곤란한　327
☐☐ **uncompromising** 타협하지 않는, 완고한　367

☐☐ **undercurrent** 저의, 부정적 감정, 암류　112
☐☐ **underestimate** 낮게 어림하다, 과소평가하다, 경시하다　317
☐☐ **undergo** 만나다, 당하다 → 겪다, 경험하다 → 견디다, 참다　112
☐☐ **undergraduate** 대학생, 학부생　　　112
☐☐ **underlying** 밑에 있는 → 근원적인, 잠재적인　112
☐☐ **underneath** ~의 아래에, 밑면에　　355
☐☐ **underscore** 강조하다　　　　　　　176
☐☐ **understand** 이해하다, 알다　　　　225
☐☐ **undertake** 착수하다, 시작하다, 약속 [동의]하다　112
☐☐ **underway** 여행 중인, 진행 중인, 움직이고 있는　311
☐☐ **uneasy** 불안한, 걱정되는, 어색한　　87
☐☐ **unequalled** 타의 추종을 불허하는, 같지 않은, 고르지 못한　394
☐☐ **unfortunately** 불행하게도, 운수 나쁘게　312
☐☐ **unhappy** 불행한, 불길한, 불만족한, 기분이 나쁜　87
☐☐ **unification** 통일, 단일화, 통합　　　133
☐☐ **uniform** 한결같은, 균일한, 유니폼, 제복　133
☐☐ **unify** 통합 [통일]하다　　　　　　　289
☐☐ **unimportant** 중요하지 않은, 사소한　87
☐☐ **union** 연합, 결합, 노동조합　　　　　133
☐☐ **unique** 유일무이한, 독특한, 특별한　133
☐☐ **universe** 우주, 천지 만물　　　　　133
☐☐ **unleash** ~의 가죽 끈을 풀다, 해방하다, 자유롭게 하다　401
☐☐ **unpleasant** 불쾌한, 재미없는　　　359
☐☐ **unpopular** 인기 없는, 유행하지 않는　349
☐☐ **unpredictable** 예언 [예측]할 수 없는　379
☐☐ **unrest** 불안, 근심　　　　　　　　382
☐☐ **unsafe** 위험한, 안전하지 않은　　　87
☐☐ **unsaturated** 만족할 수 없는, 불포화의　49
☐☐ **unsuccessful** 성공하지 못한, 불운한　325
☐☐ **unsuitable** 부적당한, 어울리지 않는　383
☐☐ **unusual** 보통이 아닌, 비범한　　　350
☐☐ **up to** ~에 이르기까지, ~까지　　　159
☐☐ **update** 새롭게 하다, 갱신하다, 갱신, 개정, 최신 정보　303
☐☐ **upgrade** 개량하다, 향상시키다　　　111
☐☐ **upheaval** 격변, 대변동　　　　　　111
☐☐ **uphold** 지지하다, 받치다　　　　　308
☐☐ **upright** 똑바로 선, 직립의, 올바른, 강직한　111
☐☐ **uprising** 반란, 폭동　　　　　　　319
☐☐ **uproarious** 떠드는, 법석 떠는, 시끄러운　374
☐☐ **uproot** 뿌리 뽑다, 몰아내다, 근절하다　111
☐☐ **upstream** 상류에, 강을 거슬러 올라가서, 상류의, 　　　　　
　　흐름을 거슬러 오르는　　　　　　　111

☐☐ up-to-date 최신식의, 현대적인 302
☐☐ upturn 위로 향하게 하다, 파헤치다, 전복, 상승, 혼란 357
☐☐ urban 도시의 190
☐☐ utilise 이용하다, 활용하다 243

V

☐☐ vacuum 진공 182
☐☐ vagrant 방랑자, 방랑하는, 무성한 405
☐☐ vague (기억 등이) 희미한, 모호한 243
☐☐ valuable 금전적 가치가 있는, 값비싼, 귀중한 380
☐☐ value 가치, 가격, 중요성, 평가, 평가하다, 존중하다 242
☐☐ vanish (텅 비게 되다) → 갑자기 사라지다, 없어지다 376
☐☐ vanity 허영심, 허무함 395
☐☐ variety 종류, 다양성, 여러 가지 167
☐☐ varnish 바니시, 광택제, 윤 니스를 칠하다, 광택을 내다 391
☐☐ vary 바꾸다, 변경하다, 다양하다, 차이가 있다 224
☐☐ vector 매개자, 벡터(크기와 방향으로 정해지는 양), 진로 218
☐☐ vegetable 야채 274
☐☐ veil 베일 [면사포]로 가리다 380
☐☐ venomous 독이 있는, 해로운, 악의에 찬, 원한을 품은 397
☐☐ ventilation 통풍, 환기, 환기장치 324
☐☐ verdict 평결, 답신 208
☐☐ verge 가장자리, 변두리 335
☐☐ vernacular 제 나라말, 자국어 자국의, 토착의 389
☐☐ versatile 다재다능한, 다방면의, 다용도의 69
☐☐ vertical 수직의, 세로의 214
☐☐ vibrate 진동하다, 흔들리다 368
☐☐ vice 악덕, 부도덕, 결함 359
☐☐ vicious 나쁜, 악덕의, 악의 있는 365
☐☐ victim 피해자, 희생자, 제물 348
☐☐ view 견해, 관점, 시야, 경관, 바라보다, 조사하다, 간주하다 153
☐☐ viewpoint 견해, 관점 336
☐☐ vigorous 정력적인, 원기 왕성한, 정력, 활력, 힘 308
☐☐ villa 별장, 휴가용 주택, 저택 337
☐☐ violate 위배 [위반]하다, 모독하다 309
☐☐ violence 격렬함, 폭력, 왜곡 330
☐☐ virgin 처녀의, 더럽혀지지 않은, 아직 손대지 않은, 처녀, 소녀 296
☐☐ virtually 사실상, 실제적으로 81
☐☐ virtue 덕, 미덕, 장점 296
☐☐ virus 바이러스, 병독, 병원체 379

☐☐ viscous 찐득찐득한, 점성의 378
☐☐ vital 생명의, 극히 중대한 302
☐☐ vivid 생생한, 선명한, 활발한 338
☐☐ vocational 직업상의, 업무상의, 직업교육의 323
☐☐ volunteer 자원자, 지원병, 자생식물, 자발적으로 하다, 지원하다 297
☐☐ vulgar 상스러운, 저속한 297
☐☐ vulnerable 상처 입기 쉬운, 넘어가기 쉬운 399

W

☐☐ wade 걸어서 건너다, 힘들여 나아가다 393
☐☐ wallpaper 벽지, (컴퓨터) 바탕화면, 벽지를 바르다 309
☐☐ walnut 호두나무 309
☐☐ wander 돌아다니다, 빗나가다 63
☐☐ warehouse 창고, 큰 상점 333
☐☐ warfare 전쟁, 교전, 전투 319
☐☐ wavy 요동하는, 물결 모양의, 파도치는 374
☐☐ wax 왁스, 밀랍, 커지다, 달이 차다 318
☐☐ wean 젖을 떼다, 이유시키다, 유아, 어린애 390
☐☐ weaken 약화시키다, 약해지다 63
☐☐ wear out ~을 다 써버리다, 닳아 없어지게 하다 159
☐☐ weary 피곤한, 싫증이 난, 따분한 370
☐☐ weave 짜다, 뜨다 324
☐☐ weight 무게, 부담, 중요성 233
☐☐ well-balanced 균형 잡힌, 제정신의, 온건한 140
☐☐ well-being 웰빙, 복지 140
☐☐ well-known 유명한, 잘 알려진, 친밀한 140
☐☐ wharf 부두, 선창 342
☐☐ while ~하는 동안, ~할지라도, 하지만, 동안, 잠깐, 잠시 81
☐☐ wholly 전적으로, 완전히, 오로지 81
☐☐ wicked 사악한, 심술궂은, 불쾌한 391
☐☐ wild 길들지 않은, 야생의, 난폭 228
☐☐ wisdom 현명, 지혜, 박식 341
☐☐ wit 지혜, 기지, 재치 168
☐☐ withdraw 철수 [회]하다, 회수하다 99
☐☐ withdrawal 철회, (예금) 인출, 물러남 99
☐☐ wither 마르다, 시들다, 사라지다 99
☐☐ withhold 보류하다, 억제하다 99
☐☐ withstand 저항하다, 버티다 99
☐☐ witty 재치 있는, 익살맞은 307

439

☐☐ **wonder** 궁금(해)하다, ~일까 생각하다, 경탄할 만한 것, 경이 153
☐☐ **woodland** 삼림 지대 341
☐☐ **worsen** 악화시키다 63
☐☐ **worship** 예배, 숭배, 존경, 예배하다, 숭배하다 75
☐☐ **wrap** (감)싸다, 두르다, 감추다 225
☐☐ **wreck** 난파하다, 파멸하다, 난파, 파멸, 충돌 319
☐☐ **wretched** 비참한, 불행한, 서툰, 야비한 397

Y

☐☐ **yarn** 직물 짜는 실, 방적사, 모험담 308
☐☐ **yearn** 동경하다 262
☐☐ **yield** 산출하다, 낳다, 수확, 이윤 277
☐☐ **youth** 젊음, 청년시절, 발육기 75

Z

☐☐ **zoology** 동물학 162